LINKIN PARK

Belas Letras

MÚSICA   CULTURA POP   CINEMA

IT STARTS WITH ONE
A LENDA E O LEGADO DO
LINKIN PARK

jason lipshutz

Tradução
Marcelo Barbão

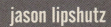

Título original: It Starts with One – The Legend and Legacy of Linkin Park
Copyright © 2024 Jason Lipshutz
Todos os direitos reservados

Publicado mediante acordo com a Hachette Books

Nenhuma parte desta publicação pode ser reproduzida, armazenada ou transmitida para fins comerciais sem a permissão do editor. Você não precisa pedir nenhuma autorização, no entanto, para compartilhar pequenos trechos ou reproduções das páginas nas suas redes sociais.

Publisher
Gustavo Guertler

Coordenador editorial
Germano Weirich

Supervisora comercial
Jéssica Ribeiro

Gerente de marketing
Jociele Muller

Supervisora de operações logísticas
Daniele Rodrigues

Supervisora de operações financeiras
Jéssica Alves

Edição
Marcelo Viegas

Tradução
Marcelo Barbão

Preparação
Tanara de Araújo

Revisão
Jakê Kànashiro

Capa e projeto gráfico
Celso Orlandin Jr.

Foto da capa: James Minchin/Warner Records Inc.

2025
Todos os direitos desta edição reservados à
Editora Belas Letras Ltda.
Rua Visconde de Mauá, 473/301 – Bairro São Pelegrino
CEP 95010-070 – Caxias do Sul – RS
www.belasletras.com.br

Dados Internacionais de Catalogação na Fonte (CIP)
Biblioteca Pública Municipal Dr. Demetrio Niederauer
Caxias do Sul, RS

L767i   Lipshutz, Jason
       It starts with one: a lenda e o legado do Linkin
    Park / Jason Lipshutz; tradutor: Marcelo Barbão. -
    Caxias do Sul, RS: Belas Letras, 2025.
       400 p.

    Título e subtítulo originais: It Starts with One –
    The Legend and Legacy of Linkin Park
    ISBN: 978-65-5537-457-5
    ISBN: 978-65-5537-458-2

    1. Linkin Park (Conjunto Musical). 2. Rock (Música).
    3. Músicos de rock - Estados Unidos – Biografia.
    I. Barbão, Marcelo. II. Título.

25/9   CDU 784.4(73)

Catalogação elaborada por Vanessa Pinent, CRB-10/1297

Para Chester e Phoebe

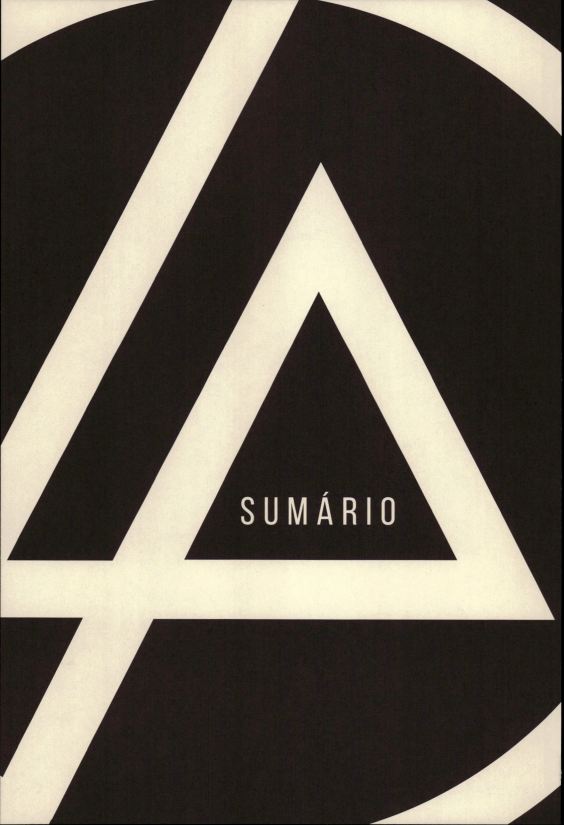
SUMÁRIO

Introdução   9

PARTE I
A IDENTIDADE

CAPÍTULO 1	**16**
CAPÍTULO 2	**29**
CAPÍTULO 3	**41**
CAPÍTULO 4	**53**
CAPÍTULO 5	**66**

PARTE II
O SOM

CAPÍTULO 6   **80**

INTERLÚDIO   **92**
"Senti como se o conhecesse durante toda a minha vida"
por Ryan Shuck (Orgy, Dead By Sunrise, Julien-K)

CAPÍTULO 7   **96**
CAPÍTULO 8   **109**

INTERLÚDIO   **121**
"Quando ouvimos, soubemos"
por Sonny Sandoval (P.O.D.)

CAPÍTULO 9   **125**
CAPÍTULO 10   **139**

PARTE III
A FAMA

CAPÍTULO 11   **152**
CAPÍTULO 12   **164**

INTERLÚDIO   **178**
"Foi uma daquelas colaborações únicas na vida"
por Rob Swift (The X-Ecutioners)

CAPÍTULO 13   **182**
CAPÍTULO 14   **196**

CAPÍTULO 15 **208**

INTERLÚDIO **222**
"É algo com que qualquer pessoa pode se identificar"
por Skylar Grey

PARTE IV
A MENSAGEM

CAPÍTULO 16 **228**
CAPÍTULO 17 **241**

INTERLÚDIO **254**
"Era tão sombrio, mas era real"
por Amir Derakh (Orgy, Dead by Sunrise, Julien-K)

CAPÍTULO 18 **258**
CAPÍTULO 19 **271**

INTERLÚDIO **285**
"Eles se arriscaram conosco"
por Travis Stever (Coheed and Cambria)

CAPÍTULO 20 **289**

PARTE V
O LEGADO

CAPÍTULO 21 **304**
CAPÍTULO 22 **318**
CAPÍTULO 23 **331**

INTERLÚDIO **344**
"Jamais esquecerei essa experiência"
por Ryan Key (Yellowcard)

CAPÍTULO 24 **348**
CAPÍTULO 25 **361**

Agradecimentos **373**
Referências **376**

INTRODUÇÃO

Eu tinha 13 anos em 2000, um estudante desajeitado do Ensino Médio carregando um Discman na parte de trás do ônibus da escola. A minha mixtape favorita era um disco Memorex vermelho-cereja que eu tinha pago cinco dólares para um amigo queimar, um CD que eu fiz rodar infinitamente enquanto o ônibus balançava pelos subúrbios de South Jersey nas manhãs de outono. No meio de uma lista de faixas que incluía "Minority", do Green Day; "Ms. Jackson", do Outkast; e "Drive", do Incubus, "Crawling", do Linkin Park, representava o ponto catártico daquela compilação para minha psiquê adolescente. Com fones de ouvido vagabundos presos às orelhas, eu cerrava os dentes e sussurrava o refrão; o som da voz de Chester Bennington acabava vazando, assim como minha cantoria que, sem dúvida, subiria bem alto, atingindo qualquer alma infeliz sentada ao meu lado. Eu era um garoto bobo e inseguro, mas naquelas viagens de ônibus, quando ouvia Chester cantar "I've felt this way before/*SO IN-SE-CUUUUUUURE*",[1] essa falta de confiança dava lugar a um instinto de audácia. Bati cabeça em várias ocasiões. Meus óculos grandes demais caíram do meu rosto cheio de espinhas durante uma delas.

Avançando algumas décadas: tendo trabalhado como redator e editor na *Billboard* por mais de 12 anos, passei a maior parte da

---

[1] Eu já me senti assim antes/TÃO INSEGURO.

minha carreira me interessando tanto por estatísticas de paradas de sucesso e dados do setor musical quanto por grandes sucessos e melodias impactantes. Os números podem contar uma história de sucesso musical tanto no passado (como 4,8 milhões – o número de cópias vendidas do álbum de estreia do Linkin Park, *Hybrid Theory*, em 2001) quanto no presente (como 34,2 milhões – a média mensal de ouvintes do Spotify do Linkin Park). Destaco essas histórias para os leitores, muitas vezes para ver como elas podem se desdobrar no futuro, ao mesmo tempo em que toco as músicas por trás desses números.

Portanto, quando comecei a pensar em escrever este livro, minha paixão pessoal pela música do Linkin Park se entrelaçou naturalmente com minha curiosidade profissional sobre como os números deles se tornaram – e permaneceram – tão grandes. A estatura de suas canções podia ser ouvida simultaneamente em versos e refrãos, além de observada por meio de evidências numéricas. Durante anos, meu trabalho tem sido ouvir os maiores sucessos de ontem, de hoje e de amanhã e ajudar a esclarecer sua importância estatística, como um fanático por beisebol sublinhando as informações mais significativas no verso de um *card* colecionável. Eu já conhecia alguns dados absurdos do Linkin Park e tinha certeza de que haveria muito mais a ser descoberto com alguma pesquisa, de modo que mal podia esperar para começar a destacá-los.

No entanto, quanto mais tempo eu passava assistindo, ouvindo e aprendendo sobre a carreira do Linkin Park, os números iam perdendo a relevância. Quanto mais eu mergulhava no mundo deles – quanto mais estudava esse grupo universalmente amado que impactou tantas pessoas, que ouvem sua própria luta na música –, menos úteis esses números começavam a parecer.

No final, meu lado nerd adulto adorador de gráficos importava muito menos do que aquelas viagens de ônibus angustiantes e agitadas.

A história do Linkin Park representa o espírito humano traduzido em poder emocional – seis caras, incluindo dois *frontmen* com estilos de vida totalmente diferentes, que se uniram na virada do milênio e se tornaram a banda de rock mais importante para a maioria dos ouvintes neste século. Chester Bennington era um garoto problemático do Arizona prestes a desistir de uma carreira musical, apesar de sua voz de ouro; Mike Shinoda era um nerd do hip-hop da Califórnia com anos de demos no quarto e um poço sem fundo de ideias. Junto a Brad Delson, Rob Bourdon, Dave "Phoenix" Farrell e Joseph Hahn, eles se uniram para oferecer uma visão diferente numa era em que o rock pós-grunge *mainstream* se dividia em alternativo desbotado e nu metal ultra-agressivo.

Quando o Linkin Park encontrou seu equilíbrio, o mundo logo notou. Para mim, *Hybrid Theory* se mantém como um dos melhores álbuns de estreia de todos os tempos, incluindo suas músicas menos conhecidas e as faixas demo, que são tão fascinantes quanto seus hits. A interação entre canto e rap de seus vocalistas, os contrastes entre as partes baixas e altas, as influências eletrônicas e de hip-hop de sua produção, o brilho pop sutil dos momentos mais pesados – tudo isso elevou o Linkin Park acima de seus contemporâneos, assim como *Hybrid Theory* apagou as linhas de gênero mais de uma década antes que as listas de reprodução de *streaming* borrassem essas fronteiras.

A partir daí, o domínio comercial: grandes sucessos em vários projetos, estreias de álbuns de seis dígitos, videoclipes onipresentes, públicos que exigiam estádios. O Linkin Park se tornou grande o suficiente para emplacar hits pop com suas empreitadas paralelas e fazer com que o maior rapper do mundo solicitasse uma colaboração. E ainda assim, embora suas músicas fossem acessíveis o suficiente para circular por toda parte, a mensagem que transmitiam era tão importante quanto seu som. Muito antes das discussões sobre saúde mental ganharem destaque na música popular, o Linkin Park abordou a luta interna dentro e fora de seu repertório, sempre de maneira ponderada e dinâmica. A vulnerabilidade nunca se esgotou; ressoa ainda mais claramente hoje, todos esses anos depois.

Percebi que, mais do que qualquer pilha de estatísticas, o legado do Linkin Park é definido por uma sensação indescritível que milhões de ouvintes sentiram em suas entranhas. Isso fez com que inúmeras pessoas se sentissem um pouco mais compreendidas e um pouco menos sozinhas.

Uma reação emocional como essa é impossível de quantificar, mas, como fã, é claro que entendo. Eu tinha 17 anos quando "Breaking the Habit", do Linkin Park, tornou-se minha música favorita na estação de rádio de rock alternativo Y100, da Filadélfia, e 23 quando vi a banda detonar o Madison Square Garden, em sua turnê mundial de 2011. Eu estava a poucas semanas do meu 30º aniversário quando Chester faleceu – um editor da *Billboard* encarregado de homenagear uma lenda perdida – e tinha 33 anos quando Mike e Joe me contaram a história de cada música de *Hybrid Theory* para um artigo sobre o 20º aniversário do disco.

Tive a sorte de escrever sobre o Linkin Park e conversar com seus integrantes várias vezes ao longo da minha carreira na *Billboard,* e continuo grato à banda e à sua equipe pelo incentivo neste projeto. Este livro apresenta uma combinação de reportagens originais a partir de entrevistas que realizei – incluindo trechos nunca antes divulgados – e citações de entrevistas publicadas anteriormente.

E, embora este projeto concilie minha exploração biográfica, análise crítica e apreciação geral do Linkin Park, nunca quis que minha voz fosse o princípio e o fim de tudo. É por isso que pedi a alguns outros artistas – parceiros de turnê, colaboradores de estúdio, músicos que orbitam no universo ampliado do Linkin Park – que compartilhassem algumas de suas memórias e percepções, que se encontram espalhadas entre os capítulos.

Quando você mergulha na história e na discografia do Linkin Park, seu impacto musical – e, sobretudo, cultural – torna-se ainda mais inegável. Absorver a riqueza de seu catálogo tem sido um dos pontos altos da minha carreira como jornalista e da minha vida como fã de música. Espero que essa paixão esteja refletida em minhas palavras.

A história completa do Linkin Park nunca foi devidamente amplificada. É hora de apertar o *play*.

PARTE I
A IDENTIDADE

CAPÍTULO 1

Tudo começa com uma apresentação em um dos clubes mais famosos dos Estados Unidos, um *set* de abertura desordenado que agora está congelado na história do rock. O show que muda a trajetória de uma banda não precisa ser perfeito. Não precisa nem ser *bom*. Mas quando, no dia 14 de novembro de 1997, o grupo que viria a se tornar o Linkin Park subiu ao palco do Whisky a Go Go, em Los Angeles, para fazer seu primeiro show juntos, uma grande performance nunca esteve nos planos.

Para início de conversa: Mike Shinoda, o rapper da banda e um dos seus líderes de fato, exibia um visual completamente absurdo.

Enquanto o restante do grupo ligava seus instrumentos e deixava que as luzes os iluminassem, Mike rondava o palco com um gorro branco puxado para baixo sobre seus cabelos pretos, óculos de proteção azuis escondendo seus olhos castanhos escuros e o microfone preso em um par de luvas brancas. Era um crime contra a moda, mesmo no auge das calças cargo do final dos anos 1990, que provocou risadas secas entre os membros da plateia que não tinham se afastado do palco para pegar outra cerveja.

Mike respirou fundo. Ele sonhava em pisar naquele palco – solo sagrado, em sua opinião – há muito tempo. E agora sua banda tinha a sorte de fazer sua estreia ao vivo ali. O Whisky a Go Go é a meca de piso pegajoso da Sunset Strip, o mesmo local com capacidade para 500 pessoas, adoravelmente manchado de suor, onde

Led Zeppelin, The Doors, Blondie e Soundgarden já haviam batido ponto enquanto atravessavam West Hollywood.

O público não estava lá para ver Mike ou sua banda, Xero, naquela noite de novembro. A atração principal era um grupo de rock de Glendale em rápida ascensão chamado System of a Down. Antes deles, tocaria o SX-10, projeto paralelo de metal alternativo de Sen Dog, do Cypress Hill. Nesse combo, Xero seria a abertura – e mais ou menos uma adição de última hora. Mike, porém, tinha passado um tempo desmesurado escrevendo músicas, simplificando as batidas e lutando com seus colegas de banda para descobrir como transformar esse momento em realidade.

E quando enfim aconteceu, ele decidiu realizá-lo num *cosplay* de Smurf.

"Eu estava usando a coisa mais ridícula de todos os tempos", Mike lembrou anos depois. "Acho que aquilo me fazia sentir mais como um artista, diferente do cara normal que eu sabia que era. Por isso, tive de me fantasiar para me animar e entrar no personagem."

Fazia pleno sentido que Mike não soubesse como se apresentar no palco naquele momento: ele era apenas um estudante universitário de design gráfico de 20 anos, não um *rock star*. Meticuloso e realista, em vez de impetuoso e desordeiro, Mike estava acostumado a tocar música com os amigos, criar batidas em seu quarto e escrever rimas controladas e marcadas pela emoção, com a esperança de um dia fazer suas próprias demos e compartilhá-las com um público amplo.

Ele era, de fato, um "cara normal" – cerebral e talentoso, mas também um dos milhares de aspirantes a músicos da Califórnia lutando por um futuro melhor. Sua banda, Xero, ainda era um esboço de rap-rock, com suas linhas de guitarra frágeis, ganchos distorcidos e rimas nebulosas que constituíam contornos soltos e ideias um tanto incompletas. Como integrante da terceira atração num *line up* dividido com outras duas bandas, como ele conseguiria que alguém prestasse atenção? Quem ele deveria ser lá em cima?

Portanto: gorro branco, óculos de proteção azuis, luvas brancas. Quando você é um cara comum, a poucos meses de completar 21 anos, e tem a tarefa de subir por pouco tempo no famoso palco em que Plant, Morrison, Harry e Cornell já fizeram mágica, às vezes uma fantasia pode ajudar a encobrir um pouco da síndrome do impostor – por mais equivocada que seja.

SEIS ANOS ANTES DAQUELA NOITE, Mike era um garoto do outro lado, um espectador em seu primeiro show, que, por acaso, foi uma das mais improváveis turnês conjuntas do início dos anos 1990.

Em 1991, o Anthrax gravou uma nova versão de "Bring the Noise", do Public Enemy, reinventando o *single* de 1988 do coletivo de hip-hop pelas lentes do thrash metal. O remix foi um sinal de apreciação mútua: o guitarrista do Anthrax, Scott Ian, usava camisetas do Public Enemy no palco durante os shows bombásticos da banda nos anos 1980, enquanto o líder do Public Enemy, Chuck D, citava o grupo de rock na letra de "Bring the Noise" ("Beat is for Eric B. and LL as well, hell/Wax is for Anthrax, still it can rock bells").[2]

Três anos depois de "Bring the Noise" ter se tornado a urgente saudação de abertura do clássico do hip-hop do Public Enemy, *It Takes a Nation of Millions to Hold Us Back*, de 1988, o Anthrax reconfigurou a música, achatando seus samples de funk e *record-scratching*[3] com a força bruta de guitarras, pratos e sirenes aéreas. Essa versão remixada de "Bring the Noise" virou um sucesso improvável, especialmente no exterior – alcançou o top 10 na Nova Zelândia e a 14ª posição no Reino Unido –, de modo que o Public Enemy e o Anthrax decidiram cair na estrada num giro conjunto.

---

[2] Beat é para Eric B e LL também, inferno/Cera é para Anthrax, que ainda detona os sinos.

[3] *Record-scratching* (ou apenas *scratching*) é uma técnica de manipulação de vinil, comumente usada no hip-hop, na qual o DJ faz o disco girar para a frente e para trás, criando um som característico de arranhão. (N. da P.)

Os dois encerravam cada show de sua turnê de 1991 juntos no palco, com a versão pronta para bater cabeça daquela música de anos atrás ressoando em milhares de ouvidos.

Aos 14 anos, Mike estava entre os espectadores, tonto de excitação, atordoado pela cena ao seu redor. Embora já estivesse imerso na música por mais da metade de sua vida, ele nunca havia experimentado algo *assim*.

Nascido em 11 de fevereiro de 1977, Michael Kenji Shinoda cresceu durante os anos 1980 em Agoura Hills, um pequeno subúrbio ensolarado nos arredores de Los Angeles, o tipo de cenário idílico para uma sequência cinematográfica arrebatadora (a abertura de *...E o Vento Levou*, na verdade, foi filmada não muito longe da casa de Shinoda). Embora seus pais, Muto e Donna, não ouvissem muita música em casa, exceto alguma trilha sonora ou canção country, Mike era incentivado a dominar a música clássica e a usar o piano da família. As aulas e os recitais começaram quando ele tinha seis anos, seguidos por apresentações num grupo de jovens local, onde cantava músicas de *West Side Story*.

Ele não gostava de nada disso. Mike preferia jogar videogame ou assistir a filmes de aventura medieval. Mas ele tinha uma mente criativa – gostava particularmente de desenhar e pintar – e instintos musicais; além disso, fazia amigos durante os ensaios.

Algumas semanas antes de Shinoda completar oito anos, no entanto, o Run-D.M.C. lançou seu segundo álbum, *King of Rock*. Um dia, um amigo tocou para ele algumas faixas da fita cassete, fisgando Mike instantaneamente.

Ainda que o Run-D.M.C. seja indiscutivelmente o grupo de hip-hop de maior impacto de todos os tempos, *King of Rock*, lançado pouco menos de um ano após seu álbum de estreia de 1984, na verdade, representou um momento de transição. Enquanto o primeiro disco do trio do Queens previa um futuro no qual o rap seria a base de um gênero dominante, o terceiro, *Raising Hell*, de 1986, se tornaria o clássico do grupo – aquele com "It's Tricky",

"My Adidas" e sua versão de "Walk This Way" – o disco que os elevou ao estrelato real. No miolo disso, *King of Rock* aumentava a proposta de rap sobre guitarras sugerida em trechos da estreia do Run-D.M.C.

O álbum inclinou-se para uma produção mais voltada ao rock, reconheceu a ascensão do hair metal e tentou levar o estilo de hip-hop de chamada e resposta do grupo para as massas. Mas, para cada som de guitarra eficaz e provocação lírica ("I'm the king of ROCK, there is none HIGHER/Sucker MC's should call me SIRE",[4] que abre a faixa-título, continua sendo o trecho mais lembrado), *King of Rock* tinha batidas pesadas que não funcionavam tão bem e frases de efeito muito piegas para serem consideradas ameaçadoras. O álbum parece um ensaio geral para *Raising Hell* e, especificamente, para "Walk This Way", do mesmo disco, na qual o Run-D.M.C. ressuscitou uma música do Aerosmith de dez anos antes, complementando seu *riff* e gancho *funky* com um novo e elegante rap. "Walk This Way" transformou o Run-D.M.C. num nome popular e basicamente tornou-se a apoteose comercial do projeto *King of Rock*.

Mike cresceu absorvendo o rap quando ainda faltavam alguns anos para ele estourar e dominar as paradas pop – uma forma ousada, em rápido desenvolvimento e predominantemente negra de música *underground* que os membros da indústria musical estavam descartando como uma moda passageira ou tentando transformá-lo em um megassucesso. A fusão de rimas e produção de hard rock fez sentido como um caminho para ampliar o apelo do rap na segunda metade dos anos 1980, enquanto músicas como "Walk This Way" e "Wild Thing", de Tone Lōc, que converteu um sample do Van Halen em um hit, chegaram ao top 10 da parada Hot 100.

---

[4] Sou o rei do ROCK/ Não há ninguém MAIOR/Os MCs ruins deveriam me chamar de SIR.

Os *mash-ups* estilísticos continuariam a evoluir em direções mais problemáticas à medida que o rap crescia; sucessos de pop-rap digeríveis de artistas como Vanilla Ice e Marky Mark and the Funky Bunch seriam priorizados nas rádios Top 40 no início dos anos 1990, cooptando o som de uma cultura negra estabelecida para um público mais amplo (leia-se: mais branco). Mas o pré-adolescente Mike sempre esteve mais interessado em se aprofundar no DNA da música rap do que em consumir suas versões higienizadas, então começou a inalar o máximo de hip-hop que conseguia encontrar.

O Beastie Boys, um trio de garotos brancos de Nova York, fez seu debute um ano após *King of Rock,* e, como um grupo de punk rock que se aproximava do hip-hop, representava o inverso do arco do Run-D.M.C., com músicas cativantes e uma credibilidade de rap que poderia servir como porta de entrada para ouvintes adolescentes como Mike. O álbum de estreia deles, *Licensed to Ill*, de 1986, foi o primeiro disco que Mike comprou com seu próprio dinheiro, seguido por LPs de LL Cool J e Ice-T. Depois disso, ele passou a explorar o blues, o jazz e a música funk, como se estivesse desnudando as influências do rap e inspecionando suas partes desmontadas.

Por volta de seus 13 anos, Mike comentou com sua antiga professora de piano que tinha vontade de tocar outros tipos de música, inclusive hip-hop. "Ela respondeu que não poderia me ajudar com isso, pois não tinha nenhum treinamento", lembrou ele. "Ela sugeriu: 'Talvez você só queira comprar um teclado e passar a aprender essas coisas por conta própria'. Achei muito importante aquelas palavras, que, sem dúvida, levaram a um momento crucial da minha vida, quando realmente adquiri um teclado. Depois comprei um sampler, comecei a fazer batidas e a brincar com MIDI [um formato de música eletrônica] e música digital."

Mike abandonou suas aulas de piano, mas pôde contar com aqueles anos de compreensão da teoria musical para criar batidas matematicamente legíveis. Nas horas em que mexia com suas produções no quarto, ele usava seu conhecimento técnico e gosto pessoal para misturar sons em formatos que o entusiasmavam: Mike pegava músicas antigas de jazz e rock, decifrava os ingredientes que as tornavam o que eram e reimaginava esses elementos como a espinha dorsal de uma batida de hip-hop.

Ele adorava Dr. Dre – o que o levava a explorar cada uma de suas músicas – numa época em que o futuro magnata superstar ainda produzia batidas para seu grupo N.W.A. e seus colegas da Costa Oeste. E parte dessa adoração vinha do dom de recontextualização de Dre. Ele tinha a capacidade de transformar elementos musicais existentes em novas formas, e, de um modo que ainda não conseguia definir, Mike também queria fazer o mesmo.

Para deixar claro, Mike não achava que seria o *próximo Dr. Dre* – ele era um garoto nerd, de uma região muito diferente do sul da Califórnia. Quando se inscreveu em um concurso de música original para piano ainda na pré-adolescência, foi com uma composição sobre Dungeons & Dragons. Mas ele era *bom*. Essa música do D&D ficou em primeiro lugar no concurso e lhe rendeu 50 dólares.

Assim, quando ele foi ao show do Public Enemy e do Anthrax em 1991 – acompanhado pelo pai de seu amigo, gritando "Turn it up, *BRING THE NOISE!*",[5] assistindo ao Anthrax desconstruir um rap em uma música de rock da maneira que ele queria desconstruir rocks em músicas de rap, maravilhado com a tenacidade dos *mash-ups*, com os corpos se jogando no *mosh* e com a velocidade das palavras que eram lançadas pelos grupos do palco e de volta para eles – Mike já tinha uma noção de que poderia fazer música. Foi nessa noite, porém, que ele começou a pensar em se tornar músico.

---

[5] Aumente o volume, VAMOS FAZER BARULHO!

BRAD DELSON ERA AMIGO de Mike desde a infância e servia como um ponto de equilíbrio para ele em muitos aspectos. Era mais barulhento do que seu amigo produtor, mais ousado onde Mike era preciso. Eles cresceram juntos em Agoura Hills e acabaram lado a lado naquele palco do Whisky a Go Go. O caminho de Brad até lá, no entanto, não poderia ter sido mais diferente.

Ao contrário de Mike, que era mais um garoto do rap, Brad tocava Metallica sem parar enquanto crescia, ...And Justice for All constantemente sacudia as janelas de seu quarto. Na pré-adolescência, trocou o trompete na orquestra da escola primária por uma guitarra, tendo algumas aulas antes de decidir a aprender sozinho. E, enquanto Mike passava os primeiros anos do Ensino Médio escondido com seu sampler, misturando Depeche Mode e Wu-Tang Clan, Brad tocava em uma banda atrás da outra, com direito a muitos shows em porões.

Para ele, tocar nesses grupos era mais uma atividade social do que uma meta para toda a vida. "Fazia aquilo como um *hobby*", explicou Brad. "Algo que eu adorava, mas nunca pensei em continuar profissionalmente."

Brad tocava guitarra em uma banda de rap-rock chamada The Pricks, cujo vocalista era Mark Wakefield, vizinho e amigo de Mike. Os membros do The Pricks conviviam com o Hoobastank, outro grupo de Agoura Hills alguns anos mais velho que eles. Brad e Mark estiveram presentes no primeiro show do Hoobastank, servindo como atração de abertura numa apresentação em junho de 1995 no quintal do vocalista Doug Robb. As duas bandas "pegaram emprestado" o equipamento de palco da Agoura High School no meio da noite para o evento, que teve a presença de 150 jovens locais apoiando a causa.

Assim que os Pricks se separaram, Brad e Mark formaram outro grupo – dessa vez com um baterista chamado Rob Bourdon, da Calabasas High School, a alguns quilômetros de distância, que odiava tocar na banda de jazz da escola, mas que soava forte o suficiente atrás do kit para ser recrutado para aquela nova configuração. Sob o nome Relative Degree, eles preservaram as técnicas gerais de rock com infusão de rap do The Pricks, porém agora se levavam a sério o suficiente para funcionar mais como um grupo de verdade do que como um passatempo adolescente.

Compuseram uma dúzia de músicas juntos, marteladas durante os ensaios na casa da mãe de Rob, e até conseguiram um show no Roxy, a poucos quarteirões do Whisky, na Sunset Boulevard, em maio de 1996. A essa altura, alguns dos membros já tinham começado a faculdade, frequentando as aulas entre os ensaios e não considerando o Relative Degree bem-sucedido o suficiente para ser um futuro viável... mas eles também estavam deixando aquela vida de banda penetrar em suas mentes e hábitos, aprendendo a compor rocks com estilo e a apresentá-los com discernimento.

Durante todo o tempo, Mike ficava observando do lado de fora. Ele ia aos ensaios do Relative Degree para acompanhar Brad e Mark, e, de vez em quando, mostrava uns samples para a banda considerar em suas músicas. No entanto, Mike ainda estava mais interessado em produzir *mash-ups* e transformá-los em batidas para rappers locais do que fazer parte de um grupo. "Sempre achamos que estávamos em dois mundos diferentes", explicou Brad.

A essa altura, Mike também havia começado a fazer rap em cima de suas batidas, mas literalmente como uma piada. Ele e Mark escreviam canções de paródia de gangsta rap como uma alternativa divertida e boba para as festas do Ensino Médio. Uma das músicas, "North Coast Killa", ironizava a rixa entre a Costa Leste e a Costa Oeste que ocorria no hip-hop *mainstream* da época, atacando, entre todos os lugares, o Canadá. E numa fita demo que eles fizeram, intitulada *Pooch Pound*, um *riff* sobre Snoop Doggy Dogg e Dogg Pound levou os adolescentes a caírem na gargalhada.

"Eles só falavam em fumar maconha e ser cafetões, duas coisas com as quais não estávamos familiarizados", disse Mike. "Como acontece com muitos garotos do subúrbio, havia um elemento de voyeurismo ali – eu nunca tinha ido a Long Beach, sabe?"

Nada disso era sério. Naquele momento, Mark já estava matriculado na California State University Long Beach, enquanto Mike seguia para a ArtCenter College of Design, em Pasadena, para estudar design gráfico e ilustração. Brad conseguiu uma bolsa de estudos para a UCLA e ingressou no curso de Comunicação, ponderando o conselho de seus pais de ir para a faculdade de Direito e suas próprias ideias de encontrar um emprego no mundo da música.

O Relative Degree parou de ensaiar depois do show no Roxy e acabou se separando. Embora o núcleo desse grupo ainda estivesse em Agoura, todos estavam crescendo e passando para a próxima fase de suas vidas. Talvez tocar em uma banda não fizesse parte disso.

Mas então algo engraçado aconteceu: Mike começou a compor músicas que não eram piadas.

Na verdade, as palavras que ele começou a rabiscar furiosamente eram quase melodramáticas, extremas em seu peso emocional de final de adolescência e declarativas em seus esquemas de rima em primeira pessoa. Mike nunca se viu como rapper, mas quando tentou escrever rimas para si mesmo, notou que tinha tanto o conhecimento de produção – conseguia fazer com que as músicas criadas em um gravador de quatro canais em seu quarto soassem profissionais – quanto a paixão. A essa altura, ele já havia *estudado* rap por anos e sabia como detalhar as nuances de uma apresentação.

Mike contou com a ajuda de Mark como coautor e conselheiro antes de os dois cantarem em dueto nas músicas criadas de forma privada. Tendo em mente aquele momento de formação do Run-D.M.C. rimando sobre guitarras de metal e o Anthrax levando o Public Enemy para o thrash, Mike colidiu estilos sem moderação, embora o som que ele estava procurando demandasse mais peso.

Após orbitar as bandas de seus amigos por anos, finalmente tinha chegado a hora de ele mesmo formar a sua.

O Xero se uniu de forma relativamente fácil. Brad ajudou Mike e Mark a criarem uma demo após algumas sessões de composição antes de se juntar oficialmente ao grupo. Na sequência, Mike mostrou as músicas a Rob, que entrou no projeto como baterista. O colega de quarto de Brad na UCLA, um estudante de Biologia chamado Dave Farrell, tocava baixo e, quando ouviu a música que Brad estava fazendo com seus amigos do Ensino Médio, perguntou se poderia participar. E Joe Hahn, um músico de Glendale com formação clássica que tinha começado a trabalhar como DJ no Ensino Médio, estudava Ilustração na ArtCenter College of Design na mesma época que Mike, subindo a bordo do Xero quando eles começaram a ensaiar, em 1997.

O coletivo pulsava: seis caras não mais meninos, mas ainda não exatamente homens, que entendiam o tipo de gênero híbrido que queriam criar e tinham as pessoas certas para fazer isso acontecer. Mike seria o rapper e o motor sonoro, enquanto Mark forneceria os vocais de rock. Brad e Rob haviam tocado, respectivamente, guitarra e bateria no Relative Degree e conheciam a sonoridade um do outro. Ter Joe a bordo permitiu que o grupo impregnasse suas performances com samples e *scratches* ao vivo – um fator importante na concepção de suas músicas.

"Havia uma meta no tipo de música que estávamos compondo naquele período, cuja diretriz básica era termos material para tocar ao vivo", Joe explicou mais tarde. As músicas do Xero precisavam "explodir num certo ponto", de modo que os elementos de rap e rock se alimentassem mutuamente e subissem a intensidade do clímax para um grupo hipotético de espectadores. "Parte do nosso objetivo era ter uma ideia pessoal que gerasse conflito", seguiu Joe, acrescentando com uma risada, "e isso foi fácil, devido à nossa idade na época e à emoção universal de não se encaixar e de angústia adolescente".

Quando os membros do Xero se sentiram confiantes de que as músicas de sua primeira demo poderiam ser levadas para o palco, eles miraram o Whisky a Go Go para tentar uma estreia ao vivo. Em seguida, tiveram de descobrir: como uma banda desconhecida consegue marcar um show?

"Em clubes dessa magnitude, você basicamente paga para tocar", disse Rob sobre o show do Whisky. "Se você conseguir vender ingressos suficientes, poderá tocar." Os seis membros então se empenharam – como a maioria ainda estava na escola, cada um tentou vender de 50 a 75 ingressos para amigos e colegas de classe, fazendo propaganda dessas entradas para o show pelo campus. "Ficamos loucos", contou Rob, "e tentamos empurrá-los para todo mundo; gente da família, não importava. Tínhamos de vendê-los a todos só para tocar lá." Felizmente, eles atingiram a meta a tempo e conseguiram uma vaga de banda de abertura na noite de 14 de novembro de 1997.

De repente, era hora do show, com o Xero pronto no palco. A banda começou a tocar.

No entanto, poucos minutos depois dos primeiros golpes de bateria de Rob e dos *riffs* iniciais de Brad, a maioria do público de calças largas no Whisky deu de ombros. Mike e Mark trocavam rimas e ganchos melódicos, Dave soltava as notas de seu baixo e Joseph Hahn intercalava *scratches* entre as brechas de ruído... mas a plateia não se importava com o esforço, preferindo se afastar para ficar conversando.

A roupa de Mike, por mais ridícula que fosse, não era a culpada. Embora não conseguissem reconhecer isso na época, *nenhuma* parte da banda – nem a formação, o nome, a presença de palco ou o som – estava totalmente formada quando eles tocaram naquela noite no Whisky. O nome (*Zero* com um *X*, para parecer mais legal do que apenas a palavra *Zero*) era esquecível. Alguns dos integrantes já se conheciam há anos e passaram por diversas bandas juntos; outros tinham se encontrado recentemente. Eles estavam cheios de energia, mas não tinham química, precisando de mais tempo para descobrir como interagir uns com os outros. E, apesar de algumas das músicas naquele show no Whisky serem promissoras, também careciam de polimento e de uma identidade mais definida.

Mesmo sem grandes alardes, o *set* do Xero deixou a banda e seus instrumentos encharcados de suor. Em certo ponto, Mike tirou seus óculos azuis, a primeira apresentação ao vivo de sua banda estava registrada. O público era escasso, mas pelo menos eles não foram expulsos do palco sob vaias – por enquanto, isso era suficiente. E, sem que Mike soubesse, alguém importante estava assistindo do fundo da plateia, com uma vaga ideia do que essa banda poderia se tornar se entranhando em seu cérebro.

"Fomos péssimos, simplesmente horríveis", admitiu Mike sobre aquele primeiro show, "mas sobrevivemos".

CAPÍTULO 2

Não havia nenhuma garantia de que o show do Whisky significaria algo a longo prazo. Os seis membros do Xero ainda estavam planejando outras carreiras e não apostavam na música como futuro. No entanto, depois de meses compondo, ensaiando e vendendo ingressos, eles desejavam que a apresentação no Whisky pelo menos significasse... *alguma coisa*. Não queriam que o show tivesse passado completamente batido – precisavam de alguém, qualquer pessoa, ao alcance dos ouvidos.

E, graças a Brad, eles fizeram algum barulho.

Algumas semanas antes do show no Whisky, o guitarrista do Xero tinha começado a estagiar na Zomba/Jive Music com Jeff Blue, gerente de criação da Zomba Music Publishing. Após Jeff dar uma palestra inspiradora como convidado na UCLA, Brad literalmente caiu de paraquedas no estágio: em uma manhã, entrou no escritório de Jeff sem avisar e esperou em sua cadeira até o representante da editora chegar ao trabalho. Quando Brad o recebeu girando na cadeira, causou um pequeno surto; foi uma clássica cena de pai zangado saída diretamente de uma tirinha de domingo de *Calvin & Haroldo*.

Mas Jeff gostou de Brad, apreciou a audácia do universitário com o cabelo encaracolado e a pretensão de declarar que sua própria banda seria mais legal do que qualquer uma de suas recentes contratações. "Vi muito de mim naquele garoto", escreveu Blue nas primeiras páginas de seu livro de memórias *One Step Closer*. Assim que Brad entregou uma fita demo do Xero para Jeff – entre uma sessão e outra auxiliando-o a promover uma cantora de R&B em ascensão chamada Macy Gray –, ele a ouviu, e ficou impressionado com a guitarra tocada por Brad e com o moleque chamado Mike, que fazia rap.

Brad mencionou a data no Whisky, na esperança de que seu chefe fosse conferir a primeira apresentação de sua banda, mas Jeff tinha um compromisso marcado para aquela noite e disse que iria na próxima vez. Na tarde do show, Jeff observou, da janela de seu escritório, Brad descendo a Sunset em direção ao Whisky e sentiu uma pontada de culpa por não poder ir. "Eu queria apoiar o Brad", escreveu ele, "então cancelei meus planos, peguei uma fatia de pizza e fui até a bilheteria".

Um milhão de pequenas situações hipotéticas precisam se tornar realidade para que uma banda seja "descoberta". A lei da média é a seguinte: para cada ato musical que é notado e capturado por um agente poderoso da indústria, inúmeros outros tocam sem serem ouvidos e nunca realizam seus sonhos. É claro que algumas das vozes que estão perpetuamente à margem não têm o talento ou as ideias necessárias para se destacar, mas muitas *são* dignas e ainda assim não conseguem chegar à fama e à fortuna. A superação requer uma reação em cadeia de decisões silenciosamente corretas, sendo que algumas podem ser controladas e muitas outras não podem. E quase nenhuma delas parece significativa no momento.

Para os membros do Xero, a lista de possíveis desvios daquela noite no Whisky a Go Go, curvas à direita que poderiam facilmente ter sido à esquerda, era interminável. E se Mike não tivesse assistido ao show do Anthrax e do Public Enemy em 1991 e sentido aquela pontada de inspiração do início da adolescência? Ou e se Brad tivesse continuado a tocar trompete em vez de guitarra no Ensino Médio, sem se importar com a obsessão pelo Metallica? Se Rob tivesse seguido na bateria da banda de jazz, em vez de participar de grupos de rock... se Mark não tivesse começado a compor músicas com Mike... se Dave tivesse um colega de quarto diferente de Brad na UCLA... se Joe não tivesse conhecido Mike na escola de arte. Mas esses pensamentos, escolhas e cruzamentos *aconteceram* – pequenas colisões de sorte e habilidade que levaram a banda de seis caras a um grande palco naquela noite de novembro.

E olha só: todas essas explosões do acaso poderiam *não* ter significado nada se Jeff Blue não tivesse decidido dar o bolo em sua amiga naquela noite.

Do ponto de vista de Jeff, no fundo da multidão desinteressada do Whisky, o Xero soava cru, o que era natural para uma primeira apresentação. Não tinham presença de palco, com certeza, e o vocalista principal não atacava as notas como deveria. Porém, a energia deles mascarava parte daquela falta de jeito, além de as músicas em si serem muito boas. Jeff não estava interessado em fazer a banda de seu estagiário estourar, mas ficou intrigado.

E, sim, Jeff também notou que Mike estava vestido como um Smurf que faz rap. E, não, isso não o dissuadiu de anotar apressadamente uma última palavra em um guardanapo no final do show: "*Potencial!*".

O Timing é *tudo* no rock 'n' roll. O show no Whisky ocorreu num ponto de formação da banda – fazendo seu primeiro show juntos, testando as músicas da fita demo do Xero, avançando em direção a uma identidade consolidada –, com uma configuração inicial dos membros e um espectador que podia detectar sua potencialidade. Mas, além disso, eles começaram sua jornada num momento exato da história do rock.

Veja desta forma: esse mesmo show poderia ter ocorrido em novembro de 1996, em vez de novembro de 1997, o que provavelmente não teria levado sequer a uma fração da onda de choque do efeito borboleta que causou. Caramba, até mesmo *alguns meses* antes desse momento, é possível – talvez até provável – que nada tivesse acontecido com os rapazes.

Em novembro de 1997, o rock estava mais diversificado e empolgante do que nunca ou absolutamente perdido no deserto, dependendo de quem você perguntasse. No início da década de 1990, o hair metal foi totalmente usurpado como a forma dominante de rock comercial – estava mais do que na hora de mudar o materialismo e o sexismo casual. Bandas como Van Halen, Def Leppard e Mötley Crüe haviam se tornado superestrelas nos anos 1980, filtrando *riffs* de guitarra por meio de refrãos prontos para a arena e personalidades excêntricas no palco. As músicas de sucesso soavam como o clipe do hit de 1988 do Poison, "Nothin' but a Good Time": cabelos loiros brilhantes, guitarras verde-limão, hedonismo de fim de semana, ridículos shows de fogos de artifício em câmera lenta.

No início dos anos 1990, entretanto, as arestas mais duras da cena já tinham sido completamente lixadas para produzir baladas que induzem ao bocejo, como "More Than Words", do Extreme, e "To Be with You", do Mr. Big. Ambas alcançaram o topo das paradas, mas a festa estava claramente chegando ao fim. "Tornou-se comercial demais", disse Dee Snider, do Twisted Sister, sobre o hair metal, em uma entrevista em 2022. "Aí tiraram o plug da tomada, sobrando apenas baladas poderosas e músicas acústicas, não era mais metal. Isso tinha de desaparecer, tinha de mudar."

O grunge – uma vertente do metal do noroeste do Pacífico com composições mais introspectivas, distorção de guitarra mais densa, ritmos turbulentos e timbres vocais mais ásperos – apresentou uma correção de curso. Ajudou o fato de os líderes do grunge serem ativos detratores do hair metal. "Eu odiava", disse Eddie Vedder, do Pearl Jam. "Odiava a aparência daqueles caras. Odiava a aparência das mulheres. Parecia tão vazio." A música deles, por sua vez, estava impregnada de realidade, e essa realidade era sombria. E foi assim que um movimento baseado no *glam*, no excesso e no artifício naturalmente deu lugar a outro que se contorcia em cabelos ensebados, roupas simples e gritos de "Come as You Are".

Embora o hair metal ainda sobrevivesse quando as bandas grunge começaram a encontrar um público no início dos anos 1990, o segundo álbum do Nirvana, lançado em setembro de 1991, foi o meteoro responsável pela sua total extinção. Após *Nevermind* explodir – rapidamente aceito como um sucesso que definiu uma geração, impulsionado pela chegada do *single* principal "Smells Like Teen Spirit" ao top 10 do Hot 100 e o apelo do vocalista Kurt Cobain "*Here we are now, entertain us!*"[6] soar *diferente de tudo* nas paradas –, os princípios do rock popular mudaram, com as gravadoras correndo para trocar as calças de couro por camisas de flanela.

A ideia de "grunge" era simples e direta o suficiente para que o apelido se consolidasse, mesmo que as bandas classificadas como grunge não gostassem do termo. Mas o videoclipe sombrio de "Smells Like Teen Spirit", o grito ecoante de Layne Staley, do Alice in Chains, a alienação social de "Jeremy", do Pearl Jam, os solos pesados de Kim Thayil, do Soundgarden – tudo isso parecia ser parte de um todo maior, vindo da mesma região dos Estados Unidos, que os fãs de rock podiam facilmente digerir e classificar.

Na verdade, o grunge foi apenas a ponta de um iceberg, o subgênero mais proeminente no meio de uma revolução muito maior do que um punhado de bandas surgidas em Seattle. O termo "alternativo", que engloba várias formas de rock *underground* vagamente definidas como de esquerda em relação ao comercial (alternativo ao *mainstream*, por assim dizer), de repente *se tornou* o *mainstream*, graças a grupos como o Nirvana e o Pearl Jam, que redefiniram o som e a aparência dos *rock stars* para a nova onda.

R.E.M., Red Hot Chili Peppers, Jane's Addiction, Sonic Youth, Nine Inch Nails, Violent Femmes, The Breeders – nenhuma dessas bandas soava *exatamente* como grunge, e algumas delas haviam

---

[6]Aqui estamos, venham nos entreter!

alcançado diferentes níveis de sucesso em suas respectivas cenas nos anos que antecederam a ascensão do gênero. Mas quando Cobain e Vedder ajudaram a derrubar os portões, o rock alternativo virou um grande negócio. O Lollapalooza passou a reunir sons e ideias díspares numa caravana itinerante de êxito comercial no mesmo ritmo que a MTV e os programadores de rádio arriscavam mais com os novatos de aparência peculiar e pouco ortodoxa. Enquanto isso, os artistas que tinham iniciado suas carreiras se rebelando justamente contra o sistema musical se viram, sem querer, no meio dele.

"Existe um mercado sério para a contracultura jovem", afirmou Perry Farrell, líder do Jane's Addiction e fundador do Lollapalooza, em 1992, época em que o festival começava a se transformar em um colosso. Em seguida, ele acrescentou: "Essa é a má notícia".

A maioria das principais bandas do *boom* alternativo não estava preparada para o estrelato do rock, muito menos para que a indústria musical as posicionasse avidamente como tal. Era como se o filme *A Vingança dos Nerds*, no qual um grupo de *geeks* universitários se une para derrotar os atletas e namorar as gostosas, continuasse a ser exibido por anos após a triunfante cena final. Os *nerds* não tinham um oponente e não sabiam como usar seu novo status de alfa.

No fim de 1993, Vedder estava se rebelando abertamente contra a MTV, se recusando a fazer shows em estádios e sofrendo uma espécie de crise de identidade. Meses depois, Cobain foi achado morto em sua casa, em Seattle.

Assim que o grunge perdeu seu maior líder, o cenário musical alternativo, que já estava pouco unido, começou a se desfazer. O rock popular se dividiu em várias direções diferentes em meados dos anos 1990: havia as bandas pós-grunge, como Stone Temple Pilots e Bush; estrelas presunçosas do pop-punk, como Green Day e The Offspring; reis do britpop, como Oasis e Blur; intrusos do ska-punk, como No Doubt e Sublime; hard rockers dos anos 1980, como Metallica e Pantera; nomes do rock universitário, como Sonic Youth e Pavement; experimentalistas amantes do pop, como Beck e Ween; e, é claro, os que mantinham a tocha do grunge, como Soundgarden e Pearl Jam.

Mesmo quando o núcleo da música alternativa se tornou grande demais para caber em uma única programação do Lollapalooza, alguns discos incríveis de rock foram lançados – *The Bends*, do Radiohead; *Post*, de Björk; *Live Through This*, do Hole; e *The Downward Spiral*, do Nine Inch Nails, saíram num intervalo de um ano e meio após a morte de Cobain, fenômenos em seus próprios mundos. Mas, assim como a vivacidade do hair metal acabou se diluindo, o rock alternativo popular se tornou extremamente seguro – e suave – durante a segunda metade dos anos 1990, com bandas que exibiam apenas um leve sopro dos vocais rasgados do grunge, mas nada da produção turva ou do peso temático que o acompanhava.

E os ouvintes devoraram esse pós-grunge familiar por toda a parte. Músicas como "Mr. Jones", do Counting Crows; "3AM", do Matchbox Twenty; "Name", do Goo Goo Dolls; e "One Headlight", do Wallflowers, transformaram os lamentos e rosnados em sons mais cativantes, fáceis de ouvir nas rádios pop e que ajudaram esses grupos a vender milhões de álbuns sem nunca subir muito o volume. É claro que ainda havia um ótimo rock correndo por fora, assim como algumas das bandas que inovaram a música alternativa estavam tocando em arenas. Mas essa foi uma época em que o Hootie & the Blowfish era citado em *Friends* e seu *Cracked Rear View* superou a venda de qualquer álbum dos, digamos, líderes do rock alternativo, como o Smashing Pumpkins. A voz forte de Darius Rucker, "I only wanna be with *yooouuu-hoooo*",[7] foi mais culturalmente inescapável do que o melhor lamento de Billy Corgan.

---

[7] Eu só quero ficar com você!

"Como movimento, nós estragamos tudo", declarou Corgan após a turnê mundial dos Pumpkins divulgando o ultra-ambicioso álbum duplo de 1995, *Mellon Collie and the Infinite Sadness*. "Deixamos a bola cair. É como se todas essas bandas tivessem criado uma sede, no início dos anos 1990, por uma nova era do rock, mas falhamos em concluí-la."

AVANÇAMOS PARA 1997. Era a melhor época, era a pior época, dependendo do quão próximo sua coleção de CDs ficava do que estava sendo tocado no dial das FMs. Porém, mesmo com o pós-grunge polido dominando as ondas de rádio, outra mudança se encaminhava: o rap-rock estava prestes a explodir.

Nos 12 anos que se seguiram a *King of Rock*, do Run-D.M.C., o rap e o rock continuaram a se estimular mutuamente em busca de ideias, coexistindo no mesmo plano da música popular. Durante anos, os rappers samplearam rocks populares – "Rhymin & Stealin", faixa de abertura do primeiro álbum dos Beastie Boys, com um título lógico, é construída em torno de um *riff* do Led Zeppelin –, pegando referências de sucessos do rap com guitarras pesadas, como "Rock the Bells", de LL Cool J.

Enquanto isso, bandas de rock passavam a incorporar cadências de rap em suas estruturas musicais, como resultado de uma mistura de apreciação artística (tal qual o Anthrax retrabalhando um hit do Public Enemy, em 1991) e, sem dúvida, de interesse comercial. Para todos os efeitos, hits do início dos anos 1990, como "Epic", do Faith No More, e "Give It Away", do Red Hot Chili Peppers, foram construídos *em torno do* rap. Entretanto, como suas rimas eram fornecidas por caras brancos numa formação de banda e cercadas de guitarras distorcidas, ambas foram tocadas à exaustão tanto nas rádios alternativas como para multidões em festivais de rock, rendendo muito dinheiro aos respectivos grupos. Apesar disso, nem todas as bandas que experimentaram esses sons tiveram sucesso imediato. Um quarteto de Los Angeles chamado Rage Against the Machine ganhou aclamação da crítica e um culto de seguidores com seu rap explicitamente político sobre uma base de metal, mas seu autointitulado álbum de 1992 levou *anos* para encontrar um público real – anos que o Rage passou na estrada, fazendo proselitismo e repetidamente provando seu valor.

O rap-rock continuou nos bastidores do rock popular, enquanto o grunge dava origem à revolução alternativa. Poderia ter ficado lá atrás para sempre, um experimento de gênero incômodo demais para o *mainstream* que engolia com alegria os *singles* do Sugar Ray. Mas algo mais estava simultaneamente acontecendo durante essa era de mudanças no rock: o rap havia entrado em sua era de ouro, uma explosão total de personalidades e ideias fascinantes.

No início da década, o rap era composto por *crossovers* pop com uma pegada de novidade – pense em MC Hammer, Vanilla Ice, Sir Mix-a-Lot. No entanto, em cinco anos, artistas como Notorious B.I.G., Outkast, 2Pac, Nas, Fugees, Lil' Kim, Snoop Doggy Dogg e Busta Rhymes entraram em cena, muitos dos quais fazendo bastante sucesso, lançando álbuns clássicos, ocupando o tempo de transmissão da MTV e tornando-se estrelas que deixavam marcas no mundo do pop, da moda e do cinema.

Esse renascimento do rap popularizado foi crucial para o desenvolvimento comercial do rap-rock. E não tinha a ver apenas com a indústria musical reconhecendo o aumento da demanda por todos os tipos de rap. O fato é que os astros do rap *eram* os novos *rock stars* – ousados e inebriantes, tocando músicas novas para os adolescentes da Geração X e odiados por seus pais, Tipper Gore e outras figuras de autoridade que pediam para que todos se rebelassem contra eles. A fragmentação da música alternativa fez com que menos artistas de rock ocupassem o centro do gênero, deixando um vácuo que foi preenchido por estrelas do rap. De repente, Puffy e Snoop passaram a controlar a direção da cultura popular, e não o Third Eye Blind, não importa quantas vezes "Semi-Charmed Life" tocasse no rádio.

Como os artistas de rap estavam definindo o tom, as bandas de rock que incorporavam seus elementos – não só os padrões de rima, mas também a produção, o estilo e o magnetismo geral – começaram a tocar para multidões maiores e a ser descobertas pela indústria musical. O segundo álbum do Rage Against the Machine, *Evil Empire*, de 1996, vendeu 250 mil cópias em sua primeira semana, e, no ano seguinte, a banda estava abrindo para o U2. O Korn, grupo de metal de Bakersfield, Califórnia, que adotou batidas de rap e a moda hip-hop enquanto cantava sobre a agonia doméstica, também estreou na lista dos dez mais vendidos em 1996, com seu álbum *Life Is Peachy,* e ainda levou o Limp Bizkit, um novo grupo impetuoso com seu próprio culto de seguidores, para acompanhá-los na estrada.

Essas bandas abordaram o rap-rock de maneiras diferentes – a fúria alienada do Korn nunca entrou em sintonia com a retidão social do Rage. Além disso, houve uma certa sobreposição com o *boom* da música eletrônica, no qual grupos como Prodigy e Chemical Brothers enfatizavam a produção digitalizada e misturavam gêneros de forma agressiva. De qualquer forma, o impacto do hip--hop era evidente em todos os setores, e, em 1997, as gravadoras estavam trabalhando duro para transformá-los em estrelas híbridas.

Já os membros do Xero não pensavam em nenhuma dessas grandes maquinações da indústria. Estavam apenas apertando o *play* na música que gostavam e trocando suas faixas favoritas com os amigos.

"Eram as diferenças no que ouvíamos que nos influenciavam", explicou Mike posteriormente. Ele e Mark "gostavam muito dos mesmos grupos, mas ele me apresentava músicas mais baseadas em guitarras. Foi quem me introduziu ao Rage Against the Machine, Red Hot Chili Peppers, Nirvana e Pearl Jam. E eu lhe mostrei Biggie, 2Pac, Mobb Deep e Wu-Tang".

Essas influências tão discrepantes são evidentes nas primeiras demos do Xero. "Reading My Eyes" começa como uma exibição de rap de Mike: operando sobre um sample das cordas de "Why You Treat Me So Bad", do Club Noveau, ele faz uma lista de ostentações ("The microphone molester, machete undresser/ Stupid-dope-fresh-type shit resurrector/ Top gun, Miramar best--of-the-best-er/ The leave-an-MC-peace-in-rest-er")[8] que lembra o esquema de rimas de Inspectah Deck no clássico de 1997 do Wu-Tang Clan, "Triumph". Em seguida, a música muda completamente, se transformando num rock mais pesado, com a voz de Mark adotando o estilo Vedder no trecho "Reading my eyes will say it in many ways!".[9]

Músicas como "Fuse" e "Stick N Move" seguem a mesma linha, com a empáfia rap de Mike sobreposta ao canto angustiado de Mark, em meio a uma produção imponente. A música é um pouco errante, as letras são vagas, meio desajeitadas e nenhum dos vocalistas parece muito confortável. Mas o projeto começa a se encaixar na música de destaque da demo, "Rhinestone".

Com um *riff* de guitarra arrasador de Brad e alguns truques habilidosos de Joe nas pick-ups, Mike e Mark se aproximam no refrão, depois se afastam para dar espaço um ao outro, permitindo que cada um expresse suas emoções em pontas separadas da música. O rap flui suavemente e o vocal tem peso. "Rhinestone" foi a faixa mais polida do Xero, o som de uma banda que está lutando por seu potencial artístico.

Jeff Blue também ouviu isso em "Rhinestone" – foi a música que o conquistou quando assistiu à banda em seu primeiro show no Whisky a Go Go. Jeff havia recentemente assinado contratos com o Korn e o Limp Bizkit; ele entendia a direção que o rock estava tomando naquele momento. E, embora o Xero ainda tivesse muitos detalhes que pediam refinamento, eles tinham entrado

---

[8]O molestador de microfone, despidor de machete/ Tipo ressuscitador estúpido cheio de fumo de merda/ Top gun, Miramar melhor dos melhores/ O que deixa os MCs em paz.

[9]Ler meus olhos vai dizer tudo de muitas formas!

na indústria musical num momento em que a energia crua de seu som era uma mercadoria em alta, anos de reviravoltas no gênero que levaram a um alinhamento nas estrelas.

Após a apresentação, Brad chamou Jeff para conhecer o restante da banda nos bastidores; dois dias depois, o Xero foi convidado para uma reunião em seu escritório. Uma semente importantíssima havia sido plantada.

Enquanto isso, seu vocalista principal – que nenhum deles conhecia ou poderia prever – ainda estava em um lugar distante.

CAPÍTULO 3

Chester Bennington estava bem além da fase demo naquele momento. Quando seus futuros companheiros de banda se reuniram para estrear suas primeiras músicas para um público cada vez menor, ele já havia se apresentado para milhares de pessoas em todo o Arizona, lançado dois álbuns e dominado o palco por quase meia década. No calor seco de Phoenix, no final dos anos 1990, Chester era um herói brilhante – não exatamente um *rock star*, mas perto o suficiente para que os locais o considerassem como tal.

No entanto, ele estava pronto para deixar tudo para trás. Não *queria* ser herói. Em vez disso, estava pensando em vender casas.

"Basicamente, eu havia decidido me aposentar da música", explicou Chester. "Tinha um emprego no setor imobiliário e pensei que, embora provavelmente ainda fizesse músicas por diversão, precisaria encontrar outra coisa para trabalhar em tempo integral."

Essa ideia parece impossível agora: Chester Bennington largando para sempre o microfone que segurava com mais força do que qualquer um, trocando-o por um terno e uma gravata, conversando com jovens casais sobre bairros com boas escolas e impostos baixos. E lembre-se: Chester só tinha 22 anos, o que, para a maioria das pessoas, era cedo demais para se acomodar num emprego burocrático e relegar os sonhos a um lazer de fim de semana.

No final de 1998, porém, ele estava convencido de que não havia nascido para a agitação incessante do mundo da música. Ao longo de cinco anos, tinha vivido profissionalmente – e por mais tempo ainda em termos pessoais – num caos mal controlado. Aos 22, Chester já havia superado o que a maior parte das pessoas experimenta em uma vida inteira. Ele queria fazer música, mas, acima disso, precisava de uma base sólida sob seus pés.

Grey Daze, a banda que Chester liderou durante a maior parte de seus primeiros dias na música, nunca representou essa estabilidade para ele. O grupo de Phoenix contratou Chester, de 17 anos, como vocalista em 1993, graças a uma conexão anterior dele com o baterista Sean Dowdell, com quem havia tocado brevemente na banda Sean Dowdell and His Friends?. O Grey Daze passou por constantes mudanças de integrantes, trocando de guitarristas e baixistas praticamente todos os anos até chegar a Bobby Benish e Mace Beyers, em 1995. E sempre que *conseguiam* estabilizar uma formação, o Grey Daze se apresentava sem parar: tocava em bares, restaurantes, eventos privados e shows em galpões, levantando poeira no deserto e tentando atrair ouvintes em dias escaldantes e noites sombrias.

Por fim, o trabalho árduo valeu a pena, mas somente de modo parcial. O Grey Daze gradualmente se tornou uma banda popular dentro dos limites de sua cidade, mas não teve nenhuma repercussão fora dela. Ainda assim, se você estivesse envolvido no cenário do rock de Phoenix em meados dos anos 1990, conhecia a voz de Chester, talvez tivesse ouvido suas músicas na KUPD-FM e provavelmente tivesse assistido a uma de suas apresentações abrindo para uma banda maior no Electric Ballroom, em Scottsdale. Mesmo quando não era a atração principal, o Grey Daze seduzia o público, com os membros da banda "dando autógrafos desde o momento em que terminávamos de tocar até o fechamento do local", contou Chester.

Infelizmente para eles, esses shows nunca resultaram em um contrato de uma grande gravadora que teria apresentado a banda a ouvintes fora da grande área metropolitana – nenhum Jeff Blue esperando no fundo de um show do Grey Daze, rabiscando

"Potencial!" num guardanapo. E assim, aquela rotina continuou, continuou e continuou.

O Grey Daze gravou e lançou dois álbuns de forma independente, *Wake Me*, de 1994, e ...*No Sun Today*, de 1997. As duas capas dos CDs mostravam um surrealismo de Photoshop (um caracol escurecido em uma praia à noite; uma mulher de macacão caminhando em um campo à noite) com os títulos sobrepostos. Chester foi o principal compositor de quase todas as músicas. "Tínhamos um som sujo", lembrou ele anos mais tarde, "e, embora eu tenha orgulho das músicas, não havia nada de muito original na maioria delas."

É uma avaliação justa: os dois álbuns lançados pelo Grey Daze estavam repletos de música grunge competente e sem identidade, aquele tipo de canção razoável, porém genérica, que poderia ter inspirado um bom *mosh pit* na maioria das noites, mas nunca permaneceria em um aparelho de som por muito tempo. A fórmula era clara em faixas como "What's in the Eye", "Sometimes" e "Soul Song": começava com um *riff* de guitarra contemplativo, Chester exibia vulnerabilidade no verso inicial ("Sometimes, things just seem to fall apart/ When you least expect them to",[10] ele conclui com tristeza em "Sometimes"), depois entrava um refrão espalhafatoso cheio de guitarras agitadas e gritos estridentes.

Eficaz o suficiente para um ouvinte casual, especialmente se você estivesse atrás de grupos que não fossem o Soundgarden ou o Stone Temple Pilots, mas que soassem muito parecidos com eles. O problema é que o Grey Daze não tinha os ganchos ou a personalidade dessas bandas e, portanto, não conseguia se distinguir como algo mais do que uma fotocópia local de um movimento nacional. E sempre que a banda *tentava* ampliar sua estética – "She Shines" remete ao industrial com um ritmo apático; "B12" busca a urgência política, mas soa mais próxima de um fórum de teoria da

---

[10]Às vezes as coisas simplesmente parecem desmoronar/ Quando você menos espera.

conspiração discutindo "We Didn't Start the Fire" –, os resultados eram ásperos e fragmentados ou simplesmente pouco atraentes.

Se o Grey Daze tivesse surgido alguns anos antes, poderia ter pegado carona no foguete da música grunge do início dos anos 1990 e se tornado uma estrela nacional. Mas quando a banda fez seu primeiro show, em janeiro de 1994, no Thunder & Lightning Bar & Grill, em Scottsdale, faltavam apenas alguns meses para a morte de Kurt Cobain, a tragédia que efetivamente desintegrou o domínio do grunge sobre o rock popular. O Grey Daze teve de se virar sozinho durante a revolução do rock alternativo em sua carreira de cinco anos até 1998, uma banda grunge perdida num mundo pós-grunge. Eles acabaram ficando ultrapassados durante esse período por grupos que podiam comercializar seus *singles* para o público pop e por artistas alternativos que estavam ampliando os limites do rock popular.

Da mesma forma que o Xero apareceu inconscientemente na hora certa do nascimento do rap-rock, o Grey Daze chegou à festa do grunge com alguns anos de atraso. Era a diferença entre a fantasia do rock 'n' roll – turnês nacionais, sucessos de rádio, capas de revistas – e a realidade de Chester trabalhando num Burger King em 1996 como forma de ganhar dinheiro suficiente para viver entre os dois álbuns do Grey Daze.

Chester, que tinha menos de 21 anos durante a maior parte de seu tempo no Grey Daze, ainda não estava pronto para liderar uma banda em direção a objetivos grandiosos ou criar músicas que continuassem ecoando após o último *riff*. Se você ouvisse com atenção, no entanto, poderia perceber que ele tinha uma habilidade natural.

"Sickness", uma música de ...*No Sun Today* que Chester compôs com Dowdell, apresenta uma performance vocal que soa como o protótipo de uma lenda do rock dotada de cinco habilidades: canto melódico nos versos, um turbilhão de intensidade no refrão, interação com a percussão, sílabas alongadas em um efeito ascendente e todas as partes gravadas de forma limpa para o máximo impacto.

A voz de Chester se enrosca em um rosnado ferido em "Sickness" e depois sacode as paredes; a música é boa, mas a pessoa que a canta – seu alcance e sua aptidão para se tornar um *rock star* – é especial e está claramente angustiada.

"*I need more*", Chester pede no refrão. "*Can you help me?*"[11]

QUANDO ESTAVA NA QUARTA SÉRIE, Chester Charles Bennington sonhava acordado com um avião a jato pousando no pátio de sua escola. Uma multidão se reunia ao redor, a porta do avião se abria e saíam os integrantes de uma de suas bandas favoritas: Depeche Mode.

Assim que tocavam o chão, os pioneiros do synth-rock britânico o procuravam em meio ao aglomerado de crianças, apontavam para ele e anunciavam para o restante da escola que precisavam de Chester, e somente Chester, para ser o quinto membro da banda. "Acho que o meu sonho", admitiu quando adulto, "era realmente entrar para um grupo com vários cantores".

É uma fantasia comum a qualquer jovem fã de música: sua banda favorita entra em sua vida porque precisa de sua ajuda para tocar! É também, é claro, o tipo de fantasia que prioriza a fuga.

Aparentemente, a adolescência de Chester não foi muito diferente da de Mike Shinoda, que era um ano mais novo e estava a 650 km de distância. Um garoto magro, de queixo pontudo, cabelos levemente encaracolados e óculos redondos de grandes dimensões, Chester começou a cantar no teatro musical de sua escola mais ou menos na mesma época em que Mike apresentava músicas no grupo de jovens. Chester achava que tinha uma boa voz, mas o que ele realmente adorava era atuar; fazia apresentações desde os quatro anos de idade, cantando e interpretando o filme *Popeye* inteiro para sua família ou para quem quer que estivesse em sua

---

[11] Eu preciso de mais/ Você pode me ajudar?

casa no momento. O teatro era "o que eu, de fato, achava que faria profissionalmente", disse mais tarde – desaparecendo em papéis, fingindo ser outra pessoa.

Embora o teatro fosse seu primeiro amor, ele também era um letrista em formação e, em seu quarto, escrevia músicas e poemas. Por volta da mesma idade em que Mike passou a consumir todo e qualquer tipo de hip-hop, Chester se apaixonou pelo The Doors e aprendeu todo o seu catálogo. Aos poucos, ele trocou o convívio com os garotos do teatro pela cena musical local. Em Agoura Hills, os amigos e futuros parceiros de banda de Mike invadiram sua escola de Ensino Médio para roubar equipamentos de palco para um show no quintal. Enquanto isso, em Phoenix, Chester entrou numa igreja e roubou um microfone para poder tocar com um amigo que tinha uma guitarra. Ele não considerava isso um roubo; achava que estava cometendo uma intervenção divina.

E é aí que os paralelos terminam. Os pais de Chester, um detetive chamado Lee e uma enfermeira de nome Susan, divorciaram-se quando ele tinha 11 anos. Embora Chester fosse o caçula de quatro filhos, seu irmão e sua irmã mais velhos já tinham saído de casa e sua outra irmã raramente estava por perto. Chester vivia com seu pai, que investigava crimes sexuais contra crianças na área metropolitana de Phoenix e fazia turnos duplos com frequência. Quando entrou na adolescência, Chester ficava muito sozinho em casa ou tentando aliviar a tensão com o pai. "Ele estava endurecido por lidar com a merda do mundo todos os dias", explicou Chester. "Então acabava trazendo muito daquilo para casa."

Chester nunca sofreu nenhum abuso causado por alguém de sua família. Mas, sendo sincero em suas primeiras grandes entrevistas, revelou ter sido molestado por anos – durante alguns dos mais formativos de sua vida.

"Comecei a ser molestado quando tinha cerca de sete ou oito anos", disse ele. "Foi por um amigo que era alguns anos mais velho do que eu. A situação passou de uma curiosidade sensível, do tipo 'o que essa coisa faz', para uma violação total e maluca. Eu era espancado e forçado a fazer coisas que não queria. Isso destruiu minha autoconfiança."

Chester nunca contou nada a ninguém até tempos depois, com muito medo de admitir o que estava acontecendo com ele. As agressões sexuais continuaram até seus 13 anos. Naquela época, odiava todos em sua família: sua mãe pelo divórcio, seu pai por ser emocionalmente indisponível, seus irmãos por nunca estarem por perto. Foi a música quem o ajudou a lidar com a situação – ele se sentia confortado pelas vozes de Dave Gahan, Morrissey, Robert Smith e Al Jourgensen, pessoas de fora que cantavam com orgulho sobre seu distanciamento da sociedade moderna – ainda assim, não foi o suficiente para curá-lo de verdade. Com seu espírito cortado ao meio, ele precisava de algo para se sentir inteiro.

E assim, sem ninguém por perto para lhe impedir, Chester mergulhou em um abismo de drogas e álcool numa época em que a maioria dos jovens de sua idade estava concentrada em testes de álgebra e atividades extracurriculares. "Eu me sentia muito mais confiante quando estava chapado", admitiu ele, olhando para trás. "Sentia que tinha mais controle sobre meu ambiente quando tomava alucinógenos ou bebia."

Quando perguntado que tipo de drogas havia consumido no início da adolescência, Chester respondia: "Tudo". Era sobretudo ácido, mas quando ele e seus amigos não conseguiam arranjar, recorria ao *speed*, relativamente mais barato e eficaz. Chester também se envolveu com cocaína, cogumelos e pílulas, além de maconha e álcool. Em um dia normal, ele e seus amigos enchiam um purificador de metanfetamina e cheiravam cocaína, depois usavam ópio para se acalmar.

Enquanto estava chapado, Chester ainda pensava em música; ele e seu amigo Jason Abner entravam em festas locais com um violão surrado e um microfone roubado, cantando músicas do The Doors como "Crystal Ship" e "L.A. Woman", mal conseguindo se lembrar dos detalhes, então, naturalmente, presumiam que estavam arrasando. Perdido em substâncias a essa altura, Chester esperava que seu próprio abandono imprudente evocasse o de Jim Morrison, com as noites nebulosas se misturando para produzir uma arte crua e sem polidez. A verdade era que os shows regados a drogas de Chester eram péssimos – ele mal conseguia funcionar, quanto mais fazer um bom show –, mas os nervos vigorosos de sua voz soavam bem, mesmo naquele estado.

Em 1992, Sean Dowdell, o irmão mais velho de um garoto chamado Scotty, que sempre tocava em garagens com Jason e Chester, convidou este para fazer um teste para uma banda que estava montando. Embora Chester tivesse só 16 anos, quase três anos mais jovem do que todos os outros integrantes, alguns segundos cantando "Alive", do Pearl Jam, foram suficientes para convencer Sean e seus colegas de que haviam encontrado seu *frontman*.

Sean Dowdell and His Friends? tocou pela região de Phoenix em 1993, fazendo *covers* de "I Wanna Be Sedated", dos Ramones, e "Would?", do Alice in Chains, além de algumas canções originais, em festas de fraternidade e armazéns. A banda acabou gravando uma demo com três músicas próprias e produziu 200 fitas cassete, tendo metade chegado às mãos de apoiadores locais e metade destruída pelo calor do Arizona. Foi o mais longe que Sean Dowdell and His Friends? chegou, em grande parte porque seu vocalista vivia chegando atrasado aos ensaios e se metendo em problemas na escola por causa das drogas. Por fim, Chester foi expulso da sua primeira banda. Já o restante do Sean Dowdell and His Friends? se separou logo depois.

Aos 17 anos, as drogas haviam devastado completamente Chester, um garoto magro cujo corpo havia perdido qualquer aparência de robustez. Certo dia, ele apareceu esquelético na casa da mãe, que o proibiu de colocar os pés para fora até que ficasse limpo. Parar de tomar metanfetamina de uma vez produziu uma dor lancinante em Chester, um fenômeno físico agonizante que ele tentou aliviar com maconha e álcool. "Nos últimos anos", disse ele, "a bebida passou a dominar minha existência." A recuperação nunca é uma linha reta. Mesmo quando os efeitos devastadores das drogas pesadas sumiram de sua vida, o vício mudou de forma, voltou e o atormentou, sempre presente.

Mas, mesmo nesses momentos de escuridão, Chester ainda podia ouvir o chamado do palco. Quando Sean Dowdell and His Friends? se dissolveu, Sean decidiu formar outro grupo e deu outra chance ao talento de Chester, apenas alguns meses depois de sua última banda ter fracassado. Após meses procurando um vocalista, os membros da recém-formada Grey Daze ainda precisavam de uma voz emotiva no centro; Chester, por sua vez, precisava sair do inferno em que estava mergulhado há muito tempo. O palco seria sua fuga.

CONSIDERANDO O QUE HAVIA EXPERIMENTADO em seus primeiros anos de vida, Chester poderia ter ficado implacavelmente ressentido com a situação em que se encontrava, um velho amargurado no corpo de um jovem de 18 anos. O fato de ter sobrevivido a essa infância tumultuada com seu bom humor e graça intactos é um pequeno milagre.

Durante os primeiros anos em que se apresentou em bandas, Chester era frequentemente descrito como calmo e gentil, apaixonado, mas sem um grande ego, um bom garoto que gostava de cooperar e podia rapidamente se meter em problemas (como, por exemplo, roubar um microfone de uma igreja) e ser perdoado com a mesma rapidez. Sua voz também estava se tornando mais aguda e refinada à medida que o Grey Daze desenvolvia um público fiel. Ele estava longe das drogas, mantinha um emprego no Burger King durante os dias de folga, tentava descobrir como atuar no palco à noite e explorava constantemente os contornos singulares de sua voz.

"Ninguém nunca ouviu nada parecido com ele", disse Rob Rogers, que coproduziu a demo de Sean Dowdell and His Friends?. Além da técnica vocal, Rogers acrescentou: "Ele também tinha uma habilidade natural para se apresentar".

Em janeiro de 1996, Chester estava no palco quando conheceu sua futura esposa, Samantha Olit, cujo rosto ele notou em meio à plateia de um show do Grey Daze no Club Rio, em Tempe, e não conseguiu mais parar de olhar. "Quase o tempo todo, em cada música que ele cantava, era como se estivesse mandando um recado diretamente para mim", relembrou Samantha em seu livro de memórias, *Falling Love Notes*. Dois meses depois, Chester pediu Samantha em casamento no palco. Enquanto se apresentava no Electric Ballroom, o Grey Daze começou um *cover* do hino power-punk do Dramarama, "Anything, Anything", então Chester olhou para sua futura esposa e se deteve na frase da música "Because you married me, married me, married me".[12]

No início, havia um magnetismo na persona de palco de Chester, cheio de tatuagens e ossos na frente de um microfone. Sua arte não era das mais polidas, mas o modo como ele conseguia aproveitar seus problemas pessoais e canalizá-los num show proporcionava uma sensação natural de liberação, um poder que ecoava no público. Com o passar dos anos, porém, a plateia do Grey Daze não se expandiu a ponto de impulsioná-lo para além da cena local.

Chester adorava seus companheiros de banda e continuaria próximo a eles nos anos seguintes. Entretanto, em 1998, um ano após o lançamento do segundo álbum do Grey Daze ...*No Sun Today*, as brigas aumentaram. Chester sentia que o restante da banda não o incluía nas decisões de negócios, continuando a tratá-lo como o membro mais jovem e sem voz. Um terceiro álbum foi planejado, mas nunca gravado. Enquanto isso, o som grunge

---

[12]Porque você se casou comigo, se casou comigo, se casou comigo.

do grupo, gênero já em declínio em nível nacional quando se formaram em 1994, estava agora totalmente fora de moda. Um dia, Chester avisou Samantha que estava indo para o estúdio-garagem do Grey Daze com seu pai para empacotar seu equipamento e sair da banda.

Quando o Grey Daze finalmente ficou para trás, Chester brincou um pouco com música eletrônica com um amigo em Phoenix, mas os horários conflitantes dificultaram a realização de algo significativo. Sua frustração cresceu. "Ele gritava e esbravejava: 'Não vou mais fazer música!'", disse Samantha. Ela convenceu o marido a ensaiar pelo menos uma hora por dia e a estar preparado caso surgisse uma chance – como um atleta sem contrato que se mantém em forma enquanto aguarda a ligação de um time em necessidade.

Chester era talentoso, ainda jovem e já carregava uma certa experiência com os palcos depois de cinco anos fazendo shows. Ou seja, fazia sentido ele continuar a se dedicar à música e esperar que algo surgisse em seu caminho. Por outro lado, era um homem casado, precisava de um emprego estável, estava se recuperando de um trauma e se sentia exausto. Antes de seu casamento com Samantha, Chester soube que era o pai biológico de Jaime, filho de sua namorada do Ensino Médio, Elka Brand. Embora Elka fosse a principal responsável pelo menino, a paternidade inesperada gerou novas responsabilidades para Chester. Ele foi contratado como assistente numa empresa de serviços digitais – um trabalho normal para a vida normal que almejava –, e mentalmente passou a esquecer seus sonhos de ser *rock star*.

Em 20 de março de 1999, Chester acordou em seu 23º aniversário acreditando ter se aposentado da música. E estava em paz com essa decisão. Ele e Samantha tinham acabado de voltar para Phoenix de uma viagem ao México com um grupo de amigos – tinham alugado casas perto da água, feito fogueiras, andado de moto e comido lagosta grelhada –, e ela decidiu convidar alguns amigos para a casa deles para uma minifesta-surpresa para o marido.

O telefone tocou três vezes. Samantha atendeu, colocando a mão sobre o ouvido para bloquear a música da festa. Depois de um minuto, passou o fone para Chester, com a música ainda tocando entre eles. A voz do outro lado da linha falou a Chester sobre uma banda de Los Angeles chamada Xero. Eles estavam procurando um novo vocalista.

CAPÍTULO 4

Para a esmagadora maioria dos grupos musicais, o vocalista principal representa a cabeça – o rosto na frente do palco, a voz no rádio, a persona que profere as palavras que repercutirão entre os ouvintes – e o restante da banda é o corpo, apoiando a mensagem e permitindo seu movimento. Portanto, a troca de um vocalista corre o alto risco de alterar toda a substância que torna uma banda especial. Trata-se de uma transição irreversível e possivelmente perigosa.

Embora o Xero não tenha sido criado em torno de um vocalista como a maioria das bandas, no final de 1998, essa era a mudança que eles precisavam fazer.

Na teoria, Mark Wakefield era o vocalista perfeito para o Xero. Para começar, ele tinha muita história com seus companheiros de banda. Morava em frente à casa de Brad em Agoura Hills e era amigo de Mike desde que eram pré-adolescentes, ensinando-lhe "música baseada em guitarra", como ele descrevia, de bandas como Deftones e Rage Against the Machine, enquanto Mike, por sua vez, passava a Mark seus discos favoritos de hip-hop.

Além de seus anos de experiência como *frontman* na era pré--Xero – fazendo shows com The Pricks e Relative Degree e desenvolvendo a química com Brad e Rob sob as luzes do palco –, Mark também compunha músicas com Mike nos bastidores. Foi ele quem o incentivou a expandir sua mecânica numa mesa de mixagem reformada no canto de seu quarto, até que um dia, de repente, eles estavam coliderando uma banda, fundindo suas respectivas influências em um único som.

E Mark não estava apenas no lugar certo na hora certa: ele também possuía uma compreensão intrínseca da dinâmica do rock pesado (que, de fato, definiria o resto de sua carreira). É possível ouvir seu conhecimento em demos como "Rhinestone", "Stick N Move" e "Reading My Eyes" – todas escritas por ele em parceria com Mike –, com seus ganchos de rock nítidos baseados no grunge (Mark era um grande fã do Nirvana e do Pearl Jam) que criavam um equilíbrio com o rap de Mike. Há um motivo pelo qual várias demos do Xero com o nome de Mark nos créditos se tornaram músicas do Linkin Park, ouvidas em *streaming* dezenas de milhões de vezes. Elas simplesmente *funcionavam*.

Se você visse Mark caminhando em direção a um microfone, também presumiria que aquele cara sabia interpretar o papel. Ele era alto e bonito, geralmente exibindo um sorriso encantador e um pouco de barba por fazer. Mark exalava uma confiança que convenceu os primeiros apoiadores do Xero, bem como seus parceiros de banda, de que ele poderia ser um *rock star*.

Mas então, com frequência, Mark abria a boca e a fantasia evaporava. Como Mike disse de forma sucinta muitos anos depois: "Ele não era cantor".

O problema envolvia tanto habilidade técnica quanto singularidade. Como *frontman* do Xero, Mark atuava como um cantor grunge adequado à frente de uma banda especial, do mesmo modo que o Grey Daze era um grupo grunge aceitável com a voz excepcional de Chester. Mark conseguia mergulhar nos ganchos das músicas do Xero, confiando no seu conhecimento musical para fazer com que versos cortados soassem bem ("From the TOP! To the BOTTOM!",[13] esmurra na abertura de "Rhinestone") e alon-

---

[13]Do topo ao fundo!

gar palavras com um cantarolar enrolado ("In a minute, you'll find *meeeeee.../ Eyes burn me uuuuuuup*",[14] lamenta no pós-refrão). Porém, ouvindo atentamente, é possível perceber a tensão – uma base vocal fina e uma entrega frágil, como se Mark tivesse de cantar o mais alto possível para encobrir a falta de aptidão física.

É claro que muitas lendas do rock não eram vocalistas tecnicamente treinados, incluindo alguns dos heróis grunge de Mark, como Kurt Cobain e Eddie Vedder, mas foram capazes de complementar sua falta de técnica clássica com estilos únicos que aproximaram os ouvintes. Mark, no entanto, nunca encontrou esse elemento especial. Como *frontman*, é possível se manter por um tempo se você tiver uma imagem atraente e entender as nuances sonoras, mas quanto mais alto subir na escada, mais precisará de um poder real e distinto para continuar subindo. E quando o Xero entrou no ecossistema de alta pressão da indústria musical, não demorou muito para que as deficiências de Mark se tornassem dolorosamente claras.

"Nunca fingi que conseguiria fazer os vocais sozinho", admitiu Mark mais tarde. "Tinha ótimas melodias na minha cabeça e não conseguia transmiti-las."

Após a apresentação no Whisky, em novembro de 1997, Jeff Blue fez pressão para que o Xero conseguisse um contrato de desenvolvimento com a Zomba Music Publishing. Como observou em *One Step Closer*, Jeff chamou seu amigo surfista Danny Hayes para atuar como advogado no acordo e evitou que levantassem suspeitas sobre a ideia de assinar com a banda de seu estagiário (sobretudo porque ele ainda estava tentando fazer com que Macy Gray se tornasse uma artista popular). O contrato de publicação demorou meses para ser assinado – em tese, os membros do Xero estavam discretamente procurando outras ofertas, até mesmo atrás

---

[14]Em um minuto você vai me encontrar/ Olhos me queimando.

de contratos com gravadoras, apesar de terem feito só um show juntos –, mas, por fim, a banda concordou em se juntar à Zomba. Logo depois, Jeff organizou uma sessão de estúdio com Darryl Swann, que já estava produzindo e compondo com Macy.

Em 25 de agosto de 1998, Mark entrou no Paramount Recording Studio, no Santa Monica Boulevard, vestindo uma camiseta branca extragrande e com um olhar nervoso. Ele ficou maravilhado com as placas nas paredes – "ABC", do Jackson 5, havia sido gravada no Paramount, assim como discos de Frank Zappa, N.W.A. e Guns N' Roses – e manteve a cabeça erguida ao encarar o calor abafado das luzes do estúdio. Depois que Darryl ajudou a gravar a faixa, Mark entrou na cabine vocal e começou a cantar. Infelizmente, as notas que saíram não tinham paixão nem personalidade.

O estresse começou a tomar conta de Mark. Aquela não era a mesma experiência de gravar demos no quarto com seu melhor amigo; era uma tentativa claustrofóbica de alcançar a fama, ofegando entre paredes sagradas. Dolorosamente constrangido, Mark pediu a todos – o restante da banda e até Jeff – que saíssem do estúdio e ficassem no saguão enquanto ele gravava seus vocais com Darryl. O dia foi passando. Todos continuaram à espera.

Por fim, Darryl saiu da cabine de gravação e encurralou Jeff do lado de fora do estúdio. "Já se passaram algumas horas." O produtor fez uma careta, transmitindo as más notícias como se fosse um médico dando um prognóstico fatal. "E receio que ele não esteja melhorando."

APESAR DA EXPERIÊNCIA DE GRAVAÇÃO aquém do ideal, Mark não foi expulso da banda após a sessão. O Xero fez pequenas performances locais no outono de 1998, incluindo um show de Halloween numa república em Long Beach, onde estava presente o representante de A&R da Virgin Records, Danny Goodwin. O grupo também realizou uma apresentação, em novembro, para o representante de

A&R da Reprise/Warner, Matt Aberle. A avaliação era unânime: o vocalista era estridente, o vocalista precisa ser trabalhado, a banda seria promissora se o vocalista conseguisse se sair bem. Ainda não havia muitos olhos voltados para o Xero, mas Mark começava a sentir a pressão. "Ele tinha úlceras loucas e outras coisas do gênero por causa do estresse de fazer as coisas da banda", lembrou Mike. "Ter de subir ao palco o deixava fisicamente enjoado."

Tudo o que estava se acumulando dentro de Mark chegou ao ápice em 10 de dezembro de 1998. Os integrantes da banda tinham reservado um *showcase* para gravadoras no Whisky a Go Go – um momento que fecharia o círculo iniciado em seu primeiro show no ano anterior. Ao fazer isso, a banda estava indo contra as recomendações de Jeff e Danny Hayes, que estavam tentando fechar um contrato com a Geffen Records, sem necessidade de apresentação, e sabiam que o show do Xero precisava de muito trabalho para provocar uma guerra de ofertas.

Entretanto, o grupo acreditava que havia criado um burburinho suficiente na indústria naquele momento para garantir uma apresentação para todas as grandes gravadoras. E eles estavam certos: 13 meses após tocar no Whisky para um público escasso e apático, o Xero voltou ao mesmo local naquela noite de dezembro com executivos icônicos, como Clive Davis, da Arista; Tommy Mottola, da Sony Music; Polly Anthony, da Epic Records; e Guy Oseary, da Maverick Records, na plateia. Essas eram as pessoas que tinham descoberto Whitney Houston e Mariah Carey, que trabalhavam com Michael Jackson e Madonna e, agora, esperavam para ver o Xero e descobrir a razão do alvoroço.

Vale a pena fazer uma pausa para perguntar: por quê? Ou seja, por que os membros mais poderosos da indústria musical apareceram para assistir a uma banda sem contrato?

No ano anterior, o Xero circulou pela área de Los Angeles, despertando um interesse gradual com apresentações menores – e Jeff tinha as conexões de A&R para colocá-los no radar de várias gravadoras. Mas todo mundo sabe que os CEOs só aparecem quando um artista tem potencial de disco de ouro.

E, naquela noite de dezembro, o mercado de rap-rock era a corrida do ouro da indústria musical.

Alguns meses antes, em agosto de 1998, o Korn havia lançado seu terceiro álbum, *Follow the Leader*. O projeto marcou uma virada significativa para a banda: *singles* como "Got the Life" e "Freak on a Leash" exibiram uma forma mais cativante de agressividade que ia do rap ao grito, algo com o qual ouvintes casuais podiam facilmente se conectar. E, sob a superfície, havia tiques sonoros estranhos e fascinantes – as improvisações do vocalista Jonathan Davis nos interlúdios, que amplificavam sua alienação, o trabalho de guitarra de horrorcore de James "Munky" Shaffer produzindo um brilho assustador e as quebras de ritmo, muitas vezes vindas do nada, acenando para os fãs de hip-hop do outro lado.

Como o Xero vinha fazendo com suas primeiras músicas, o Korn mergulhou fundo em suas influências para preencher a lacuna entre os gêneros. "Ouvíamos muito rap, mas também gostávamos de bandas como Pantera e Sepultura, e, à medida que evoluímos, acho que aprendemos a misturar melhor esses dois estilos", disse mais tarde o vocalista do Korn, Jonathan Davis, sobre *Follow the Leader*. "Além disso, cresci com a new wave e sempre quis fazer música com muita melodia." O resultado foi um álbum com *singles* imediatos, guitarras ensurdecedoras e participações de Ice Cube e Slimkid3, do The Pharcyde. Depois de anos de sucessos moderados de bandas alternativas, havia uma base de fãs vorazes pronta para considerar o Korn o futuro do rock.

"Got the Life" foi a expressão mais excitante do álbum dos impulsos sonoros selvagens e, ao mesmo tempo, divertidos do Korn. Seu clipe ganhou destaque no popular programa diurno de vídeos mais votados da MTV, o *Total Request Live,* no outono de 1998 – o cabelo azul espetado de Davis, o *piercing* na sobrancelha e o rap cantado aos gritos foram exibidos ao lado de clipes de

Britney Spears e *NSYNC. O Korn dividindo espaço com os adolescentes era um tanto improvável, considerando que eles eram praticamente ignorados pelas rádios rock. "Got the Life" não chegou ao top 10 das paradas Modern Rock Tracks e Mainstream Rock Tracks porque os programadores de rádio continuavam tocando faixas alternativas, mesmo quando os jovens votavam em algo diferente na MTV. Mas já havia muitos fãs do Korn por aí quando *Follow the Leader* foi lançado, estreando em primeiro lugar na *Billboard* 200, com mais de 250 mil cópias vendidas na primeira semana. A indústria só precisava de um pouco de tempo para absorver seu sucesso.

Algumas semanas após o lançamento de *Follow the Leader*, o Family Values Tour estreou como um festival itinerante com as bandas de rock pesado em ascensão Limp Bizkit, Rammstein, Orgy e Incubus. Também incluiu Ice Cube, para dar um pouco de credibilidade junto ao hip-hop. E o Korn, vitorioso, como atração principal em todos os shows. Não é coincidência que o Family Values tenha sido lançado no mesmo ano em que o Lollapalooza não conseguiu encontrar uma atração principal e foi cancelado pela primeira vez, tendo perdido seu domínio sobre a música alternativa em 1998, quando a cena se tornou insípida e não conseguiu produzir novas estrelas interessantes. Previamente ao lançamento da turnê, o guitarrista do Limp Bizkit, Wes Borland, afirmou que o Family Values "meio que traz de volta o que o Lollapalooza buscava originalmente, antes de se tornar um negócio corporativo".

A tocha havia sido passada: o Family Values foi um enorme sucesso, chegando a 29 arenas nos Estados Unidos no outono de 1998 e se tornando o festival itinerante de maior bilheteria daquele ano. O Korn estava fazendo um grande negócio como a atração principal de um novo som, com seus colegas também começando a se destacar.

O Limp Bizkit adotou a postura do rap e intensificou a raiva machista; no final de 1998, seu *cover* hiperagressivo de "Faith", de George Michael, começava a ser divulgado pela MTV. O Orgy também estava ganhando espaço no *Total Request Live* com um estrondoso *cover* metal de um *single* pop amado dos anos 1980, "Blue Monday", do New Order, além de ter trabalhado com Jonathan Davis em sua estreia de 1998, o perfeitamente intitulado *Candyass*. Existiam várias outras bandas que atraíam multidões e que não estavam na programação inaugural do Family Values, como Static-X, Adema, Powerman 5000, Staind e um artista solo de headbang rap chamado Kid Rock, que andava chamando atenção em Detroit com seu álbum *Devil Without a Cause*. Papa Roach, um grupo enérgico de Sacramento, estava em negociações com Jeff Blue para um contrato de desenvolvimento em setembro de 1998, mas ele achou que a banda soava muito parecida com o Xero.

Esses artistas eram o prato principal para os ouvintes jovens, do sexo masculino e revoltados com o mundo; como disse o editor de longa data do *Village Voice*, Robert Christgau, em sua resenha sobre o Family Values Tour, a música do Korn se dirigia a "um proletariado suburbano alienado em formação". Alguns de seus fãs não tinham idade suficiente para terem vivido o *boom* do grunge no início dos anos 1990, mas todos haviam crescido com o hip-hop como uma das principais forças da cultura popular. Enquanto bandas como o Korn e o Limp Bizkit incorporavam vocais de rap em suas músicas, outras apenas faziam alusão ao rap por meio de percussão, *scratches*, colaborações ou estilo visual. Como o *rap-rock* não englobava todos os grupos da cena, o termo *nu metal* foi criado, encapsulando mais uma tendência do que um som, com a palavra *metal* denotando o quão *sério* e *descolado* prometia ser esse movimento emergente. Depois de um 1998 revolucionário, 1999 acabaria se tornando o ano crucial para esse gênero em ascensão.

O conceito de sucesso funciona rápido na indústria musical: os mesmos executivos que não previram o triunfo de *Follow the Leader*, do Korn, em agosto, estavam famintos por qualquer banda que se assemelhasse à nova cena mais quente da música em dezembro. E foi assim que o Xero conseguiu convidar todos os figurões para o Whisky a Go Go naquela noite.

O lugar estava tão cheio, que os executivos mal conseguiam se mover; ainda assim, o Xero os manteve esperando. Cerca de 15 minutos se passaram desde o horário de início planejado, mas a banda não havia subido ao palco – o que era estranho para um *showcase* voltado à indústria. Finalmente, eles saíram um pouco trêmulos e começaram a tocar... mas pararam depois de alguns segundos. Em seguida, foram afinar seus instrumentos.

Com a multidão murmurando impaciente durante a falsa largada, alguns executivos saíram para procurar algo melhor para fazer na cidade. Minutos depois, o Xero voltou a tocar, mas os vocais de Mark estavam completamente desafinados. Ele soava totalmente *fora do tom* e permaneceu assim durante todo o show. O público ficou constrangido, reconhecendo uma banda que não estava pronta e rapidamente se afastando do palco. Talvez o nervosismo tenha afetado Mark, deixando-o tenso o suficiente para atrasar a apresentação do grupo, ou talvez sua falta de talento inerente tenha ficado exposta no pior momento possível. Talvez tenha sido as duas coisas.

As luzes da casa se acenderam mostrando um local quase vazio – o êxodo em massa havia acontecido muito antes da última música. Scott Harrington, um sócio jurídico da empresa de Danny Hayes e futura peça fundamental na criação do Linkin Park, aproximou-se de Jeff e Danny, que exibiam uma expressão de horror em seus rostos.

"Vocês dois terão de se esconder por seis meses depois deste show", disse Scott a eles. "Sério, não apareçam."

MARK NÃO PODERIA ESPERAR UMA emboscada quando chegou para jantar com Jeff, Danny e o restante da banda nos últimos dias de 1998. Já havia se passado algumas semanas do fiasco do Whisky e, ao se sentar a uma grande mesa redonda nos fundos do restaurante cinco estrelas Gardens on Glendon, em Westwood, ele imaginou que o caro jantar representava um brinde por um ano produtivo – ou, pelo menos, uma reunião de amigos nas férias.

No entanto, após uns 20 minutos de conversa fiada antes do jantar, Jeff mencionou o inevitável: o show do Whisky não rendeu uma oferta de gravadora sequer. O principal problema, segundo Jeff, foram os vocais. Ele disse a Mark, sem rodeios, que seus vocais tinham sido fracos. Mark concordou.

Mark prometeu se esforçar mais para melhorar, mas, àquelas alturas, já era tarde demais. O show no Whisky tinha sido uma catástrofe muito evidente para a banda, na sua forma atual, se recuperar. "Conversamos sobre isso", Jeff disse a Mark, "e eu sinceramente acho melhor procurarmos outros vocalistas."

Todos eles já tinham conversado. Naquele momento, olhando em volta daquela mesa redonda e percebendo o que estava acontecendo, Mark deve ter se sentido como Sonny Corleone parando em uma cabine de pedágio.

A verdade é que Jeff e Danny sabiam que medidas drásticas precisavam ser tomadas depois que o segundo show do Whisky transformou o Xero em motivo de piada. Eles poderiam facilmente ter cortado a linha e ignorado a banda como um todo, mas Jeff se lembrou da promessa no som deles que o havia atraído como espectador naquela primeira apresentação – e, sem dúvida, percebeu seu potencial comercial ainda maior um ano depois, conforme o rap-rock continuava crescendo a cada mês. Além disso, o ex-estagiário de Jeff, Brad, havia se tornado um amigo próximo; existia um instinto protetor em jogo que o fazia querer levar esse projeto até o fim, mesmo que isso significasse, como o colega de Danny, Scott, havia sugerido, ficar fora por um tempo, para que o grupo pudesse fazer algumas mudanças muito necessárias.

Quando se tratava de identificar exatamente *o que* o Xero precisava mudar, todos os sinais apontavam para Mark – desde os vocais agudos de seu primeiro show no Whisky até os desafinados do segundo, passando por todas as apresentações decepcionantes e gravações de estúdio irregulares. Na semana anterior ao jantar no Gardens on Glendon, Jeff e Danny se reuniram com a banda, exceto Mark, no escritório de Jeff na Zomba, e sugeriram, não tão gentilmente, que o Xero encontrasse um novo vocalista.

Embora o grupo não quisesse inicialmente demitir seu amigo e *frontman*, eles perceberam que era a melhor decisão se quisessem seguir em frente.

No jantar, quando o restante da banda admitiu, com relutância, que também queria um novo vocalista, Mark se levantou da mesa e saiu furioso do restaurante. Depois que Jeff o alcançou do lado de fora, porém, Mark acabou se acalmando, abaixou a cabeça e confessou que todos os outros provavelmente estavam certos. Na verdade, ele andava pensando em deixar o Xero. Foi doloroso ser sumariamente expulso de uma banda, mas não parecia que ela fosse fazer barulho, de qualquer forma.

Mark não era um cantor. Mas era um profundo *conhecedor* de rock pesado. Quando seu tempo como *frontman* do Xero terminou naquela noite em Westwood, ele iniciou uma carreira de grande sucesso na indústria. Mark se juntou à Velvet Hammer, uma empresa de gestão musical fundada em 1997 por David "Beno" Benveniste, que continua sendo uma das companhias de gerenciamento de rock mais conceituadas da atualidade. A Velvet Hammer decolou quando seu cliente System of a Down – a banda para a qual o Xero fez a abertura naquele primeiro show no Whisky – se tornou uma estrela internacional no início dos anos 2000. Mark recebeu os créditos pela ideia da icônica arte da capa do álbum deles de 2001, *Toxicity,* campeão de vendas.

Como vice-presidente da Velvet Hammer, durante décadas como braço direito de Beno, Mark tem sido fundamental na gestão de algumas das bandas de rock pesado mais importantes dos últimos 30 anos, incluindo Deftones, Alice in Chains, Avenged

Sevenfold e, recentemente, Korn. Ele e Mike, muitos anos depois de trocarem fitas cassete e sonharem juntos com suas primeiras músicas, continuaram amigos.

"O Deftones era uma de suas bandas favoritas quando estávamos no Ensino Médio", disse Mike sobre Mark. "Eis o emprego dos sonhos: trabalhar com bandas que você ama."

Enquanto Mark seguia em frente, o Xero suportou três meses de purgatório sem vocalista nos primeiros dias de 1999, fazendo testes para novos *frontmen* enquanto deixava a lembrança daquele show no Whisky se dissipar. Para os membros remanescentes, o medo de que o Xero nunca fosse estourar deve ter se tornado mais agonizante a cada dia que passava. O baixista Dave Farrell saiu do grupo no início de 1999 para fazer uma turnê com sua banda de pop-punk do Ensino Médio, Tasty Snax. Kyle Christner, um baixista local recomendado por um colega de Jeff, substituiu Dave e teve de aprender músicas que ninguém sabia quem cantaria.

Jeff foi a Austin para a edição de 1999 do South by Southwest e, em 20 de março, encontrou-se com Scott e alguns outros para tomar um drinque à tarde no Four Seasons, entre as apresentações de bandas de estudantes. O terrível show do Xero foi mencionado na conversa, fazendo Jeff estremecer. Mas Scott tinha uma sugestão: ele conhecia um garoto no Arizona que recentemente havia deixado sua banda. E esse cara sabia cantar *de verdade*.

Na época em que o Grey Daze andou por Phoenix, o grupo chamou a atenção da Real Records, uma gravadora independente. Quando ela lhe ofereceu um acordo, a banda entrou em contato com Scott em Los Angeles para analisar os termos. A Real Records acabou ficando sem dinheiro e o contrato com a gravadora nunca aconteceu, mas Scott desenvolveu um relacionamento com o *frontman* do Grey Daze, Chester Bennington, e até lhe passava demos de vez em quando.

Logo após o drinque no Four Seasons, Jeff convenceu Scott a ligar para seu jovem e promissor cantor do Arizona. Scott ligou,

Samantha Bennington atendeu e todos em Austin puderam ouvir a música de festa que vinha de Phoenix. Era aniversário de Chester e o casal estava com visitas em casa. Mas Samantha conseguiu passar o telefone para o marido, e Scott passou para Jeff.

"Chester, ei, cara", disse Jeff ao telefone, "tenho uma banda em Los Angeles que vai ser um sucesso e estamos procurando um vocalista." Ele prometeu um presente de aniversário ao cantor que tinha acabado de conhecer há dez segundos: a fita demo do Xero, bem como outra fita sem vocais, que ele enviaria naquele dia. Jeff queria ouvir a interpretação de Chester e ver como as músicas poderiam se tornar mais populares, mais urgentes – *melhores*. E, embora fosse sábado e aniversário de Chester, ele queria que o vocalista retornasse a demo para ele na segunda-feira.

"Imediatamente comecei a fazer todo o tipo de perguntas, como: 'Quantos anos eles têm? Estão fazendo isso desde quando?', porque eu não queria perder a porra do meu tempo", lembrou Chester. Ele poderia ter mandado Jeff se ferrar, voltado para sua festa de aniversário, continuado com seu trabalho diário e esquecido que esse engravatado de Los Angeles estava tentando forçá-lo a voltar para a desordem da vida de uma banda de rock. Em vez disso, aceitou a demo e a ouviu.

Ele escutou a banda da qual precisava fazer parte. "Imediatamente", disse Chester, "eu pensei: 'É isso aí. São esses caras.'"

CAPÍTULO 5

Uma reinvenção estava em andamento: na primavera de 1999, o Xero passou a se chamar Hybrid Theory. Joe havia sugerido o novo nome como representativo do som que eles fariam – uma mistura de rap e rock. ("Queríamos algo que tivesse uma relação próxima com o estilo de música que estamos tocando", explicou Chester mais tarde.)

Mas eis a questão: a banda não estava *tocando* nenhuma música quando virou Hybrid Theory. Nenhuma canção nova havia sido finalizada, nenhum contrato com uma gravadora era iminente e o grupo ainda estava pensando em como poderia se destacar num cenário de nu metal em expansão, apenas alguns meses depois de ter fracassado. A banda mantinha seu contrato de desenvolvimento, mas seu estilo específico de rap-rock ainda não havia sido criado – o Hybrid Theory era mais uma ideia do que um fato.

Eles precisavam decidir qual imagem queriam formar, e, até certo ponto, encontraram uma identidade inicial baseada menos no que defendiam e mais no que rejeitavam. Para começar? Aquela cena explosiva mencionada anteriormente na qual a indústria incluiu o grupo, embora eles não quisessem fazer parte dela.

"Eu nunca quis fazer parte do nu metal", disse Mike, antes de reconhecer, logo em seguida, que o gênero havia se mostrado promissor antes de se deteriorar, em 1999. "Houve um momento em que esse termo, e o que ele significava, era, de fato, muito legal", admitiu. "É quase impossível de imaginar!"

Se a ascensão do Korn em 1998 representou o momento em que o nu metal ainda era uma perspectiva nova e empolgante, a explosão do Limp Bizkit em 1999 serviu como um contragolpe para muitos daqueles ouvintes cautelosamente otimistas. Depois de abrir para o Korn, tocar na Family Values Tour e ganhar algum destaque na MTV com seu *cover* ensandecido de "Faith", a banda de Jacksonville se tornou inescapável quando "Nookie" – um rap--rock sobre uma ex-que-me-tratou-como-lixo, abertamente insípido e inegavelmente cativante – foi lançado como o primeiro *single* do segundo álbum da banda, *Significant Other*, em junho de 1999.

A dinâmica suave/pesada de "Nookie", com Fred Durst fazendo um rap sobre seus arrependimentos românticos nos versos antes de gritá-los a plenos pulmões no refrão ("I did it all for the nookie/ So you can take that cookie/ And stick it up your YEAH!"),[15] funcionou como uma versão infantilizada de "Smells Like Teen Spirit", do Nirvana, mas a MTV a devorou com o mesmo fervor. De repente, a barbinha de Durst e o boné de beisebol vermelho para trás se transformaram na iconografia do *rock star*. Porém, ao contrário de Kurt Cobain, que nunca quis ser um líder para as massas, Durst estava mais do que pronto para os holofotes. "Cara, eu quero ser grande", disse ele à *Spin*, em 1999. "E acho que consigo. Tenho uma visão maluca."

O sucesso do Korn com *Follow the Leader* os transformou no rosto de um novo mercado, enquanto *Significant Other*, do Limp Bizkit, teve uma força literalmente duas vezes maior quando lançado nove meses depois, chegando ao topo com a impressionante marca de 673 mil cópias vendidas na primeira semana. As duas bandas eram amigas, colaboradoras e ex-companheiras de turnê, mas aqueles que prestavam atenção ao cenário do nu metal podiam sentir a dissonância de suas abordagens conflitantes, particu-

---

[15] Eu fiz tudo pela novata/ Então pode pegar aquele cookie/ E enfiar no seu YEAH!

larmente como a popularidade do Limp Bizkit exercia uma atração gravitacional sobre seu estilo.

Se o Korn era raivoso e introspectivo, com vocais dolorosos sobre trauma e solidão, o Limp Bizkit era mais vistoso e comercial, com um *frontman* brincalhão, que usava rimas truncadas sobre ser injustiçado pela sociedade e, nas palavras de Fred Durst, "seguir essas batidas fortes e pesadas até morrer". O rap-rock do Limp Bizkit representava uma diversão tola finamente elaborada, cuja linhagem acabou seguida por mais bandas. Kid Rock, que fazia parte da indústria musical há quase uma década, pegou fogo em 1999 com os hits rap-rock "Bawitdaba" e "Cowboy". Já bandas como P.O.D. e Crazy Town lançaram álbuns de sucesso naquele ano com cadências de rima semelhantes.

O centro do nu metal havia rapidamente se transformado em um produto elegante e polido para todos os garotos brancos suburbanos frustrados sem problemas reais: rap raivoso contra o mundo, ganchos para aquela intensa batida de cabeça, grunhidos frustrados, gestos de homofobia e misoginia. Do ponto de vista lírico, o Limp Bizkit não era tão regressivo, mas estava vinculado a um movimento de denominação comum mais baixo; toda a universalidade havia sido espremida, substituída por um espetáculo pronto para o *mainstream*.

E então, em julho daquele ano, o nu metal ganhou sua grande vitrine: o Woodstock '99.

Trinta anos depois que a original Feira de Música e Arte de Woodstock, em Bethel, Nova York, representou um ponto de virada no qual as músicas poderiam espalhar compaixão pela geração da contracultura em 1969, o Woodstock '99 supostamente seria a experiência musical obrigatória da Geração X. Foi realizado em uma base reformada da Força Aérea em Rome, Nova York, durante um fim de semana particularmente sufocante em julho, com o asfalto refletindo o calor intenso e garrafas de água de quatro dólares deixando os milhares de participantes ainda mais suados e irritados.

Embora o *lineup* incluísse um punhado de estrelas do final dos anos 1990, de Dave Matthews a Jewel e DMX, as bandas de rock pesado – Korn, Limp Bizkit, Rage Against the Machine, Metallica, Kid Rock – fizeram com que o público predominante fosse "um monte de garotos brancos usando bonés de beisebol ao contrário", segundo o comentário da participante Liz Polay-Wettengel no documentário *Woodstock 99: Peace, Love and Rage.*

Com jovens embriagados correndo soltos e uma segurança mínima, o Woodstock '99 se tornou física e moralmente nojento – de um minuto para o outro. As câmeras do pay-per-view se detiveram em seios expostos enquanto caras bêbados e excitados apalpavam e abusavam das mulheres. Os *moshers* desmaiados foram retirados da frente devido à exaustão pelo calor e à desidratação. Banheiros químicos foram revirados; pessoas rolaram em merda pura. Quando o Limp Bizkit subiu ao palco na noite de sábado, com Durst dizendo a todos os hippies derradeiros para "pegarem suas sandálias Birkenstocks e enfiá-las na porra da bunda", bêbados imbecis surfavam na multidão em pedaços de madeira compensada durante o hino "Break Stuff". Qualquer fio remanescente da intenção do Woodstock original havia sido totalmente perdido.

A conclusão final – vários incêndios na parte de trás da plateia do Red Hot Chili Peppers, desordeiros sem camisa uivando enquanto as tropas estaduais corriam para o local, lixo acumulado em todos os lugares e transmitido para o mundo inteiro – era previsível demais e ficou instantaneamente gravada no cérebro de todos os fãs de música. Não, o nu metal não foi responsável pelo caos de Woodstock '99, mas seu som estava intrinsecamente ligado à fúria. A percepção era de que uma vertente do rap-rock, que já havia sido promissora do ponto de vista artístico, tornou-se enorme, virou comercial e agora estava sendo consumida por babacas.

Essa visão era errônea, é claro. O nu metal continha nuances além de "Break Stuff" – "Re-Arranged", outra música que o Limp

Bizkit apresentou em Woodstock '99, é uma *jam* contemplativa em ritmo médio – e uma gama maior de fãs do que aquela apresentada na MTV. Mas as filmagens de Woodstock foram suficientemente prejudiciais para que a opinião popular e a afinidade com o gênero emergente logo se desintegrassem. Os incêndios sem motivo algum se tornaram o símbolo perfeito do nu metal: a música da juventude branca que se sentia injustiçada sem razão.

O XERO SE TORNOU HYBRID THEORY APENAS alguns meses antes de Woodstock '99 e ainda demoraria mais de um ano para fazer sua estreia. Eles não estariam prontos para se apresentar naquele palco de qualquer maneira, mas, enquanto observavam o caos se desenrolar a distância, tinham plena consciência de que não pertenciam àquela cena.

Tendo crescido nos anos 1980, Mike sabia muito bem rejeitar o tipo de música que atendia a um público predominantemente branco. "Cerca de 90% do que eu ouvia era rap, então olhava para muitas bandas de rock e pensava: 'Tem algo branco demais'", lembra ele. "Essa foi uma das coisas que me desanimavam, especialmente em relação ao hair metal, que parecia ser uma música muito branca. E como eu estava crescendo em uma cidade muito diversificada, era um estilo que não me atraía."

O avô paterno de Mike se mudou do Japão para os Estados Unidos e criou raízes para o restante de sua família. Em 1939, nasceu o pai de Mike, Muto, o segundo mais novo de 13 filhos. Os Shinodas construíram vários negócios em Orosi, Califórnia, incluindo uma mercearia e uma barbearia, mas quando Muto tinha três anos de idade, ele e o restante de sua família foram presos e forçados a deixar sua casa com apenas 24 horas de antecedência. Nos meses que se seguiram ao ataque a Pearl Harbor, o presidente Roosevelt emitiu a Ordem Executiva 9066, enviando famílias nipo-americanas, como os Shinodas, para campos de internamento em 1942, devido a um medo racista de espionagem no continente durante a Segunda Guerra Mundial.

De repente, o pai de Mike, que nasceu como cidadão norte-americano na Califórnia, acordou num berço coberto de terra no Centro de Relocação de Guerra em Poston, no Arizona. Para Muto, o internamento significou anos dormindo em barracas, usando banheiros coletivos, lidando com a poeira que cobria tudo e brincando com outras crianças para se distrair da realidade sombria. Alguns dos parentes de Mike retornaram a Orosi após o fechamento dos campos em 1946, mas, àquelas alturas, suas empresas, antes prósperas, tinham sido vandalizadas, deixando-os com dificuldades para achar um novo trabalho. A guerra havia acabado, mas a discriminação desenfreada continuou.

Décadas mais tarde, quando estava crescendo nos anos 1980, Mike fazia muitas perguntas sobre aquele período, pois ocasionalmente ouvia seu pai e seus parentes mencionarem pessoas que conheciam do campo e fragmentos de lembranças daqueles anos. No entanto, eles sempre foram reticentes em discutir detalhes; o trauma permaneceu enterrado na década de 1940. Sua família "fez com que parecesse relativamente benigno e minimizou muitas coisas", relembrou Mike, "mas se você se aprofundasse em qualquer tipo de minúcia com eles, poderia dizer que foi realmente uma experiência terrível".

Apesar de ter sido protegido de grande parte desse trauma intergeracional, Mike frequentemente se debatia com sua própria identidade racial quando criança. Sua mãe, Donna, uma mulher branca que nasceu e foi criada em Agoura Hills, fez questão de ensinar Mike e seu irmão mais novo, Jason, sobre sua herança japonesa, pois havia aprendido os costumes com seu marido e as receitas com seus sogros. Embora não tenha vivenciado o racismo com a mesma intensidade que seu pai, Mike ainda era discriminado pelas crianças ao seu redor, levado a sentir que ser nipo-americano significava ser classificado como intrinsecamente diferente, se é que ele era classificado.

"As crianças miscigenadas sempre têm uma experiência única com o tema da raça porque, muitas vezes, não somos membros óbvios de nenhum grupo", explicou Mike mais tarde. "Por exemplo, quando eu era mais jovem, ouvia as pessoas fazerem piadas sobre asiáticos ao meu redor, pois não sabiam que eu era meio asiático, presumindo que eu talvez fosse hispânico ou do Oriente Médio. Aí, quando faziam uma piada sobre asiáticos, eu era o espião. Eu era o receptor disfarçado daquela piada."

Quando Mike chegou ao Ensino Médio e estudou a Segunda Guerra Mundial, notou dois parágrafos em seu livro de história: um dedicado a Pearl Harbor e outro que ignorava as 120 mil vidas nipo-americanas destruídas pelo encarceramento ilegal. Ele sentia que a jornada angustiante de sua família merecia mais espaço; ficou frustrado, pois as histórias e a perseguição de seus antepassados tinham sido totalmente editadas.

Foi durante essas experiências, porém, que Mike acabou se sentindo representado por meio da música rap, apreciando as mensagens explícitas sobre o racismo sistêmico e o branqueamento da história. Ele tocava Public Enemy e absorvia os samples de Malcolm X, Rev. Jesse Jackson e Thomas N. Todd que apareciam nos maiores sucessos do grupo ("I got a right to be hostile, man, my people are being persecuted!",[16] declara a voz de Richard Pryor no início de "Prophets of Rage"), depois colocava um CD do N.W.A. em sua caixa de som e ouvia rimas sobre intolerância e brutalidade policial. Os pontos de vista desses artistas não eram retratados com nitidez nos livros de história. Como Mike posteriormente afirmou: "Senti ter aprendido algo sobre racismo e discriminação pela audição".

No ArtCenter College of Design, em Pasadena, Mike criou laços com Joe Hahn, um coreano-americano de segunda geração que

---

[16]Eu tenho o direito de ser hostil, cara, meu povo está sendo perseguido!

também adorava hip-hop e que havia aprendido a mexer em toca-
-discos no Ensino Médio. A mãe e o pai de Joe, uma enfermeira e
um mineiro, tinham se mudado da Coreia para a Alemanha Oci-
dental na década de 1970 e, na sequência, para os Estados Unidos.
Nascido em Dallas, Joe teve dificuldades para se adaptar quando a
família se mudou para Glendale, aos seus oito anos de idade.

"Foi muito difícil crescer como asiático nos Estados Unidos",
admitiu Joe. Felizmente, quando ele chegou à faculdade, encontrou uma alma gêmea em Mike. E o talento de Joe para misturar hip-hop melódico e rock mais pesado foi bastante útil quando
Mike estava montando o Xero.

As perspectivas deles como asiático-americanos não existiam
na música popular dos EUA naquela época – ou em qualquer época, na verdade. Mike inicialmente rejeitou o hair metal por ser
"branco demais", mas a questão é que *todas as* iterações populares
do rock durante sua juventude, do grunge ao alternativo, do rap-
-rock ao nu metal, também eram incrivelmente homogêneas.

Houve contribuições marginalizadas para o rock pesado no final dos anos 1990 – nomes como o System of a Down; o *frontman*
do Deftones, Chino Moreno; Zack de la Rocha e Tom Morello, do
Rage Against the Machine; e o baixista do Korn, "Fieldy" Arvizu,
para citar alguns. E essas contribuições foram significativas, desde o Rage desafiando o niilismo capitalista até o Deftones criando
uma forma mais inclusiva de pós-hardcore. No entanto, suas vozes
eram muitas vezes abafadas na MTV por grandes personalidades
como Durst e Kid Rock, artistas brancos que se comprometeram a
oferecer aos ouvintes revoltados uma forma improdutiva de liberação. Como resultado, as injustiças descritas nos CDs campeões de
vendas de nu metal em 1999 não eram sobre discriminação racial,
desigualdade social ou alienação doméstica – eram sobre ter um
dia ruim e querer destruir coisas por causa disso.

Milhões de fãs – muitos *deles* brancos – se conectaram a essa
mensagem. Mike, entretanto, não conseguiu. "Isso não me tocou",

disse ele. "E não se tratava apenas de raça. Não me refiro à cor da pele. Estou me referindo apenas à cultura da coisa."

Na época, Mike era um nipo-americano de 22 anos numa cena em que quase nenhum artista visível compartilhava sua herança e na qual as vozes mais altas muitas vezes o deixavam perplexo. Portanto, mesmo quando não sabia qual tipo de banda de rap-rock o Hybrid Theory se tornaria, Mike tinha certeza de que não funcionariam como qualquer outro grupo por aí.

CHESTER, POR OUTRO LADO, repudiou outra característica do Woodstock '99: a imprudência inerente. Quando recebeu a fatídica ligação em 20 de março de 1999, ele tinha acabado de passar cinco anos atravessando o Arizona com o Grey Daze, enquanto se recuperava física e mentalmente de uma juventude cheia de dor e de drogas pesadas. Chester havia optado por abandonar a turbulência da música em favor de uma vida de escritório – e se ele *fosse* voltar a esse mundo, não estava procurando nada do hedonismo festivo que definia cada vez mais o nu metal. O que ele desejava era profissionalismo.

Os demais membros do grupo ao qual ele estava se juntando não eram exatamente caretas, mas rejeitavam o estilo de vida festeiro com uma solenidade quase chocante para rapazes de 20 e poucos anos numa banda de rock circulando por Hollywood. Nos *showcases* do Xero para representantes de A&R em 1998, por exemplo, eles chamaram a atenção ao evitar a mesa de cervejas colocada no palco para eles. Mesmo quando tocavam em clubes e festas de fraternidade, não davam espaço para "brincadeiras de *rock star*".

Rob Bourdon também lidou com o abuso de substâncias quando era adolescente, na época em que sua banda Relative Degree, com Brad e Mark, estava se desintegrando. "Passei por um período difícil na minha vida e estava lutando contra as drogas e o álcool", lembrou o baterista. "Embora nunca tenha desistido de tocar bateria durante esse período, minha mentalidade me impediu de melhorar. No final do Ensino Médio, coloquei minha vida de volta nos trilhos." Por sorte, Mike ligou para ele em seguida, convidando-o a entrar em uma banda chamada Xero.

Para os outros integrantes, farras simplesmente não se encaixavam em seus planos de fazer sucesso como banda. Quem tinha tempo para ficar bêbado quando havia tanto trabalho a ser feito? "Preferíamos ir à casa de alguém e escrever uma música a ir a uma festa", disse Mike. "Nas festas, você já sabia o que ia acontecer. Sabia quem ia ficar bêbado. Mas quando nos reuníamos para compor músicas, nunca sabíamos o que aconteceria. Era muito mais emocionante."

Essa abordagem tinha um alinhamento perfeito com a mentalidade de Chester na época; afinal de contas, ele literalmente abandonou sua própria festa de aniversário para fazer música para uma banda que ele sabia que tinha chance de se tornar grande. Em 21 de março, um dia após a ligação de Los Angeles, Chester já havia recebido a fita demo do Xero pelo correio e gravado seus vocais sobre as faixas instrumentais. Ele se ofereceu para enviá-la de volta via FedEx ou entregar a fita em mãos; se pegasse um voo de Phoenix para Los Angeles, Chester ressaltou, poderia superar o prazo do transporte. E depois de passar anos numa banda que acabou não dando em nada, ele não queria perder mais tempo.

Dois dias depois, ele estava em Los Angeles, tendo deixado seu emprego e recebido a bênção de sua esposa, Samantha, para fazer a viagem. "Os instintos viscerais são sempre muito imprevisíveis", disse Chester. "Mas, nessa situação específica, não havia dúvidas em minha mente. A criatividade da música e os diferentes sons que saíam dela... Quando ouvi as faixas instrumentais, todas essas melodias começaram a aparecer na minha cabeça."

Chester apareceu no escritório da Zomba, na Sunset Strip, usando óculos, cabelo pontiagudo tingido de preto e uma camiseta brilhante demais para seu corpo esguio, com a estampa capturando a luz refletida sob seu enorme sorriso. Ele certamente não se *parecia* com um *rock star*; lembrando mais o nerd que o *rock star* empurra para dentro de um armário num videoclipe do Ensino Médio. Mas Chester tinha a voz do *rock star* – evidente em sua fita demo. E talvez tão ou mais importante que isso: tinha a ética do trabalho.

Cada um dos membros da banda entendia perfeitamente que devia se esforçar para conseguir uma oportunidade. Na escola de arte, Mike suportava 12 horas por dia de cursos universitários, tirava mais um tempo para ensaiar com a banda, fazia algumas pinturas para a aula em casa, depois ia para a cama, acordava e fazia tudo de novo. Joe, que deixou a ArtCenter College of Design depois de um ano porque a faculdade era muito cara, trabalhava como ilustrador freelancer em Hollywood, fazendo storyboards e design de personagens para *The X-Files* e *Species*. Durante seu estágio com Jeff, Brad ajudava a enviar demos de Macy Gray enquanto tentava lançar sua própria música. Já Rob tinha conseguido turnos em uma pista de boliche local concomitantes aos seus estudos de contabilidade em Santa Monica.

O novo vocalista precisava ser uma pessoa motivada para trabalhar dentro desse coletivo esforçado. Chester, reconhecendo a chance de algo real depois de anos vivendo uma miragem de *rock star*, dedicou-se a preencher esse papel. Enquanto o restante do Xero fazia outras audições para substituir Mark, Chester permanecia em Los Angeles, sem emprego e dirigindo várias vezes por semana para ver Samantha no Arizona. Ele dormia em sofás de amigos da família na Califórnia enquanto Samantha pedia demissão no trabalho e tentava vender a casa deles em um estado distante.

Semanas se passaram, depois um mês inteiro, e Chester ainda não sabia se estava na banda ou não. Os membros do Xero entendiam que ele possuía a habilidade bruta, mas será que combinava com o estilo e a personalidade deles? Em algumas noites, conforme as audições continuavam, Chester teve até mesmo de dormir em seu carro, que estava tão surrado que não podia andar a mais de 60 km por hora. "Duas lanternas estavam queimadas", lembra ele. "E eu não tinha dinheiro para substituí-las."

Em nome dessa banda, Chester havia basicamente colocado todas as suas fichas no meio da mesa. Imagine então a enorme sensação de alívio que ele sentiu quando as audições finalmente terminaram e o restante da banda disse que ele, Chester Bennington, seria o novo vocalista.

Após semanas preparando-se para esse momento e de uma vida inteira sonhando com o que isso poderia significar para ele, Chester estava pronto para trabalhar – apaixonadamente, furiosamente, com cada fibra de seu ser e com plena consciência do que essa chance poderia significar. E para marcar o início da nova era, o nome Xero mudou oficialmente para Hybrid Theory.

Embora ainda não tivessem certeza do que iriam produzir, todos os integrantes reconheceram o poder da matéria-prima que tinham à disposição. Chester era um vocalista autêntico, com dor em seu passado e um grito que conseguia expressá-la. Mike era um discípulo do hip-hop e um estrategista de som, pronto para lutar pela alma de um gênero em rápida decadência. Brad, Rob e Joe possuíam o talento e a motivação para fornecer um ambiente sonoro eficiente. A abordagem da banda era profissional e sua fome era real.

À medida que a "teoria híbrida" da banda se encaixava, uma identidade singular e duradoura começou a ser criada. O prelúdio havia terminado; um novo capítulo estava se iniciando. Chegava a hora de fazer um disco.

PARTE II
O SOM

CAPÍTULO 6

"Where should I start?/ Disjointed heart."[17] É assim que Chester abre "And One", uma música de um projeto que, em sua maior parte, está enterrado nas areias do tempo. O próprio Chester estava se sentindo desarticulado quando cantou essas palavras: ainda novo em Los Angeles e entre os companheiros de banda que o cercavam, longe de sua cidade natal e do lar desfeito no qual cresceu.

O restante de "And One" se desenrola como uma faixa grunge hiperativa, com um refrão sujo cercado pela guitarra rápida de Brad e o rap de Mike na ponte e no final. Mas o primeiro verso é basicamente Chester, sozinho com o sentimento de desconexão correndo em suas veias. Sua voz está embargada, aproximando-se cada vez mais do colapso.

"I've got no commitment to my own flesh and blood",[18] ele ironiza em uma cadência agitada. "Left all alone, far from my home/ No one to hear me, to heal my ill heart."

"And One", assim como as demais faixas do EP *Hybrid Theory*, é o som de um grupo limpando a garganta. Finalizado em junho de 1999, logo após Chester ter se juntado à banda e se mudado para a Califórnia, o projeto de seis músicas marca a primeira leva

---

[17] Por onde eu deveria começar?/ Coração desarticulado.

[18] Não tenho nenhum compromisso com minha própria carne e sangue/ Totalmente sozinho, longe da minha casa/ Ninguém para me ouvir, curar meu coração machucado.

de composições gravadas com os vocais de Chester e Mike – algo memorável, considerando o que essa combinação viria a realizar pouco tempo depois. É possível ouvir as dores do crescimento em todos os aspectos do recém-nomeado Hybrid Theory e de sua novíssima formação, incluindo a interação entre os dois vocalistas.

O EP autointitulado estava mais destinado a ser um alimento para os fãs devotos do que o material que levaria o grupo ao sucesso. Ainda assim, todos esses anos depois, ele continua sendo crucial para entender como a banda conseguiu se consolidar em seus primeiros dias. Essas faixas eram como os treinos rigorosos antecessores de um grande jogo. O fato de o público do estádio não ver os aquecimentos não os torna menos importantes.

Embora algumas demos do Xero fossem revisitadas e reaproveitadas mais tarde, todos queriam se concentrar na criação de material novo quando Chester entrou para a banda. As principais músicas do Xero já estavam sendo tocadas há alguns anos, de modo que aquele desastroso show no Whisky a Go Go contaminou-as até certo ponto. Além disso, eles estavam criando laços com Chester – aprendendo as curvas de sua voz singular, interpretando a ferocidade alojada naquela estrutura magra – e queriam trazer sua perspectiva para o processo criativo. "A ideia", disse Mike, "era fazer algo novo."

De sua parte, Mike estava crescendo como líder e motor estilístico. Ele coproduziu o EP *Hybrid Theory* com Andrew "Mudrock" Murdock, que havia feito o álbum homônimo de 1998 do Godsmack e que trabalharia com bandas de rock pesado como Avenged Sevenfold e Powerman 5000. O processo foi simples e eficaz: Mike primeiro se conectava com Brad para mexer na estrutura musical de cada faixa e, em seguida, levava os arranjos a Chester para discutir abordagens líricas. Ele era, por definição, o núcleo central da Hybrid Theory.

Enquanto isso, Chester lutava para se adaptar às suas circunstâncias. Apesar de ter se desligado totalmente do Arizona, ele ainda não tinha um lar permanente – havia chegado a Los Angeles, sem emprego, apenas dois meses antes, enquanto sua esposa, Samantha, tentava vender a casa em Phoenix e organizava sua mudança para Hollywood. Chester então andava por aí em seu carro detonado e dormia nos sofás de seus novos colegas e, mais tarde, nos estúdios de ensaio.

Por mais que os outros integrantes o tivessem acolhido, a dinâmica já estabelecida desorientou Chester. Ele havia entrado em um grupo de músicos que já existia como amigos e colaboradores de longa data. Eles tinham criado músicas juntos, enfrentado notícias ruins juntos, passado vários anos aprendendo os pontos fortes e fracos uns dos outros. Em contraste, Chester havia feito uma audição para se juntar a eles e agora esperava-se que não apenas assimilasse, mas também se tornasse a voz deles. Ele era o novo garoto na mesa do almoço, alguns anos mais velho que todos os outros e de fora da cidade, sendo forçado a se ajustar às piadas internas e impulsos do grupo – além de ajudar a liderá-los.

"Todos eles eram melhores amigos e eu estava muito concentrado em não enlouquecer", recordou-se Chester. "Quando eu perdia a cabeça, não podia perdê-la com eles. Por que iriam me aturar? Não queria que pensassem que eu tinha a doença do vocalista, sempre insatisfeito com tudo."

As primeiras conversas de Chester com Mike – as duas vozes da banda se conhecendo criativa e pessoalmente – ajudaram, mas não foram fáceis. Além de trocar influências musicais e eventuais ideias para canções, Chester contou a Mike sobre sua infância difícil, o histórico de abusos e dependência de drogas e os anos de shows em Phoenix, que não levaram a nada substancial.

A dor dessas lembranças ainda não tinha diminuído. Chester, porém, se recusou a ignorá-las, principalmente ao considerar o que desejava cantar com sua nova banda. E daí se suas conversas com Mike, cuja educação havia sido relativamente normal, eram estranhas demais? É melhor ter essas conversas logo no início –

deixar tudo às claras – e aproveitar esse sofrimento em nome de um crescimento artístico.

Para Chester, o potencial dessa nova banda era muito alto para correr o risco de ser emocionalmente reservado. O Hybrid Theory nunca foi concebido para funcionar numa cena *underground*; era o apelo de massa sancionado por uma grande gravadora ou o fracasso, portanto, o tempo era essencial. "Eu estava muito infeliz", reconheceu Chester sobre esse período. "A única coisa que me mantinha firme era sentir que tínhamos algo especial acontecendo. Eu sabia que essa era a banda certa."

Mike já havia percebido que Chester poderia ser um ótimo *frontman* pelo simples fato de que sua voz era capaz de arrasar um quarteirão. À medida que eles passavam mais tempo juntos e os contrastes de suas histórias ficavam mais evidentes, Mike também se deu conta de que o conceito "Hybrid Theory" não englobava só a capacidade da banda de fazer rap e cantar. Hybrid Theory se estendia às muitas diferenças entre as vozes que lideravam o grupo – diferenças que tornavam "não apenas nossa amizade muito forte", disse Mike mais tarde, "mas influenciava a música. Era manteiga de amendoim e geleia".

Embora as vidas de Mike e Chester não fossem nada parecidas, suas experiências preencheram as lacunas de cada um, com suas personalidades encontrando um meio-termo estável. E aquelas conversas iniciais – dolorosas, porém produtivas – renderiam suas primeiras músicas.

APESAR DE CHESTER JÁ TER liderado outra banda, gravado vários álbuns e se apresentado em inúmeros palcos, ele ainda não havia descoberto sua voz.

Sim, ele possuía habilidades técnicas, mas qual era exatamente seu estilo característico? Em seu papel anterior, Chester interpretava um músico pós-grunge e nunca foi desafiado a aperfeiçoar sua abordagem vocal, uma vez que ele e o restante do Grey Daze estavam muito concentrados no próximo show. Assim, sem notar, Chester muitas vezes se deixava levar pela imitação, soando como uma mistura de suas maiores influências, de Dave Gahan, do Depeche Mode, a Layne Staley, do Alice in Chains. Mike então chamava sua atenção, rindo do modo como Chester transformava um som de *r* em um *arrrrr*.

A voz de Chester soa completamente alienígena em "Part of Me", a última faixa do EP *Hybrid Theory*. A maneira como ele gargareja cada sílaba no refrão e as cospe em um grito tenso ("I feel it *errrrvery dayyy*/ I feel I *maaade my waaaaay*")[19] produz um rosnado que está em algum lugar entre Scott Stapp, do Creed (uma banda que estava explodindo na época), e Wes Scantlin, do Puddle of Mudd (outra que estava prestes a estourar). A afetação é chocante, sobretudo em uma música sobre ser torturado pelas próprias falhas. Chester estava claramente experimentando algumas peles diferentes enquanto descobria como se sentir confortável dentro da sua própria.

"Part of Me" começou, na verdade, com um alarme de carro. Uma sirene disparava constantemente no estacionamento embaixo do apartamento de Brad na época, acordando-o com uma regularidade exasperante. Ele então se vingou daquele barulho, gravando-o e, em seguida, levando o áudio para Mike, que o sampleou e fez um *loop* do alarme de forma que Brad pudesse escrever uma linha de guitarra correspondente. Foi uma virada esperta que demonstrou o quão visionário Mike, que coproduziu a faixa com Mudrock, já estava se tornando no estúdio. Mas ele também precisava polir seu *flow*: Mike rima com confiança em "Part of Me", embora ainda esteja um pouco fora do ritmo, entrando na produção, em vez de se encontrar e se acomodar no *groove*.

---

[19] Eu sinto isso todo dia/ Sinto que fiz do meu jeito.

"Just do somethin' to tell you who I am, you know?"[20] Mike abre "High Voltage", uma amostra rap do EP, dessa vez com alguns *scratches* de Joe e um refrão com voz robótica que lembra muito "Intergalactic", dos Beastie Boys. "High Voltage" contém algumas referências líricas que situam a música naquele exato momento da história da banda: Mike se autodenomina "Akira", um pseudônimo inspirado no amado anime[21] ao qual ele estava assistindo na época, e há também algumas menções à Mix Media, selo que o Hybrid Theory criou às pressas para lançar o EP.

Mesmo décadas depois, o jogo de palavras de Mike em "High Voltage" não parece nem um pouco datado. Rimando sobre uma batida que teria funcionado para grupos de rap *underground* da época, como Jurassic 5 e Blackalicious, Mike se aprofunda confortavelmente em suas metáforas: "Invented the mic so I could start blessin' it/ And chin-checkin' kids to make my point like an impressionist/ Many men have tried to shake us, but I twist mic chords to double-helixes/ And show them what I'm made of".[22] Mike definitivamente elevou o nível em "High Voltage". Infelizmente, a banda não tinha ideia de como envolver Chester na faixa: ele acentua principalmente as falas mais altas de Mike, mas acaba ficando em segundo plano.

Muitas das demos do Hybrid Theory são assim: pedaços de ideias sonoras futuras, momentos nos quais a banda conseguia ver o que aquele grande bloco de mármore à sua frente poderia se tornar, mas ainda precisava esculpi-lo. Numa extremidade, havia a autoconfiança do hip-hop e a cultura dos toca-discos tão ama-

---

[20]Só faço algo para dizer a você quem sou, sabe?

[21]O autor está se referindo a *Akira*, animação japonesa de 1988, dirigida por Katsuhiro Otomo, também responsável pela escrita e ilustração do mangá homônimo que inspirou o filme. Nesse caso, não se trata de um anime, uma vez que *Akira* não é dividido em capítulos, sendo um longa, e não uma série. (N. da P.)

[22]Inventei o microfone para poder começar a abençoá-lo/ E acertando os queixos dos meninos para mostrar o que quero como um impressionista/ Muitos caras tentaram nos abalar, mas eu torço os acordes no microfone em hélices duplas/ E mostro a eles do que sou feito.

das por Joe e Mike desde cedo, manifestadas em músicas como "High Voltage", "Step Up", a instrumental de 39 segundos "Technique (Short)" e a faixa oculta sem título no fim de "Part of Me". As letras de Mike chegam a ser autorreferenciais sobre o *boom* do nu metal em "Step Up": "Rappin' over rock doesn't make you a pioneer/ Rock and hip-hop have collaborated for years/ But now they're randomly mixed and matched up/ All after a fast buck, and all the tracks suck",[23] ele cospe sobre uma produção etérea.

O garoto que tinha visto o Anthrax se juntar ao Public Enemy já estava crescido e pronto para compartilhar seus conhecimentos sobre a autenticidade do rap-rock. Mas ele também estava tateando a sua própria fórmula do gênero, sem conseguir esclarecer o que separava essas faixas das músicas de hip-hop tradicionais. Dessa forma, as composições prenunciavam o trabalho mais focado no rap de Mike com o The X-Ecutioners e como Fort Minor nos anos seguintes em vez do que o Hybrid Theory se tornaria.

No lado oposto disso, no entanto, estavam as imperfeitas faixas com viés roqueiro que, vistas mais de perto, insinuavam o eventual som da banda, especialmente agora que a formação havia se solidificado (bem, quase – Dave Farrell seguia em turnê com sua antiga banda, Tasty Snax, então Kyle Christner tocou baixo no EP). "Part of Me" é excessivamente carregada, com muitos interlúdios que impedem uma estrutura pronta para o rádio, mas alguns instantes contêm um pouco da química musical que a banda usaria em "Papercut", com o trabalho de guitarra brilhante de Brad caindo como uma onda gigantesca enquanto as rimas urgentes de Mike se conectam com os ganchos rock de Chester.

Embora "Carousel", uma demo antiga revivida quando Chester se juntou à banda, tenha um refrão frágil e uma produção sem

---

[23]Fazer rap sobre rock não faz de você um pioneiro/ Rock e hip-hop já colaboram há anos/ Mas agora eles mixaram aleatoriamente e se combinaram/ Tudo atrás de uma grana fácil e todas as faixas são uma droga.

direção, se você observar a sua composição com atenção, verá as bases de "In the End", com Mike fazendo rap sobre problemas pessoais imutáveis nos versos e Chester capturando sucintamente essas questões no refrão. E mesmo que "And One" possa ter sido imaginada por Chester como um grunge, a música se torna eletrizante durante a ponte, quando suas palavras rosnadas se alternam com o rap de Mike, enquanto a bateria de Rob bate com uma regularidade cada vez mais rápida – uma verdadeira interação entre os *frontmen* pela primeira vez.

O verdadeiro diamante bruto dessas primeiras sessões, no entanto, não apareceu na versão final do EP *Hybrid Theory*. Em maio, poucas semanas após a chegada de Chester, Mike e Brad entraram no escritório de Jeff Blue na Zomba e lhe entregaram um CD com algumas músicas novas e rabiscos com caneta hidrográfica preta (incluindo o número do pager de Mike – muito 1999!). Uma delas tinha o título de "Blue", fazendo Jeff rir da homenagem inesperada.

"Blue" não funciona em vários níveis: a linha de baixo de Kyle se destaca durante a introdução e Mike dispara algumas boas rimas internas no primeiro verso, mas o refrão em tom menor junta as vozes de Chester e Mike com um *riff* de guitarra bagunçado de Brad. Embora a letra gire em torno da angústia universal, ela acaba sendo vaga demais para ser relacionável. Porém, faltando um minuto para o fim da música, a percussão de repente desaparece e a guitarra faz uma virada com um *riff* de quebra empolgante. Um ritmo diferente entra sorrateiramente para se juntar à guitarra e, segundos depois, a faixa explode: Chester solta um grito melódico, Mike entra junto com algumas linhas rápidas, a bateria é forte, os *scratches* ficam loucos e as guitarras são aumentadas ao máximo. Então, sem muito aviso, tudo cai no silêncio.

Esse minuto pode ter sido o final de uma canção que nem sequer era forte o suficiente para fazer parte do EP de estreia do Hybrid Theory, lançado por eles mesmos. O trecho, no entanto, surpreendeu Jeff e o lembrou do potencial que a banda tinha. Mais tarde, esse minuto se transformaria no refrão de "Crawling". Mas, por enquanto, eles ainda tinham muito trabalho a fazer.

No DIA 1º DE JUNHO DE 1999, bem na época que o Hybrid Theory estava gravando suas primeiras músicas juntos em Los Angeles, do outro lado do país, na Northeastern University, Shawn Fanning lançava uma versão beta de um programa chamado Napster.

A indústria musical, que durante décadas dependeu de produtos físicos e de estratégias de varejo em grandes lojas, estava prestes a passar por uma transformação digital total. Para o Hybrid Theory e inúmeros outros artistas como eles, a internet representava uma possibilidade ilimitada na época. Mesmo nesse estágio primitivo, a ideia de compartilhar arquivos de músicas antes de serem lançadas em fitas e CDs – e então conversar com os fãs sobre essas músicas – parecia revolucionária.

Antes que o Hybrid Theory pudesse encontrar uma gravadora e estrear um som totalmente formado, eles recrutavam ouvintes na primeira versão da comunidade de fãs on-line da banda, ativa até hoje. Os fóruns de discussão estavam se tornando férteis, com diferentes subculturas coabitando e músicas (e reações a essas músicas) sendo compartilhadas em tempo real em diferentes partes do mundo. O plano de ação da banda na época era uma relíquia do período, assim como o pager de Mike: eles faziam *upload* de MP3s de suas demos e entravam nas salas de bate-papo do Korn ou nos fóruns de outros grupos, chamando os fãs com gostos parecidos para conhecê-los. "Eu mandava todos da banda entrarem na internet", lembra Rob, "e recrutava cinco ou seis pessoas por dia."

Enquanto isso, o apartamento de Rob virou a sede não oficial da equipe de rua da banda, principalmente porque ficava ao lado de uma agência dos Correios. "As caixas do Priority Mail são gratuitas", explicou Rob, "então eu pegava todas elas e saía correndo de lá." Quando os jovens nas salas de bate-papo clicavam nos seus

MP3s e enviavam e-mails para a banda pedindo mais músicas, recebiam camisetas, adesivos e demos de fitas cassete feitas pelo grupo, com instruções para espalhar a notícia por toda parte.

"Empacotávamos as coisas no meu apartamento", contou Rob. "Minha sala de estar se transformou numa sala dos Correios." Os membros da banda passavam horas se preparando para volumosas remessas postais, enquanto Mike desenhava os gráficos do primeiro site da banda, uma característica da engenharia de uma campanha de base dos primórdios da internet.

Mesmo com uma base de fãs começando a se formar graças, em parte, ao EP *Hybrid Theory*, o grupo ainda precisava de uma gravadora. Com o passar do ano de 1999, o Hybrid Theory fez *showcases* para várias delas, atraindo alguma curiosidade, mas nenhuma oferta; foram realizadas entre 40 e 50 apresentações para gravadoras interessadas durante esse período, com algumas grandes e outras independentes respondendo uniformemente com rejeições. Era um caso típico de Sísifo: precisavam que apenas uma gravadora acreditasse neles o suficiente, dentre as dezenas para as quais fizeram testes, para fechar um contrato e passar para a próxima fase de suas vidas profissionais. Mas aquela pedra era muito difícil de empurrar até o topo da colina, então eles ficavam caindo de volta.

Parte do problema era que a banda ainda estava descobrindo a química no palco, assim como no estúdio. Os vocais de Chester denotavam uma clara melhora em relação aos de Mark, mas ele estava desvendando como coexistir ao lado de Mike e como atrair os olheiros das gravadoras em situações de alta pressão. Num *set* para um executivo da MCA Records, por exemplo, ele chegou tão perto do rosto do cara que algumas gotas de saliva de seus gritos voaram para o olho do executivo. Pelo menos *essa* rejeição foi fácil de explicar.

Outro obstáculo para o Hybrid Theory: devido ao surgimento de grupos como o Korn e o Limp Bizkit, a bolha do rap-rock foi percebida como prestes a estourar após uma rápida expansão ou, pelo menos, como saturada demais. De repente, o som que havia atraído tantos executivos para a apresentação do Xero estava em toda parte e, depois do Woodstock '99, seu futuro no *mainstream* caiu num terreno instável. "Estávamos quase pensando: 'Fomos derrotados'", explicou Brad.

Entretanto, todas essas preocupações teriam sido descartadas por uma gravadora se o Hybrid Theory tivesse demonstrado uma coisa durante essas apresentações: um evidente *single* de sucesso. O que eles ainda não tinham.

As demos que constituíam o EP *Hybrid Theory* traziam pistas dos hinos que a banda poderia produzir algum dia, mas lampejos de promessa não se traduzem em execução nas rádios. Desse modo, todas as gravadoras deram de ombros para eles, deixando o Hybrid Theory preso na terra de ninguém da indústria musical, com seus membros sem escolha a não ser continuar trabalhando duro – mais correspondências, ensaios, noites sem dormir e orações para que a próxima apresentação desse certo. "Fizemos um trabalho de três anos naqueles nove ou dez meses", rememorou Chester.

Depois de bater a cabeça contra a parede por tanto tempo, o grupo começou a sentir suas dúvidas aumentarem. Os pais de Brad o pressionavam para que a faculdade de Direito fosse levada a sério. Rob praticava suas partes de bateria por horas todos os dias, e passou a se perguntar se estava perdendo tempo. Chester estava totalmente comprometido com sua nova banda e acreditava com todas as fibras de seu ser que as gravadoras estavam erradas; ao mesmo tempo, vivia sem dinheiro, longe de sua casa e frequentemente separado de sua esposa. Mesmo que Chester "soubesse que era a banda certa", ser rejeitado mais de 40 vezes tem um preço psicológico. Seria *realmente* a banda certa? E o que ele faria se não fosse?

Finalmente, aconteceu – embora não da maneira que a banda esperava.

Jeff, que havia assinado um contrato de publicação do Xero com a Zomba, conseguiu um novo emprego no outono de 1999, como vice-presidente de A&R da Warner Records. Ele sonhava em conseguir um trabalho de A&R em uma grande gravadora há anos, e, quando a oportunidade finalmente surgiu, conseguiu impor uma condição: *só* entraria para a Warner *se* eles também assinassem um contrato com seu projeto em desenvolvimento, Hybrid Theory. Como parte de seu acordo, Jeff levaria a banda para a Warner e seria o produtor executivo de seu álbum de estreia.

Jeff sempre quis descobrir e orientar artistas, mesmo depois de eles terem encontrado sua gravadora, de modo que seu primeiro projeto na Warner seria – apropriadamente – o grupo que ele vinha defendendo há anos. Antes do final de 1999, a banda contratou Rob McDermott – um headbanger de Nova York que havia começado como estagiário do Pantera e do White Zombie e que, depois de se mudar para Los Angeles, passou a gerenciar o grupo de metal Static-X, da Warner – para atuar como empresário. McDermott seguiu como peça fundamental na infraestrutura do grupo por um longo tempo.

A banda celebrou o apoio de sua nova grande gravadora antes de se concentrar rapidamente na gravação de um *single* de sucesso. Afinal de contas, não queriam que o mundo do rock desse o mesmo tipo de resposta morna às suas músicas como tinha acontecido naqueles *showcases* para mais de 40 gravadoras. As faixas do EP *Hybrid Theory* e o restante de suas primeiras demos com Chester logo saíram de cena quando eles começaram a compor músicas novas. Como Mike diria anos mais tarde: "Tocávamos muito essas canções quando o nome da banda era 'Hybrid Theory' e, assim que tivemos um álbum inteiro para fazer, elas meio que desapareceram".

No entanto, para os fãs mais obstinados, essas demos nunca desaparecerão, especialmente depois de vários relançamentos e reedições especiais. Essas primeiras músicas representam a grandeza que ainda estava por vir e, sem essas tentativas iniciais, quem sabe o que teriam alcançado. Lentamente, mas de forma segura, eles estavam solidificando seu som. E, em pouco tempo, também teriam de lutar por sua identidade artística.

INTERLÚDIO

"SENTI COMO SE O CONHECESSE DURANTE TODA A MINHA VIDA"

Ryan Shuck era membro do Orgy, principal grupo do Family Values, quando conheceu Chester, com quem, mais tarde, formaria a banda Dead by Sunrise e trabalharia no Julien-K. Ele compartilha aqui seus primeiros encontros com Chester, que se tornaria um de seus amigos mais próximos.

Estávamos no NRG Studios – gravando nosso segundo álbum, *Vapor Transmission* – quando ouvi alguns gritos no corredor.

Não eram do tipo de gelar o sangue. E não soavam ruins. Era algo que eu nunca tinha ouvido antes – alto e poderoso. E continuou. Simplesmente não parava. Eu disse: "Cara, quem estiver fazendo isso vai perder a voz".

Eu era o relações-públicas do Orgy. Se algo legal estava rolando, ia até lá e começava a fazer amizade com todo mundo. E se era alguma coisa estranha, melhor ainda, eu queria saber. Então fui até a sala ao lado, direto do Studio A para o Studio B, e encontrei um rapaz magrinho chamado Chester.

Aí perguntei: "Ei, é você?". Ele começou a rir e disse: "Sim". E continuei: "Como você faz isso?". Ele respondeu: "Ah, bom, eu não sei! É assim que eu me aqueço!". Fiquei fascinado. E ele também era muito legal, então demos uma saída do estúdio e começamos a conversar lá fora. O papo acabou durando provavelmente uma hora e meia – como se fôssemos velhos amigos, sendo que eu tinha acabado de conhecer o cara. Acredito que, na época, ele andava dormindo em um carro, pois morava no Arizona e estava [em Los Angeles] para fazer esse álbum. No final da conversa, eu o convidei para morar comigo. "Se você precisar de um lugar para ficar", sabe, "venha ficar comigo."

Chester e eu continuamos nossa amizade. Sinceramente, era como se nos conhecêssemos desde sempre. Foi a coisa mais estranha: senti como se o conhecesse a vida inteira – e raramente senti isso com alguém em toda a minha existência –, como uma alma gêmea. Ele se tornou um dos meus irmãos mais próximos e um dos meus maiores defensores, professores, alunos, tudo isso. Acabou que, após todos os dias em que eles estavam gravando *o Hybrid Theory* e nós fazendo o *Vapor Transmission*, saíamos juntos. Talvez o fato de eu ter aberto minha casa para ele tenha derrubado mais alguns muros. Para mim, só a doçura dele e o fato de que o cara dormia no banco de trás do carro para gravar um álbum já valia – é o tipo de coisa que eu realmente respeito e que me atrai. E ele também era bobo, pateta e divertido, o que fez nos conectarmos nesse nível.

Em meio a tudo isso, obviamente fui apresentado aos caras antes de eles serem o Linkin Park, ainda na fase Hybrid Theory. Percebi que alguns deles eram artistas e ilustradores muito bons. Fiquei pensando: "Que porra é essa? Os caras são todos muito talentosos. Qual é a dessa banda?". Eles me convidaram para ouvir umas músicas e foi aí que eu realmente despertei. Escutei algumas delas e me dei conta: "Nossa, isso é algo especial". E o cara andando para cima e para baixo pelo corredor gritando? Eu ouvi no contexto [da música] e foi interessante – os gritos no corredor eram estranhos e agradáveis, mas quando os ouvi numa música, pensei: "Isso deveria tocar no rádio". Naquele momento, já tínhamos dois discos de platina, [éramos] uma banda de rock bastante popular. Porém, numa conversa sobre fazer shows juntos algum dia, eu falei: "Sinceramente, não vai demorar muito para estarmos abrindo para vocês". Todos riram – talvez não tenham acreditado em mim.

Lembro-me de que sentimos uma grande abertura de mercado para algo diferente. Todas as pessoas envolvidas em qualquer tipo de música pesada estavam tentando emular o Korn. Todos usando dreadlocks, todos vestindo Dickies,[24] todos calçando tênis Adidas. E isso mostra o poder do Korn, porque eles são os padrinhos, abriram essa porta para todo mundo, e eu os amo. Qualquer pessoa em uma nova banda realmente tinha elementos do Korn, o que era muito poderoso. Mas um cara como eu sempre pensa: "O que posso fazer para me destacar disso, para fazer algo único?".

Esse tipo de pensamento levou ao Orgy – gostávamos de Duran Duran e Depeche Mode, assim como de Stone Temple Pilots, Metallica e Pearl Jam. O Korn não apenas abriu as portas, mas também trouxe outros grupos para sua órbita, ajudando a definir esse gênero. Foi como se eles tivessem criado o universo e, em seguida, outras bandas, como o Limp Bizkit, com todos esses sons diferentes, começassem a surgir em seu rastro. Decidimos que iríamos lançar um novo som de guitarra e fazer algo totalmente eletrônico – com o Korn nos apoiando e auxiliando nesse processo. O rap-rock era, sem dúvida, extremamente difundido, mas você também tinha essas exceções estranhas, como o Marilyn Manson e o Orgy.

De certa forma, acho que o Linkin Park é uma espécie de supergrupo da nossa era. Sempre acreditei que Chester poderia

---

[24]Dickies é uma famosa marca de roupas, conhecida por suas calças e bermudas utilitárias e resistentes, geralmente associadas ao estilo streetwear. Nos anos 1990 e 2000, se popularizou entre grupos ligados ao skate, ao punk e à cena musical mais alternativa, a começar pelo Korn. (N. da P.)

ser o maior cantor pop do mundo, embora também pudesse se transformar num demônio. Desse modo, ele conseguia fazer esses versos nos quais canta – e isso não é depreciativo – melhor do que um integrante dos Backstreet Boys ou do *NSYNC. Chester literalmente domina o tom vocal mais insano e impossível e, no mesmo fôlego, chega a algo que rivaliza com esses incríveis cantores pop. E aí tem Mike, que traz essa sensação legítima de hip-hop e tudo mais. Era como uma superfórmula que, creio, foi usada no momento perfeito, onde o tipo certo de base foi estabelecido. Eles apareceram e atingiram um nervo de uma maneira que eu nem tenho como descrever.

Ninguém consegue produzir o tom que Chester produz, algo que eu definitivamente notei na época em que dividíamos o estúdio. Quando estávamos gravando, ele não ficava numa cabine vocal. Permanecia em pé ou sentado ao meu lado. E essa é uma maneira interessante de ouvir um vocalista como ele em ação: Chester tinha esse harmônico vindo de suas cordas vocais, como outra voz dentro da sua voz. E você não é capaz de pegar isso quando está ouvindo amplificado ou por meio de um microfone – só consegue no mesmo ambiente. Tive de me sentar lá e escutar aquilo por mil horas. Nunca tinha ouvido nada parecido. Estar ao lado de alguém como Chester, gravando e criando coisas, faz seus pelos se arrepiarem, pois não há nada igual.

E sou grato, como artista, pois isso me ensinou muito. Mas será que eu poderia ser o que ele é? Não. Ele é a voz de uma geração. Ele simplesmente eclipsou todo mundo. E há outras vozes de outras gerações, com certeza. Mas ele é a voz da nossa.

CAPÍTULO 7

Simplesmente não havia como a tensão não transbordar para a música. Os anos de formação, reconfiguração, troca de vocalistas, mudança de nomes e dúvidas intensas por parte da indústria agora espalhavam sementes de incerteza dentro do estúdio, à beira de algo espetacular ou talvez de nada – tudo isso foi se acumulando, crescendo e exigindo uma liberação.

O grupo que se tornaria o Linkin Park sabia disso. Eles podiam ouvir suas próprias paredes estremecerem quando o *riff* grosseiro e robusto dos dez segundos iniciais de "One Step Closer" explodiu e se transformou no restante da música. Eles puderam sentir horas de telefonemas frustrados e o tédio do estúdio, onde nada parecia certo, se dissiparem quando a voz de Chester entrou na ponte. Está tudo lá, em cada palavra, grito e batida de bateria.

"One Step Closer" é um milagre, uma peça atemporal de intensa beleza e raiva devastadora. É o tipo de *single* de estreia perfeito que qualquer banda adoraria ter, mas odiaria ser obrigada a conquistar.

Centenas de pontos de exasperação, aqueles que faziam os membros da banda se contorcerem, suspirarem e balançarem a cabeça nos anos que antecederam o primeiro álbum, podiam ser sentidos no imediatismo de "I'm about to BREAK!"[25] de "One

---

[25] Estou a ponto de explodir!

Step Closer". Eis que, no final de abril de 2000, no NRG Recording Studios, em North Hollywood, Chester e Mike estavam *realmente* prestes a estourar.

Não um com o outro, é claro – eles haviam desenvolvido uma relação simbiótica dentro da banda naquele momento, com os demais integrantes reconhecendo o poder desse vínculo. Mas o produtor Don Gilmore, contratado para conduzir seu álbum de estreia após o contrato com a Warner Records, não reconhecia. Ele continuava estimulando o grupo a ajustar uma música que originalmente se chamava "Plaster". Era boa, mas não estava completa.

Algumas partes incompletas precisavam ser preenchidas, de acordo com Don. A letra necessitava ser alterada e depois alterada novamente. À medida que ele continuava insistindo na reescrita, as atitudes começaram a se inflamar num nível preocupante. Chester ficou tão furioso com o produtor, que começou a escrever letras sobre o quão furioso ele estava – cego de raiva, passou a rabiscar todas as palavras de irritação que conseguia extrair de sua caneta.

Chester queria que suas ideias fossem ouvidas. Mais do que isso: queria que a pessoa que aparentemente estava tentando abafá-las calasse a boca.

MESMO SE TUDO NO estúdio fosse perfeito, ainda teria sido um momento de pressão para eles, assim como para qualquer banda que estivesse tentando se destacar num cenário saturado. As demos do EP *Hybrid Theory* e suas sobras causaram zero impacto nas dezenas de *showcases* para gravadoras, de modo que a banda ainda estava lutando para achar formas de combinar rap e rock que parecessem novas e urgentes. A música que se tornaria "One Step Closer" – gravada numa demo por Mike e Brad e refeita pela banda no NRG nas quatro semanas de criação do primeiro álbum – tinha potencial para ser a declaração de intenções, o *single* principal e a introdução a algo maior do que eles.

Se a banda e seu produtor não estivessem concordando sobre como essa declaração deveria funcionar, seria um problema bem simples de resolver: chegar a um acordo, encontrar um meio-termo ou experimentar outro produtor. Esse conflito, porém, ocorreu quando várias vozes em torno do grupo acreditavam que eles deveriam mudar não só algumas coisas no seu som, mas também a própria essência do que eram, como se o que os tornasse únicos fosse, na verdade, uma falha a ser corrigida. E, do ponto de vista da banda, quem permitia que esse coro de pessimistas se infiltrasse no estúdio – que não mandava embora todos que traziam ideias periféricas – era seu produtor.

No início, a banda teve dificuldades para encontrar um produtor para seu álbum de estreia após assinar com a Warner Bros. Até que, finalmente, conseguiu Don Gilmore, veterano de estúdio no mundo do rock alternativo. Ele tinha sido engenheiro do álbum *Ten*, sucesso do Pearl Jam, e depois produziu hits do rock *crossover* do final dos anos 1990 para bandas como Eve 6 e Lit. Para simplificar, ele era um adulto na sala, um profissional técnico liderando um grupo que ainda estava descobrindo as nuances do estúdio.

Mas Don também tinha um ponto cego que ele mesmo admitia: nunca havia se envolvido na criação de algo que se *assemelhasse à* música hip-hop. Portanto, quando assinou o contrato para fazer o álbum de estreia da banda, Don basicamente deu de ombros para metade do som do Hybrid Theory.

"Ao escolher Don Gilmore como produtor, ficamos realmente hesitantes", explicou Mike. "Ele tinha mais a ver com músicas alternativas para rádio, então sabíamos que ele conseguiria acertar essa parte do nosso som, mas Don não sabia nada sobre hip-hop. Absolutamente nada! E ele nos disse isso logo que se reuniu conosco: 'O negócio é o seguinte, a parte do seu som com a qual não posso contribuir é a do hip-hop. Sei que é uma parte importante do trabalho de vocês. Mas gosto como vocês fazem isso, então vou tentar sair do caminho em termos de batidas, raps e outras coisas, vou deixar isso com vocês'."

Naquele momento, tudo o que eles não precisavam era de um produtor que lhes dissesse para "fazer o que quisessem" – o que precisavam era de um líder e defensor, alguém que reconhecesse o potencial de seu som e afastasse as dúvidas sobre seus detalhes. A questão é que os executivos e representantes de A&R da Warner Bros. tinham a mesma opinião de Don: eles viam promessa na banda, mas não nas partes da sua estrutura que se inclinavam para o hip-hop ou a música eletrônica. Segundo esses veteranos da indústria, o rap nas demos precisava ser atenuado e o *scratching* do DJ ser silenciado. No fim das contas, a banda havia sido contratada como uma condição para o emprego de Jeff, mas ainda não havia provado nada, então sua identidade era vista como algo flexível. E como Don não conseguia explicar por que esses recursos eram essenciais para o restante do produto, o grupo percebeu que ele não teria condições de acalmar as ansiedades dos cínicos de terno.

"Ao fazer o disco, não fomos totalmente compreendidos pela gravadora, principalmente porque havia uma categorização de qual caixa você cabia", disse Joe. "Ser uma banda de rock, mas tentar ter uma base sólida com nossa influência do hip-hop e do eletrônico que trazemos para a música. Na época, os formatos eram rock alternativo e rock comercial. Lembro que a gravadora, num certo momento, pediu que fizéssemos menos rap e menos *scratches*."

Numa ocasião, a banda chegou a perceber o plano da gravadora de fazer com que Mike ficasse estritamente nos bastidores – ou até mesmo fosse substituído por um rapper de fora. O argumento era que eles tinham trocado Mark por Chester, então por que não trocar outro elo fraco por um MC melhor?

Naturalmente, essas sugestões foram recebidas com indignação por todos os membros, incluindo Chester. Após anos de instabilidade profissional, ele permaneceu leal à sua nova banda de irmãos e afastou as tentativas de se posicionar como o único líder de um grupo tradicional de rock pesado.

A verdade é que teria sido fácil para a banda ceder à pressão, sentir o peso das sugestões das grandes gravadoras para simplificar o som em algo mais fácil de digerir e se ajustar a um produtor veterano que havia ajudado a obter vários sucessos do rock. Mas, para começar, eles nunca quiseram ser um "grupo tradicional de rock pesado". Mesmo depois de Chester se juntar à formação e lhes dar um cantor pronto para o rádio, suas influências ainda eram um pastiche de hip-hop, industrial, pop, pós-punk, eletrônico e alternativo – tudo, de Timbaland a Nine Inch Nails, de Aphex Twin a Red Hot Chili Peppers –, e eles estavam intencionalmente refratando esses sons por meio de um prisma de metal. Dizer à banda para tocar apenas um rock pesado simples era como dizer a um centroavante para nunca se mover para a esquerda ou para a direita no campo de futebol; nunca haveria um caminho claro a seguir.

Infelizmente, o tempo não estava mais do lado deles. O grupo teve de trabalhar em seu álbum de estreia no primeiro semestre de 2000, um momento em que qualquer grande gravadora teria visto o rap-rock como um som que começava a parecer ultrapassado em nível comercial. Artistas como Korn, Limp Bizkit, Kid Rock e Staind ainda eram grandes, mas a maioria desses grupos já estava experimentando sons diferentes e se distanciando da classificação de nu metal pós-Woodstock '99. A indústria musical está sempre buscando a próxima grande tendência, portanto, uma banda de rap-rock chamada Hybrid Theory, sem dúvida, parecia uma visão do passado na época em que "One Step Closer" estava sendo produzida.

Considerando todas essas circunstâncias, faz sentido que a banda tenha escrito uma música potencialmente revolucionária sobre estar no limite de suas forças. Depois de tanto trabalho árduo e tantas iterações, aparentemente a indústria os tinha transformado num plano secundário – a menos que estivessem dispostos a mudar quem eram por completo. Eles estavam perdendo a luta pelo poder de manter sua essência para os representantes de A&R com opinião formada. E agora Don, o produtor que não conseguia apoiar com plenitude a visão deles, estava questionando tudo sobre a música ainda intitulada "Plaster", dissecando e desmontando os versos até a exaustão.

"Estávamos ficando loucos", lembra Mike. "Naquele ponto do processo, era como se disséssemos: 'Por que não confiam em nós? É o *nosso* álbum'. O nosso cara de A&R não precisa ter a porra do nome dele na capa do CD e tocar essa música no palco todos os dias. Sabíamos que, se colocássemos algo no disco de que não gostássemos ou que não estivéssemos sentindo, teríamos de conviver com aquilo. Tipo, esta é a nossa carreira!"

Então Chester e Mike juntaram essa frustração – com Don, com a gravadora, com tudo e com todos, mas sobretudo com Don – e a transformaram no que viria a ser "One Step Closer". A abertura furiosa, cuspida entredentes – "I cannot take this anymore/ I'm saying everything I've said before" – é literalmente dirigida ao produtor que exigiu mais reescritas. O grito no refrão de "Everything you say to me/ Takes me one step closer to the edge"[26] captura a raiva crescente deles. E quando chegou a hora de escrever a letra para a ponte explosiva, Chester precisava de algo conciso e poderoso que pudesse silenciar seu maior crítico.

HÁ UMA RAZÃO PELA QUAL A BANDA considerou a música que viria a se tornar "One Step Closer" como um possível *single* principal, mesmo antes de ser concluída. Em meio às suas primeiras demos, depois no cenário concorrido do rock pesado e, agora, em toda a discografia do Linkin Park, "One Step Closer" se destaca. A cada segundo se divide em aumentar a tensão ou dissipá-la numa libe-

---

[26] Não aguento mais isso/ Estou dizendo tudo que já falei antes/ Tudo que você me diz/ Me leva a um passo mais próximo do precipício.

ração rápida, permitindo que o ouvinte projete seus próprios problemas na catarse implícita da música. Antes da introdução dos vocais, a instrumentação – um *riff* de guitarra explosivo, *scratches* de DJ para suspendê-lo no ar e, em seguida, um ataque completo da banda com uma percussão abrasiva – se move com energia cinética e uma ameaça que parece proposital.

"One Step Closer é uma boa representação do grupo", afirmou Chester em 2000, antes de o *single* decolar, "no que diz respeito ao *riff* e à força da música. A agressividade dela."

E o *riff* de abertura da guitarra foi um acidente total. A banda estava fazendo uma sessão de fotos no estacionamento subterrâneo do prédio de Joe – não uma sessão de verdade com um fotógrafo profissional, veja bem, mas uma com alguém que conheciam, que sabia manusear uma câmera e estava disposto a fazer algumas imagens iniciais da banda. Sentado em um carro com a porta aberta, Brad estava entediado, mas, felizmente, havia levado sua guitarra. Ele brincou com alguns *licks*, depois mexeu na afinação, ajustando a corda inferior para ré e trabalhando com algumas ideias de *riffs*.

Brad tocou uma combinação com a sexta corda afinada em ré, o que dava um som especialmente elástico. Depois tocou novamente, suas mãos guiando o salto entre as cordas. Mike ouviu o *riff* e interrompeu a falsa sessão de fotos: "Eu falei: 'Cara, grave isso... Não perca esse *riff*!'"

O *riff* de "One Step Closer" a destacou musicalmente do restante das demos do grupo para seu álbum de estreia, que eram pesadas, mas não necessariamente combativas. Enquanto uma música como "Crawling" parecia espaçosa e contemplativa em sua síntese de rock com base no rap, "One Step Closer" era totalmente colérica – o som de uma banda empurrando o público em geral para a lama para chamar sua atenção.

Essa sensação de confronto começa com a marreta de Brad no *riff* de abertura, que persiste ao longo da música. A banda compôs "One Step Closer" no apartamento de Mike depois que a linha de guitarra – tocada em toda a faixa – foi finalizada, com a estrutura se encaixando rapidamente. O *riff* de Brad impulsiona a música, mas, em vez de sobrecarregar o arranjo por meio da repetição, o restante da instrumentação se encaixa ao redor dele: os elegantes pratos no refrão, as batidas vibrantes que expandem o arranjo, os *scratches* dispersos do DJ que aumentam o caos na ponte. E, apesar de tudo o que soava moderno na música, a banda era inteligente o suficiente para entender que o clássico contraste entre o quieto e o barulhento continuava a ser uma ferramenta eficaz: a percussão que desaparecia antes do refrão para, então, voltar com tudo, dava uma sensação de movimento, como se Chester e Mike estivessem no controle antes de pisar fundo no acelerador.

Quando a banda estava gravando seu álbum de estreia, Jeff comentou com Chester que achava que "Crawling" seria o grande sucesso deles, uma destilação perfeita de suas arestas mais suaves e mais pesadas. Mas Chester não tinha tanta certeza. Ele disse a Jeff que, em primeiro lugar, "Crawling" era mais difícil de cantar e, em segundo, Mike não aparecia tanto nos vocais – pelo menos, não tanto quanto em uma música como "One Step Closer", que ainda tinha o título provisório de "Plaster".

Chester era o vocalista principal em ambas as faixas, mas enquanto "Crawling" só apresentava algumas rimas rápidas de Mike no pré-refrão, a música que se tornaria "One Step Closer" unia seus vocais no refrão – o uivo furioso de Chester se sobrepunha ao rap rápido de Mike. As duas cadências se equilibravam sonoramente, alternando a intensidade da música. E eles liricamente completam os pensamentos um do outro. Chester canta: "Everything you say to me...", então Mike entra com "takes me one step closer to the edge, and I'm about to BREAK!".[27] Como declaração de intenção, qual a melhor maneira de apresentar sua banda ao mundo – e de

---

[27]Tudo o que você me diz/ me leva um passo mais próximo do precipício e estou a ponto de EXPLODIR!

se opor aos executivos das gravadoras que queriam eliminar suas influências de hip-hop – do que tocar a música que exemplifica os dois lados do Hybrid Theory?

A letra enérgica que Chester criou no estúdio, depois que Don continuou atacando suas palavras e dizendo para ele encontrar outras, acabou ajudando a transformar a música em um hino. Como Chester estava tão furioso com seu produtor e só queria chegar a algo que funcionasse, cada verso que entrou na edição final é propositalmente direto – sem frescuras, apenas emoção crua.

Dessa forma, a letra possui uma espécie de universalidade contundente que pode ser adotada em qualquer cenário de desespero. O segundo verso diz: "I find the answers aren't so clear/ Wish I could find a way to disappear/ All these thoughts they make no sense, I find bliss in ignorance/ Nothing seems to go away, over and over again".[28] A música fala ostensivamente sobre Chester estar farto do estúdio, mas a maioria das pessoas que a ouve não conhece a história, então, para elas, as palavras representam a experiência geral de bater a cabeça contra a parede enquanto nada muda ao seu redor. Na verdade, esse é um sentimento com o qual milhões de ouvintes podem se identificar. Em qualquer circunstância, a letra funcionava.

A música, no entanto, ainda precisava de uma ponte, e nada do que Chester ou Mike apresentavam atendia aos padrões de Don. Mike imaginou uma parte como a quebra de "Killing in the Name", do Rage Against the Machine – aquele refrão "Fuck you, I won't do what you tell me!"[29] –, encaixando-se em uma das músicas da banda e pensou que algo assim poderia funcionar para a tal ponte. O problema era que ele simplesmente não conseguia encontrar as

---

[28]Acho que as respostas não são tão claras/ Gostaria de poder encontrar uma forma de desaparecer/ Todos esses pensamentos não fazem sentido, a ignorância me deixa feliz/ Nada parece desaparecer, tudo se repete muitas vezes.

[29]Foda-se, não vou fazer o que eles mandam.

palavras certas, com o produtor não dando folga para que ele e Chester seguissem tentando.

Chester estava furioso com Don, a um ponto quase inconsolável. Ele anotou as palavras "shut up" apenas para desabafar em particular. Mike adorou. E se *essa* fosse a ponte? Era mais simples do que qualquer outra coisa que os dois haviam criado até o momento, mas simplicidade poderia ser o que a passagem exigia. Chester pensou por um momento e depois concordou.

Eles entraram no estúdio e disseram a Don para colocar a faixa – estavam prontos para gravar a ponte. "Don falou: 'Bem, expliquem-me o que é'", relembrou Mike mais tarde, rindo. "E a gente respondeu: 'Não, não, não, é melhor gravarmos primeiro. Ouça em seu conceito completo.'"

Então Chester entrou na cabine de voz, com Don colocando a faixa no ar sem saber o que seu vocalista estava prestes a cantar. Semanas de tensão, meses de trabalho árduo, anos de vontade de transformar isso em realidade, tudo isso se acumulou até o momento em que Don apertou o *play* – e Chester começou a soltar fogo.

SHUT UP WHEN I'M TALKING TO YOU!
Shut up! Shut up! SHUT UP!
SHUUUUUT UUUUUPPPP!!![30]

NAS MÃOS ERRADAS, "One Step Closer" poderia ter soado como uma birra, uma expressão mal concebida de angústia que teria caído por terra. A música também poderia ter sido vista como uma versão inferior de faixas semelhantes de rock pesado. Afinal, o Limp Bizkit já cantara sobre querer "Break Stuff" um ano antes do gancho "I'm about to BREAK!", do Linkin Park. E algumas semanas antes da gravação de "One Step Closer", o Papa Roach havia lan-

---

[30]Cala a boca quando estou falando com você! Cala a boca!

çado "Last Resort", uma obra de rap-metal igualmente intensa que foi o hit da banda.

Apostar em "One Step Closer" como a real introdução do grupo baseou-se na crença de que ela possuía a gravidade necessária para ser levada a sério e personalidade suficiente para distinguir a banda num panorama supersaturado. Após sua ponte ser gravada, porém, qualquer incerteza residual foi eliminada, deixando óbvia a decisão de escolhê-la. A música não era como todas as outras lançadas na época. Era *melhor* do que todas elas.

"Todos concordaram que esse era o primeiro *single*", disse Mike. "Quando chegamos à parte do 'cala a boca' na ponte, todos nós pensamos: 'As pessoas vão se lembrar desta banda quando ouvirem a música.'"

"One Step Closer" não só tinha a força necessária para despertar os ouvintes de rádio e consumidores de CDs, mas também atraía os compradores de ingressos. Depois que foi totalmente gravada – é a única música do disco de estreia da banda que tem a participação do baixista Scott Koziol, contratado assim que o baixista do EP *Hybrid Theory*, Kyle Christner, deixou o grupo após um período de meses – e mixada por Andy Wallace em Nova York, o grupo começou a pensar numa primeira turnê de verdade para divulgar o álbum. Eles sabiam que "One Step Closer" era o tipo de música que queriam que o público soubesse de cor, com seus ganchos gritados no palco enquanto os olhos dos fãs se arregalavam de alegria. Qualquer pessoa que já tenha ido a um show do Linkin Park no qual "One Step Closer" serviu como final explosivo ou que a tenha escolhido para cantar aos berros num bar de *karaoke* sabe que é muito divertido cantá-la. Antes mesmo de ser lançada, a banda também sabia.

"Não tínhamos noção de como escolher *singles*", admitiu Rob. "Mas, para nós, era importante dar o pontapé inicial com uma música mais pesada e agressiva, pois ela representaria a energia do nosso show da maneira mais precisa. Trazer uma tonelada de intensidade para as nossas apresentações sempre foi a prioridade máxima."

Antes que a banda pudesse começar a tocar a canção em seus shows, a gravadora avisou que seria novamente preciso mudar de nome, deixando o Hybrid Theory para trás. Um grupo de dança do Reino Unido chamado Hybrid fazia parte do ecossistema ampliado da Warner Bros., de modo que a gravadora não podia sustentar um Hybrid e um Hybrid Theory.

Os rapazes decidiram manter *Hybrid Theory* como título de seu álbum de estreia e, após mais alguns contratempos com o nome – quase se chamaram Plear ou Platinum Lotus Foundation –, chegaram a Lincoln Park, uma homenagem a um espaço comunitário na vizinha Santa Monica. No entanto, eles queriam ser um pouco mais fáceis de serem encontrados on-line, então ajustaram a ortografia. E assim nasceu o Linkin Park.

Algumas semanas depois, Brian "Big Bass" Gardner, que masterizou *Hybrid Theory* no início de julho de 2000, recomendou uma mudança óbvia no título da música que ainda se chamava "Plaster". A frase "One Step Closer" usada no refrão era muito mais atraente para os fãs e programadores.

Na sequência, o pessoal de rádio da Warner disparou algumas músicas da banda recém-nomeada Linkin Park, incluindo a recém-intitulada "One Step Closer", para os programadores. A resposta foi eufórica. A KROQ, rádio rock extremamente influente de Los Angeles, começou a tocar a faixa.

O pavio foi aceso.

Naturalmente, o sucesso aliviou grande parte da tensão que havia se acumulado à medida que a banda esculpia o som de seu álbum de estreia. As preocupações da gravadora sobre o rap de Mike Shinoda e os elementos eletrônicos em suas músicas? Elas desapareceram quando "One Step Closer" subiu nas paradas de sucesso do rock. E Don não era mais o vilão por não ter conseguido silenciar essas preocupações ou por ter desafiado a banda a aperfeiçoar suas letras. Depois de produzir *Hybrid Theory* na íntegra, ele continuaria trabalhando com o grupo no próximo álbum, algo impossível de imaginar naqueles muitos momentos de raiva.

Ao longo de sua carreira, o Linkin Park teria sucessos superiores a "One Step Closer". A música nem sequer seria o maior hit de *Hybrid Theory*. Porém, como o tiro de advertência que definiu o tom da sonoridade da banda e suas muitas variações, "One Step Closer" foi indispensável, uma afirmação artística que fez com que toda a luta e o trabalho árduo que a precederam parecessem um prólogo. A maioria das bandas bem-sucedidas dá algumas batidas no taco antes de conseguir um grande êxito comercial. Mas "One Step Closer" fez do Linkin Park um sucesso imediato – estourando na parada Hot 100, entrando no top 10 das rádios alternativas, conquistando ouvintes em três continentes e preparando o lançamento de *Hybrid Theory*.

E nada disso foi por acaso. "One Step Closer" decolou justamente porque a banda lutou muito para manter sua identidade e preservar os elementos díspares que tornavam seu som tão singular, mesmo quando ninguém mais ao seu redor conseguia entender essa visão. Eles podem ter gravado "Plaster" como Hybrid Theory e depois lançado "One Step Closer" como Linkin Park, mas sabiam quem eram – e qualquer um que tentasse dizer o contrário precisava "calar a boca".

CAPÍTULO 8

Um grupo de adolescentes descolados está em um beco escuro à noite, como fazem os jovens do tipo. Enquanto conversam com um cara que ostenta costeletas imensas e um *piercing* na sobrancelha, uma garota usando um *top cropped* de um ombro só e calças largas olha para a direita. Na outra extremidade do beco há uma figura em um manto preto com capuz. Uma aparição? Um fantasma? Um mago?

A garota aponta para o homem misterioso e decide segui-lo, levando o Cara de Costeletas pela mão por uma porta quebrada no beco para um túnel subterrâneo. Esperando pelos adolescentes naquela toca do coelho estão vários homens mascarados – que começam a pairar no ar! O Linkin Park também está lá, surpreendentemente impassível diante das figuras místicas que flutuam entre os instrumentos e pronto para arrasar.

Como uma introdução à estética visual da banda, o videoclipe de "One Step Closer" hoje em dia parece uma bobagem de alta octanagem da virada do século. E os rapazes parecem estar saboreando cada momento naquele túnel. "Alguém há pouco me contou ter ouvido que a maioria das bandas não se diverte gravando seus vídeos ou não gosta do primeiro deles", mencionou Mike logo depois de filmar o clipe. "Acho que nos divertimos muito."

Uma explosão barata. O Linkin Park ainda era uma banda desconhecida numa grande gravadora e, embora tivesse carta branca para fazer o tipo de clipe que quisesse, estava operando com um orçamento apertado. Felizmente, Joe sabia como lidar com um orçamento baixo graças ao tempo que passou se virando no setor cinematográfico pós-faculdade de Artes. Ele então se juntou a Gregory Dark, um ex-diretor de pornôs *softcore* (*Segredos da Noite*, de 1993, é um exemplo) que havia migrado para a direção de videoclipes no final dos anos 1990 e trabalhado com todo mundo, de Britney Spears a Ice Cube.

Gregory e Joe criaram o roteiro juntos, elaborando estratégias para realizar os efeitos especiais que desafiam a gravidade, incluindo a grande acrobacia durante a parte final da música, na qual Chester fica de cabeça para baixo e grita "Shut up when I'm talking to you!"[31] do teto. Eles decidiram filmar em um túnel abandonado que fazia parte da linha de metrô de Los Angeles, ao lado de um hospital de veteranos fechado e a 20 metros de profundidade.

"O ar era muito denso e cheio de minerais, poeira e sujeira", observou Mike. "É muito difícil respirar lá embaixo." Ainda assim, a banda (incluindo o baixista substituto Scott Koziol, que fez sua única aparição num videoclipe do Linkin Park) estava entusiasmada por finalmente gravar seu primeiro vídeo. Dane-se a qualidade do ar. Eles montaram seus instrumentos, acenderam tochas e até penduraram algumas obras de amigos da escola de arte nas paredes do túnel para dar um toque extra de personalidade.

Numa era em que a rotação regular em canais de videoclipes ainda representava um caminho crucial para o sucesso de uma banda no mercado, o objetivo do vídeo de "One Step Closer" era bem claro: o Linkin Park precisava se apresentar aos telespectadores da MTV, já que seu primeiro *single* estava decolando nas rádios e rendendo alguma repercussão. O clipe cumpre essa missão de forma funcional. Quando estreou, o pessoal não familiarizado com o Linkin Park – ou seja, a grande maioria – podia facilmente

---

[31]Cala a boca enquanto estou falando com você!

discernir que a banda tinha um *frontman* que cantava, um *frontman* que fazia rap, um guitarrista que usava fones de ouvido e um DJ que não usava.

Os espectadores também basearam-se no tom e na paleta de cores do vídeo para analisar o Linkin Park como um grupo de rock pesado que também era acessível a quem não era fã de rock pesado. Mesmo em um túnel subterrâneo, as imagens não são explicitamente *escuras*; em vez de mergulhar na desorientação turva adotada por bandas como Deftones e Korn, o Linkin Park é iluminado por um brilho verde e nunca é obscurecido pelas sombras. Chester e Mike estão posicionados na frente e no centro, como se fossem protagonistas de uma peça, com seus olhares selvagens capturados num *close-up* médio – loucos, mas não ameaçadores.

Infelizmente, os detalhes visuais ao redor deles sugerem que o grupo é muito mais bobo do que sua música. As máquinas de fumaça, as tochas em estilo tiki e os espectadores da virada do século parecem saídos diretamente de um episódio de *Goosebumps*, eliminando na hora qualquer sensação de tensão. E tem o *cabelo*: Chester exibe fios arrepiados loiros como se tivesse levado um choque acima de seus *piercings* e tufos de cavanhaque; o cabelo de Mike está tingido de uma improvável cor de cereja. Quando a dupla fica batendo cabeça no ritmo antes do verso inicial – Chester com uma regata preta, Mike com uma camiseta branca e uma jaqueta bomber folgada –, suas cabeças vermelhas e amarelas sacodem para cima e para baixo. Parece que eles estão oferecendo uma variedade de condimentos: ketchup ou mostarda?

Além disso, é difícil levá-los a sério quando estão inexplicavelmente cercados por lutadores encapuzados. Esses "monges flutuantes", como Mike os chamaria, têm pintura facial em preto e branco e uma seleção de poses de artes marciais; alguns deles brandem espadas e adagas de aparência antiga, enquanto outros dão pequenas cambalhotas quando não estão pairando no ar. Daria para assistir ao vídeo de "One Step Closer" 20 vezes seguidas e ainda assim não se teria ideia de qual é a proposta deles. Eles são uma sociedade secreta? São viajantes do tempo? Será que eles sabem que uma banda está tocando seu primeiro *single* no esconderijo subterrâneo deles? Se é isso, por que Chester tem o privilégio de se juntar a eles no ar durante a ponte?

A resposta a todas essas questões é: não se preocupe com isso. "'One Step Closer' foi só diversão", explicou Mike numa sessão de perguntas e respostas on-line para fãs em 2000, quando um ouvinte da Suécia perguntou o que os monges flutuantes deveriam simbolizar. "Era um vídeo de ação escapista."

Momento certo é tudo. Em 1999, *Matrix* se tornou sucesso de bilheteria graças, em parte, aos cenários de ação antigravidade e à coreografia de artes marciais com arame, influenciando os projetos de grande orçamento dos estúdios nos anos subsequentes. Filmes de ação como *Romeu Tem que Morrer*, *Missão Impossível 2* e *As Panteras* também copiaram alguns desses movimentos no ano seguinte. E semanas após o lançamento do vídeo de "One Step Closer", o épico de artes marciais de Ang Lee, *O Tigre e o Dragão*, repleto de guerreiros voadores e acrobacias fantásticas, foi lançado nos cinemas, ganhando mais de 200 milhões de dólares internacionalmente e quatro Oscars.

Em uma entrevista em vídeo feita no set de filmagens de "One Step Closer", Brad está sentado em um sofá dentro de um trailer – Chester ao seu lado, com o braço pendurado carinhosamente em suas costas – e declara: "A vibração é mais ou menos como se *Blade Runner* encontrasse *Matrix*". Brad diz isso com orgulho, fazendo uma pausa para sorrir e acenar lentamente com a cabeça. Depois de um tempo, Chester concorda com uma pitada de nervosismo: "Tomara que a gente consiga fazer isso!".

Alguns outros clipes de 2001, como "Get Ur Freak On", de Missy Elliott, e "Elevation", do U2, aproveitaram a influência de *Matrix*. Na maioria das vezes, porém, os vídeos de grupos de rock em ascensão ainda seguiam a fórmula simples de exibir uma banda se apresentando num espaço apertado e cercada por fãs raivosos – pense em "Last Resort", do Papa Roach; "Chop Suey!", do System of a Down; e "Smooth Criminal", do Alien Ant Farm. A ideia era capturar o entusiasmo que a música da banda proporciona aos seus fãs mais próximos e sugerir ao espectador médio da MTV que ele poderia – e deveria – se juntar a essa multidão também.

Aparentemente, tal conceito era o plano original para o vídeo de "One Step Closer". Sem dúvida, teria sido mais seguro e provavelmente mais eficaz do que essa abordagem ousada. Mas os caras do Linkin Park ainda estavam na casa dos 20 anos, consumindo os mesmos filmes e alugando os mesmos DVDs que todos. Eles queriam que seus visuais fossem ambiciosos.

Eles queriam monges flutuando.

QUANDO ESTAVA NA ESCOLA DE ARTE com Joe, Mike trabalhava em uma pintura toda semana, dedicando de 6 a 12 horas num quadro para então pendurá-lo na parede da sala de aula. Depois disso, "29 outras pessoas diziam por que aquilo era horrível", lembrou ele. As críticas podiam ser brutais, sobretudo após um esforço tão concentrado. Mas a ideia não era só melhorar como artista, era desenvolver uma pele mais grossa – entender "como deixar o ego na porta", disse Mike, "aí entrar e fazer o que é melhor para a arte".

Joe concentrou suas habilidades de desenho na criação de personagens para *storyboarding* de filmes e TV durante seu primeiro ano na ArtCenter College of Design. Já Mike formou-se em ilustração em 1998, um ano antes de a banda conseguir contrato com uma gravadora. No período entre a formação do Xero e o sucesso com o Linkin Park, a ilustração e o design gráfico sempre foram o plano B deles, caso a banda desse errado. Os grupos de rock não oferecem uma carreira muito estável, portanto, entre as noites e os fins de semana de ensaio, Mike fazia horas extras para obter seu diploma como uma reserva. De qualquer forma, ele imaginava ser um artista.

Mike cresceu amando animes, conectando-se aos detalhes da animação japonesa e consumindo filmes clássicos do gênero: *Akira, Ghost in the Shell, Ninja Scroll.* Ele também se tornou fã do mangá e da série de TV *Astro Boy,* além de jogar videogames clássicos como *Metroid* e *Mega Man.* Suas ilustrações na escola de arte refletiam essa mesma sensibilidade – mais tarde, o anime se tornaria parte integrante da comunidade de fãs do Linkin Park, com *mash-ups* caseiros de suas músicas e visuais animados. Entretanto, na hora de pensar na arte do álbum de estreia, Mike e Joe, os autodenominados capitães visuais do Linkin Park, queriam algo que capturasse a dualidade rap-rock da banda, então preferiram buscar ideias em outro lugar.

Frank Maddocks, um artista de Los Angeles que tinha acabado de criar a capa do clássico *White Pony,* do Deftones, de 2000, contou que Mike e Joe apareceram em sua primeira reunião empunhando livros e revistas como pontos de referência para a capa de *Hybrid Theory.* Frank ficou impressionado com a postura deles – as bandas jovens normalmente não tinham esse foco profissional – e começou a discutir ideias com a dupla.

"Criamos uma espécie de vibração militante", lembrou ele. "Na época, estávamos todos muito interessados em Banksy, em estêncil e nesse tipo de propaganda." Durante os anos 1990, o anônimo artista de rua Banksy, que vive na Inglaterra, desenvolveu seu estilo característico como grafiteiro à mão livre na cena *underground* de Bristol e estabeleceu uma estética de estêncil, muitas vezes com uma pegada anticapitalista e antiguerra, até o final da década. A sensação de arte de rua – um pouco como o grafite que os amigos da banda tinham adicionado às paredes do túnel em "One Step Closer", mas com um tema mais impactante – parecia ser a jogada certa.

Depois de optar pela imagem de um soldado, eles procuraram algum tipo de justaposição – a capa não poderia apresentar apenas um soldado sem que isso fosse suavizado de alguma forma. Frank começou a fazer anotações e a esboçar ideias, chegando a sugerir que colocassem asas de borboleta no soldado. Eles acabaram escolhendo asas de libélula e pensaram em "fazer com que parecesse que alguém as havia pintado na rua", explicou Frank, "como se você inicialmente tivesse o soldado, mas depois alguém viesse e acrescentasse algo a peça. Esse era o efeito desejado, esse jogo de imagens".

Mike e Joe cuidaram da arte principal por conta própria – são creditados nas notas do encarte de *Hybrid Theory* por "esboços de arte + desenhos" – e Frank solidificou o design, apresentando a imagem principal como um spray de grafite sobre um fundo de cor de nuvem. As letras do álbum estão inseridas na arte, enquanto o nome da banda é apresentado numa fonte grunge blocada, com os *Ns* do *Linkin* invertidos para dar o efeito de um logotipo de arte de rua personalizado (e, sem dúvida, funciona como uma homenagem ao Nine Inch Nails por sua influência na banda).

Mike desenhou o soldado como um estêncil, genérico, mas facilmente identificável, semelhante em escopo visual ao Flower Thrower, o homem mascarado de Banksy, que foi exibido pela primeira vez em 2000 e se tornou um mural icônico em 2003. O soldado avança carregando uma bandeira fina, com o capacete inclinado para baixo em sinal de dever e o rosto como uma sombra sem forma. Atrás dele estão as asas de libélula, pingando como tinta ainda úmida, delicadas e lindamente detalhadas. O contraste foi intencional. "A ideia de reunir elementos pesados e outros mais suaves da música foi representada pela arte visual desse álbum", disse Chester em 2003.

Criar uma imagem memorável que indique sutilmente a abordagem sonora de uma nova banda é uma tarefa difícil. Não à toa, a maioria dos grupos opta por uma foto sua na capa do álbum de estreia. A de *Hybrid Theory,* no entanto, se encaixa perfeitamente na ideia daquela banda em ascensão. As asas de libélula, suavizando a imponente ausência de rosto do soldado, injetam vulnerabilidade em um exterior que, de outra forma, seria duro, do mesmo modo que a intenção melódica e a abordagem lírica da banda funcionavam no cenário do rock pesado. E a mistura de arte com estêncil e design com spray de grafite – como se o soldado tivesse sido criado em uma parede com uma lata de tinta em spray e as asas tivessem sido adicionadas por outra pessoa com uma voz diferente passando por essa mesma parede – comunicava uma mistura de estilos "faça você mesmo", que era o objetivo final da banda.

Simples, marcante e eficaz: a capa de *Hybrid Theory* não demandou um longo período de gestação, pois os caras acertaram em cheio na primeira tentativa. Anos depois, o soldado com asas de libélula tornou-se icônico – uma ideia sonhada por uma banda que ainda refinava a abordagem visual que transmitiria ao mundo – e inúmeros fãs adornaram seus corpos com a imagem.

"Obviamente, sei que é porque a música é muito especial para eles e fico feliz em ajudar nisso", disse Frank, "mas sou obrigado a pensar que, se a arte fosse realmente ruim, é provável que ninguém a tatuaria."

À MEDIDA QUE A BANDA FIRMAVA sua estética visual no início do ciclo de *Hybrid Theory*, a arte feita à mão foi, compreensivelmente, mais fácil de definir do que sua identidade tridimensional. Como exatamente o Linkin Park queria se apresentar ao mundo? Criar uma imagem de capa marcante era uma coisa; transmitir seu status como uma banda de rap-rock (mas não como todas as *outras* bandas de rap-rock), pesada, mas não sombria, com um conjunto de influências e personalidades distintas, era algo muito mais complicado – em especial quando essa apresentação era condensada num vídeo de três minutos ou num show de abertura de 25 minutos, como era comum.

Depois que Chester entrou para a banda, as performances de 1999 concentraram-se basicamente em *showcases* para gravadoras, seguidos de algumas apresentações em West Hollywood e em Tempe, Arizona, durante o primeiro semestre de 2000. O restante do ano foi repleto de participações em turnês de outras bandas em clubes e casas de shows: The Union Underground, em julho e agosto; Kottonmouth Kings, em setembro e outubro; P.O.D., em novembro; e Papa Roach, em dezembro. O Linkin Park subia ao palco e tocava algumas músicas diante de uma multidão que estava ali para ver outro grupo, como o Xero havia feito naquele primeiro show no Whisky, embora, dependendo do mês, muitos desses fãs desconhecidos tivessem pelo menos ouvido "One Step Closer" em sua rádio rock local.

Tanto um pouco antes quanto logo depois do lançamento do primeiro álbum, os membros do Linkin Park também estavam, em explosões curtas, desenvolvendo suas personalidades no palco – e o ponto-chave sempre foi fazer os fãs entenderem a força de atrito entre Chester e Mike. As táticas não eram muito sutis no início, como demonstrado pela abordagem de "cores de cabelo diferentes para o cantor e o rapper" no vídeo de "One Step Closer". No entanto, quanto mais shows faziam juntos, mesmo como abertura, mais os dois *frontmen* desenvolviam um ritmo lado a lado, sentindo os movimentos um do outro enquanto apresentavam as músicas que criaram juntos.

"E aí, Nova York! Somos o Linkin Park", exclamou Chester enquanto andava de um lado para o outro no palco do Roseland Ballroom, em Manhattan, no dia 20 de setembro de 2000, durante um programa de rádio que também contou com a participação do Disturbed e do Fuel. A apresentação foi a primeira de duas da banda no Roseland naquele outono – a turnê do P.O.D. os trouxe de volta ao local exatamente dois meses depois – com *Hybrid Theory* programado para sair quase no meio delas, em 24 de outubro.

No show de setembro (que pode ser visto com surpreendente qualidade no YouTube, assim como um punhado de suas primeiras performances – os fãs do Linkin Park são mestres arquivistas), Mike se atrapalha com seu monitor de ouvido e Chester se enrosca um pouco no fio do microfone, dois moleques que ainda aprendiam a existir fisicamente num palco. O mais notável é o modo como eles se aglomeram no espaço, atrapalhando algumas de suas improvisações e brincadeiras no meio da música. Eles têm de reiniciar "One Step Closer", que encerra o *set*, no meio do *riff* de abertura, fazendo com que Chester se vire para o público e solte um "Ah, merda!".

A energia é alta e o talento é evidente, especialmente quando Chester mostra seu poder vocal diante da multidão desavisada. "Um instrumento maravilhoso", foi como Mike descreveu a voz de Chester, "que ele passou muito tempo aprendendo, entrando em sintonia e desbloqueando." Naquela época, porém, o entrosamento entre eles ainda era desajeitado, como se dois armadores precisassem de tempo para descobrir como dividir a bola.

Entretanto, ao avançarmos para o show de novembro no Roseland, todos os aspectos da banda tinham sido aprimorados: o repertório, a bateria estrondosa de Rob, as linhas de guitarra afiadas de Brad e, o mais importante, a dinâmica entre os dois vocalistas na frente do palco.

Que diferença dois meses podem fazer: naquele segundo show, os vocalistas demonstraram uma reciprocidade natural, desde seus movimentos complementares no palco até a brincadeira de Chester com o público (em um determinado momento, ele solta um "Que tal, garotas?") e o *timing* impecável de Mike. Ele sabia exatamente quando seu colega iria dar ênfase a uma letra (em "Papercut": "A face that awakes when I close my EYES!!/ A face that watches every time I LIE!!!")[32] e como transformar o grito de Chester em um trampolim para si mesmo. E tanto um quanto o outro adoravam se curvar simultaneamente em tremores corporais quando um *riff* realmente "pegava", enfatizando para o público que, sim, era hora de perder a cabeça.

---

[32] Um rosto que acorda quando fecho meus OLHOS!/ Um rosto que olha sempre que eu MINTO!!!

Em suas primeiras apresentações como Linkin Park, o grupo entendeu o genuíno prazer da libertação proporcionada por um show de rock. Já ao longo dos primeiros meses de turnê, eles aprenderam a traduzir o que os tornava tão especiais para *ouvir* em algo que também os tornasse especiais para *ver*.

A tensão crepitante entre o suave e o pesado em seu som foi transmitida com eficácia na capa do álbum *Hybrid Theory*, embora não tanto no vídeo de "One Step Closer". Mas ver Mike e Chester no palco na segunda metade de 2000, tornando-se gradualmente artistas mais fortes e lideranças à medida que trabalhavam para alcançar o status de *headliner*, cristalizou a imagem que o Linkin Park imaginava para si, aquela que os diferenciava de todas as outras bandas como eles. Ninguém mais tinha *aqueles* caras.

Com o passar do tempo, os shows ficaram maiores e melhores, assim como os conceitos dos videoclipes. "Joe começou a ficar mais confiante e se afirmou no processo", disse Mike sobre dar sequência a "One Step Closer" com um visual para "Crawling", música que a banda não tocava em todas as suas apresentações, mas que logo se tornaria crucial em sua história. "Ele entrou no jogo de fato, e provavelmente aprendeu muito, fez muitos questionamentos", acrescentou Mike. Joe parou de idealizar roteiros e passou a assumir a responsabilidade pelos vídeos. No terceiro que dirigiu sozinho para o Linkin Park, já estava incorporando referências à *Princesa Mononoke*, de Hayao Miyazaki, uma das animações japonesas favoritas da banda.

Em um período diferente da indústria musical, cada detalhe do estilo visual do Linkin Park não teria sido tão importante para desbloquear seu som para o público em geral. Hoje em dia, à medida que nos aprofundamos na era do *streaming*, os grupos de rock estão dando menos ênfase aos videoclipes (a MTV, que era tão vital para a indústria na época, basicamente parou de exibir vídeos) e, sem lojas de discos para os fãs vasculharem, as capas dos álbuns não chamam mais a atenção dos consumidores no varejo.

Mas, em 2000, o Linkin Park *tinha* de acertar esses detalhes. Os vídeos, as fotos, a arte, o visual dos shows – *tudo isso* precisava existir como parte de um todo para convencer os fãs de música de que aquela era uma banda que valia a pena investir a longo prazo. É a diferença entre "One Step Closer" ser um sucesso passageiro e o início de algo maior, o início de um legado. É a diferença entre um álbum de estreia nominalmente bem-sucedido e outro que vende dez milhões de cópias.

INTERLÚDIO

"QUANDO OUVIMOS, SOUBEMOS"

Sonny Sandoval, líder dos veteranos do rap-rock P.O.D., reflete sobre o primeiro encontro com o Linkin Park em 2000 e sobre a percepção do potencial da banda enquanto viajavam em uma de suas primeiras turnês.

Já estávamos nessa função desde 1992, de forma independente e *underground*. Construímos nosso próprio público e tivemos nosso primeiro grande lançamento, [o álbum de 1999] *The Fundamental Elements of Southtown*. Quando o Linkin Park surgiu, éramos a atração principal de uma turnê com o (hed)p.e. e o Project 86. Tínhamos ouvido o *single* da banda nas rádios rock, e então recebemos um telefonema para tocar com eles, como um favor à Warner Bros. Aí, quando ligamos a música ao fato de o Linkin Park ser apoiado pela Warner Bros., pensamos: "Esses caras vão estourar!". Quer dizer, eles eram novos, não existiam – eles surgiram do nada. Mas, quando ouvimos, soubemos.

Na sequência, nós os levamos para a estrada. Eles abriram o show, a primeira das quatro [bandas] da turnê, e acho que tocaram por uns 15 minutos. E dava para perceber. Todas as bandas sabiam – o (hed)p.e., todos nós, dissemos: "Sim, eles vão estourar".

Eles eram obviamente jovens, ambiciosos e estavam prontos para começar. E nós os amamos desde o início. Quero dizer, eles sempre foram caras simples, quietos. Chester sempre foi o mais divertido e o que tinha mais experiência em tocar em bandas. O baixista [Dave] fazia parte de um grupo cristão que nós conhecíamos – acho que [nosso baixista] Traa tinha até um adesivo da banda dele, pois éramos familiarizados com a cena. Então quando Dave entrou para a banda, após a gravação do álbum, e começou a tocar com eles ao vivo, ficamos felizes por ele. Como eu disse, eles estavam prontos. Acho que foi a primeira vez que fizeram uma turnê, mas já tinham o *single*, o disco e todo o apoio do mundo para começar a trabalhar.

Lembro-me de ter ouvido uma entrevista deles ao vivo em uma emissora de rock – eu sabia que íamos fazer a turnê juntos, então queria conhecer melhor os caras. Eles estavam no rádio, com Mike e Chester conversando. Mike dizia: "Eu sou o rapper, ele é o vocalista". Naquela época, existiam muitas bandas nessa mesma pegada. Mas eles soavam, com certeza, muito mais agradáveis para mim – obviamente eu gostava da voz do Chester e também do rap do Mike no meio. Foi essa [combinação] o que me atraiu. Era feito com bom gosto, de forma cativante, com gancho e boa para o rádio.

Quando o P.O.D. surgiu, veio do *underground*, mas [nossa música] "Rock the Party" acabou tendo muita repercussão na imprensa e na MTV. Ainda havia os Korns e os Limp Bizkits, mas eles eram vistos de forma um pouco diferente – "Rock the Party" era mais amigável, um pouco mais pop. Não era um rock hardcore violento, revoltado contra o mundo e cheio de angústia. Estávamos nas paradas do *Total Request Live*, então acho que, nesse mundo pop, as pessoas nos viam como: "Ok, legal, consigo curtir isso aqui". Aí quando o Linkin Park entrou em cena, eles preencheram todas as lacunas desse mundo do pop rock. Eles eram amigáveis e não eram agressivos. E, obviamente, quando você ouve muitas das suas letras, as coisas ficam muito mais profundas do que isso. Acho que o momento foi perfeito.

Ouvi dizer que muitas das primeiras plateias, o pessoal do metal, estavam hesitantes com o Linkin Park, do tipo: "Somos metal e não queremos aceitar mais nada!". E o grupo teve de superar isso para provar que essas pessoas estavam erradas. Acho que muito disso também tem a ver com o rap. Nós e o Linkin Park éramos algumas das bandas mais conhecidas que estavam fazendo isso, e esse público não queria gostar de rap. O Korn nunca foi por esse lado, o Deftones também nunca tinha feito realmente – eles nunca fizeram um rap de verdade. O Limp Bizkit até fazia, mas acho que as pessoas nunca consideraram Fred como um cara do hip-hop, embora ele saiba fazer rap. Quando o Linkin Park surgiu, era muito claro: Chester era o vocalista do grupo e Mike era o cara do hip-hop que sabia rimar. Portanto, mesmo que muitos dos fãs de metal ainda não estivessem prontos para a mistura, eles prestaram atenção. E muitos acabaram aceitando o rap-rock.

Observando o Linkin Park [nas primeiras turnês], nós nos sentimos como os tios mais velhos – vendo esses caras tocarem com entusiasmo, prontos para se aventurar. E eles estavam empolgados com a oportunidade de fazer isso. Para mim, Chester sempre seria o destaque, porque estava em um nível diferente de todos os outros. Às vezes, os demais podiam ficar um pouco sérios, talvez até intimidados, por ainda serem muito inexperientes no jogo. Já Chester estava vivendo tudo aquilo intensamente! Ele não tinha medo de entrar no camarim de todo mundo e dizer: "*QUAL É A BOA?*". Ele sempre foi muito familiarizado com sua banda e fã da sua música. Nunca houve ego em nenhum dos membros, mas Chester era quem fazia você se sentir mais bem-vindo.

Nós tínhamos várias conversas, na volta para o hotel ou algo assim, e eles sempre ouviam nossas histórias de terror sobre quebrar o carro no meio do nada, dormir em estacionamentos, não ter dinheiro suficiente para chegar ao próximo local e coisas do gênero. E sempre ficavam maravilhados com nossos causos de irmão mais velho. Chester tinha passado algum tempo em outras bandas e sabia do que estávamos falando, mas o restante dos rapazes não tinha essa experiência. À medida que eles logo começaram a ter sucesso, Chester entendia o quanto aquilo era um privilégio. Acho que ele percebeu: "Não vou dar nada disso como garantido".

Já estivemos em turnês com bandas onde, por exemplo, você não troca uma palavra com o vocalista até o último dia de um giro de dois meses e aí pensa: "Que ridículo, cara. Quem essas pessoas pensam que são?". Não foi assim com o Chester. Nunca.

CAPÍTULO 9

Durante os meses em que o Linkin Park dava os últimos retoques em seu álbum de estreia, as músicas a seguir fizeram muito sucesso na MTV e nas rádios Top 40: "Bye Bye Bye", do *NSYNC; "Oops!... I Did It Again", de Britney Spears; "Larger Than Life", dos Backstreet Boys; "Candy", de Mandy Moore; "Give Me Just One Night (Una Noche)", do 98 Degrees; e "I Think I'm in Love with You", de Jessica Simpson. O ano 2000 representou o auge comercial do pop adolescente, com boy bands harmoniosas e apaixonadas por coreografias e lindas jovens mulheres com vocais melismáticos vendendo milhões de álbuns e aparentemente produzindo ainda mais gritos fora dos estúdios do *Total Request Live*, na Times Square.

A histeria foi definidora daquela era: o pop de massa da virada do século já estava em plena escalada desde meados dos anos 1990, quando uma nova geração de jovens estrelas de aparência perfeita tomou conta da MTV. Até que, em 2000, houve a total dominação da cultura pop, época na qual os maiores artistas lançaram seus álbuns mais notáveis. Foi o ano em que *No Strings Attached*, do *NSYNC, vendeu a impressionante marca de 2,4 milhões de cópias em sua primeira semana de lançamento – número recorde que permaneceria invicto pelos 15 anos seguintes. No mesmo período, Britney Spears e BSB também lançaram álbuns com sete dígitos cada.

Essas músicas pop para adolescentes eram cheias de melodias açucaradas, muitas vezes fabricadas por um grupo de versáteis produtores de estúdio na Escandinávia e cantadas por jovens que tinham participado do *Clube do Mickey Mouse* ou então reunidos em audições de gravadoras. Ou ambos. Como resultado, o movimento teenybopper enfrentou críticas compreensíveis por ser inautêntico: música de plástico feita em laboratório e transmitida por ex-estrelas infantis que agora pareciam modelos. Os artistas que não eram da esfera do pop logo começaram o bombardeio.

"I'm sick of you little girl and boy groups/ All you do is annoy me, so I have been sent here to destroy you",[33] cantou Eminem em "The Real Slim Shady", poucos segundos depois de fazer uma piada sobre sexo oral com Christina Aguilera. No Woodstock '99, várias bandas adotaram uma abordagem menos direta. Durante o show do Limp Bizkit, Durst perguntou ao público quantos deles "realmente gostavam do *NSYNC" e foi recebido com um coro de vaias. Já o Offspring colocou recortes de papelão dos cinco Backstreet Boys no palco e depois os destruiu com tacos de beisebol.

Ser considerado "fabricado" rendia motivo suficiente para o descarte de qualquer produção artística – como se fosse música de IA décadas antes de isso realmente existir. Se cada parte da apresentação desses artistas tinha sido construída *para* eles, por que sua música deveria ser levada a sério? Portanto, quando o Linkin Park estreou em 2000 e fez um pouco de sucesso, foi quase imediatamente acusado de ser um grupo criado por uma gravadora. Os integrantes, claro, levaram isso para o lado pessoal. Como não poderiam?

"Havia um boato de que éramos uma boy band fabricada", lembrou Mike. "Como Backstreet Boys, *NSYNC, New Kids on the Block ou qualquer outra. Sem querer criticar esses caras, mas eles eram um fenômeno e um grupo criado pela indústria. Não cresceram juntos no Ensino Médio fazendo música... ao contrário da gente!"

---

[33] Estou cansado de vocês, grupos de garotinhas e menininhos/ Tudo que vocês fazem me irrita, então fui mandado aqui para destruí-los.

As fofocas ficaram tão ruins que, quando a banda começou a dar suas primeiras entrevistas, Chester falava abertamente sobre seu histórico pessoal de problemas com drogas e abuso sexual para que ninguém pensasse que suas letras mais sérias eram vazias. Numa época bem diferente e menos sensível em relação a questionar artistas musicais sobre traumas particulares, Chester viu-se forçado a processar publicamente seus problemas para provar sua autenticidade. "Era tipo: 'Há muitas músicas sobre depressão, medo e paranoia. Vocês inventam isso?'", Chester explicou. "E eu reforçava que não."

Por que a banda então enfrentou essas acusações de "apenas inventar" – ser um produto artificial da indústria do rap-rock – em primeiro lugar? O Linkin Park estava longe de ser uma marionete de uma grande gravadora. Na verdade, seu relacionamento com a Warner Bros. Records havia justamente se desgastado devido às tentativas dos executivos de deixar Mike em segundo plano e trazer um novo rapper para a equipe. A gravadora não havia construído a imagem deles. Pelo contrário. A gravadora quis reorganizá-la completamente! Mas os telespectadores da MTV e os ouvintes de rádio não sabiam dessas tensões nos bastidores, então presumiram que o Linkin Park apenas concordava com a forma como estavam sendo apresentados às massas, em vez de entender que aquilo havia sido idealizado por eles mesmos.

Embora o Linkin Park tenha sido incluído no onipresente movimento rap-rock, a banda nunca havia feito parte de qualquer tipo de cena musical antes de sua estreia com uma grande gravadora. Ela nunca tocou no *underground* nem passou tempo fazendo shows em bares para conquistar novos fãs, como Chester fizera em Phoenix com o Grey Daze anos antes. O Xero conseguiu seu contrato de publicação após um único show; Chester conheceu os demais integrantes por meio de conexões na indústria. Além disso, eles eram extremamente profissionais – de uma forma que parecia inautêntica, segundo os rumores. "Tínhamos a reputação de sermos mais uma empresa do que uma banda", admitiu Mike mais tarde. "Mas isso era porque estávamos muito focados em fazer nossas coisas."

Nesse caso, a ética de trabalho dos membros funcionou contra eles: se fossem uma banda de rock *de verdade*, estariam se drogando e tocando o terror, em vez de aperfeiçoar músicas e cumprir prazos, certo? O grupo havia passado anos polindo seus ingredientes, mas, com ambições de *mainstream* sem ter uma base doméstica e com uma nítida falta de drama, a percepção era clara: eles só podiam ter sido criados do nada para dominar o mundo.

Além disso, a banda decidiu não usar nenhum palavrão em seu primeiro lote de músicas – não por objeção moral, mas por uma escolha consciente de afastar suas composições das muletas de quatro letras. "Quando Mike e eu nos sentamos para escrever", explicou Chester, "queríamos ser o mais honestos e abertos possível. Queríamos algo com que as pessoas pudessem se conectar, não apenas vulgaridade e violência. Não é que façamos questão de não xingar, mas não precisamos nos esconder atrás de nada para mostrar o quão durões podemos ser." O resultado foi que a estreia do Linkin Park não incluiu o selo de Parental Advisory, medida que, sem dúvida, ampliou sua base de fãs. Ao mesmo tempo, os adeptos do rock pesado seguiam abertamente céticos em relação a esse novo grupo suspeitamente acessível à família.

Mas, sejamos realistas, tudo isso não passou de opiniões irrelevantes e críticas sarcásticas. O real motivo pelo qual o Linkin Park enfrentou alegações falsas de ser fabricado é: eles eram bons demais e evoluíram muito rápido.

Seus contemporâneos de cena, desde os predecessores do rap-rock, como o Rage Against the Machine e o Red Hot Chili Peppers, passando por superestrelas atuais como o Korn e o Limp Bizkit, até aqueles de gênero ambíguo, como o Deftones e o Papa Roach, todos seguiram uma trajetória semelhante: começar de forma crua, mexer com a estética, usar um segundo álbum (ou um terceiro ou, no caso do Chili Peppers, um quinto álbum) para conquistar o *mainstream*. O Korn é um bom exemplo, cuja estreia homônima em 1994 era distorcida e implacavelmente sombria. Em 1998, porém, seu terceiro disco, *Follow the Leader*, incluía *singles* prontos para a MTV. Ainda que tenham começado com vendas razoáveis, eles conseguiram cultivar uma verdadeira base de fãs ao longo de vários anos e contar com ela quando, mais tarde, aprimoraram seu som e lançaram um sucesso mais comercial.

Para a maioria das bandas, esse caminho traria milhares de novos seguidores, com os quais os fãs do "primeiro dia" acabariam brigando on-line e nos shows. No final das contas, todos esses ouvintes faziam parte do mesmo público gigantesco que as gravadoras desejavam – arenas cheias de gente que tinha se apegado a um artista em diferentes fases do amadurecimento dele. O refinamento era frequentemente necessário para produzir uma música ou um álbum de sucesso, de modo que era senso comum entender que esse processo ocorreria ao longo de vários anos e projetos.

No entanto, esse não foi o caso do Linkin Park ao lançar seu primeiro álbum. *Hybrid Theory* transborda beleza sintética, com suas paisagens sonoras tão purificadas a ponto de todos os membros da banda se corresponderem com plenitude – até mesmo a explosão mais agressiva está impecavelmente alinhada com os elementos que a cercam. Don exigia perfeição da banda, que, por sua vez, a exigia de si mesma: composições refeitas, mixagens intermináveis de músicas, recusa em perder tempo "improvisando" quando poderiam estar gravando. E o resultado foi quase perfeito *demais*.

Os fãs de rock mais cínicos assumiram o papel de professores presunçosos que suspeitavam de um aluno trapaceiro. Quando chegou, *Hybrid Theory* era realmente tão bom que a única explicação que uma facção de ouvintes podia aceitar era que a banda não havia feito o álbum sozinha.

Na realidade, o Linkin Park passou por esse mesmo sistema de refinamento – só que isso aconteceu antes de eles serem chamados de "Linkin Park". A banda estava destilando sua estética após anos de nomes descartados e um vocalista diferente. O lado positivo desse processo foi que algumas das primeiras demos do grupo, da época do Xero com Mark, nunca tinham sido ouvidas pelo público em geral, de forma que puderam ser recuperadas, aprimoradas e consideradas para o álbum de estreia.

Ressuscitar músicas antigas do Xero para o primeiro disco do Linkin Park trazia um risco inerente: essas mesmas demos tinham sido rejeitadas pela indústria musical quando os caras estavam tentando conseguir um contrato com uma gravadora. Mas, com Chester no grupo, Mike se sentindo mais confiante com o software de estúdio e Don à disposição para ajudar a ajustar cada faixa, a banda abordou suas demos como uma oficina de desmanche – reduzindo-as às suas partes mais essenciais e, em seguida, construindo-as novamente com matérias-primas melhores.

"Runaway", por exemplo, nasceu da demo do Xero "Stick N Move", que funcionava bem nos seus primeiros shows e agora parecia um quebra-cabeça que a banda deveria resolver. "Desmontamos completamente a música e a reescrevemos", contou Mike. "Mantivemos os acordes e alguns *grooves* de bateria, mas acrescentamos um monte de coisas novas e refizemos toda a letra, aí ela virou 'Runaway'." Uma reconfiguração semelhante ocorreu com a linha de guitarra em "Points of Authority". "Brad escreveu o *riff* e depois foi para casa. Mike decidiu cortá-lo em pedaços diferentes e reorganizá-los no computador", lembrou Rob. Por fim, a guitarra tornou-se uma sombra do que era antes e "Brad teve de aprender sua própria parte pelo computador". Mas ele não se importou – aquele *riff* serrilhado *destrói*.

Ancorada pelos padrões da bateria de Rob, a produção de "Runaway" e a estrutura do refrão são reconhecíveis na demo de "Stick

N Move". Os versos de rap, no entanto, foram reformulados como uma exibição vocal com inclinação ao emo de Chester, que oscila entre metáforas agitadas ("Paper bags and angry voices, under a sky of dust") e um dos rosnados mais marcantes do álbum no refrão ("I wanna know the answers/ no more lies!").[34] Chester odiava "Runaway" – que acabou sendo deixada de lado nos shows –, embora continue sendo uma de suas performances vocais mais complexas. Ouvir a demo e o produto final lado a lado é como folhear um livro de esboços de desenhos animados e, em seguida, ver esses desenhos ganharem vida como uma animação em 3-D. A abordagem sonora mais sólida da banda, a habilidade técnica de Chester e o polimento do estúdio de Don transformaram as ideias brutas em uma intensidade compactada e virtuosa.

"Runaway" foi uma das primeiras faixas da banda, idealizada por Mike e Mark quando apenas os dois compunham músicas juntos. Mark também recebeu crédito de composição na favorita dos fãs, "A Place for My Head", que originalmente se chamava "Esaul" (o primeiro nome de um amigo da banda) e que se tornou um dos encerramentos mais frequentes do show do Linkin Park, junto com "One Step Closer". Além de os membros do Xero sempre terem curtido a energia de "Esaul", ela foi a primeira demo que Chester gravou para a banda. A introdução abafada e a ponte sussurrada impulsionam o restante da música como um foguete, servindo como uma deixa inevitável para o início dos *mosh pits*. "Acho que esse era o nosso objetivo", disse Joe, "transmitir, de um modo lírico e musical, esse sentimento de frustração e tensão, quase como se você estivesse enchendo uma garrafa com essas emoções e depois a sacudisse até explodir. Acho que essa música faz isso muito bem."

Em vários de seus estágios, desde o rascunho até a versão final, a estrutura crua de rap-hardcore de "Esaul" permanece pratica-

---

[34]Sacolas de papel e vozes raivosas, sob um céu de poeira/ Quero saber as respostas/ Chega de mentiras!

mente intacta em "A Place for My Head", desde o dedilhado na introdução de Brad com o captador piezo até a segunda metade da ponte. A produção acrescenta um pouco de peso, mas a euforia do *mosh* sempre foi preservada. A principal mudança é a letra, quase irreconhecível em relação a "Esaul". Com os versos de Mike totalmente reescritos, Chester ajustou as linhas do refrão de Mark, enquanto o trecho da ponte crucial mudou do confuso jogo de palavras com rima interna "Soon, the Aztec moon will heat my room, heal my wounds" para algo mais adequado às arenas: "You try to take the best of me, go away!".[35]

Parte dessa renovação certamente veio das orientações de Don no estúdio. Mas "A Place for My Head", uma música que sempre falou sobre se sentir distante da família, também evoluiu porque os integrantes da banda estavam se tornando compositores mais reflexivos. "Estamos levantando esses temas universais de depressão, raiva ou frustração. Quero dizer, abordamos essas coisas com os olhos de alguém que tem 20 anos de idade", ressaltou Mike ao falar sobre "A Place for My Head". Depois de uma longa jornada entre o início e o término da música, o grupo podia "trazer à tona esses pensamentos com um pouco mais de confiança", explicou Mike, "e também falar sobre algumas coisas que vão além disso".

Na época em que gravaram *Hybrid Theory*, todos os membros do Linkin Park já estavam na casa dos 20 anos, mas ainda é possível ouvir a angústia adolescente ao longo do disco, resquícios de frustrações passadas que foram transportadas e projetadas na tela mais ampla que se possa imaginar. Há demônios internos apontando erros, traições mesquinhas em relacionamentos, desejos de se fechar para o mundo, feridas que não cicatrizam.

Em "By Myself", outra demo ressuscitada que costumava se chamar "Sad", Mike faz um rap num estado de torpor dramático

---

[35] Logo, a lua asteca vai aquecer meu quarto, curar minhas feridas/ Você tenta tirar o melhor de mim, vá embora!

adolescente, disparando perguntas retóricas: "Do I trust some and get fooled by phoniness? Or do I trust nobody and live in loneliness?".[36] "Forgotten" é pura tormenta e más lembranças, o som de jovens artistas identificando realidades dolorosas *versus* ilusões. Essa música, anteriormente conhecida como "Rhinestone", já existia desde a primeira fita demo do Xero e, na sua versão final, acabou incluindo algumas das metáforas do clube de literatura do Ensino Médio.

Ainda assim, Mike e Chester sabiam como pegar aquela vulnerabilidade pré-adulta e torná-la universal. A tristeza e o ressentimento líricos em *Hybrid Theory* são frutos de dois *frontmen* que compartilhavam suas experiências, e, embora possam ter raízes em sua juventude, suas palavras falavam diretamente com todos os ouvintes que se sentiam incompreendidos e buscavam uma forma de escape.

Uma das marcas registradas de *Hybrid Theory* é a falta de especificidade lírica: as músicas geralmente são uma batalha entre "eu" e "você", sendo os pronomes de gênero e os nomes próprios praticamente inexistentes. E isso é 100% intencional. A dor dos integrantes da banda era autêntica e pessoal, acrescida das palavras de Chester, extraídas dos detalhes mais traumáticos de seu passado. A questão é que o Linkin Park queria fazer um álbum no qual *qualquer pessoa* pudesse projetar seus sentimentos – tornar-se o "eu", rebelar-se contra o "você", encontrar conexão com sua voz em qualquer situação que estivesse enfrentando.

"Existem diversas coisas diferentes que podem desencadear as mesmas emoções – ser expulso da escola, ter pais divorciados ou perder um namorado", explicou Chester. "Tudo isso pode despertar raiva, depressão, agressividade e autocrítica. Quando estou compondo, sempre penso em mim mesmo, pois é a única expe-

---

[36]Devo confiar em alguns e ser enganado pela falsidade? Ou não confio em ninguém e vivo na solidão?

riência que tenho para me basear. E não vejo um reflexo exato de mim mesmo em cada rosto da plateia, mas sei que minhas músicas são válidas para eles. E é por isso que os fãs estão lá."

ANTES DE HAVER UMA HORDA DE FÃS, havia Chester e Mike gritando numa sala minúscula enquanto ouvintes sem rosto batiam nas paredes ao redor.

"By Myself" foi uma das músicas que os dois vocalistas criaram juntos no modesto apartamento de Mike em Glendale – bem mais perto de Hollywood do que o local onde a maior parte da banda havia crescido, em Agoura Hills, mas ainda não exatamente lá. Os vizinhos de Mike o odiavam, especialmente durante as noites de "By Myself". Era um barulho incansável, regravado várias vezes – mas os gritos titânicos precisavam ser capturados da maneira certa, para que a música funcionasse.

"As paredes eram finas como papel. Então, quando Chester gritava o refrão, eles deviam pensar que estávamos assassinando alguém na sala", disse Mike, rindo com a lembrança. "Nós dois já estávamos gritando e eu ainda dizia: 'Não, MAIS ALTO!'". Os vizinhos normalmente batiam na parede de Mike às 22h nas noites de gravação – *já chega, vamos apagar as luzes* –, mas, às vezes, Chester e Mike estavam tão imersos na energia um do outro e usando fones de ouvido, que não conseguiam ouvir as queixas. "Eles literalmente socavam a parede", recordou-se Mike com outra risada, "tentando chamar nossa atenção e nos mandando calar a boca."

"By Myself" passou por várias iterações e ajustes em estúdio, desde a inicial "Sad" até uma faixa do início de 2000 chamada "SuperXero", além de uma versão quase finalizada com um vocal ligeiramente diferente num CD de amostragem de hard rock da Warner Bros. Records, intitulado *Raw Power*, em maio de 2000. Independentemente de toda essa evolução, a força bruta criada naquele apartamento com os vizinhos batendo nas paredes se manteve. A produção de "By Myself" foi ficando mais intrincada à medida que a semente brotava nas sessões de estúdio – as paradas repentinas da guitarra de Brad, com um efeito que soa como um grito, a produção atmosférica e os *scratches* sutis de Joe que fundamentam o desejo de Mike nos versos. Mas, na verdade, a música funciona porque Mike diz "myself" e então Chester grita "MYSELLLF!, fazendo com que o ouvinte queira atravessar uma parede.

"Isso é o que era mágico em Mike e Chester, como *frontmen* e parceiros – ter esse tipo de momento Jekyll-e-Hyde", observou Joe. "Dois vocalistas que conseguiam fazer isso juntos realmente nos destacava de todos os outros."

Mike declarou que os rapazes queriam que o contraste suave/pesado em "By Myself" fizesse referência ao Nine Inch Nails e ao Ministry mais do que aos seus colegas de cena. Esses tipos de influências inesperadas – tentativas conscientes de produzir um som mais sofisticado do que a média dos grupos de nu metal – estão por toda a parte em *Hybrid Theory*. "Cure for the Itch", um destaque instrumental para Joe, repleta de batidas trêmulas e cordas programadas, foi inspirada pelo amor compartilhado de Joe e Mike por pioneiros da música eletrônica dos anos 1990, como Aphex Twin e DJ Shadow. "My December", uma das baladas favoritas entre os fãs, gravada em 2000 para o programa *Almost Acoustic Christmas,* da KROQ, e lançada como lado B de *Hybrid Theory*, tinha uma textura aveludada de soft rock que indicava como a voz de Chester seria usada em lançamentos futuros. E a introdução de "Points of Authority", na qual Mike fragmenta seu próprio *flow* em uma espécie de *scat-rap*,[37] é influenciada pelo The Roots – Mike ouviu Black Thought fazendo algo parecido no disco *Illadelph Halflife*, de 1996, e achou que soava legal.

---

[37] O *scat-rap* é um tipo de canto improvisado que combina o rap com o *scat singing*, que, por sua vez, é uma técnica de canto de jazz que consiste em improvisar melodias e ritmos, usando a voz como instrumento. (N. da P.)

Com seu ritmo ágil de rap-metal e batidas hiperprocessadas, "Points of Authority" foi uma das duas músicas que Don gostou durante a pré-produção. A outra foi "With You", criada e coescrita com uma dupla conhecida como Dust Brothers. Ao longo da década anterior, Michael Simpson e John King haviam conquistado uma reputação de gênios do pastiche, dirigindo obras-primas à base de colagens sonoras, como *Paul's Boutique*, dos Beastie Boys, e *Odelay*, de Beck. Jeff Blue tinha sido colega de quarto do padrasto de Simpson e tentou conectar a banda com a dupla na época do Xero, sem sucesso. No entanto, quando Chester entrou para o grupo, o Dust Brothers topou fazer uma música com eles, enviando *loops* de bateria e sons do Moog para explorarem. "Eles basicamente nos deram vários trechos de um remix inédito que tinham, então os incorporamos à música", disse Joe. "Certos sons do início, como aquele '*Dun-dun. DUN*', e alguns *loops* e pausas de bateria que estão lá são deles."

Mike descreveu "With You" como uma música mais "da época" – ou seja, uma canção que se encaixava no estilo dos seus contemporâneos do rap-rock –, o produto surgido da remontagem que a banda fez de pedaços soltos do material do Dust Brothers numa composição de nu metal sobre a luta para seguir em frente em um relacionamento. E, apesar de tantas peças, "With You" não tem um pingo de gordura. Os *scratches*, os bumbos, os *loops* de sintetizador, as batidas na guitarra e os versos de rap embaralhados num gancho gutural, que depois voltam – tudo é enxuto, frações díspares amarradas (em várias versões da música, o que não surpreende) e alinhadas num todo rápido e perfeito.

Os pequenos detalhes de "With You" resultam num tipo de catarse matematicamente santificada: fúria testada em laboratório, projetada para arrepiar os pelos da nuca do ouvinte. E são exatamente esses pormenores que ajudam o primeiro álbum do Linkin Park a resistir ao teste do tempo.

Eles, é claro, não tiveram muito tempo para se consolidar: as principais sessões do álbum foram realizadas em apenas quatro semanas no NRG Recording, o que significa que muitos desses ajustes tiveram de ser feitos em dias intermináveis e noites sem dormir. Após o disco ser concluído, a porta giratória de baixistas – Scott Koziol tocou em "One Step Closer"; Ian Hornbeck tocou em três músicas; e Brad essencialmente assumiu o resto – foi enfim fechada quando Dave Farrell deixou o The Snax para retornar à banda, solidificando a formação.

Andy Wallace, famoso por ter mixado *Nevermind*, do Nirvana, além de coproduzir álbuns como *Grace*, de Jeff Buckley, e *Stranger Than Fiction*, do Bad Religion, foi o responsável pela mixagem de *Hybrid Theory* no Soundtrack, em Nova York, em junho de 2000, afinando as arestas enquanto Mike acenava em aprovação atrás da mesa de som. Como "One Step Closer" havia começado a ganhar força nas rádios em agosto, o interesse no *single* fez com que a gravadora antecipasse o lançamento do álbum do primeiro trimestre de 2001 para o último trimestre de 2000. A ideia era: "Ei, talvez o CD de estreia desse novo grupo fosse um bom presente para as festas de fim de ano".

Na noite anterior ao lançamento de *Hybrid Theory*, em 24 de outubro de 2000, a banda estava numa das paradas da turnê nos arredores de Seattle, estacionada do lado de fora de uma loja de discos e esperando o relógio bater meia-noite para que o Linkin Park pudesse comprar o primeiro CD do Linkin Park. Enquanto aguardavam, eles começaram a apostar em quantas cópias *Hybrid Theory* venderia na sua primeira semana. "Achei que seria ótimo se vendesse três mil cópias", disse Dave. Chester achou que seria maior: oito mil. Dave ouviu esse número e ficou preocupado. "Minha reação instintiva foi de pânico. Você precisa ter expectativas altas, mas não quer ser estúpido."

O número final da primeira semana: quase 50 mil cópias. *Hybrid Theory* estreou em 16º lugar na parada *Billboard* 200 – um sinal de quantos ouvintes estavam absorvendo "One Step Closer" na época. O número 16 não era uma classificação digna de uma boyband naquele período, mas depois de anos de esforço para lançar o primeiro álbum, era um começo incrível. No final de 2000, o Linkin Park havia conseguido levar a primeira versão de seu som a milhares de fãs de música. Em 2001, eles o levariam a muitos, muitos outros.

CAPÍTULO 10

O que seria o Linkin Park sem "In the End"? Qual teria sido a jornada da banda e o seu legado se eles não tivessem criado aqueles 3min36s essenciais para seu álbum de estreia?

Hybrid Theory poderia ter sido lançado sem "In the End", e, com base no sucesso dos primeiros *singles* do disco, o Linkin Park teria sido um dos pilares das rádios rock sem ela – ao menos por algum tempo. Se esse fosse o caso, eles poderiam ter se encaixado entre seus pares, em vez de eclipsar todos eles.

A história da música popular está repleta de colossais quase-desastres. De "(I Can't Get No) Satisfaction" a "Billie Jean", de "Smells Like Teen Spirit" a "Somebody That I Used to Know", canções icônicas têm uma tendência de quase implodir no meio do processo de criação e mal conseguir chegar ao lançamento antes de mudarem a cultura pop para sempre. E não só o hit mais impactante do Linkin Park teve dificuldades para cruzar a linha de chegada como também essa música atemporal ameaçou nem existir.

Tudo começou numa noite da primavera de 1999, quando Mike foi sozinho ao estúdio de ensaios da banda, na Hollywood and Vine. Essa parte de Los Angeles hoje é dominada por vários bares de sucos, estrelas da Calçada da Fama e lanchonetes da moda, mas, na época, "tinha viciados em drogas e prostitutas por toda parte", lembrou Mike, "então ninguém queria ficar dando bobeira lá". Seu plano, portanto, era não sair depois que entrasse. Ele acendeu as luzes do estúdio vazio por volta das 19h, olhou ao redor da sala sem janelas, cheia de equipamentos da banda, e trancou a porta atrás de si, ciente de que não voltaria a colocar o nariz para fora até de manhã.

Com Chester recentemente à bordo, o grupo já havia criado algumas faixas que acreditavam ter potencial para sua estreia, além de uma grande quantidade de demos. As coisas estavam andando, mas ainda faltava algo. Os esboços das músicas – incluindo faixas que viriam a se tornar "A Place for My Head", "Runaway" e "Forgotten" – eram impactantes, porém as demos não tinham trechos suficientemente cantaroláveis, com refrãos muitas vezes agressivos demais para grudar na cabeça de alguém por muito tempo. Era um problema não apenas para o equilíbrio do álbum, mas também para uma banda que tentava atingir um público mais amplo do que o do *mosh pit*.

"Sabíamos que precisávamos de mais melodia", observou Joe. "Sabíamos que precisávamos completar o que estávamos fazendo. As pessoas não querem ouvir só gritos num disco inteiro – bem, algumas até querem."

Mike assumiu a responsabilidade de criar algo que chamasse a atenção. "Eu estava tendo aquele momento de, tipo, saber que era comigo, eu tinha de encontrar a resposta", disse. Ele então se trancou no estúdio e começou a compor. A sala não tinha mesa nem cadeiras, então Mike sentou-se no chão, agachado em frente ao desktop mais volumoso do mundo, e trabalhou com o Pro Tools e com um sampler MPC2000 que estava posicionado ao seu lado. Como não havia janelas no lugar, ele não sabia que horas eram e começou a se sentir tonto, desorientado – mas continuou compondo, fazendo anotações e letras em folhas soltas, criando um mix de ideias naquele ambiente silencioso.

Quando Rob apareceu no estúdio na manhã seguinte para ver como estava seu dedicado amigo, Mike finalmente respirou e tocou para ele o esqueleto de "In the End". Ele estava exausto, mas observou o rosto de seu baterista se iluminar com a melodia sinistra do piano e a imediata força da letra do refrão, que sugeria algo grandioso a caminho. Embora a música não estivesse nem perto de ser finalizada, Rob disse que ela parecia ter sido tirada de suas próprias fantasias sobre o que a banda poderia realizar.

Segundo Mike, Rob disse: "Eu estava sonhando, imaginando que precisávamos de uma música melódica que nos levasse ao próximo nível, em que o refrão fosse algo perfeito. *Essa* é a música". Uma ótima validação depois de uma noite inteira em claro.

A partir daí, o restante da banda construiu sobre a base de Mike – naquele momento, a música havia sido, de um modo meio improvável, batizada de "Untitled". (O lançamento da obra-prima de R&B de D'Angelo, "Untitled [How Does It Feel]", em janeiro de 2000, acabou mudando os planos da banda.) Joe adicionou os *scratches* entrecortados para complementar a melodia do piano, enquanto Rob substituiu a batida original que Mike havia criado nos versos por um ritmo simples que poderia facilmente seguir para a imensidão do refrão.

Brad criou a parte da guitarra nos versos como uma série de harmônicos: ele queria que o timbre agudo e vibrante rompesse as expectativas, como se a banda fosse um outro instrumento no lugar de um *riff* tradicional. "Com os efeitos e o desempenho harmônico ajustados, uma guitarra pode soar como um teclado ou cordas", explicou Brad, que também tocou baixo em "In the End". "O que está mais enraizado numa abordagem que funciona bem com o hip-hop e as influências eletrônicas em nossas músicas."

Mike, Joe, Brad e Rob vinham tentando aperfeiçoar sua fusão de estilos musicais há anos. "In the End" efetivamente resolveu o quebra-cabeça. Os versos de rap se conectavam aos ganchos de rock de forma perfeita; a guitarra e o baixo recuavam para depois atacarem com força, acompanhando a alternância de sons; e a mistura de batidas, samples e *scratches* solidificava e impulsionava um viscoso fundo de eletro-rock que se somava sem distrações.

Claro, a melodia do piano é o que distingue "In the End": extasiante em seu senso de melancolia, aquele *loop* vibrante de notas agudas de lá sustenido que deságuam nas notas graves de ré sustenido menor serviu como uma cola que permeia toda a música, incluindo seu prólogo e seu epílogo. De modo geral, a mistura é titânica – o refrão desaba com um peso colossal e, então, a ponte de alguma forma expande a música em escopo e tensão –, mas também *avança*, recusando-se a se apegar a um único detalhe sonoro interessante ou a um gancho cativante por tempo demais.

A letra precisava ser finalizada e os vocais aperfeiçoados. Uma versão demo de "In the End", do início de 2000, apresenta alguns dos versos do rap de Mike totalmente diferentes e um pouco mais de canto sofrido na mixagem. O brilho da música, no entanto, era inegável, de modo que, quando finalmente deixou o estúdio de ensaio na Hollywood and Vine, Mike sentiu ter realizado algo significativo. "No momento em que toquei a demo para os outros caras", contou, "eles sabiam que aquela música era especial."

NA VERDADE, CHESTER NÃO. Ao ouvi-la pela primeira vez, ele achou que a música era... boa. Mas não acreditava que a leveza melódica de "In the End" se encaixasse no tom do restante do álbum. E, de qualquer forma, definitivamente não era assim que ele queria que a banda fosse representada no *mainstream*.

"Eu não participo da escolha dos *singles*", disse Chester anos depois. "Aprendi isso após *Hybrid Theory*. Nunca fui fã de 'In the End', sequer queria que ela estivesse no disco, para ser honesto. Quão errado eu poderia estar?"

E assim começou o boato de longa data de que Chester odiava "In the End", o que seus colegas de banda ainda precisam esclarecer até hoje. "Não, não, não, não", ressaltou Mike numa entrevista em 2023 quando perguntado se Chester não gostava dela. "Na verdade, isso é um equívoco. Algumas pessoas acham que ele odiava a música. Ele gostava, mas é que ele adorava coisas realmente pesadas, então quando disseram: 'Isso deveria ser um *single*', ele [deu de ombros e] falou: 'Ah, tanto faz!'. Não é a que ele teria escolhido."

Por um tempo, "In the End" ficou de lado: surpreendentemente, não foi o primeiro, nem o segundo, sequer o terceiro *single* de *Hybrid Theory*. Os mesmos representantes de A&R que haviam sugerido que o rap de Mike precisava ficar em segundo plano – ou que ele até mesmo fosse totalmente substituído como rapper da banda – recusaram a ideia de lançar o primeiro álbum do Linkin Park com uma música tão hip-hop quando não tinham certeza se ele era a pessoa certa para rimar. Mike se lembra de "muito drama" em torno de seus versos em "In the End", cujas linhas originais foram destruídas por um representante de A&R determinado a semear a dúvida. Com os versos reescritos, a banda lutou para que a música, anteriormente conhecida como "Untitled", entrasse no CD – mas "In the End" foi adiada como opção de *single* até que canções mais voltadas para o rock fossem apresentadas nas rádios.

Então "One Step Closer" foi seguida por "Crawling", a mostra mais direta do vocal de Chester no álbum. Embora o rap de Mike não seja tão proeminente – ele solta alguns versos rápidos durante as pausas de Chester no pré-refrão –, "Crawling" representou uma guinada em relação à agressão implacável de "One Step Closer", com uma dinâmica suave/pesada que a banda vinha trabalhando desde os tempos do Xero.

"Crawling" oscila entre as confissões delicadas de Chester nos versos e seus gritos dilacerantes no refrão; o final da antiga demo "Blue" foi escavado e reposicionado como o gancho. Antes de Chester transformar seus urros numa melodia inegável, ele é presenteado com um *riff* de teclado fantasmagórico, influenciado diretamente pelo Depeche Mode, seu grupo favorito da infância, que, em seus sonhos na quarta série, o salvaria de sua vida mundana.

Quando "Crawling" foi lançada como o segundo *single* de *Hybrid Theory*, na primavera de 2001, "ela representava um lado diferente do que fazemos, entrelaçando algo muito íntimo com uma explosão de emoções no refrão e na ponte e, até mesmo, com alguns gritos", observou Joe. "O engraçado também é que ['One Step Closer'] foi um grande sucesso na época – e então lançamos 'Crawling', que é uma faceta mais suave do que fazemos. Acho que quem comprou o álbum entendeu bem, mas quem não comprou ficou pensando: 'Como essa música tem alguma coisa a ver com aquela outra?'."

O elo entre os dois primeiros *singles* era a força vocal e a emoção latente de Chester, que parecia cada vez mais um autêntico *rock star*. A maioria das partes cantadas em *Hybrid Theory* foi escrita em conjunto pelos dois vocalistas, com Mike passando a Chester seus versos e suas frases, para que ele as considerasse e fizesse suas próprias – mas, em "Crawling", foi Chester quem escreveu a maior parte da letra, deixando sua vulnerabilidade à mostra.

"Crawling" é "provavelmente a música mais literal que já escrevi para o Linkin Park, e é sobre sentir que não tinha controle sobre mim mesmo em relação às drogas e ao álcool", admitiu Chester em 2009. Ele canta a respeito dos efeitos psicológicos e físicos do vício: paranoia, depressão, desconforto interminável, a sensação de rastejar na própria pele. Grande parte da letra – "Against my will, I stand before my own reflection/ It's haunting, how I can't seem/ To find myself again"[38] – é de partir o coração. Apesar disso, Chester considerou "Crawling" como algo pessoalmente esclarecedor.

"Essa música fala sobre assumir a responsabilidade por suas ações", ele declarou em uma entrevista anterior. "Não digo 'você' em nenhum momento. É sobre o fato de eu ser a razão pela qual me sinto assim. Há algo dentro de mim que me puxa para baixo."

A mensagem repercutiu tanto entre os ouvintes de rádio – "Crawling" alcançou o top 10 das paradas de rock *mainstream* e alternativo – quanto entre os espectadores da MTV, que receberam

---

[38]Contra minha vontade, fico parado em frente ao meu reflexo/ É assustador, como pareço não/ Me encontrar novamente.

um vídeo mais sombrio e visceral para "Crawling" em comparação ao clipe de "One Step Closer". Enquanto a banda (que agora incluía Dave no baixo, em seu primeiro vídeo como parte do grupo) toca entre os estilhaços de um espelho quebrado, por meio de uma tela verde, a modelo/atriz Katelyn Rosaasen estrela sequências iluminadas de forma dramática e em câmera lenta, retratando o abuso e o modo como a música pode ajudar a aliviar a dor.

Joe trabalhou em estreita colaboração com os diretores, os Brothers Strause, no tratamento de "Crawling" em fevereiro de 2001. E, comparado a seu antecessor, tudo no visual – desde o conceito narrativo até os trajes e a interação entre Chester e Mike – parece mais profissional, como se os monges flutuantes de "One Step Closer" já fossem uma lembrança distante. Com a MTV começando a prestar atenção no Linkin Park depois que "One Step Closer" fez barulho no mundo do rock, o vídeo de "Crawling" "foi realmente uma parte importante para apresentar a banda às pessoas", disse Mike.

Enquanto "Crawling" ainda estava crescendo como um sucesso no primeiro semestre de 2001, outra faixa de *Hybrid Theory*, "Papercut" – uma das favoritas do grupo, intencionalmente posicionada na abertura do disco – foi lançada na Europa como o terceiro *single*. "A filosofia do álbum era quebrar barreiras entre os gêneros", disse Brad. Com isso em mente, "Papercut" talvez seja o mais completo testemunho das inúmeras influências musicais da banda em *Hybrid Theory*.

Com seu efeito de guitarra eletrificada, rap acelerado, refrão explosivo que se desdobra em uma ponte grandiosa e uma batida que Mike disse ter sido inspirada por Timbaland, a música é direta e inclassificável, exatamente do jeito que os membros da banda queriam ser na época. Talvez não fosse a faixa mais cativante do álbum, mas a maneira como "Papercut" pegou a fórmula já conhecida do nu metal e a refratou por meio de seu próprio prisma de ideias sonoras deixou os membros particularmente orgulhosos.

"Para mim, as duas músicas [de *Hybrid Theory*] mais importantes foram 'Papercut' e 'In the End'", declarou Mike, destacando os pequenos detalhes de "Papercut" que tornaram a música tão eficaz: o encerramento que mistura a ponte e o refrão final, a forma como a batida é introduzida, o fato de Chester estar fazendo um leve rap ao lado dele nos versos. "'Papercut' era toda a identidade da banda reunida em uma única música", acrescentou.

Como música de abertura do primeiro álbum do Linkin Park e peça-chave do DNA sonoro da banda, "Papercut" sempre esteve destinada a ser uma das favoritas dos fãs e um clássico dos shows ao vivo. Mas não foi sucesso entre o público em geral. Embora tenha atingido posições mais altas nas paradas oficiais do Reino Unido do que "One Step Closer" ou "Crawling", "Papercut" nunca chegou ao Hot 100 nos Estados Unidos, tendo ficado estagnada no 32º lugar da parada alternativa. De qualquer forma, a ideia de lançar "Papercut" como *single* no exterior foi, em parte, para sincronizar o impulso promocional do que viria a seguir.

"'Crawling' ainda estava em alta nas rádios dos Estados Unidos", explicou Mike, "mas o mercado radiofônico europeu é mais rápido, então eles já tinham consumido dois *singles* e ansiavam por um terceiro." Dessa forma, "Papercut" sustentou o público internacional durante o verão de 2001, enquanto "Crawling" continuava seu caminho nos Estados Unidos, com ambas as campanhas sendo concluídas no início do outono.

"E então", disse Mike, "poderíamos lançar 'In the End' no mundo todo."

O MAIOR HIT DO LINKIN PARK é sobre fracasso. Uma tristeza permeia a totalidade de *Hybrid Theory*, mas, enquanto a banda se enfurece contra demônios internos e desejos não correspondidos em outras faixas do álbum, "In the End" é pura derrota, esmagadora em sua simplicidade: "I tried so hard, and got so far, but in the end, it doesn't even matter".[39]

Mike afirmou que a letra "simplesmente apareceu" enquanto compunha a música e que ele estava pensando na jornada da banda até aquele momento. Isso faz sentido: quando ele começou a fazer a demo de "In the End", em 1999, o grupo já havia passado anos tentando estourar, com os obstáculos superando em muito as marcas do sucesso. Ainda faltavam vários meses e dezenas de *showcases* para que conseguissem uma gravadora – e nada estava garantido depois que conquistaram uma. Os integrantes não estavam ficando mais jovens ("Time is a valuable thing, watch it fly by as the pendulum swings",[40] canta Mike em seus versos reformulados) e tudo parecia uma batalha que eles poderiam não vencer e que ninguém jamais veria ("I kept everything inside/ And even though I tried, it all fell apart").[41]

É claro que "In the End" não funciona como um literal desabafo contra a desilusão com a indústria musical; a frustração de bater a cabeça na parede que a banda experimentava tinha de se tornar universal, da mesma forma que qualquer ouvinte poderia entender a raiva efervescente de "One Step Closer". O Linkin Park então transformou "In the End" num épico monumento à futilidade. Eles se inspiraram em suas próprias perdas pessoais e profissionais, mas, no final das contas, usaram a música como um santuário para todos os nossos respectivos desesperos.

"Gostamos de falar sobre coisas com as quais podemos nos identificar", disse Chester. "Quando escrevemos música, temos de ser honestos. Não tentamos dizer: 'Eu passei por isso, você tem de sentir pena de mim'. Estamos dizendo: 'Eu já passei por isso e sabemos que outras pessoas também.'"

---

[39]Eu tentei tanto e cheguei tão longe, mas, no final, nada disso importa.

[40]O tempo é algo valioso, dá para ver como ele voa quando o pêndulo balança.

[41]Eu deixo tudo dentro/ E por mais que eu tente, tudo está desmoronando.

Esse sentimento é verdadeiro até mesmo em "In the End" – afinal, há duas vozes na faixa, que se sobrepõem e confiam uma na outra. De todas as músicas do Linkin Park, "In the End" é a que exibe o contraste mais forte entre as performances vocais dos dois *frontmen*. Chester oscila entre o controlado e o gutural, enquanto o rap de Mike possui uma intensidade nítida e concentrada. Fundamentalmente, porém, seus tons se complementam a ponto de ser impossível imaginar "In the End" com uma dessas vozes trocada ou removida. Chester e Mike funcionam como uma espécie de consciente e subconsciente na canção – o rap e o rock se alternando entre o primeiro e o segundo plano, com seus pensamentos chocando-se em diferentes dimensões da realidade.

A ponte de "In the End" mostra Chester repetindo a mesma sequência de quatro frases duas vezes, primeiro solenemente e depois como um uivo. Quando o Linkin Park tocava a música ao vivo, o público começava a acompanhar a segunda parte, gritando cada vez mais alto até que o lamento de Chester ficasse lentamente abafado.

"Naturalmente, a certa altura, parávamos de tocar nesse momento. Chester e Mike apenas estendiam os microfones e acendiam as luzes", lembrou Brad. "A incrível manifestação de emoção pessoal; é uma multidão cantando junta, mas cada indivíduo está apaixonado pela música, pois está investindo sua própria história de vida nela." Aquele era o tipo de conexão mais profunda que o grupo vinha tentando estabelecer com seu som há anos. E também provou que "In the End" se tornaria muito, muito popular.

"One Step Closer" e "Crawling" estabeleceram o Linkin Park como uma banda de rock bem-sucedida nas rádios, mas foi "In the End" que elevou o teto de suas perspectivas comerciais a um nível *incalculável*. Os dois primeiros *singles* atingiram a posição 75 e 79 na Hot 100, respectivamente; já "In the End" chegou ao segundo lugar em março de 2002, registrando um total impressionante de 38 semanas na parada.

A MTV abraçou a música, exibindo o clipe de "In the End" – um épico de grande orçamento cheio de baleias em CGI, arbustos espinhosos, máquinas de chuva e uma torre crescendo no deserto, com Joe como codiretor pela primeira vez – repetidamente, tanto nos programas de rock quanto no *TRL*. As rádios alternativas e pop também acolheram o *single*, que se tornou uma rara música a chegar ao topo das paradas Alternative Airplay e Mainstream Top 40.

Antes de "In the End", o Linkin Park ainda não havia transcendido totalmente o rótulo de nu metal, sendo uma banda que cantava e fazia rap durante o *boom* do rap-rock. O detalhe é que o Korn e o Limp Bizkit nunca tiveram uma música que chegasse perto do segundo lugar no Hot 100. E *Hybrid Theory* – que nunca chegou ao topo da parada *Billboard* 200, mas continuou a vender cópias rapidamente após seu lançamento em outubro de 2000 – terminou 2001 como o álbum mais vendido de todo o ano.

O Linkin Park havia efetivamente superado seus contemporâneos e provado a uma indústria cheia de pessimistas que ela estava totalmente errada. Mas, para a banda, a vingança nunca foi o objetivo. No final de 2001, Brad, Rob, Dave e Joe podiam parar de tocar durante a ponte de "In the End", quando Chester e Mike finalmente estendiam seus microfones para as massas. Eles ouviram suas palavras admitindo o fracasso serem cantadas por milhares de fãs, que se sentiam contemplados por sua mensagem.

Durante muito tempo, o Linkin Park trabalhou em conjunto para aprimorar seu som. Agora, poderia simplesmente estender seus microfones e sentir seu eco ressoar pelo mundo.

PARTE III
A FAMA

CAPÍTULO 11

Em 9 de agosto de 2001, em meio a uma avalanche de apresentações e exaustão, o Linkin Park foi jogar boliche com um superfã.

A contraparte canadense da MTV, a MuchMusic, organizou a atividade para a série *Gonna Meet a Rockstar*, na qual um ouvinte sortudo passaria uma tarde com sua banda favorita antes de assistir ao show dela nos bastidores naquela noite. Então, antes de o Linkin Park se apresentar no Jones Beach Theater, em Wantagh, Nova York, o ônibus do grupo foi até uma pista de boliche em Long Island com Jamie, um animado rapaz de 20 e poucos anos com um colar de conchas puka e um *piercing* na sobrancelha, e a namorada dele, Glendine, que o apoiava silenciosamente.

Sob a luz fluorescente desbotada da pista, entre lanches gordurosos, Chester gritando com os pinos de boliche para que caiam a seu favor – "Você é MEU, otário!", ele provoca depois de derrubar todos – e Dave fazendo despreocupadamente o sinal de "toma essa" após evitar uma bola na canaleta, Jamie inicia conversas com cada um dos membros da banda. Chester fala abertamente sobre suas tatuagens, dizendo a Jamie que, depois de fazer duas, você vai querer fazer 20. Joe se esquiva de uma questão sobre como ele ajuda a conceituar os videoclipes do grupo. Brad dá uma resposta diplomática a uma pergunta sobre se eles brigam na estrada ("*Uhhhhm...* fisicamente? Ou se discutimos muito?"). Mas o ponto alto é quando Mike, com um boné para trás e uma camiseta azul-

-bebê, faz um *strike* perfeito, cumprimenta Jamie com um pouco de força demais, senta-se numa cadeira de plástico e conta a ele sobre o show lotado da banda em Des Moines, em outubro de 2000, bem na época do lançamento de *Hybrid Theory*.

"Estava entre 35 e 40 graus lá fora, muito úmido", explica Mike a Jamie, que faz "oohs" e "aahs" audíveis fora da tela. "As pessoas no clube estavam todas bêbadas. E com a umidade, o show e o descontrole, muitos desmaiaram. Quando terminamos de tocar, Brad quase desmaiou. E eu vomitei por todos os lados." Mike se inclina para trás e coloca as mãos nos cotovelos, abraçando a si mesmo. O sorriso vai se insinuando em seu rosto até mostrar todos os dentes; ele está delirante, completamente animado. "Foi um show *louco*."

Esse foi um período de libertação para o Linkin Park: depois de anos de preparação nos bastidores, eles estavam enfim soltos no mundo real, como um brinquedo que avança após ganhar muita corda. Tendo passado a maior parte do segundo semestre de 2000 na estrada, em função do lançamento de *Hybrid Theory*, o grupo fez uma turnê mundial em 2001 – 165 shows, quatro continentes, nenhum mês do ano sem uma apresentação. Houve turnês como atração principal, como banda de abertura, eventos de hard rock, aparições únicas nas rádios – depois de muitas noites gastas aperfeiçoando músicas em salas pequenas, os anfiteatros finalmente estavam cheios de braços agitados e cabeças balançando. A turnê foi uma mistura de promoção e catarse, com os seis membros do Linkin Park encontrando os ouvintes que tinham idealizado por tanto tempo, agora transformados em realidade. Havia dificuldades na vida na estrada, incluindo o cansaço típico de uma viagem interminável e os momentos de desmaio e vômito. Mas, sob a luz certa, até mesmo *esses problemas* podiam ser vistos como uma prova revigorante do seu sucesso.

Além disso, o Linkin Park ganhou impulso comercial durante todo o período em que esteve na estrada. Após o impacto de "One Step Closer" nas rádios e na MTV em 2000, "Crawling" tornou-se um sucesso na primavera e no verão de 2001 e, na sequência, "In the End" virou hit no outono de 2001, antes de atingir o pico do Hot 100, no início de 2002. Ao longo de todo esse tempo, as cópias de *Hybrid Theory* continuaram sendo vendidas no país inteiro. Quando o Linkin Park finalmente voltou para casa, no sul da Califórnia, em março de 2002, a banda era dramaticamente maior do que quando partiu 20 meses antes.

"Se você nunca viu nada a respeito da nossa banda e, de repente, está ouvindo três músicas na sua estação de rádio local, sinto muito", diz Brad para a câmera, exibindo um sorriso tímido, no primeiro documentário sobre uma turnê do grupo. "Você pode pensar que esse é um fenômeno extremamente novo e, em certo sentido, é. Foi muito rápido, pois tudo o que fizemos tem se tornado mais intenso exponencialmente, em termos de nossa agenda, em termos de todas as coisas que estamos tentando fazer em relação à banda. No entanto, começamos há mais de cinco anos!"

Lançado em novembro de 2001, *Frat Party at the Pankake Festival* é hoje uma espécie de chave-mestra para aquele ano incessante, repleto de imagens intensas de Chester gritando no palco diante de emaranhados de braços, bem como clipes sonolentos da banda esperando a chegada do ônibus ou fazendo pedidos de fast-food. Brad reclama por ter gasto sua diária muito rapidamente, desesperado por uma refeição de verdade; Dave segura um controle de PlayStation no ônibus da turnê, enquanto Rob narra para a câmera, explicando quais membros gostam de dormir até tarde (Brad e ele próprio), qual exige mais opções de calçados (Chester, com 10 a 20 por vez na estrada) e por que o *tour manager*, Bob Dallas, é indispensável para manter as coisas em ordem. O frigobar do ônibus de turnê está cheio de pasta de amendoim, refrigerante e um saco encharcado de sobras do Arby's – um trio de nutrição para quem tem 20 e poucos anos. Rob abre o banheiro, aponta para o vaso sanitário e diz ao mundo que ninguém pode cagar nele.

E o documentário da turnê não se concentra apenas no Linkin Park: integrantes do Slipknot, Disturbed e Crazy Town fazem participações especiais. Há imagens de comida estragada do serviço de quarto atirada pela janela do hotel e uma piada elaborada sobre trocar as garrafas de água do Deftones no palco por vodca, o que não é levado a cabo. As travessuras são de baixo risco e decididamente aprovadas para todas as idades, uma banda de jovens decentes fazendo palhaçadas uns com os outros e encontrando seu lugar no ecossistema contemporâneo do rock pesado. "Éramos apenas uns garotos bobos, cara", disse Mike, "tão imaturos e fazendo coisas bestas... Não sabíamos como nos comportar em um ônibus nem nada, então era só tentar encontrar maneiras de nos entreter e manter nossa sanidade."

Após passar o outono de 2000 fazendo shows de abertura nos EUA, a banda seguiu para a Europa, para algumas datas selecionadas, em janeiro de 2001. De volta aos EUA, eles deram início ao seu primeiro giro como atração principal, a Street Soldiers Tour, que se estendeu até fevereiro. Depois disso, retornaram à Europa, para abrir para o Deftones em março, e passaram o restante da primavera marcando datas em mercados distantes – Austrália, Japão, Alemanha – que ainda não haviam atingido. Essas viagens consecutivas foram apelidadas de turnê "inverno sem-fim" pela banda, que se viu perseguindo o clima frio ao redor do mundo e constantemente transmitindo doenças uns aos outros nos espaços diminutos dos ônibus. Quando finalmente regressaram da Europa na primeira semana de junho, estavam exaustos – mas *Hybrid Theory* ainda estava no top 20 da *Billboard* 200. O Linkin Park teve quatro dias de folga e então foi para o Ozzfest – festival anual de metal organizado por Ozzy Osbourne e sua esposa, Sharon – durante todo o verão.

"Estou trabalhando mais agora – trabalhando mais duro, com mais horas – do que jamais trabalhei em minha vida", disse Chester em julho de 2001. Felizmente, eles ainda eram jovens o bastante para suportar as pressões nômades. Além disso, já tinham fracassado por tempo suficiente para apreciar as vitórias, independentemente da forma e da função. Cansaço e comida ruim eram suportáveis quando havia uma fila de fãs esperando, segurando caixinhas de CDs e camisetas para você autografar a qualquer hora do dia.

"Você nem sequer tirou o sono dos olhos, está quase inconsciente e de mau humor porque não é uma pessoa matinal", continuou Chester. "Mas você tem de se virar e dizer: 'Veja, este garoto comprou um álbum, ele provavelmente conseguiu que quatro ou cinco de seus amigos também o comprassem, ele compra as camisetas no show'. Você não pode negar isso às pessoas que o colocaram onde você está."

EM UMA CENA EXCLUÍDA DO DVD *Pankake Festival*, Chester mostra suas tatuagens para a câmera – as chamas em seus antebraços, o símbolo do signo de Peixes perto do ombro, o círculo preto em volta do dedo anelar, relíquia esta da época em que estava tão sem dinheiro que não podia comprar alianças de casamento para ele e Samantha. Chester também imortalizou a banda em forma de tatuagem: o soldado com asas de libélula da capa de *Hybrid Theory* em sua panturrilha esquerda e as palavras LINKIN PARK na parte inferior de suas costas. "Fiz uma aposta com meu tatuador", ele sorri, mostrando o nome de sua banda, "de que, quando ganhássemos o disco de platina, ele teria de fazer isso para mim de graça."

Chester exibia sua banda em seu corpo com orgulho. Ele sempre teve a habilidade vocal de um super-herói do rock, e, agora que havia encontrado o grupo certo, poderia dar um passo adiante para incorporar fisicamente a intensidade de sua própria voz. Enquanto seus companheiros se entrosavam no palco e Mike disparava versos de rap com precisão e estilo, Chester era quem mais se entregava, esvaziando os pulmões e pulando de plataformas, com sua estrutura esguia pronta para voar.

Embora fosse natural para Chester atuar como *rock star* no palco, navegar pelas idiossincrasias daquela vida transitória se provou mais difícil em 2001. Ao longo de três anos seguidos, ele havia passado por cenários completamente diferentes: em Phoenix, resignado a deixar a música para trás no dia de Ano-Novo de 1999; em Los Angeles, com uma nova banda de irmãos e demos para trabalhar em 2000; em Paris, para o primeiro de dezenas de shows no exterior em janeiro de 2001. Mesmo alguém que estivesse se preparando para o momento precisava aprender a se equilibrar.

Além disso, os fãs de rock ainda estavam tentando identificar uma percepção coletiva do Linkin Park, especialmente porque a primeira onda de bandas de nu metal tinha começado a ruir ou mudar de rumo no verão de 2001. O terceiro álbum do Limp Bizkit, ridiculamente intitulado *Chocolate Starfish and the Hot Dog Flavored Water*, foi lançado menos de dez dias antes de *Hybrid Theory* e vendeu mais de um milhão de cópias na sua primeira semana. No entanto, fora o disco ter sido fuzilado pela crítica e pelos puristas do rock pesado, a banda (sobretudo Durst) havia se tornado uma piada da cultura pop. Já o Korn vivia um período entre álbuns e fora da estrada, enquanto Kid Rock estava em transição para as baladas de country-rock. A cena à qual o Linkin Park nunca quis pertencer começava a evaporar, deixando um vazio e muitas perguntas borbulhantes em seu rastro. Quem era essa banda de rap-rock que, de repente, estava dominando a MTV e como *ela* se encaixava nesse cenário de rock pesado em evolução?

Como parte da programação de 2001 do Ozzfest, o Linkin Park teve dificuldades para se encaixar num *line up* que incluía Black Sabbath, Marilyn Manson, Slipknot, Papa Roach e Disturbed, entre outros. Chester se irritou com as políticas corporativas mais rígidas da turnê – nada de *stage-diving*, nada de bater palmas, fique na sua área designada do palco.

Enquanto isso, alguns participantes do Ozzfest não se entusiasmaram em ver uma banda que não apenas não falava palavrões, mas também estava sendo tocada em rádios pop e aparecendo no *TRL*. "Havia vários dos nossos fãs lá, mas eles estavam muito longe no gramado, enquanto a turma hardcore do Ozzy ficava na frente e no centro", disse Rob. "Ou seja, estávamos tocando para caras que estavam bebendo desde as 10h e que simplesmente não queriam nos ouvir."

Às vezes, Chester estreitava os olhos para uma multidão sem forma que não estava pulando e concluía: *Ah, eles acham que somos um porre.* "Não estamos tentando nos impor a ninguém", ele explicou no meio da turnê. "Fomos convidados para fazer o show e recebemos muito dinheiro para isso. Ozzy e Sharon nos chamaram para participar e somos amigos do pessoal das outras bandas. Todos nós nos respeitamos, mas os fãs não entendem isso."

E houve mais um adendo para as queixas de Chester em relação ao Ozzfest: uma enorme picada de aranha em sua bunda.

Uma espécie de viúva-negra mordeu o cantor enquanto ele dormia no ônibus de turnê do Linkin Park, causando um enorme vergão em sua nádega – muito divertido, até que seu pescoço começou a inchar e sua mente ficou turva. Em vez de uma história de origem da Marvel Comics para Chester, a mordida o deixou delirante, causou tropeços no palco e, por fim, exigiu uma prescrição emergencial do antibiótico ciprofloxacina. "Achei que estava com câncer", admitiu Chester mais tarde sobre o incidente.

Contra as ordens médicas, ele encerrou a turnê em setembro, com aquela provação sendo mais uma pílula amarga num festival imperfeito. Mas não houve tempo para mau humor. A banda logo seguiu para sua estreia no MTV Video Music Awards com uma apresentação de "One Step Closer" e, três dias depois, foi para Estocolmo para outra turnê europeia de duas semanas.

Por volta desse período, à medida que as datas no exterior levavam diretamente a um lugar de destaque no Family Values Tour em outubro, Chester começou a beber pesado. Durante a turnê do Ozzfest, ele havia encontrado uma alma gêmea em Jacoby Shaddix, do Papa Roach, cuja música "Last Resort" começou a ser tocada na MTV alguns meses antes de "One Step Closer" ser lançada. "Ele é um garoto punk como eu, de uma cidadezinha fodida", disse Shaddix, natural de Mariposa, Califórnia, cuja família ficou sem teto durante parte de sua infância. "Eu tinha de levá-lo escondido para a festa – os outros caras do [Linkin Park] diziam: 'Fique na linha', mas eu o levava."

Extravasar com um parceiro vocalista durante um período agitado era uma coisa; beber a ponto de o restante do grupo evitar Chester, obrigando-o a viajar num ônibus diferente de seus colegas de banda, era outra – e a culpa disso era exclusiva dele. Embora ninguém mais no Linkin Park se drogasse, naquela época "nunca fiz um show totalmente sóbrio, estava sempre fumando maconha até o instante em que subíamos ao palco", admitiu Chester. "E imediatamente após terminarmos, eu saía e me chapava."

Ficar na estrada por meses a fio, dirigir a noite toda para chegar ao próximo show, pegar resfriados constantes, reunir energia no palco para tocar as mesmas músicas pela centésima milésima vez – tudo isso era difícil para jovens que eram tão focados. Além disso, o grupo estava no exterior, num continente diferente, quando ocorreram os ataques terroristas de 11 de setembro de 2001. O show de Hamburgo daquela noite teve de ser cancelado.

"Então, no meio disso tudo", Mike relembrou mais tarde, "você tinha um cara que saía escondido – ele simplesmente sumia e voltava acabado. Não dava nem para falar com ele, estava doidão... Havia uma parte do Chester que, às vezes, era divertida quando ele estava desse jeito! Mas, no dia seguinte, em geral, era pura treva. Estava com uma ressaca daquelas, com raiva de todo mundo, gritando com todo mundo, aí você pensava: 'Vamos passar este dia.'"

O vício que havia prejudicado grande parte do início da vida de Chester retornou em um momento crítico da trajetória da banda. Enquanto "In the End" se tornava um sucesso, elevando as vendas de *Hybrid Theory* à estratosfera, o vocalista do Linkin Park se sentia desconectado de seus companheiros, mais uma vez um estranho num grupo de amigos de longa data, conforme velhos hábitos voltavam à sua rotina.

Chester e Samantha também brigavam com frequência – infelizmente, Sam tinha sofrido um aborto espontâneo no início de 2001 –, e a tensão de tão poucos dias juntos em casa naquele ano tornou esse período duro de suportar. Chester confessou sentir "que estava condenado a ser uma pessoa solitária", mesmo quando seus sonhos mais loucos estavam sendo realizados.

Felizmente, um ano de turnês intermináveis tinha de se encerrar em algum momento. Depois de mais algumas datas em arenas nos Estados Unidos e apresentações em rádios no início de dezembro, a banda teve uma pausa de 50 dias no início de 2002. Chester se desligou da estrada e correu para casa – onde uma Samantha grávida o esperava, com o primeiro filho do casal já a caminho, previsto para abril.

Em 2 de janeiro de 2002, Chester oficialmente largou o álcool. Se 2001 havia sido o ano de maior sucesso que ele e seus companheiros de banda já tiveram, o próximo teria de ser ainda melhor.

Os números finais de vendas de *Hybrid Theory* durante seu primeiro ano completo de lançamento impressionaram a banda, que tinha passado o período promovendo incessantemente sua estreia e observando as reações do público sem ter noção dos detalhes de sete dígitos. Ao longo de 2001, *Hybrid Theory* vendeu 4,81 milhões de cópias – a primeira e (até então) única vez que um álbum de rock pesado foi o mais vendido do ano desde que a Luminate (antiga Nielsen Soundscan) começou a rastrear as vendas de música em 1991.

Quer dizer que *Hybrid Theory* foi o álbum mais vendido do ano, independentemente do gênero? Superou discos como *Celebrity,* do *NSYNC (4,42 milhões), e *Hot Shot,* de Shaggy (4,56 milhões)? Os rapazes não conseguiam entender essa estatística. "Ficamos, tipo:

'O que isso significa? Isso é ridículo!'", Mike disse. "Imagine receber essa notícia e pensar: 'Não estou entendendo. Somos apenas uns moleques do subúrbio de Los Angeles. Eu morava na casa dos meus pais até pouco tempo!'"

Por mais empolgantes que fossem esses números, eles também traziam consequências. Embora "In the End" ainda tivesse alguns meses pela frente antes de chegar ao topo das paradas no início de 2002, o Linkin Park já estava sentindo a pressão para se concentrar no próximo álbum. A banda ansiava por material novo após meses tocando a mesma dúzia de músicas – "Estou pronto para explodir", respondeu Chester quando perguntado em uma entrevista em 2001 sobre esse desespero. Era natural que, conforme os números de *Hybrid Theory* continuavam subindo semana após semana, também crescessem as expectativas em relação a seu sucessor, mesmo antes do início dos trabalhos. "Não importa o que fizéssemos, sabíamos que provavelmente seria considerado uma decepção", admitiu Dave. "Era óbvio que não havia como repetirmos a insanidade de *Hybrid Theory*."

Eles tinham começado a separar novas ideias durante a turnê de 2001, num estúdio de gravação digital apertado que colocaram na parte de trás do ônibus, com Mike ignorando as desventuras na estrada para clicar e arrastar melodias em um monitor. No *Pankake Festival*, ele faz um *tour* pelo seu estúdio – um teclado, dois computadores, uma unidade Pro Tools, tudo com aparência antiga sob uma lente moderna. Mike aponta para os alto-falantes do ônibus que estão tocando o instrumental de uma música que ele, Chester e Joe estavam preparando. Esse trecho se tornaria a introdução de "Somewhere I Belong".

Mais importante do que qualquer pedaço de música criado na estrada foi o tempo que Mike e Chester passaram lado a lado, horas intermináveis em dezenas de cidades enquanto turnês diferentes se sucediam. Com *Hybrid Theory*, a dinâmica entre as duas vozes da banda teve de ser trabalhada em tempo e espaço comprimidos.

Agora, porém, seus caminhos estavam entrelaçados há mais de um ano na estrada, e, mesmo que nem sempre tenha sido perfeito, essa proximidade os ajudou a preencher a lacuna emocional.

"Naquela época, Chester até podia me contar uma história sobre ele que eu ainda não tinha ouvido – o que, para mim, chega a ser difícil de imaginar", explicou Mike. "Estávamos vivendo e respirando cada minuto juntos, o que é muito. Mas o resultado foi que, quando chegou a hora de entrar no estúdio e compor as músicas, estávamos definitivamente muito sincronizados."

O Linkin Park passaria a maior parte de 2002 no estúdio, sem viajar. Mas, antes disso, ainda havia mais uma apresentação ao vivo programada: o Projekt Revolution, uma turnê norte-americana de 22 datas que marcou a primeira da banda como atração principal em arenas. Apesar de já terem concluído algum material novo no dia 29 de janeiro, em Colorado Springs, a banda se recusou a fazer uma prévia para o público, preferindo encerrar o ciclo promocional de *Hybrid Theory* em sua maior sala de espetáculos até o momento. Algumas das mesmas faixas que eles haviam testado pela primeira vez diante de uma multidão dispersa e pouco interessada no Whisky a Go Go seriam agora devoradas em locais com capacidade para 20 mil pessoas.

A banda trouxe para o Projekt Revolution os veteranos do rap da Costa Oeste, Cypress Hill; a banda de pós-grunge em ascensão, Adema; e o lendário DJ de *mash-up*, Z-Trip. Também foram organizadas batalhas de DJs locais em cada parada da turnê, dando a talentos desconhecidos a oportunidade de se enfrentarem e terem a chance de abrir para o Linkin Park no encerramento do evento, na Cidade do México. Os membros do LP Underground, a comunidade oficial de fãs que o grupo lançou em novembro de 2001, foram incentivados a levar seus cartões de associado aos shows e a se reunir com outros fãs de mentalidade similar nas primeiras filas. Depois de passar um longo tempo em festivais itinerantes e como atração de abertura, o Linkin Park contemplava o Projekt Revolution como sua visão singular de um show de arena: misturando gêneros, engajando ativamente o público e permitindo que os fãs se conectassem e imprimissem suas identidades na cena.

E quando chegava a hora de subir ao palco, o Linkin Park não queria extravagâncias – apenas algumas plataformas elevadas para Rob tocar bateria e Joe fazer *scratches*, com o soldado com asas de libélula flutuando atrás do cenário. Naquele momento, eles não precisavam de recursos extras para dominar uma arena: um show do Linkin Park era uma máquina de destruição bem lubrificada, com Mike e Chester em plena sincronia a cada música, Brad explodindo *riffs* em total concentração, Dave arrasando no baixo com uma postura poderosa e a dupla Rob e Joe trocando golpes de percussão ao fundo.

A eficiência é notável nas filmagens desses shows, com cada integrante entendendo exatamente como mostrar e recuar sua força em cada música para que todos pudessem brilhar. O mesmo acontece com as milhares de pessoas na plateia, todas ali para ver o Linkin Park e gritar ao som da coleção de sucessos que continuava crescendo.

Após seu lançamento em 2002, o Projekt Revolution evoluiu para uma série de turnês anuais, abrangendo vários álbuns do Linkin Park ao longo da década seguinte e, por fim, arrecadando mais de 40 milhões de dólares, de acordo com o Boxscore. No entanto, ao final de sua primeira edição, a banda ainda não pensava na expansão da marca. Eles tinham acabado de terminar a turnê mais exaustiva que já enfrentaram – e que fizeram do seu jeito. Tinham viajado pelo mundo e viram seu público crescer num circuito incrível que certamente alterou o rumo de suas carreiras. Agora, felizmente, havia acabado.

"A experiência foi gratificante, mas, ao mesmo tempo, absolutamente desgastante", disse Dave mais tarde, refletindo sobre aquela turnê. "Estou feliz por ter feito isso, mas não quero ser obrigado a fazer de novo."

CAPÍTULO 12

Quando ganharam o Grammy, todos sabiam quem deveria segurá-lo. Na noite de 27 de fevereiro de 2002, o Linkin Park estreou no Grammy Awards, logo após encerrar as datas norte-americanas da sua primeira turnê como *headliner* em arenas. Eles concorreram à categoria de Melhor Artista Novo, sendo o único grupo entre os indicados daquele ano, mas perderam para Alicia Keys. Já *Hybrid Theory* ficou atrás de *All That You Can't Leave Behind*, do U2, como Melhor Álbum de Rock. Não há vergonha em ser derrotado por dois queridinhos do Grammy – sim, mesmo em seu primeiro ano, Keys já era queridinha do Grammy. O Linkin Park, entretanto, não voltou para casa de mãos vazias: "Crawling" levou a Melhor Performance de Hard Rock, superando músicas de Alien Ant Farm, P.O.D., Rage Against the Machine e Saliva.

As categorias Rock e Alternativo no Grammy sofreram mutações ao longo dos anos, à medida que os gêneros se fundiam. Em 2002, havia nove categorias de Rock; em 2024, são seis; e Melhor Performance de Hard Rock não existe desde 2011. "Na época, eu não sabia a diferença entre 'canção de hard rock' e 'performance de hard rock', já que havia Grammys para ambas", explicou Mike. Mas, como a música foi premiada por sua performance, Mike disse: "No final, pensei: 'Ah, este é um Grammy para o vocal do Chester'".

A gravação em estúdio com a banda completa havia facilitado sua primeira vitória no Grammy, um momento decisivo em sua história – "mas, se quisermos ser super-honestos", continuou Mike, "ganhamos o Grammy porque a performance de Chester naquela música foi incrível". Então, quando a banda subiu ao palco para receber o prêmio e posou triunfante no tapete vermelho, Chester era quem carregava o Grammy, virado para a frente no centro do grupo e segurando o pequeno gramofone dourado junto ao peito. Em uma foto, o braço direito de Dave está estendido na apresentação de Chester e do troféu, como se quisesse confirmar que, *tcharam*, *ele fez isso*.

Entre os cerca de 300 shows que o Linkin Park realizou ao longo e após o lançamento de *Hybrid Theory*, a banda passou por diversos marcos do sucesso comercial nos anos 2000, exibindo provas de seu prestígio. A vitória no Grammy foi significativa, assim como a estreia na televisão um ano antes: a banda voou direto de Londres para Nova York em janeiro de 2001 para apresentar "One Step Closer" no programa *Late Night with Conan O'Brien*, com Chester se pavoneando no Studio 6A e em milhões de lares, usando um suéter de gola alta e uma carteira com corrente.

Poucas semanas após o encerramento do Ozzfest 2001, em agosto, o Linkin Park retornava a Nova York para o MTV Video Music Awards, sendo apresentado pelo astro da NASCAR Dale Earnhardt Jr. ("Estes caras podem não correr a 300 km/h, mas com certeza fazem barulho!", leu ele rigidamente no teleprompter) e fazendo uma performance estendida de "One Step Closer" para sacudir as opulentas paredes do Metropolitan Opera House. O Linkin Park voltou à premiação no ano seguinte – dessa vez como parte da elite da MTV, e não mais como a nova banda de rock da moda. Mike e Chester entregaram um Astronauta de Prata para Jennifer Lopez, e, quando o Linkin Park ganhou o prêmio de Melhor Vídeo de Rock por "In the End", David Lee Roth e Sammy Hagar anunciaram o nome da banda do palco, vozes de uma era passada de videoclipes ungindo teatralmente as estrelas atuais.

Em 2001, ainda era possível afirmar que o sucesso astronômico do Linkin Park – os shows com ingressos esgotados, os milhões de álbuns vendidos, as rádios tocando "One Step Closer" e "Crawling" – poderia ser creditado principalmente aos fãs de rock pesado. Mas, em 2002, depois que "In the End" disparou na parada do Hot 100, esse argumento caiu por terra. O Linkin Park agora era uma banda do primeiro escalão.

Nenhum dos integrantes tinha a personalidade ousada de Fred Durst, que se exibia para as câmeras e explodia barcos (algo que ele realmente fez durante o MTV Spring Break). Foi a popularidade da sua música que tornou o Linkin Park onipresente, seu grande número de *singles* de sucesso fazendo com que as vozes por trás deles se tornassem figuras regulares da cultura pop.

Em março de 2002, o Linkin Park estampava a capa da *Rolling Stone* ("Rap Metal Rulers" era a manchete) e recebia elogios de Nelly Furtado e Willa Ford na MTV. Eles eram a banda mencionada com entusiasmo por estrelas do pop ao discutirem sua afinidade com a nova grande sensação do rock. Nem mesmo os apresentadores dos programas ficavam imunes aos sons do Linkin Park. "Sou um grande fã de vocês", disse Carson Daly aos rapazes durante uma aparição no *TRL*, com o público adolescente na plateia do estúdio e nas ruas da Times Square sorrindo e gritando. "O disco é *muito irado*!"

Como a banda já existia aos olhos do público há algum tempo, os anos que antecederam o álbum de estreia – seguidos pelo extenso ciclo promocional de *Hybrid Theory* e pelo efeito bola de neve de seus maiores hits – impediram que os integrantes se sentissem como um sucesso da noite para o dia. "One Step Closer" já tocava nas rádios rock e na MTV há cerca de 18 meses quando a banda finalmente deixou a estrada no início de 2002, novata na opinião pública, mas acostumada a ver suas imagens e ouvir suas vozes por aí. "É estranho", disse Mike sobre esses primeiros vislumbres deles mesmos. "Parecia algo natural, embora não fosse. Como um *déjà vu* avassalador."

Apesar de uma ascensão relativamente gradual aos holofotes, o impacto de sair do circuito de turnês e mergulhar no mundo dos Grammys e das capas de revistas foi chocante. À medida que os shows se tornavam cada vez mais robustos, o mesmo acontecia com a comunicação com os fãs – os produtos autografados, os *meet-and-greets*, as cartas de adoração dos ouvintes dizendo como as canções do Linkin Park haviam ajudado a superar períodos difíceis ou impediram que fugissem de casa. Em uma matéria de capa da *Spin*, Mike e Chester contam sobre uma fã que precisou passar por uma cirurgia cerebral que exigia que ela ficasse acordada durante uma operação de oito horas – ela então pediu aos médicos que tocassem *Hybrid Theory* em *loop* todo o tempo.

No início de 2002, o Linkin Park Underground, fã-clube oficial da banda, já contava com mais de dez mil membros e recebia mensagens regulares dos rapazes. O LPU conectou ouvintes de todo o mundo, oferecendo um espaço para se reunirem e discutirem seus momentos favoritos do grupo, além de receberem notícias e atualizações e ouvirem músicas exclusivas da plataforma.

Todo grande fandom musical possui fóruns para seus apoiadores mais fervorosos, mas o Linkin Park Underground se destacou graças, em parte, aos lançamentos anuais oficiais da coleção *LP Underground* da banda – CDs exclusivos contendo demos de músicas, faixas ao vivo e ideias inéditas, que eram frequentemente enviados como presentes aos membros na época das festas de fim de ano. Os álbuns do *LP Underground* se tornaram um destaque anual para os ouvintes mais exigentes, começando com o EP *Hybrid Theory* em 2001. A banda autografou 500 cópias de sua demo de 1999 como agradecimento aos fãs que ajudaram a tornar o álbum completo *Hybrid Theory* o mais vendido daquele ano.

A essa altura, o Linkin Park estava cada vez mais familiarizado com a ideia de ter superfãs. Eles tinham acabado de passar todo o ano de 2001 conquistando-os, suando por eles, ouvindo-os gritar suas letras. Todos os integrantes também haviam sido moleques, encontrando consolo em suas próprias músicas favoritas não muito tempo antes. Porém, a fama *mainstream* era algo totalmente diferente. Embora nunca tivessem pertencido a uma cena tradicional (e rejeitado a de nu metal, com a qual eram mais associados no início), o longo tempo que passaram em turnê pelo mundo com bandas como Deftones, Papa Roach e Disturbed os doutrinou a um público consumidor de rock pesado... e, olha só, *aqui* estavam eles, entregando um VMAs para a J. Lo.

O Linkin Park estava atravessando um ecossistema musical rígido em termos de gênero, de uma forma que poderia ter sido percebida como traição à base de rock pesado que tinham acabado de criar – o mesmo motivo pelo qual alguns participantes do Ozzfest os consideraram *poseurs* e as acusações de falta de autenticidade fabricada pela gravadora persistiram. Por sorte, o objetivo da banda era justamente atrair ouvintes de sons diferentes.

"Desculpe, cara, se o garoto 'errado' comprar seu disco, se a sua ideia de 'tipo errado de fã' comprar seu disco, que pena!", Chester disse. "Se alguém que só comprava Britney Spears e Backstreet Boys compra nosso disco, sinto que conquistei algo. Expandi os horizontes desse garoto, sabe? O mesmo vale para aquele que só comprava álbuns do Pantera. Qual jovem é pior? Qual deles é o garoto que você não quer? Eu jamais diria a alguém que não pode gostar da nossa música."

A abertura do Linkin Park para outros estilos musicais e suas respectivas bases de fãs se mostrou absolutamente crucial em uma indústria musical anterior ao *streaming*, quando a pergunta "Que tipo de música você ouve?" geralmente resultava em um único gênero como resposta. Depois de *Hybrid Theory*, a banda poderia ter buscado a aprovação do Ozzfest e se afastado dos holofotes, limitando suas perspectivas comerciais em favor de um núcleo de rock pesado. Ou poderia ter se jogado totalmente no pop e chamado o superprodutor Max Martin para otimizar ainda mais seu som, ignorando os fãs mais radicais para garantir que os gritos do *TRL* durassem um pouco mais.

Eles não fizeram nem uma coisa nem outra. Em vez disso, o Linkin Park se adaptou à fama confiando na sua criatividade para continuar se expandindo. Em um momento no qual o movimento lógico teria sido gravar um segundo álbum que pudesse atrair o público mais amplo possível, a banda mudou de direção, concentrando-se num projeto paralelo que se revelaria um desvio ambicioso, inesperado e completamente estranho.

Durante esse tempo, os membros do Linkin Park já estavam pensando em fazer música fora da estrutura tradicional da banda. Em 2002, Chester gravou vocais de apoio em "Karma Killer", um rock pós-grunge do Cyclefly, participando do refrão da faixa após ter conhecido o grupo irlandês enquanto se divertia na cena de shows em clubes de Los Angeles, na época pré-*Hybrid Theory*. Algumas semanas antes do lançamento de "Karma Killer", uma música da trilha sonora carregada de metal do filme de terror vampiresco *A Rainha dos Condenados*, adaptação de Anne Rice estrelada por Aaliyah em performance póstuma, foi creditada a "Chester Bennington do Linkin Park".

A música "System" não foi criada por Chester. Jonathan Davis, do Korn, havia trabalhado com o compositor de trilhas sonoras Richard Gibbs nas músicas de *A Rainha dos Condenados*, sendo algumas executadas pela banda do vampiro Lestat no filme. Entretanto, como o Korn tinha assinado com a Sony BMG – e a trilha sonora seria lançada pela Warner –, Jonathan foi impedido contratualmente de ter seus vocais aparecendo em qualquer uma das músicas. Ele então pediu a seus amigos do ecossistema da Warner Music Group – incluindo David Draiman, do Disturbed; Wayne Static, do Static-X; Jay Gordon, do Orgy; e Chester – que fossem sua voz.

Chester cantando uma música coescrita e coproduzida por Jonathan Davis constituiu um momento de círculo completo: após observar de longe o Korn ajudar a dar o pontapé inicial na revolução do rap-rock, o Linkin Park tornou-se o maior nome desse som, assumiu a turnê Family Values e, agora, Chester estava realmente trabalhando *com* Davis, cantando o que era, na prática, uma música do Korn. "System" murmura, depois ferve, com Chester recriando a voz agitada de Jonathan e os rugidos do refrão. Evidentemente, ele estava empolgado com a oportunidade de trabalhar tanto com o líder do Korn *quanto* com o material de origem. "Sou um grande fã, já li todos os livros", disse ele sobre *A Rainha dos Condenados*. "Acho que consigo me identificar com Lestat um pouco mais do que alguém que não conhece o filme ou os livros."

Três semanas antes de a trilha sonora de *A Rainha dos Condenados* ser lançada, Mike e Joe foram destaque em "It's Goin' Down", *single* do coletivo de DJs de hip-hop The X-Ecutioners. Formado em Nova York no final dos anos 1980, o grupo havia passado mais de uma década como heróis do *underground* quando os executivos da Loud Records perceberam uma oportunidade de *crossover*. Eles foram anunciados como "a primeira equipe de DJs a assinar com um grande selo", e, em seguida, a gravadora os presenteou com vários colaboradores com os quais poderiam executar suas batidas duras e concretas. Assim que um executivo da Loud levou uma cópia de *Hybrid Theory* ao estúdio, Rob Swift, do grupo, entrou em contato com Mike para que pudessem trabalhar juntos. Felizmente para ele, Mike e Joe eram grandes fãs.

"Eles são os pioneiros do estilo", disse Joe com entusiasmo. "Com o desenvolvimento da arte de manobrar toca-discos, eles foram uma das equipes originais que surgiram." Joe dirigiu o vídeo de "It's Goin' Down" no Park Plaza Hotel, em Los Angeles, durante o intervalo entre os últimos shows do Linkin Park em 2001 e as datas do início de 2002. Depois que o *single* foi lançado, em janeiro daquele ano, tornou-se a única faixa nova que o Linkin Park apresentou na turnê Projekt Revolution. No vídeo, os X-Ecutioners invadem um espaço de ensaio de bandas de rock (Rob e Dave são mostrados tocando com Wayne Static), começam um *scratching* e então dão início a uma festa de rap-rock. Chester, Brad, Xzibit, membros do Adema e do Hed PE fazem aparições muito rápidas, enquanto Mike continua na frente e no centro, o astro do show.

"It's Goin' Down" representa um caminho (ainda) não percorrido: embora não seja uma faixa solo de Mike, sendo, na verdade, formada por samples das demos do Linkin Park "Step Up" e "Dedicated", a música soa como a conjectura de uma carreira solo. A linha de guitarra e a batida de *boom-bap*[42] ancoram a faixa no rap-rock, mas "It's Goin' Down" está mais para um hip-hop da Costa Leste, criado por um MC que há muito tempo consome rap e quer honrar suas influências. "The combination of a vocal caress/ With lungs that gasp for breath from emotional stress/ With special effects and a distorted collage/ Carefully lodged between beats of rhythmic barrage",[43] diz Mike, com seu vocabulário fornecendo um verniz para as ostentações. O que falta a "It's Goin' Down" em termos de ressonância emocional é compensado pelo polimento do rap-pastiche e pelo *flow* calculado – não é uma música transcendente, mas é um bate-cabeça eficaz, que é tudo o que precisa ser.

Seu sucesso foi moderado: ao contrário de "System" ou "Karma Killer", "It's Goin' Down" alcançou o Hot 100 na posição 85, ganhou rotação regular na MTV e fez com que o grupo The X-Ecutioners acabasse emplacando um álbum entre os 20 melhores. Essa conquista certamente ajudou a dar mais cobertura para o que a banda, especialmente Mike, queria fazer em seguida: desconstruir

---

[42]Estilo de batida no hip-hop muito característico da década de 1990, sobretudo nas produções da Costa Leste americana. O termo é uma onomatopeia que descreve o som das batidas: "*boom*" representa o som grave do bumbo e "*bap*" o som da caixa ou da batida aguda, muitas vezes mais rápida e cortante. (N. da P.)

[43]A combinação de uma carícia vocal/ Com pulmões que respiram ofegantes por causa do estresse emocional/ Com efeitos especiais e uma colagem distorcida/ Cuidadosamente encaixada entre as batidas da barragem rítmica.

Hybrid Theory e lançar um projeto completo de remixes com tendência ao hip-hop.

Reanimation não começou como um álbum. Enquanto a banda estava trabalhando em ideias para seu segundo disco na estrada em 2001, Mike enviava trechos de músicas de *Hybrid Theory* para outros artistas, pedindo que rearranjassem seus elementos. "Pensei que faria apenas um ou dois remixes", disse ele, "e que outras pessoas fariam todo o trabalho." Em vez disso, o projeto cresceu e passou a incluir mais de uma dúzia de artistas e produtores, além dos vários remixes autoproduzidos pela banda, com Mike encarregado de "supervisionar tudo e gerenciar o trabalho e a agenda de mais de 30 nomes".

A lista de convidados incluía, previsivelmente, várias personalidades renomadas do rock pesado com as quais o Linkin Park havia cruzado na estrada, como Jonathan Davis; Marilyn Manson (com um remix assustador de última hora de "By Myself", entregue a tempo de se tornar um lado B); Aaron Lewis, do Staind; e Jay Gordon, do Orgy. No entanto, *Reanimation* também reafirma os interesses da banda pelo hip-hop e o universo dos DJs: Aceyalone; The Alchemist; Black Thought; Chali 2na, do Jurassic 5; Pharaohe Monch; e Evidence, do Dilated Peoples também ultrapassaram as linhas de gênero para contribuir. Chester brincou dizendo que o projeto era "uma chance de mostrarmos como nossa música soaria se tirássemos todas as guitarras". Isso foi um exagero – mas não muito.

A banda começou a se referir ao projeto como uma coleção de "reinterpretações", não de remixes: "Trata-se das músicas e de reinterpretá-las de uma forma artisticamente empolgante", observou Brad. O Linkin Park também queria incluir os maestros do pop *avant--garde* Björk e Aphex Twin, mas, infelizmente, não conseguiu a tempo – Mike já estava lidando com dezenas de demos. O lançamento de *Reanimation* teve de ser adiado de maio para julho de 2002 – e o que poderia ter sido um período de calmaria pós-turnê acabou dominado pelo que rapidamente tornou-se um negócio gigantesco.

A maioria dos álbuns de remixes é uma prática pouco sutil de ganhar dinheiro, uma maneira simples de transformar uma mercadoria comprovada em um pacote novinho em folha. Na era do Spotify, eles se tornaram "edições deluxe", com faixas remanescentes adicionadas a um álbum original para aumentar os totais de *streaming*. Já *Reanimation* foi o oposto: um projeto apaixonado que ativamente atrasou a gravação da tão esperada continuação de *Hybrid Theory*, cheio de vozes *underground*, depois que "In the End" os transformou em estrelas do *crossover*, e firmemente afastado do mundo do rock pesado após um ano inteiro de turnês em seu território.

Reanimation foi criado explicitamente para os fãs de carteirinha, sendo quase descaradamente anticomercial – até mesmo os títulos das músicas são incompreensíveis para os ouvintes casuais, como "In the End" remixada para "Enth E Nd". Era um projeto de Mike, e, embora Chester tivesse acabado de ganhar um Grammy para a banda, ele não se importou com a mudança de foco: "Em termos do que fizemos – um disco de remixes de um álbum altamente bem-sucedido – acho que foi um grande sucesso".

Reanimation FOI REALMENTE UM GRANDE SUCESSO? Embora o disco não tenha produzido nenhum novo hit – "Pts.OF.Athrty", o remix de "Points of Authority" de Jay Gordon, do Orgy, foi lançado como seu único *single* e chegou à 29ª posição na parada Alternativa –, o álbum completo vendeu em massa, lançado num momento em que tudo que o Linkin Park tocava virava platina.

Reanimation estreou em segundo lugar na *Billboard* 200 (o primeiro álbum do Linkin Park no top 10!) e vendeu mais de quatro milhões de cópias até hoje, um número impressionante para qualquer disco do século 21, ainda mais para um quebra-galho entre títulos oficiais completos. Sob quase todas as perspectivas, é um dos álbuns de remixes mais bem-sucedidos de todos os tempos. E, em apenas dois anos e meio, o Linkin Park lançaria outro projeto colaborativo, menor em tamanho, mas muito maior em impacto.

Claro, o produto é imperfeito, mas estava destinado a ser assim: com 60 minutos – quase o dobro da duração de *Hybrid Theory* –, *Reanimation* é propositalmente exagerado. As estruturas enxutas das músicas foram desmembradas, salpicadas com *scratches* e enriquecidas com uma mistura de vocais convidados, deixando de lado, naturalmente, a coesão do original. Os destaques se sucedem com rapidez: "P5hng Me A*wy", com Stephen Richards, do Taproot, expande o mundo ferido da versão de origem, enquanto "1Stp Klosr", com Davis, empurra o refrão de "One Step Closer" para trás, misturado com vários versos e uma produção etérea, um interessante caso de gratificação atrasada. No entanto, mesmo o álbum de remixes mais legal da banda mais vendida do ano não pode alterar seu DNA de álbum de remixes. *Reanimation* sempre esteve fadado a se tornar um alimento para debates em fóruns on-line, em vez de sucesso de rádio.

Entretanto, o poder duradouro de *Reanimation* não é artístico nem comercial. Chegando em um momento no qual a banda estava sendo convidada para mais tapetes vermelhos e sentindo o peso da fama recém-descoberta, *Reanimation* funcionou como um símbolo da sua autonomia artística: após anos perseguindo gravadoras e implorando para que a indústria ouvisse suas vozes, *os integrantes da banda* agora estavam no comando e queriam flexionar seus músculos criativos durante um empreendimento comercial com toque de Midas.

O álbum poderia ter sido recheado de superestrelas para garantir mais repercussão na MTV – se realmente quisessem, eles poderiam ter tentado fazer com que, por exemplo, Eminem e Usher participassem dos remixes. "Poderíamos ter procurado colaboradores mais *mainstream*, mas optamos pelo oposto. Queríamos mostrar às pessoas algumas das nossas influências", explicou Mike.

A popularidade do Linkin Park deu à banda o poder de fazer um desvio, que certamente não a levaria de volta ao palco do Grammy, mas que mostraria ao mundo mais da sua alma e a ajudaria a estabelecer um pouco mais de credibilidade. "Sempre tivemos esse instinto de equilibrar as coisas que funcionarão [comercialmente] – iniciativas que agradam os fãs, como ter Jonathan do Korn no disco, algo que pode ser muito legal – com elementos que sabemos que talvez não estejam no radar deles", continuou Mike. "E acho que isso se estendeu por toda a nossa carreira, sabe? Toda a nossa trajetória tem sido esse equilíbrio entre fazer coisas que achamos inteligentes e fazer coisas com as quais não nos importamos se alguém vai gostar."

A nova alavancagem artística do grupo também se estendeu às negociações com as gravadoras. Naquele mesmo ano, o Linkin Park criou o Machine Shop Records, seu próprio selo (distribuído pela sua gravadora principal, a Warner Bros.). O objetivo era desenvolver e assinar com outros artistas, tendo Mike e Brad à frente do processo de A&R. O Machine Shop tornou-se o lar de gente como os punks canadenses do No Warning ("O mundo do rock precisa de algo que seja tão pesado, melódico e apaixonado quanto eles", disse Mike sobre a banda) e o grupo de rap *underground* Styles of Beyond. Além disso, tornou-se um centro para os lançamentos do Linkin Park e do LP Underground, começando com o *LP Underground 2.0,* de 2002.

Nesse meio tempo, após um período de atrito prolongado com Jeff Blue desde os dias de estúdio de *Hybrid Theory,* quando se falava em substituir Mike, o Linkin Park decidiu interromper sua colaboração criativa com o executivo de A&R antes do lançamento de *Reanimation.* De acordo com Jeff, no livro *One Step Closer,* as tensões que se estenderam até o processo de seleção dos *singles* de *Hybrid Theory* durante sua fase promocional – quando a banda insistia para que "Points of Authority" fosse lançada, apenas para ser rebatida – ficaram fortes demais, deixando o relacionamento danificado a ponto de não ter mais conserto. Certo dia, o empresário da banda, Rob McDermott, comunicou a um Jeff atônito que ele só estaria envolvido em um nível administrativo dali para a frente.

Um novo regime estava sendo estabelecido no topo da Warner Bros. Records de qualquer forma. Tom Whalley – o presidente da Interscope que assinou contratos com artistas como Tupac Shakur, Nine Inch Nails e The Wallflowers – foi trazido como o novo presidente/CEO da Warner. Tom conhecia Rob McDermott há anos e se tornou o principal contato da gravadora com o Linkin Park, que era cada vez mais um artista de destaque na Warner Bros. Vale a pena mencionar que a banda agradece a Tom nas notas do encarte de *Reanimation*, enquanto Jeff, que logo assumiria um novo cargo na Interscope Records, é ignorado.

Como *Reanimation* vendeu dezenas de milhares de cópias por semana na segunda metade do verão, a banda foi se afastando da era *Hybrid Theory*, que havia sido bem-sucedida o bastante para durar quase dois anos. Agora, de volta à Califórnia e analisando novas ideias de músicas, a vida dos rapazes era totalmente diferente em muitos aspectos. Chester e Samantha tinham um novo bebê chamado Draven e desfrutavam da vista panorâmica do oceano em sua nova mansão. Mike preparava-se para se casar com Anna Hillinger, uma escritora que Mark Wakefield havia apresentado a ele nos tempos do Xero. Apesar das mudanças pessoais, os dois *frontmen* ainda se reuniam regularmente, conversavam sobre a vida e mexiam com várias ideias e canções, descobrindo qual seria o próximo passo de seu coletivo recém-criado.

A banda havia entrado de maneira improvável no mundo do Ozzfest, do Grammy *e* do circuito de DJs de hip-hop, voltando para casa maior do que nunca. Mas os membros do Linkin Park seguiam trabalhando do mesmo modo que sempre fizeram e ainda confiavam na sua arte, que havia sido validada além dos seus sonhos mais loucos. O "equilíbrio" ao qual Mike se referiu – localizar o ponto médio entre o serviço aos fãs e a expressão artística – deu ao Linkin Park uma sensação singular de liberdade quando seu segundo álbum, *Meteora*, começou a tomar forma.

"Nosso próximo disco", disse Chester em 2002, "pode soar como qualquer coisa."

INTERLÚDIO

"FOI UMA DAQUELAS COLABORAÇÕES ÚNICAS NA VIDA"

Rob Swift, membro original do coletivo de DJs de hip-hop The X-Ecutioners, fala sobre como uma improvável parceria com Mike e Joe para o sucesso do rap "It's Goin' Down" mudou a trajetória de seu grupo.

Por volta de 2000, o X-Ecutioners assinou um contrato de gravação com a Loud Records, uma das gravadoras de hip-hop mais poderosas da época. Eles tinham grupos como Wu-Tang e Mobb Deep, artistas como Big Pun e Xzibit assinaram contrato com eles. Nós fomos a primeira equipe só de DJs. Eram quatro: eu; Roc Raida, que faleceu em 2009; Total Eclipse; e Mista Sinista.

Estávamos trabalhando num álbum chamado *Built from Scratch*, no estúdio montando uma das músicas, então nosso A&R na época – um cara chamado Sean C., que era, ironicamente, um membro original do nosso grupo de DJs, o X-Men, quando começamos no final dos anos 1980 – entrou em uma de nossas sessões. Lembro que ele se virou para nós enquanto estávamos sentados com nosso engenheiro, reunindo algumas ideias para uma música, e disse:

"Tem uma banda chamada Linkin Park. Eles são muito legais, cara. São dois vocalistas – um canta e outro faz rap. E eles têm um DJ, um cara chamado Sr. Hahn, que se ocupa dos toca-discos!".

Isso foi antes de eles explodirem, quando estavam prestes a se tornarem globais. Então Sean sugeriu: "Acho que vocês precisam fazer uma música com eles, porque, primeiro, eles são demais, e, segundo, estão prestes a estourar". Aí ele olhou especificamente para mim e disse: "Rob, aqui está o número do Mike. Ligue para ele agora". Peguei meu telefone, liguei para o Mike e ele falou: "Ei, Rob Swift! E aí, cara! Sean me disse que você ia me ligar, e, cara, eu adoraria fazer uma música com vocês. Acho que isso será divertido e supercriativo para nós".

A energia dele ao telefone era muito legal, calorosa e acolhedora. E, pelo modo como falou comigo, percebi que ele conhecia o grupo. Não era um cara que queria ganhar dinheiro com essa nova mania de DJs – eu podia dizer que ele respeitava o que fazíamos como The X-Ecutioners. E assim, em poucos dias, começamos a compor a música que se tornou "It's Goin' Down".

Mike mandou muito bem na rima dessa música – *flow*, conteúdo lírico, energia. Sinceramente, ele nos complementou de uma forma que acho que um rapper médio da época provavelmente não entenderia como fazer. Ele nunca foi um cara que explorou o rap – ele é um artista de hip-hop, entende? O hip-hop cresce ao se associar a todos os gêneros, e é por isso que é um gênero musical tão global e impactante. Não se trata de jazz, rock, R&B, soul ou funk – é tudo isso combinado em um só. Então, quando as pessoas me questionam: "Bem, como foi a experiência de trabalhar com um grupo de rock?", elas perguntam como se fosse um negócio difícil. O hip-hop pega emprestado e se apropria de todos os gêneros, é assim que ele cresce, é assim que ganha força. Portanto, para nós, foi uma decisão óbvia trabalhar com o Linkin Park. E o processo foi muito tranquilo, afinal nós fazíamos *scratches* em músicas de rock quando éramos crianças – por exemplo, eu aprendi a fazer um *loop* de uma batida de bateria pegando cópias duplicadas de "Walk This Way", do Aerosmith, colocando-as no toca-discos e cortando-as. Então, para mim, o arco de tudo isso é fantástico, levando esse grupo de DJs a colaborar com esse grupo de rock. Éramos esses garotos pretos do centro da cidade de Nova York trabalhando com esses garotos do subúrbio [da Califórnia], mas a química rolou de forma muito suave e sem esforço. Simplesmente fazia sentido! E é por isso que a música ficou tão popular.

Na época da música, o filme *Scratch* [um documentário de 2001 sobre o universo dos DJs de hip-hop] tinha sido lançado há cerca de um ano, o que ajudou a trazer esse movimento *underground* dos DJs para o primeiro plano, esse movimento que estava ocorrendo nos anos 1990 e que era super *underground*. Mas depois, quando fizemos "It's Goin' Down", a música nos catapultou para novas galáxias. Você não tinha YouTube, Instagram, Facebook ou TikTok no início dos anos 2000, certo? Então se você estivesse em Nova York e no topo do mundo dos DJs, todos te conheciam – você está andando por aí e as pessoas param e pedem autógrafos –, então ia para o Nebraska e ninguém sabia quem você era. Mas as pessoas sabiam quem era o Linkin Park!

Então gravamos o vídeo, dirigido pelo Sr. Hahn, que foi exibido na MTV. A música passou a tocar em estações como a KROQ, aí o Linkin Park acabou nos levando para a estrada e nos convidou para uma performance no MTV Video Music Awards de 2001, como uma forma de nos apresentar aos seus fãs. Esses caras – especialmente Mike e o Sr. Hahn, mas, na verdade, a banda toda – nos acolheram sob suas asas. E nem precisavam fazer isso. Acho que isso tudo tem a ver com o verdadeiro apreço deles pelo que fazíamos como DJs. Lembro-me de fazer turnês em lugares pequenos no Meio-Oeste que, sinceramente, não iriam contratar o X-Ecutioners, mas permitiram que pegássemos carona em sua plataforma. E, por causa disso, nós estouramos. Talvez tivéssemos feito sucesso de qualquer maneira, mas eles definitivamente aceleraram o processo. Isso nos expôs a um grupo demográfico diferente de amantes da música, pois os fãs do Linkin Park se tornaram fãs do X-Ecutioners. A banda provavelmente nem percebeu, mas, ao trabalhar conosco, apresentou o trabalho de DJ a um público completamente novo. Pessoas que nem sabiam da existência do *scratching* acabaram se tornando DJs! Portanto, toda essa experiência foi revolucionária para mim. Foi uma daquelas colaborações únicas na vida.

Se você ouvir todos os álbuns deles, verá que há um crescimento nítido de um para o outro. Atualmente, vivemos em uma era na música em que os artistas não se preocupam necessariamente com a arte do que fazem, estão mais concentrados no glamour, na atenção e no burburinho que vêm com isso. Então sinto que qualquer pessoa que viveu no início dos anos 2000 e presenciou toda a trajetória do Linkin Park na música viu esse crescimento. Lembro-me de vê-los se apresentar na primeira turnê que fizemos com eles e depois vê-los novamente mais tarde, após "It's Goin' Down", quando aquele período todo acabou e eles partiram para outras coisas maiores. Eles queriam sempre melhorar e aprimorar sua arte. Queriam fazer música atemporal. Quando penso neles, essa é a primeira coisa que me vem à mente.

CAPÍTULO 13

"**S**omewhere I Belong", "Faint", "Numb", "Breaking the Habit". *Meteora* é mais do que seus maiores *singles*, mas qualquer conversa séria sobre o segundo álbum do Linkin Park precisa começar com esses quatro hits arrasadores. Eles não apenas superam as outras faixas do álbum em termos de realização artística, mas também cristalizam esse período para a banda quando colocados lado a lado. São peças interligadas e, quando juntas, representam uma cápsula do tempo.

O tecido de quem era o Linkin Park naquele momento, somado ao que a banda estava tentando fazer, está entrelaçado nessas quatro músicas. E cada um de seus propósitos não poderia ser mais diferente.

As canções são, antes de mais nada, um produto da pressão. O processo de criação de "Somewhere I Belong" foi o resultado direto da necessidade do grupo de se reafirmar após um primeiro álbum de grande sucesso. *Reanimation* havia sido um paliativo muito apreciado, mas apenas remodelou as músicas antigas de *Hybrid Theory* em novas formas e novos estilos. O Linkin Park ainda poderia ser visto pelos críticos como uma banda de um único truque, mesmo após remixar esse truque.

Na estrada, a banda trabalhou em composições para o segundo disco, chegando a quase 80 conceitos de músicas – cadernos e HDs cheios de ideias, em diferentes graus de conclusão – em um estúdio tão pequeno no fundo do ônibus que os membros não conseguiam nem ficar de pé. Ainda assim, eles não tinham certeza se *alguma* ideia era boa o suficiente para dar sequência a um dos maiores álbuns de estreia de todos os tempos. "Era basicamente uma tarefa impossível", disse Brad. "Sem contar que estivemos na estrada durante anos para divulgar *Hybrid Theory*. A piada é que você tem a vida inteira para fazer o primeiro álbum e três semanas para fazer o segundo."

Brad deu crédito a Don Gilmore, o produtor que os havia enlouquecido com suas intermináveis observações nas sessões de *Hybrid Theory*, por mais uma vez "nos ajudar a chegar lá, nos encorajar, nos desafiar". Em junho de 2002, a banda havia considerado a possibilidade de contratar outros produtores para seu segundo álbum. Porém, como Don tinha sido a voz certa para amplificar os ganchos mais fortes de uma banda desconhecida da última vez, eles acabaram decidindo retornar ao NRG Studios com ele em agosto. Entenderam que Don seria mais uma vez um sargento no estúdio – previram que os tons suaves de sua fala inesgotável dizendo *"isso não funciona"* entrariam em suas cabeças. Acima de tudo, seria excruciante, mas eles sabiam que era exatamente do que precisavam.

"Para mim, como produtor, trabalhar com artistas como o Linkin Park, que realmente querem que sua música seja a melhor possível, é assim: nós destruímos uma canção e a reconstruímos, aí depois a destruímos novamente, se for necessário", diz Don no documentário do making-of de *Meteora*. O refrão de "Somewhere I Belong" é um exemplo disso: a banda tentou um número impressionante de 39 refrãos diferentes para a faixa, com letras trocadas e desconstruídas. A cada vez, Don lhes dizia que o que eles tinham não era excepcional e os incentivava a tentar de novo.

A banda engolia a frustração, plenamente ciente do que havia se comprometido a fazer. Eles escreviam um refrão para "Somewhere I Belong", tocavam para alguém no estúdio e recebiam a resposta de que o som era "legal". O Linkin Park não precisava de "legal" – isso não venderia milhões de discos nem seria digno da continuação de *Hybrid Theory*. Então eles voltavam ao ponto de partida, esperando transformar o "legal" em "alucinante".

Por mais aceito que fosse, o perfeccionismo de Don ainda era doloroso de suportar por meses a fio. Rob disse que estava "passando provavelmente de oito a dez horas por dia praticando, quase sete dias por semana" – ele andava até sonhando com a bateria, assombrado pelas viradas que não havia conseguido acertar no dia anterior. Como Dave não participou das sessões de gravação de *Hybrid Theory,* recebeu um curso intensivo durante o processo extenuante. O próprio Don era baixista, então suas execuções precisas fizeram Dave questionar suas próprias habilidades nas quatro cordas, enquanto se esforçava para acompanhá-lo.

Até mesmo Mike e Chester, que gravaram seus vocais no final do processo, começaram a ficar irritados. No documentário de *Meteora,* Chester é mostrado sentado em uma sala de estúdio pouco iluminada, com as mãos nas laterais do rosto, os dedos cravados nas bochechas, totalmente esgotado após dezenas de tomadas. Em outro clipe, Mike cambaleia em uma calçada e explica por que não consegue dormir antes das 3h da manhã. "Eu fico pensando no álbum", diz ele, "e pensando em todas as coisas, todas as porcarias que temos de fazer e com as quais estamos preocupados."

O desastre ocorreu durante a última semana de gravação: Chester ficou doente quando o trabalho no álbum estava terminando, pouco antes de o refrão de "Somewhere I Belong" ser finalizado. Com Chester impossibilitado de cantar no NRG Studios, a banda foi forçada a terminar a música do outro lado do país em dezembro de 2002, enquanto estava sendo mixada por Andy Wallace em Nova York, pois, se a voz de Chester soasse diferente de algum modo, teriam de descartar a música – ou adiar o álbum por vários meses para regravá-la.

Mas quando "Somewhere I Belong" foi lançada em 24 de fevereiro de 2003, o restante do mundo não conseguiu perceber nada da frenética costura dos bastidores. O 40º refrão foi uma combinação perfeita. E *Meteora* possuía seu *single* principal pronto para o rádio.

Além de algumas escolhas interessantes de produção – o *riff* invertido é, na verdade, Chester no violão, cortado e virado por Mike, com o *scratching* de Joe acompanhando esse *riff* ao longo da introdução –, "Somewhere I Belong" funciona como uma espécie de sequência de "In the End". As estruturas são surpreendentemente semelhantes: uma introdução levemente sombria, os versos de rap de Mike com intervenções murmuradas de Chester, um refrão de rock com guitarra bem alto, uma ponte ainda mais alta. A desesperança de "In the End" foi substituída por uma sensação de anseio ("I wanna heal, I wanna feel/ Like I'm close to something real/ I wanna find something I've wanted all along/ Somewhere I belong"),[44] mas Chester mantém um nível idêntico de intensidade, soltando uma quantidade replicável de fogo em cada palavra.

A precisão é o que distingue "Somewhere I Belong" das versões anteriores de sua fórmula. Mesmo com cada detalhe do *single* calibrado para causar máximo impacto e os vocais gravados em meses diferentes, em partes distintas do país, Chester e Mike se encaixam com mais naturalidade do que antes. Aqueles meses intermináveis de compartilhamento de pequenos espaços durante as turnês de *Hybrid Theory* ficam sutilmente evidentes na forma como suas cadências se refletem uma na outra.

Suas personalidades brilham por meio do ambiente altamente polido da música, seu constante refinamento contrastado com a conexão humana. Como *single* principal de *Meteora*, "Somewhere I Belong" anunciou que o Linkin Park e sua receita testada pelo mercado estavam de volta para a segunda rodada.

QUANDO O LINKIN PARK RETORNOU COM seu segundo álbum, o nu metal não estava mais na vanguarda do rock, um estilo fossiliza-

---

[44]Eu quero me curar, eu quero sentir/ Como se estivesse perto de algo real/ Quero encontrar algo que sempre quis/ Algum lugar ao qual pertenço.

do pelos destroços do Woodstock '99 como uma advertência. Em 2003, o Korn lançou o último álbum número 1 de sua carreira, o Rage Against the Machine já não fazia mais discos e Kid Rock agora cantava baladas adultas contemporâneas com Sheryl Crow ("Picture"). Bandas como o Deftones e o Slipknot continuariam lançando álbuns bem-sucedidos por décadas, mas já estavam divorciadas do som e do nome do nu metal naquele momento. E o Limp Bizkit, o outrora poderoso rei do movimento, já havia visto o guitarrista Wes Borland deixar o grupo e lançaria só mais um álbum – *Results May Vary*, um disco disperso e até bom, de 2003 – antes de encerrar sua carreira por muitos anos.

Claro, as bandas de nu metal da segunda onda, como Evanescence, Seether, Three Days Grace e Trapt, *estavam* obtendo grande sucesso inspirando-se no pós-grunge, no hardcore e... em grupos como o Linkin Park, ao mesmo tempo em que se distanciavam de qualquer vestígio do caos de Woodstock. Mas, da mesma forma que o súbito colapso do grunge causou uma fratura no cenário da "música alternativa" uma década antes, a queda da geração original do nu metal foi seguida por uma série de estilos populares de rock no início dos anos 2000.

Além da classe pós-nu metal, o renascimento do rock de garagem se misturou com uma cena de rock indie baseada na proliferação dos primeiros blogs. Bandas como The Strokes, Yeah Yeah Yeahs e Interpol eram aclamadas pelo site cada vez mais influente *Pitchfork Media* à medida que perambulavam pela cidade de Nova York. Enquanto isso, grupos de pop-punk e emo com seguidores devotos estavam passando de shows em porões e vagas na Warped Tour[45] para sucessos *crossover* e turnês como atração principal. Na semana em que *Meteora* foi lançado, em março de 2003, as paradas de música

---

[45]Festival itinerante de música, realizado anualmente nos EUA entre 1995 e 2018. Focava-se em bandas de punk rock, skate rock e hardcore, mas, ao longo dos anos, expandiu seu *line up* para outros subgêneros do rock, como o pop-punk, o emo, o metalcore e outros estilos relacionados, servindo como uma oportunidade para a visibilidade dessas bandas. (N. da P.)

alternativa mostravam o quanto o rock havia se fragmentado, com "Seven Nation Army", do The White Stripes; "The Anthem", do Good Charlotte; "Buried Myself Alive", do The Used; e "Bring Me to Life", do Evanescence, dividindo o espaço entre os 20 primeiros.

Onde o Linkin Park então se encaixava? Eles voltaram aos palcos como uma banda de rap-rock triunfante em uma época na qual o rap-rock havia se afastado do *mainstream*. Parte da pressão que a banda sentia envolvia não apenas dar sequência a *Hybrid Theory* de uma forma que satisfizesse seus milhões de ouvintes, mas também inovar o suficiente para avançar em um novo cenário do rock e transcender um som em declínio. "Gravamos o álbum com a percepção de que era nossa chance de romper com essas expectativas – o que as pessoas achavam que era o tipo de música que fazíamos", disse Mike.

"Somewhere I Belong" demonstrou que suas técnicas comprovadas ainda estavam intactas, mas eles precisariam de algo além, algo diferente, algo *evoluído*. O Linkin Park precisava de um próximo *single* como "Faint".

A música remonta ao Ozzfest de 2001, quando Brad criou a parte da guitarra no ônibus-estúdio da banda, e, em seguida, Mike acelerou o *riff* de modo que as batidas por minuto quase dobraram. "A linha de guitarra no refrão era originalmente a estrutura de acordes – eram *power chords* fazendo isso, o que soava muito agressivo", explicou Mike. "Mas tínhamos a sensação de que a música estava atingindo um teto, em termos de ser tão boa quanto possível, mas não tão melódica quanto poderia ser."

Embora houvesse muitas outras músicas para escolher, Mike retornava a "Faint" repetidamente, como se fosse um quebra-cabeça que ele precisasse resolver. Um dia, na garagem do NRG Studios, "não consegui correr do meu carro para a sala de controle rápido o suficiente, pois a ideia me atingiu assim que estacionei!", lembra-se. "Vamos mudar esse negócio para oitavas, tocá-las mais alto e colocar acordes embaixo. Isso é o que soa bem com o vocal já existente. [Nós] entramos e conseguimos na hora. E foi tipo: 'Meu Deus, esta é a minha música favorita deste disco.'"

Meteora não foi uma guinada brusca em termos de som ou identidade, mas incluiu um pouco mais de experimentação instrumental do que *Hybrid Theory*, de "Nobody's Listening" (construída em torno de um *loop* de uma flauta de bambu japonesa chamada *shakuhachi*) até "Session" (com *scratches* aprimorados digitalmente que eram quase impossíveis de tocar ao vivo). Mas, tanto em relação à lista de faixas quanto aos lançamentos dos *singles*, "Faint" foi a declaração de mudança mais forte – um novo pigmento que coloriu a sonoridade da banda a partir do momento em que as cordas ao vivo abrem a faixa com golpes agudos e teatrais.

Com arranjos de Dave Campbell – que, fato curioso, é o pai de Beck –, os violinos, as violas e os violoncelos formam a melodia que Mike tanto procurava, posicionada como a espinha dorsal de um estrutura composta por batidas quebradas, guitarras pesadas e bateria explosiva. A estrutura verso-refrão-ponte é estática, lembrando canções como "In the End" e "Somewhere I Belong". Porém, o conjunto todo é *imponente*, com o enérgico verso do refrão de Mike "I! Am!" e a quebra de Chester na ponte com "Hear! Me! Out! Now!", causando arrepios na espinha. "Faint" era uma música de rock sem fôlego, acelerada e inquestionavelmente empolgante. É, até hoje, uma das composições mais emocionantes do Linkin Park.

Depois do vídeo sombrio de "Somewhere I Belong", no qual Joe colocou a banda sob luzes dramáticas e incendiou uma cama, o visual de "Faint" serviu para refrescar o paladar, com o diretor Mark Romanek encenando uma apresentação do Linkin Park diante de mil membros do LP Underground no centro de Los Angeles. Romanek filmou o clipe por trás da banda no palco – e eles só se viram para encarar a câmera na frase final "I won't be ignored".[46] Esse

---

[46]Não serei ignorado.

movimento permitiu que o diretor se concentrasse na multidão frenética de membros do fã-clube, um oceano de braços erguidos diante das silhuetas do grupo, com as luzes alaranjadas do palco capturando a onda humana.

Um mês antes do lançamento de *Meteora*, o Linkin Park estreou a maior parte do novo álbum nas 16 datas da turnê LP Underground, concebida como uma série de shows menores onde os membros do fã-clube teriam prioridade na compra de ingressos. A turnê passou pela Europa e pelos principais mercados dos EUA antes de terminar com dois shows seguidos no Wiltern, em Los Angeles, nas noites anterior e posterior ao lançamento do disco. Depois de esperar pela chegada de *Hybrid Theory* estacionado em frente a uma Tower Records nos arredores de Seattle, o Linkin Park agora assumia o controle da Tower Records de Los Angeles quando o relógio bateu meia-noite do dia 25 de março de 2003, autografando quatro mil CDs de *Meteora* para os fãs que saíam do show esgotado.

O espírito desses shows do LP Underground está vivo no clipe de "Faint", uma homenagem aos fãs mais dedicados do Linkin Park enquanto o universo sonoro da banda se expandia. O vídeo também funcionou como uma ótima propaganda da turnê e uma prévia do que ainda estava por vir – mais edições do Projekt Revolution, shows como atração principal em arenas e até mesmo as primeiras datas do grupo em estádios não estavam muito longe.

Em 2013, o jornalista de cultura (e meu amigo de profissão) Chris Molanphy cunhou o termo "a regra do AC/DC" para descrever o fenômeno de uma banda que faz sua maior estreia nas paradas não com o que seria seu álbum clássico, mas com aquele que *vem depois* do clássico.

Isso faz muito sentido do ponto de vista prático: é típico que um grande álbum gradualmente multiplique a base de fãs de um artista ao longo dos meses de turnês e promoções de *singles*, de modo que, quando esse artista volta com algo novo, um público muito maior está pronto para apoiá-lo. Molanphy chamou de Regra do AC/DC porque seu clássico *Back in Black*, de 1980, alcançou apenas a quarta posição na parada *Billboard* 200, apesar de ter se tornado um dos discos mais vendidos de todos os tempos. Entretanto, foi a esquecível sequência de 1981, *For Those About to Rock We Salute You*, que deu à banda seu primeiro álbum número 1. Outro exemplo recente perfeito da Regra do AC/DC é *25*, de Adele, que obteve a maior semana de vendas da era moderna em 2015 simplesmente porque era o disco de Adele depois de seu gigantesco álbum anterior, *21*.

Em 2003, *Meteora* tinha tudo para emplacar um lançamento relevante, devido ao bom desempenho de *Hybrid Theory* nos dois anos e meio seguidos ao seu lançamento. Quando você vende quase cinco milhões de cópias do seu álbum de estreia em um ano, o *single* principal do segundo pode ser a coisa mais sem graça do mundo e, ainda assim, o disco vai atingir o primeiro lugar. De fato, *Meteora* chegou ao topo da *Billboard* 200 com a marca espantosa de 810 mil cópias vendidas na primeira semana – mais de 15 vezes as vendas da primeira semana de *Hybrid Theory* e mais do que o dobro do número de estreia dos principais álbuns de 2003 de Madonna, Beyoncé e DMX.

Quando os números finais chegaram, a banda, que iniciaria o Projekt Revolution 2003 em questão de dias, fez um brinde ao primeiro álbum número 1 de sua carreira. Próximo passo: descobrir como *se manter* no topo.

O Linkin Park já havia desenvolvido uma base sólida de público para turnês na época do lançamento de *Meteora*, mas sua presença no *mainstream* nunca foi garantida para durar mais do que um álbum, especialmente se o novo projeto não tivesse algo próximo de um sucesso do tamanho de "In the End". "Somewhere I Belong" e "Faint" foram bastante tocadas na MTV e atingiram o topo das paradas de música alternativa, mas nenhuma delas se tornou um sucesso. No Hot 100, elas atingiram as posições 32 e 48, respectivamente – muito longe do pico da vice-liderança de "In the End".

Na primavera e no verão de 2003, o Linkin Park mais uma vez excursionou pelo mundo, começando pelo Projekt Revolution nos EUA, depois na Europa e, em seguida, abrindo em estádios para o Metallica, na turnê Summer Sanitarium. Eles tocaram bastante material novo, mas ainda não tinham aquele sucesso certeiro de *crossover* do último disco. As apresentações geralmente terminavam com "Crawling", "In the End", "A Place for My Head" e "One Step Closer", nada diferente dos *setlists* da turnê de dois anos antes.

Mas, assim como "In the End" mudou gradualmente a trajetória comercial de *Hybrid Theory* como seu terceiro *single*, "Numb" passou o outono de 2003 ganhando força, tornando-se o maior sucesso pop do novo álbum e alcançando o público ainda não convertido no início de 2004. "Numb" é indispensável para *Meteora* por vários motivos, sendo um deles o fato de ter ajudado o disco a se tornar mais do que "a continuação de um álbum gigantesco e cheio de hits", sendo um enorme sucesso por mérito próprio.

Enquanto "Somewhere I Belong" é marcada pelo sample de guitarra invertido e "Faint" pela avalanche de cordas, o som que define "Numb" é aquele gancho fantasmagórico de teclado, com cada nota oca guiando a melodia da música em meio a um arranjo de rock relativamente simples. Na verdade, a voz de Chester é o sol do sistema solar da música, a força gravitacional em torno da qual todos os componentes devem girar.

A amplitude da entrega de Chester – desde a confissão exausta "I'm tired of being what you want me to be", passando pela declaração enérgica "I've become so *numb*, I can't feel you *there*" e pela súplica gentil "Can't you see that you're smothering me?" até o grito furioso "And I *KNOW* I may end up *FAILING*, too!"[47] – permanece

---

[47]Estou cansado de ser o que você quer que eu seja/ Eu fiquei tão entorpecido, não consigo te sentir lá/ Você não consegue ver que está me asfixiando?/ E eu sei que posso terminar fracassando também.

autoritária. É uma performance do tipo que eleva uma boa música à grandeza. E as palavras em si, uma meditação sobre a conformidade e o esgotamento da paixão pessoal, conectaram o Linkin Park com mais fãs do que nunca.

No início de 2004, "Numb" finalmente alcançou a 11ª posição no Hot 100, mas seu impacto cultural foi muito além da campanha de *Meteora* – atingiu videogames e filmes, tornou-se uma das metades de um *mash-up* posterior de grande sucesso, foi reinterpretada e tocada incessantemente, transformando-se no que hoje é, sem dúvida, o principal hit da banda. Eles nunca pararam de tocá-la e nunca se cansaram dela. No início de 2023, Joe foi à casa de Mike para ajudar a receber uma placa do Spotify: "Numb" finalmente ultrapassou a marca de um bilhão de *streams*, duas décadas após sua estreia.

"Ela continua fazendo sucesso", disse Mike sobre a relevância duradoura da música. "Ela continua aparecendo nas coisas e sendo relevante. A banda e a música vão seguir ditando tendência aparentemente sem motivo algum. Somos muito gratos por isso."

EMBORA O ÁLBUM SEJA TIPICAMENTE lembrado por seus hits, *Meteora* está repleto de momentos impactantes que nunca foram considerados como *singles*, mas que ainda assim se sobressaem: o *groove* repleto de *scratches* de "Don't Stay", a guitarra sinistra de "Hit the Floor", as poderosas passagens vocais de "Easier to Run" e as rimas sinuosas de "Lying from You" têm seus defensores, com mérito. "From the Inside", um rock com compasso 6/8 (cortesia de Dave, que queria desesperadamente tocar uma música em 6/8) e o grito mais prolongado de Chester no álbum, é um destaque claro – e, de fato, virou o quarto *single* do disco. "From the Inside" recebeu uma certa exposição internacional enquanto o Linkin Park fazia sua estreia em turnê por partes da Ásia, da Austrália e da Europa, mas a música nunca decolou nos Estados Unidos, não conseguindo atingir o Hot 100. Não importa: "Numb" continuou acumulando execuções nas rádios, *Meteora* facilmente alcançou o disco de platina e, na verdade, o quarto *single* de um álbum é só um bônus mesmo.

A campanha, no entanto, ainda não havia terminado. Embora o Linkin Park tenha se revalidado comercialmente com o segundo álbum, eles também sentiam necessidade de se afirmar no âmbito sonoro. E já pensavam em projetos futuros: assim como não tinham ficado presos no pântano do nu metal, não podiam ficar presos a *nenhum* som se quisessem garantir a saúde da banda a longo prazo.

"Gravamos o álbum cientes de que era a nossa oportunidade de romper com essas projeções – o que as pessoas achavam que era o tipo de música que fazíamos", disse Mike, "e incluir uma faixa como 'Breaking the Habit' no disco foi muito importante." De acordo com ele, a banda tocou *Meteora* para a gravadora e deu carta branca para que lançasse o que quisesse como primeiro ou segundo *single*, "contanto que 'Breaking the Habit' fosse um *single* em algum momento", lembrou ele. "Não tem guitarras pesadas, não tem gritos – é basicamente bateria e som programados. Precisamos que isso seja um *single*."

"Breaking the Habit" foi composta para reverter as expectativas, fazendo com que os ouvintes se perguntassem, sempre que ela tocasse no rádio: *Espera, isto é Linkin Park?* A música havia sido originalmente escrita como um interlúdio instrumental para *Meteora*, com notas de guitarra dedilhadas e manobras no toca-discos que se juntam a batidas agitadas para criar uma espécie de eletrônica acelerada, dolorosamente bela. A banda concordou que a base era promissora demais para permanecer como um interlúdio, que "Breaking the Habit" poderia soar como um *riff* do Depeche Mode, um dos heróis de Chester, se fosse desenvolvida corretamente.

"E então Mike foi para casa", lembra Dave, "trabalhou naquilo a noite toda e escreveu essa letra que ele estava criando há quase cinco anos, mas que nunca tinha conseguido terminar." Mike entregou a letra pronta no dia seguinte; Chester a leu e começou a chorar. Ele sentiu como se seu colega de banda tivesse entrado em sua mente e escrito do seu ponto de vista. Cada palavra parecia dolorosamente próxima da sua realidade.

"Breaking the Habit" dá vida aos demônios do vício: a letra de Mike explora a irracionalidade das ações de um usuário, a solidão básica, o isolamento em relação ao restante da sociedade e (com versos como "'Cause inside, I realize, that I'm the one confused"[48]) a dolorosa autoconsciência, cada erro examinado com clareza surpreendente. Chester vinha lutando contra o vício muito antes de conhecer a banda, mas Mike tinha visto em primeira mão a batalha de seu *co-frontman* naquela turnê de 2001, presenciando as manhãs penosas que sempre seguiam as noites fora de controle.

Nesse contexto, "Breaking the Habit" soa como uma mensagem de compreensão de um amigo: escrita por Mike e cantada por Chester, ela demonstra o quanto a confiança havia crescido no relacionamento deles. Todo o processo se revelou quase emocional demais para Chester. Ele lutou contra as lágrimas no estúdio e entregou uma performance vocal frágil, mas determinada. "Breaking the Habit" se tornou outro sucesso *crossover* – não exatamente no nível de "Numb", mas ainda assim entrou no top 20 do Hot 100 – o toque final de um ciclo de álbum gigantesco. Apesar do sucesso, Chester só se sentiu pronto para cantar a música ao vivo oito meses e seis etapas de turnê após o lançamento de *Meteora*.

Joe imaginou o vídeo de "Breaking the Habit" como uma recriação em anime do Linkin Park. Ele filmou a banda se apresentando em Los Angeles e, em seguida, contratou uma equipe de animadores japoneses – liderada por Kazuto Nakazawa, que havia ajudado Quentin Tarantino a criar a sequência de anime em *Kill Bill Vol. 1* alguns meses antes – para transformar a fil-

---

[48]Pois por dentro, eu percebo, sou eu que estou confuso.

magem em duas dimensões, quadro a quadro. O produto final é ainda mais ambicioso do que seu formato, entrelaçando uma investigação policial, uma traição romântica contada de trás para a frente e tomates arremessados com fúria que se convertem em explosões vermelho-sangue.

"É realmente como assistir a um filme *live-action*", disse Brad antes do lançamento do clipe. E ele estava certo. Ao contrário da bobagem falsa estilo *Matrix* de "One Step Closer", "Breaking the Habit" está entre os momentos visuais mais fascinantes da banda, capturando o dinamismo da música em seus movimentos intensos e fluidos.

Da mesma maneira que o som de "Breaking the Habit" foi concebido para surpreender os ouvintes de rádio, os telespectadores da MTV que assistissem ao vídeo podiam concluir: o Linkin Park estava crescendo. O *single* final de *Meteora* solidificou sua recém-descoberta maturidade – na aspiração sonora, na apresentação visual, no propósito temático –, encerrando uma campanha de segundo álbum que, de uma vez por todas, derrubou o status de "fogo de palha do nu metal".

Embora o som de *Meteora* não seja muito diferente do de *Hybrid Theory*, seus *singles* eram distintos em todos os aspectos certos, uma combinação de sons que jamais perdeu a essência da banda. Ele nunca seria maior do que seu antecessor: *Meteora* vendeu 6,49 milhões de cópias até então, ainda cerca de quatro milhões e meio a menos que *Hybrid Theory*. Mas se o álbum de estreia do Linkin Park os tornou superestrelas num momento específico do rock, seu segundo disco vislumbrou o futuro além desse ponto – e sugeriu sua longevidade, seu legado. No fim das contas, isso pode ter sido mais importante.

CAPÍTULO 14

Projetos como *Collision Course* não eram comuns na música popular em 2004, portanto, quando foi anunciado pela primeira vez, parecia um sonho delirante. Jay-Z e Linkin Park colaborando em um projeto oficial com várias músicas? Dois artistas no auge de seu poder comercial combinando seus maiores sucessos, no estilo Voltron,[49] em novos mega-hits? Era incompreensível, mas, de alguma forma, estava acontecendo.

Enquanto Jay-Z já havia trabalhado com artistas de rock antes de 2004, *Reanimation* provou as credenciais do Linkin Park como intruso do hip-hop. Mesmo assim, *Collision Course* era algo diferente. Era Godzilla contra King Kong, um confronto de mega-potências que, na pior das hipóteses, seria um golpe publicitário garantido para vender muitos discos. Na melhor? Poderia revolucionar o que os ouvintes pensavam sobre música popular.

Timing é tudo quando o maior rapper do mundo faz um convite para uma colaboração em um projeto. Em 2004, aos 34 anos, Jay-Z era o rei do hip-hop: o artista mais descolado de qualquer recinto, colecionando ao longo de anos uma sequência de sucessos que o elevou de um dos principais nomes do rap a astro pop de grandeza mundial. À medida que álbuns massivamente vendidos, como *Reasonable Doubt*, de 1996, e *Vol. 2... Hard Knock Life*, de

---

[49]Referência à série animada *Voltron: O Defensor do Universo*, na qual uma equipe de exploradores se une para pilotar um robô gigante, chamado Voltron. (N. da P.)

1998, eram aclamados pela crítica e renderam vários clipes na seção hip-hop da MTV, Jay se tornava um *hitmaker* do Top 40 no início dos anos 2000, com *singles* como "Big Pimpin'", "I Just Wanna Love U (Give It 2 Me)" e "Izzo (H.O.V.A.)".

Em 2003, alguns meses depois que o Linkin Park chegou ao topo da parada de álbuns da *Billboard* 200 pela primeira vez com *Meteora*, Jay-Z alcançou o primeiro lugar no Hot 100 ao lado de sua namorada, a revelação do Destiny's Child, Beyoncé, com o sucesso pop "Crazy in Love", que dominou o verão. Mais adiante, em novembro, Jay lançou *The Black Album*, recheado de mais hits, bem como mensagens carinhosas de despedida. *The Black Album* foi apresentado como o último disco de Jay-Z: ele iria se aposentar no auge, abdicando de seu trono para se tornar presidente da Def Jam Recordings e poder transformar outros artistas (como seu amigo produtor Kanye West e os recém-contratados Rihanna e Young Jeezy) em estrelas.

A "aposentadoria" de Jay-Z sempre foi tênue, uma frase que terminava com reticências em vez de um ponto-final. Isso porque Jay, na verdade, não desapareceu musicalmente após *The Black Album*. Enquanto fazia movimentos na sala de reuniões da Def Jam, ele ainda podia ser visto em remixes e como artista convidado em músicas de Mariah Carey, Snoop Dogg, Lenny Kravitz e Mary J. Blige, entre outros. Jay-Z chegou a lançar *Unfinished Business*, um segundo álbum colaborativo com R. Kelly após *The Best of Both Worlds*, de 2002, menos de um ano depois de supostamente ter abandonado a carreira. Portanto, ficou claro que, mesmo que Jay-Z não estivesse trabalhando em um novo álbum solo para ser lançado em breve, ele queria permanecer ativo no estúdio de gravação como uma voz complementar e colaborador.

Por sorte, esse período foi exatamente quando os executivos da MTV o chamaram com uma nova ideia de programa.

O *MTV Ultimate Mash-Ups* foi concebido como uma série de shows gravados nos quais um artista de rap e um artista de rock subiam ao palco e rearranjavam pelo menos uma música juntos na frente de um público ao vivo – imagine o *MTV Unplugged*, mas como uma *jam session* que mistura gêneros. Jay-Z, que havia trabalhado com o The Roots num *MTV Unplugged* genuíno em 2001, recebeu a primeira ligação da emissora, que lhe perguntou sem rodeios com qual banda de rock ele gostaria de trabalhar no programa.

Naquele momento, o Linkin Park encabeçava shows lotados em arenas norte-americanas, enquanto "Numb" continuava a subir no Hot 100 e *Meteora* acompanhava *The Black Album* na *Billboard* 200. Jay apontou para eles.

Para o grupo, a ligação da equipe de Jay-Z não só veio em um momento oportuno – quase um ano após o início da divulgação de *Meteora*, mais ou menos no mesmo momento do ciclo de *Hybrid Theory* em que Mike começou a planejar *Reanimation* –, mas também vinha do artista certo. "Há seis caras na nossa banda que cresceram ouvindo coisas diferentes", disse Mike. "São poucos os artistas que posso dizer que todos nós gostamos. Jay é um deles."

Embora o grupo todo fosse fã, Mike havia sido o único que idolatrava Jay-Z durante a adolescência, um jovem produtor que acompanhava o MC ascender no cenário do hip-hop de Nova York. Antes de entrar para o Xero, Mike misturava músicas de *Reasonable Doubt* com faixas do Smashing Pumpkins e do Nine Inch Nails em seu quarto; "Nobody's Listening", de *Meteora*, começa com um Mike adulto homenageando Jay com uma letra que remete à sua música "Brooklyn's Finest". Desse modo, quando o Linkin Park recebeu o convite para trabalhar com Jay, Mike queria garantir que – independentemente do programa da MTV que fosse feito – a colaboração se tornaria mais significativa do que uma mera série para a TV. "Eu não queria apenas dizer: 'Claro que sim, vamos fazer isso'. Queria mostrar a ele como seria o som se levássemos aquilo adiante", explicou Mike.

O trabalho em si era instintivo para Mike. Ele cresceu vendo artistas como Public Enemy e Anthrax misturando seus sons em discos fundamentais, além de *literalmente fazer mash-ups de Jay-Z* ele mesmo! Então, antes que qualquer acordo fosse fechado, ele entrou no estúdio-ônibus do Linkin Park e ligou seu laptop. Mike sincronizou os vocais de Jay-Z de algumas músicas de *The Black Album* com os instrumentais do Linkin Park, combinando as batidas por minuto (BPMs) de cada um: o hino anti-*haters* "Dirt Off Your Shoulder" foi alinhado com a música "Lying from You", de *Meteora*, enquanto a despedida automitológica de Jay-Z, "Encore", combinou perfeitamente com "Numb".

Para a última, Mike cortou o hit ainda em ascensão de seu grupo e reorganizou o instrumental num padrão de repetição, como um DJ que sampleia parte de uma música de rock antiga para uma nova faixa de rap. Em seguida, adicionou os floreios de "Numb" – o *riff* do teclado, a guitarra, o piano, o baixo – de modo a apoiar o *flow* de Jay, antes de transformar a segunda parte da música numa versão modificada da exposição vulnerável de Chester.

O *mash-up* da segurança de Jay e da emoção nua e crua de Chester não parece liricamente coerente, mas, de alguma forma, os tons fazem sentido juntos. Jay-Z soa mais reflexivo, dizendo "As fate would have it, Jay's status appears/ To be at an all-time high, perfect time to say goodbye",[50] sobre um piano sombrio e acordes de guitarra fragmentados, enquanto a introdução do verso de Chester com "I'm tired of being what you want me to be"[51] atua como uma guinada dramática para a segunda parte da música, com suas palavras fluindo confortavelmente sobre batidas acentuadas de hip-hop.

Mike terminou as demos de "Numb/Encore" e "Dirt Off Your Shoulder/Lying from You" em menos de dois dias no ônibus de turnê, depois as enviou para Jay-Z, para ver o que ele achava da

---

[50]Como o destino quis, aparece o status de Jay/ Estando no auge, momento perfeito para dizer adeus.

[51]Estou cansado de ser o que você quer que eu seja.

abordagem das músicas. "A resposta dele foi: 'Ah, merda!'", Mike lembrou. "Não é preciso dizer que começamos com o pé direito."

QUANDO JAY-Z ORGANIZOU SESSÕES DE AUDIÇÃO de *The Black Album* antes de seu lançamento, muitas vezes olhava ao redor da sala e percebia que algumas de suas letras não estavam se conectando com os ouvintes, suas falas se perdiam na produção. A solução foi bem simples: ele pediu a seu engenheiro principal, Gimel "Young Guru" Keaton, que tocasse as músicas *a cappella*.

Enquanto Jay observava as pessoas absorverem suas palavras sem adornos, ele gostou do que viu. Pediu então para a Roc-A-
-Fella e a Def Jam que lançassem uma *versão completa a cappella* de *The Black Album*, lançada um mês depois do original. Foi um pedido absurdo, mas Jay tinha poder de estrela suficiente para que as gravadoras concordassem rapidamente.

Mike havia baixado o álbum *a cappella* enquanto fazia as de-
mos para enviar a Jay-Z; sem ele, não poderia ter feito *mash-ups* tão bem acabados e talvez não tivesse obtido uma resposta tão positiva de Jay. Além disso, sem a versão *a cappella* de *The Black Album*, é possível que a MTV nem tivesse cogitado a possibilidade de um show de *mash-up*.

A motivação secundária de Jay para a edição *a cappella* de *The Black Album* era que outros produtores fizessem "remixes pra caralho", segundo Young Guru – colocassem a voz de Jay sobre outros instrumentos, compartilhassem on-line, tocassem em clubes e aju-
dassem a expandir sua lenda durante sua "aposentadoria". Foi um golpe genial de marketing com o qual muitos produtores ficaram felizes em colaborar. O produtor Kevin Brown, por exemplo, criou um disco de remixes baseado em funk e jazz intitulado *The Brown Album*, e o DJ de Minnesota Cheap Cologne colocou os vocais de Jay-Z sobre o Black Album do Metallica para... veja só... *The Double Black Album*.

O mais famoso de todos foi *The Grey Album*, que fundiu os vocais do *Black Album,* de Jay-Z, com o histórico LP duplo homônimo dos Beatles de 1968 (também conhecido como White Album), criado pelo produtor de Los Angeles Brian Burton, que atendia pelo apelido de Danger Mouse. O conceito era, ao mesmo tempo, enganosamente simples e musicalmente brilhante: "99 Problems", de Jay-Z, ganhou ainda mais impacto sobre o frenesi de "Helter Skelter", dos Beatles, e "Public Service Announcement" ficou estranhamente relaxante com o folk em *loop* de "Long, Long, Long". Criado durante duas semanas e meia em dezembro de 2003, logo em seguida ao lançamento de *Black Album a cappella*, *The Grey Album* tornou-se popular na internet no início de 2004, com CDs piratas vendendo a rodo e sites de compartilhamento de arquivos borbulhando com suas 12 músicas.

Os *mash-ups* já existiam há décadas antes de *The Grey Album* como parte integrante da cultura dos DJs, mas se tornaram ainda mais comuns na virada do século. Isso pode ser atribuído à proliferação de plataformas de compartilhamento de músicas e softwares de produção, como o Pro Tools, preferido por Mike, ou o Acid Pro, usado por Danger Mouse em *The Grey Album*. Artistas como Richard X, Soulwax (com seu projeto 2 Many DJs) e Freelance Hellraiser repensaram o remix no início dos anos 2000, misturando músicas com criatividade e iluminando os primeiros anos da blogosfera.

Ainda assim, *The Grey Album* representou um ponto de virada crítico para a mídia: o projeto foi uma sensação *underground* que funcionou como um vídeo viral do YouTube, antes mesmo de o YouTube existir. De repente, Danger Mouse tornou-se um dos produtores mais requisitados de meados dos anos 2000 – produzindo álbuns de Gorillaz, Beck e The Black Keys, entre outros –, mas não antes de entrar num impasse jurídico por causa de *The Grey Album*, já que a EMI, detentora dos direitos autorais dos Beatles, encerrou a distribuição do projeto. Obviamente, os samples do White Album não haviam sido liberados; por outro lado, Danger Mouse nunca teve a intenção de ganhar dinheiro com *The Grey Album*, queria apenas fazer algo interessante.

Jay-Z, por sua vez, gostou de *The Grey Album* – o que faz sentido, já que foi ele quem pressionou para que seus vocais *a cappella* se tornassem recursos naturais para produtores como o próprio Danger Mouse. "Eu defendo qualquer forma de criatividade", disse ele em uma entrevista de 2010 à NPR. "E essa foi uma ideia genial, que gerou tantas outras na mesma linha."

Embora *The Grey Album* não tenha sido legalmente sancionado, a MTV não demorou a ver o potencial comercial de misturar o rap de Jay-Z com os sons familiares de uma famosa banda de rock. Visão que, supostamente, também era compartilhada por Jay-Z, cujo lema era: "Não sou um homem de negócios, sou um negócio, homem". Em geral, a indústria musical facilita a colaboração entre artistas, produtores e compositores, independentemente de questões de gravadora ou de editora – é assim que nascem os duetos que alcançam o topo das paradas e as turnês conjuntas entre afiliados. Um álbum de *mash-up*, porém, é diferente, com mais obstáculos legais envolvendo autorizações de direitos, mesmo quando ambos os artistas estão de acordo. À medida que Mike e Jay trocavam demos por e-mail e percebiam que essa colaboração poderia se tornar mais significativa do que um especial da MTV, os dois lados se empenharam para garantir que o que quer que fosse criado pudesse ser colocado à venda. Então, depois que o Linkin Park trabalhou na produção dos rearranjos, Jay e a banda passaram quatro dias juntos no NRG, em West Hollywood, em julho de 2004, regravando os vocais de suas músicas existentes para que se encaixassem melhor nas faixas desconstruídas.

O resultado: um EP pronto para o varejo, com 13 músicas combinadas em seis *mash-ups*, incluindo todos os parceiros de gravadora – Def Jam, Roc-A-Fella, Warner Bros. e o selo Machine Shop, do Linkin Park – a bordo e um adesivo "MTV Ultimate Mash-Ups Presents" colado na capa.

No final daquela semana, em 19 de julho de 2004, os dois artistas tomaram o palco do Roxy, em Los Angeles, para uma performance especial conjunta, que também serviria como piloto do programa de *mash-ups* da MTV. Alguns fãs no Roxy usavam camisetas do Linkin Park, outros seguravam o símbolo do Roc, de Jay-Z. Vários tinham os dois. O projeto de *mash-up* foi ao ar na MTV e apareceu nas grandes redes de varejo em novembro, bem a tempo das compras de fim de ano.

"Para mim, *Collision Course* é um álbum marcante", declarou Mike mais tarde naquele ano, "porque é a primeira vez que dois artistas multiplatinados se reúnem e usam suas matrizes originais e novas performances e produções para criar um álbum de *mash-ups* – isso é algo que nunca foi feito antes."

Em menos de um ano após *The Grey Album* se tornar viral, Jay-Z e o Linkin Park haviam elevado seu conceito, superado todos os trâmites legais necessários e o preparado para grandes negócios. Tempos depois, quando o Linkin Park e Jay-Z subiram juntos ao palco do Grammy para receber um troféu por "Numb/Encore", Mike fez questão de agradecer "a todos da administração e das equipes jurídicas que tornaram este disco possível, pois foi um pesadelo!".

O QUE MAIS SE DESTACA HOJE em *Collision Course*, tanto na discografia do Linkin Park quanto na de Jay-Z, é como ele soa *divertido*.

Jay fez muitos sucessos animados ao longo dos anos, mas nunca foi um rapper de festa. Seu *flow* é autoritário e baseado em histórias duras de superação, mesmo quando melodias cativantes flutuam ao redor desses temas. De um modo semelhante, até os *singles* mais vibrantes do Linkin Park também mantinham o foco em assuntos espinhosos. Além disso, seus dois primeiros álbuns haviam sido meticulosamente ajustados por Don. Portanto, quando colocadas lado a lado, sem um produtor perfeccionista à espreita no estúdio, ambas as estéticas relaxam, com letras que se libertam de sua intensidade quando inseridas em atmosferas frescas e empolgantes.

Vejamos "Big Pimpin'/Papercut": as palavras de Mike sobre paranoia e estresse de "Papercut" permanecem intactas, mas suas rimas são levemente desaceleradas e colocadas sobre o opulento ritmo insular da produção de Timbaland para "Pimpin". Em "Jigga What/Faint", Jay recria as ameaças de "N-a What, N-a Who", de 1998 – mas, na verdade, a principal atração dessa música é a introdução das cordas de "Faint" sob suas rimas por volta da marca de 30 segundos, que se torna a explosão mais pura de adrenalina do EP.

Por sua natureza, *Collision Course* é uma espécie de dublê, no qual os *mash-ups* não têm direito ao poder artístico das faixas originais. Ainda assim, a espontaneidade desse momento – a energia lúdica de dois artistas gigantes em seu auge, brincando juntos na mesma sala – faz com que valha a pena voltar a *Collision Course* nos anos que se seguiram ao seu lançamento.

No final das contas, foi o tempo compartilhado no estúdio, com Jay-Z chegando ao NRG e dando um salve para a banda antes de gravar seus versos lado a lado com Mike, que se mostrou crucial para a criação da química no âmago do EP. *Collision Course* não só deu a Mike a chance de dividir o espaço, mas também de se envolver numa produção com um herói de infância, que agora havia se tornado um colega. Jay-Z já era uma estrela anos antes de o Linkin Park decolar; poderia facilmente ter sido um momento clássico de "nunca conheça seus ídolos" para Mike. Mas as sessões de gravação foram cheias de abraços e entrosamento, com Chester zoando Mike por ele ter trabalhado demais e Jay dizendo: "Esta transição é malvada!", enquanto fazia careta atrás dos controles.

"Eu *gosto* dessa merda – *gosto de* fazer coisas diferentes", exclama um Jay-Z animado num trecho do DVD sobre os bastidores de *Collision Course*. Ele está falando com Chester, encolhido no canto de uma sala do estúdio, gesticulando e tentando, sem fôlego, acompanhar seus próprios pensamentos. "Você apenas traz o que faz para a mesa, eu trago o que faço para a mesa, sem compromisso – você não está tentando ser eu, eu não estou tentando ser você, essa fusão, e simplesmente o que acontecer, aconteceu. *Eu adoro isso!*"

O tom casual provocou muitos improvisos que podem ser ouvidos na versão final do EP: Chester murmurando "Eu pedi um Frappuccino, cadê a porra do meu Frappuccino?", arrancando uma gargalhada de Jay-Z; Jay brincando: "Você está desperdiçando seu talento, Randy!", para um cara no estúdio, que os usuários do Reddit ainda tentam identificar. Até a decisão de combinar "Numb" e "Encore" foi parcialmente fruto do fato de Mike querer ouvir Chester gritar "What the hell are you waiting *fo-o-o-r-r-r*?".[52] De novo: *divertido.*

"Não havia ego algum no trabalho com Jay", refletiu Mike mais tarde. "Se eu pedisse para ele executar algo de uma certa maneira ou colocar uma linha vocal aqui ou ali, ele ficava feliz em fazer isso. É muito fácil trabalhar com ele."

Enquanto finalizavam o trabalho no estúdio e se preparavam para a apresentação no Roxy, uma meta se formou na mente de Mike: ele queria que a coletânea de *mash-ups* deles fosse tão boa, tão imediatamente eficaz, que a MTV nunca conseguisse fazer outra. Foi exatamente o que aconteceu. O *MTV Ultimate Mash-Ups* passou de uma série para um show único, que foi ao ar em 10 de novembro de 2004, com o CD e o DVD dos bastidores chegando às lojas três semanas depois. Até hoje, nenhum episódio de continuação foi produzido.

Collision Course estreou em primeiro lugar na *Billboard* 200 – uma raridade para um EP de seis músicas, em qualquer época –, seu verdadeiro legado, porém, é "Numb/Encore", que chegou à 20ª posição no Hot 100 como o *single* principal do projeto e deu aos programadores alternativos uma desculpa para colocar Jay-Z nas suas

---

[52]Que porra você está esperando?

transmissões. Além dessa reprodução radiofônica inicial, "Numb/Encore" perdurou como um equilíbrio impecável de rap e rock – suas melodias unidas de forma lógica e completa, como almas gêmeas que se encontram após virem de diferentes partes do mundo. Embora "Numb" já tenha superado um bilhão de execuções no Spotify por si só, "Numb/Encore" não fica muito atrás; surpreendentemente, o *mash-up* continua sendo uma das cinco músicas mais ouvidas na plataforma ao longo da lendária carreira de Jay-Z.

"A outra dimensão de 'Numb' é 'Numb/Encore'", afirmou Brad. "Você poderia amar apenas uma. No entanto, eu penso nelas em conjunto. E quando você pensa em *Meteora*, você pensa em *Collision Course* – aquele momento em colaboração com Jay-Z, que é realmente especial."

No final das contas, *Collision Course* não mudou a música popular em um sentido literal – álbuns de *mash-up* lançados oficialmente continuam sendo uma raridade até hoje, principalmente por causa da burocracia legal. Em um nível mais abstrato, no entanto, o projeto previu um futuro no qual produtores amadores e profissionais misturariam músicas uns com os outros.

Logo após o lançamento de *Collision Course*, a era das mixtapes do hip-hop explodiu: artistas como Lil Wayne, Gucci Mane e Clipse passaram a metade dos anos 2000 sequestrando batidas de outros rappers, improvisando sobre elas e lançando compilações gratuitas na internet, superando o artista original e dando mais valor ao burburinho on-line do que às vendas comerciais. Enquanto isso, o lançamento de músicas e álbuns de *mash-up* – desde os *singles* anuais "United State of Pop", do DJ Earworm, com as 25 maiores músicas do ano reunidas em uma só, até os pastiches de centenas de samples do Girl Talk, passando por um *mash-up* de 2022 de "Toxic", de Britney Spears, e "Pony", de Ginuwine, que entrou nas paradas como "Toxic Pony" – tornou-se mais comum nos anos seguintes ao lançamento do álbum.

E o advento das redes sociais e das plataformas de *streaming* entregou ainda mais o poder do *mash-up* nas mãos dos usuários, com algumas experiências multimídia elaboradas e publicadas de forma a ajudar os artistas a obter mais ouvintes – até hoje. Quer saber por que "Bloody Mary", de Lady Gaga, de 2011, se tornou um sucesso repentino do Hot 100 em 2023? Porque os usuários do TikTok sincronizaram a música com uma sequência de dança da série da Netflix *Wandinha*, fazendo o *mash-up* viralizar o suficiente para tornar "Bloody Mary" uma sensação tardia.

Collision Course foi como um *blockbuster* de verão repleto de estrelas que correspondeu à expectativa na época de seu lançamento – e ainda se mostrou sorrateiramente influente nos anos seguintes. Seu impacto no *mainstream* reverbera até hoje a cada nova execução de "Numb/Encore", mas talvez o mais importante seja o fato de *Collision Course* ter cravado a legitimação do Linkin Park naquele momento. Jay-Z é amplamente considerado o maior rapper de todos os tempos – e ele escolheu *esta* banda, dentre todos os artistas, para reimaginar seus maiores sucessos.

O Linkin Park havia entrado no ar rarefeito, o tipo de estratosfera do rock reservada a apenas algumas bandas por geração. Mas eles queriam *mais*.

CAPÍTULO 15

Em 6 de junho de 2004, perto do encerramento daquele que é considerado o melhor show do Linkin Park de todos os tempos, a banda chamou um garoto desajeitado ao palco, pediu para ele dizer algo em seu idioma e acabou vendo-o gritar uma mensagem em inglês mesmo.

Durante a ponte para "A Place for My Head" no Rock am Ring, o festival anual realizado em Nürburgring, na Alemanha, o grupo convocou um fã que pudesse falar alemão para o restante da plateia. Puxou então para o palco um jovem empolgado de 20 e poucos anos com um moletom amarrado na calça cáqui e um chapéu de safári pendurado em um cordão no pescoço.

"Meu nome é Benjamin!", diz o rapaz a Chester, que faz com que o público o aplauda.

"Quero que você diga a eles que são a melhor plateia de todos os tempos, em alemão", instrui Chester, segurando o microfone nos lábios de Benjamin na sequência.

Sem hesitar, Benjamin se vira para a multidão e grita em um inglês enrolado: "VOCÊS SÃO TODOS UNS PORRA COMO EU NUNCA VI ANTES, OS MELHORES FILHOS DA PUTA DO MUNDO! E AGORA GRITEM YEEEEEAHHHHHH!".

Benjamin não entendeu a tarefa. Mas, sem querer, ele *personificou* o espírito daqueles 65 mil corpos saltitantes presentes.

O show no Rock am Ring é uma peça importante da mitologia do Linkin Park até hoje, ainda suscitando descrições febris dos fãs que tiveram a sorte de estar presentes e de muitos outros que assistiram à filmagem. E um nome continua aparecendo, para sempre como uma senha secreta na comunidade do Linkin Park: Benjamin.

O *setlist* não se desviou do restante da turnê mundial de *Meteora* – algumas noites antes, em Glasgow, o Linkin Park tinha começado a fazer um *cover* do industrial frenético "Wish", do Nine Inch Nails, no bis – e o palco era familiar, pois eles haviam tocado no Rock am Ring em 2001. Grande parte da lenda em torno da apresentação de 2004 é baseada na qualidade e na disponibilidade da filmagem: o show inteiro parece nítido e fascinante, mesmo em uma reprodução no YouTube. No entanto, algo naquela performance era diferente – uma espécie de oxigênio purificado que fez cada aspecto parecer ainda mais especial. Chester soava como uma motosserra, sua voz rasgando dos grandes refrãos aos pequenos improvisos, enquanto o suor cobria seu moicano preto. Mike corria pelo palco fazendo rap, com seu boné preto abaixado, mas sem nunca esconder seu sorriso e os olhos arregalados.

Cada transição de música foi conduzida de forma magistral, a interação entre as viradas de bateria de Rob e a guitarra em alta velocidade de Brad era impecável, e a interação com o público não diminuiu nem por um segundo ao longo de 71 minutos. O Linkin Park já tocava em grandes arenas há anos, mas agora, finalmente, eles tinham hits e experiência de palco suficientes para transformar cada música em um destaque.

Nove datas europeias, incluindo o Rock am Ring, tinham sido precedidas por uma turnê norte-americana de 34 shows nos três primeiros meses de 2004. Eles arrasaram em dezenas de arenas nos Estados Unidos enquanto "Numb" continuava a subir nas paradas e *Meteora* seguia vendendo. Depois da Europa, vieram as 32 datas do Projekt Revolution 2004, com o Korn abrindo para o Linkin Park no palco principal, estudantes de nu metal que viraram mestres.

Depois: exaustão novamente. No outono daquele ano, quando a banda fez o último show de *Meteora*, quase 18 meses após o lançamento do álbum, o ritmo alucinante dos últimos cinco anos havia consumido completamente o Linkin Park. *Collision Course* estava prestes a ser lançado, marcando o quarto projeto de estúdio do grupo em cinco anos (após *Hybrid Theory*, *Reanimation* e *Meteora*). E, quando o projeto de *mash-up* foi lançado em novembro, o Linkin Park já havia feito mais de 400 shows desde a virada do século.

"No final disso, precisávamos de uma pausa", disse Dave. "No fim de 2004, estávamos prestes a sofrer um esgotamento."

Todos os seis membros, agora na segunda metade da casa dos 20, haviam passado os anos em que a maioria das pessoas ainda está tropeçando em direção ao início da carreira pós-faculdade conquistando o mundo do rock e as multidões em estádios ao redor do planeta. Mike casou-se com Anna em 2003, mesmo ano do casamento de Brad com Elisa Boren. Joe também se preparava para sua união com Karen Benedit em fevereiro de 2005, algumas semanas antes de o filho de Chester, Draven, completar três anos. Todos precisavam de um tempo em casa – para relaxar, para se concentrar em suas famílias, para amadurecer longe do estúdio e do palco.

O Linkin Park passou 2005 "se recuperando", como ressaltou Mike, e acabou fazendo apenas dois shows naquele ano. O primeiro foi para o Music for Relief: Rebuilding South Asia, um concerto beneficente com grandes estrelas, realizado em Anaheim no mês de fevereiro. Após um tsunami devastador no sudeste da Ásia no final de 2004, a banda fundou a Music for Relief, uma organização beneficente voltada para a arrecadação de fundos para a reconstrução de regiões afetadas por desastres naturais.

Desde que se casou com Mike, Anna se tornou muito ativa nos esforços de caridade da banda, coordenando leilões beneficentes e trabalhando com a fundação Projekt Charity, liderada pelo LP

Underground. Ela gerenciou os esforços do Music for Relief quando o programa se tornou o principal foco sem fins lucrativos do grupo. O show do Rebuilding South Asia contou com apresentações de No Doubt, Jurassic 5 e The Crystal Method, além de um *set* de 12 músicas do Linkin Park – a segunda metade com Jay-Z, recriando as seis faixas de *Collision Course* na íntegra.

Jay-Z também se juntou à banda em sua outra apresentação de 2005: o Live 8, uma série de concertos beneficentes internacionais programada para o 20º aniversário do Live Aid e para preceder a cúpula do G8 naquele verão, com o objetivo de aumentar a conscientização sobre a pobreza global. O show nos Estados Unidos foi realizado em 2 de julho, em frente ao Museu de Arte da Filadélfia, com Stevie Wonder, Destiny's Child e Dave Matthews Band entre os artistas. A apresentação do Linkin Park mais uma vez consistiu em seus próprios sucessos, seguidos pelo material de *Collision Course* com Jay-Z.

Ao contrário do Music for Relief, o público da banda era literalmente infinito – cerca de um milhão de espectadores para o evento de oito horas na Filadélfia e outros milhões assistindo de suas casas em todo o mundo. Não era possível estimar o tamanho do público da Filadélfia, não havia nenhuma maneira de os rapazes descobrirem o número de pessoas que realmente estava assistindo a um de seus shows mais vistos de todos os tempos.

E qual foi o motivo que levou o Linkin Park a ser incluído na programação do Live 8 em seu ano de folga e com muitos outros grupos que poderiam ter tomado seu lugar? Bono. O cantor, que iria se apresentar com o U2 na edição de Londres do Live 8, havia telefonado pessoalmente para eles para perguntar se poderiam se apresentar na Filadélfia. Esse era o espaço rarefeito que o Linkin Park ocupava na época: mesmo quando estavam em casa, Bono ligava para eles e pedia que dividissem o palco com Jay-Z na frente de um milhão de pessoas. Mesmo quando paravam de atravessar o mundo, o solo sob eles continuava a se elevar.

NINGUÉM REAGE À FAMA de forma idêntica, e, quando você pega esse bonde, nunca sabe ao certo onde ele vai te levar. "Sempre há um novo nível", disse Mike em 2006. "Você sai em turnê e as pessoas te reconhecem. Esse é um deles. Aí você está dirigindo por uma cidade e ouve sua música no rádio. Você liga a TV e lá está você."

Na época do Live 8, toda a banda – especialmente Mike e Chester – já havia ultrapassado esses marcos iniciais da fama; o fato de dividirem o status de vocalista reduziu um pouco o foco no nome de cada um deles, mas você conhecia seus rostos se prestasse atenção à música popular em meados dos anos 2000 – e não apenas nos Estados Unidos. "Um cara na Malásia me pediu para assinar o bebê dele", disse Mike em outra entrevista. "Eu estava sentado em uma loja de calçados, então um cara se aproximou, segurou seu filho de um ano de idade, de bruços, e me entregou uma caneta hidrocor. Senti que, se não desse o autógrafo no garoto, ele ficaria furioso, então assinei."

Mike admitiu que a exposição global era estranha. Ele cresceu sonhando em fazer música, principalmente como produtor e criador de batidas, não como uma celebridade que dava autógrafos em bebês. Mas também entendeu que o imenso sucesso se traduzia em poder criativo, em carta branca para fazer o que quisesse, sem as críticas que havia sofrido na época de *Hybrid Theory*.

Então, enquanto estava em casa em 2005, com a maior parte da banda satisfeita com o descanso, Mike usou o que restava de sua energia para lançar um projeto pessoal que estava maturando há alguns anos: ele finalmente faria um álbum solo de hip-hop.

Mike trabalhou sob a alcunha Fort Minor – um nome paradoxal, que mesclava o forte e o suave de uma forma que o lembrava do soldado com asas de libélula da capa de *Hybrid Theory*. Ele mesmo produziu e mixou todas as músicas do projeto e descreveu o álbum como um tributo ao hip-hop "orgânico", música que dependia de instrumentos ao vivo, em um momento no qual o rap era dominado pelos hinos estrondosos dos clubes de striptease do *crunk*[53] e pelos *samples* de soul do *backpack rap*.[54]

"Aprendi muito sobre produção, composição e pessoas nos últimos tempos", disse Mike na época. "Acho que o Fort Minor começou há uns dois anos, quando passei a me perguntar como seria fazer um círculo completo, voltar às raízes, mas usar todas as ferramentas que aprendi desde então."

Ele não era mais apenas um adolescente produzindo batidas no seu quarto, mas uma estrela com uma lista de contatos impressionante: Black Thought, John Legend, Common e Styles of Beyond, do Machine Shop, participaram do projeto, cujo produtor executivo foi ninguém menos do que Jay-Z. Na verdade, Jay não produziu nada, mas, junto com Brad, ele se juntou a Mike no estúdio e ajudou a transformar as músicas em um projeto coeso. Ele também forneceu uma introdução com falas sampleadas, onde diz empolgado: "Este é um disco de hip-hop *underground*! A riqueza da música e tudo mais!".

The Rising Tied, o único álbum do Fort Minor, pode inicialmente parecer um projeto vaidoso. Certas partes soam como uma recriação das músicas com influências de rap do Xero e do início do Linkin Park, mas agora com um orçamento mais generoso e a viabilidade devidamente comprovada. "He doesn't need his name up in lights/ He just wants to be heard, whether it's the beat or the mic!",[55] Mike rima em "Remember the Name", o *single* quase motivacional que lembra músicas como "High Voltage" e "It's Goin' Down" – mas com cordas dramáticas, arranjadas pelo mesmo cara que fez

---

[53]Subgênero do hip-hop popular em meados dos anos 2000. Mais voltado para as pistas de dança, suas letras abordam o universo das festas. Vem da junção das palavras "crazy" (louco) e "drunk" (bêbado), que refletem a energia intensa e desinibida do estilo. (N. da P.)

[54]Subgênero do hip-hop caracterizado por letras mais conscientes e intelectuais – o oposto do crunk. (N. da P.)

[55]Ele não precisa que seu nome apareça/ Só quer ser ouvido, seja nas batidas ou no microfone!

"Faint" e "Breaking the Habit". Faixas como "Petrified" e "In Stereo" são *grooves* de skate-rap com batidas eletrônicas intensas que teriam sido uma mudança divertida de ritmo num álbum do Linkin Park, mas não memoráveis o suficiente para ancorar um disco de hip-hop.

O álbum do Fort Minor, porém, vai mais fundo do que seus momentos de exibicionismo. Em "Back Home", Mike explora a agitação ininterrupta e o caldeirão cultural da grande L.A. ao lado de Common e Styles of Beyond; em "Cigarettes", questiona o que significa ter credibilidade no rap sobre uma batida espaçada. Nenhuma das músicas realmente decola, mas sua intenção lírica e seu ponto de vista as tornam mais admiráveis do que desajeitadas.

Melhor ainda é "Kenji", um comovente retrato em piano-rap de um imigrante nipo-americano na década de 1940 que vivenciou Pearl Harbor, discriminação racial, realocação forçada e alienação pós-guerra. Essa história, claro, é da família de Mike – seu pai e sua tia até gravaram interlúdios falados sobre suas memórias do campo de internamento para "Kenji" – e fervilha com detalhes furiosos: "Some folks didn't even have a suitcase to pack anything in/ So two trash bags is all they gave them/ And when the kids asked mom, 'Where are we going?'/ Nobody even knew what to say to them",[56] ele grita de raiva. "Kenji" era uma visão íntima de uma história familiar dolorosa e única o suficiente para que se tornasse uma das duas faixas que Mike exigiu que fizessem parte de *The Rising Tied*. "Nunca ouvi uma música, muito menos uma música de hip-hop, antes ou depois, sobre o assunto", mencionou ele.

Quando foi lançado em novembro de 2005, *The Rising Tied* teve uma estreia tímida em 56º lugar na parada de álbuns da *Billboard 200*. O projeto não foi precedido por um *single* de sucesso, com "Remember the Name" chegando apenas a 66ª posição no Hot 100,

---

[56] Algumas pessoas nem possuem uma mala para colocar nada/ Dois sacos de lixo é tudo que dão para eles/ E quando as crianças perguntam à mãe: "Aonde estamos indo?"/ Ninguém nem sabe o que responder.

e o nome Fort Minor não era tão conhecido como o Linkin Park. Mas Mike havia conseguido o que pretendia com o projeto: compartilhar mais de sua história e usar sua influência para trabalhar com o som e os colaboradores de sua preferência.

Em certos aspectos, "Remember the Name" esteve à frente de seu tempo; no final, a música se transformou numa espécie de hino esportivo moderno, onipresente como a trilha sonora das escalações iniciais da NBA, ganhando centenas de milhões de *streams*. Em 2006, Mike recebeu o prêmio de excelência do Museu Nacional Japonês-Americano por "Kenji" e suas várias ações de caridade. E naquele ano, uma música que ele escreveu para sua esposa – a *outra* canção que ele insistiu que fizesse parte da lista de faixas de *The Rising Tied* – se tornou um dos maiores sucessos de sua carreira.

"Where'd You Go" se passa na perspectiva de Anna, alguém que aguarda em casa enquanto seu parceiro viaja pelo mundo por meses a fio. Mike criou a letra para capturar um anseio universal – a espera ao telefone, a memória de momentos simples juntos, a frustração de estar separado e, por fim, o apelo direto: "Please come back home".[57] O piano sombrio de "Kenji" encontra uma progressão de notas mais suave nessa faixa, e, para equilibrar seus versos de rap e cantar o refrão, Mike trouxe Holly Brook, uma cantora e compositora de 19 anos de Wisconsin que Brad tinha acabado de contratar para o Machine Shop. Ela gravou seu trecho em meia hora, criando um equilíbrio de conversação genuinamente afetuoso e não muito diferente de vários dos maiores sucessos de duelo vocal do Linkin Park.

Embora o sentimentalismo de "Where'd You Go" tenha tornado a faixa um caso isolado em *The Rising Tied*, a música decolou nas rádios pop e na MTV quando foi lançada como o quarto *single* do álbum do Fort Minor, alcançando a quarta posição no Hot

---

[57]Por favor, volte para casa.

100 em junho de 2006. Mais tarde, Holly Brook mudou seu nome profissional para Skylar Grey e passou a fazer sucesso como colaboradora e compositora de Eminem, Rihanna, Dr. Dre e Diddy. Enquanto isso, com "Where'd You Go", Mike aproveitou sua fama e refletiu como ela afetou sua vida doméstica em evolução, colocando sua voz no rádio pela primeira vez sem o Linkin Park.

NA VERDADE, O MOMENTO ERA PERFEITO PARA Mike dedicar um ano à divulgação do Fort Minor. Mesmo que seus colegas de banda não estivessem esgotados em 2005, eles certamente não lançariam outro álbum naquele ano, já que o Linkin Park passou a maior parte do tempo tentando se livrar do contrato com a sua gravadora.

A Warner Music Group tinha planos de se tornar uma empresa de capital aberto e arrecadar uma grande quantia de dinheiro com a IPO (a oferta pública inicial), mas nenhum dos seus artistas contratados estaria envolvido na divisão dos lucros. Deixando de lado os ressentimentos persistentes sobre como sua identidade foi questionada depois que assinaram contrato com a Warner Bros. anos antes, a banda – que era um dos principais nomes da gravadora – acreditava que deveria participar dos lucros, em vez de apenas receber *royalties*. Eles estavam preocupados que o corte de custos antes da oferta pública de ações afetasse negativamente as operações da gravadora.

Mas quando a gravadora se recusou a ceder, alegando que *nenhum* de seus artistas participaria dos lucros da IPO, as negociações contratuais privadas viraram exigências públicas de liberação. "Temos a responsabilidade de levar música de qualidade aos nossos fãs", disse a banda, em um comunicado de maio de 2005, dias antes da IPO. "Infelizmente, acreditamos que não podemos realizar isso de forma eficaz com a Warner Music atual."

O impasse durou meses, deixando os quatro álbuns restantes do contrato do Linkin Park com a Warner em um limbo. Finalmente, um acordo foi anunciado nos últimos dias de 2005: o Linkin Park permaneceria na Warner Bros. com um adiantamento de 15 milhões de dólares para o próximo disco da banda e um aumento na taxa de *royalties* dali para a frente.

Ainda assim, a proposta de participação nos lucros não foi bem-sucedida, e, em 2006, o empresário da banda, Rob McDermott, pediu para ser liberado de seu próprio acordo com a The Firm, a agência de talentos que fora contratada para a batalha com a Warner. Por mais frustrante que tenha sido na época, olhando em retrospecto, o adiantamento de oito dígitos e o aumento da taxa demonstraram a influência da banda na Warner Bros., que continua sendo sua gravadora anos depois – todos os outros artistas da lista da Warner, de Green Day a Faith Hill, estiveram na mesma posição que o Linkin Park, mas *nenhum deles* recebeu as mesmas vantagens.

Mike lançou o Fort Minor durante a prolongada disputa com a gravadora, enquanto Chester começava a fazer músicas por conta própria. Ele compôs em casa com seu violão e depois enviou as canções para seu amigo Ryan Shuck, guitarrista-base do Orgy, que conheceu Chester quando seu grupo e o Linkin Park se encontraram no NRG Studios durante a criação de *Hybrid Theory*.

Pela primeira vez, desde que se juntou ao Linkin Park, Chester pensou em fazer seu próprio álbum solo. As músicas que ele estava escrevendo "eram mais sombrias e mal-humoradas do que qualquer coisa que eu tivesse criado para a banda" e não se encaixariam no som do Linkin Park, explicou. Por exemplo, "Let Down", uma das primeiras faixas em que ele trabalhou com Ryan e seu colega de banda do Orgy, Amir Derakh, acabaria se tornando uma música de synth-rock ao estilo Soft Cell, com Chester misturando raiva e resignação: "All those years down the drain/ love was not enough, when you want everything".[58]

---

[58]Todos esses anos foram pelo ralo/ O amor não foi suficiente, quando você quer tudo.

As músicas que Chester escreveu durante esse período captura-ram a espiral descendente que ele experimentou após o término da turnê de *Meteora*. Seu casamento com Samantha havia passado de tenso a desintegrado, sem que nenhuma das partes tivesse certeza do motivo pelo qual ainda estavam juntos quando Chester voltou para casa. O relacionamento se transformou em "um ciclo vicioso e destrutivo do qual não conseguíamos sair", escreveu Samantha em seu livro de memórias. Depois do divórcio do casal, no início de 2005, Chester deixou a mansão e se mudou para um pequeno apartamento em Santa Monica, com o ego ferido e os sentimentos amargos.

Ele havia voltado a fumar e a beber durante a turnê, hábito que causava atrito com seus companheiros de banda, mas pelo menos ele conseguia usar o palco como uma forma de desabafo. Quando voltou para casa, no entanto, Chester passou a beber ainda mais e a tomar antidepressivos, recusando-se a colocar os pés para fora. "Eu me escondia no meu *closet*, no escuro, e tremia o dia todo", lembra ele. "Acordava e tomava meio litro de Jack Daniel's para me acalmar, depois ingeria um monte de pílulas, voltava para o meu *closet* e ficava louco pelo resto do dia." Chester também tinha convulsões regulares, o que o levava a visitas constantes ao hospital. Ele se odiava, mas não conseguia descobrir como mudar as coisas, então continuava bebendo.

Diferentemente das lutas de Chester contra o abuso de substâncias durante a turnê de *Hybrid Theory*, esse período de "auto-destruição absoluta", como ele mesmo descreveu, estava ligado à sua percepção distorcida de que seus vícios tinham ajudado em suas conquistas. Ele havia passado anos despejando a agonia com as drogas e o álcool em sua arte. Além disso, a fama que alcançou como vocalista do Linkin Park foi alimentada por estrondosos sucessos, de "Crawling" a "Numb" e "Breaking the Habit", que relatavam justamente esse sofrimento.

Chester havia recebido um Grammy por uma música sobre a falta de controle que sentia como viciado. Quando cantou "Numb/

Encore" ao lado de Jay-Z no Live 8, sua metade da música expôs suas feridas mais profundas diante de um milhão de pessoas. Sua dor lhe rendeu frutos, além de seus sonhos mais loucos, inúmeras vezes. Era uma realidade que parecia impossível de processar.

Por fim, Chester pediu ajuda e, como ele mesmo disse, "todos vieram me socorrer". Ele e seus companheiros de banda participaram de sessões de aconselhamento, nas quais Chester pôde processar as frustrações e preocupações deles com seu bem-estar.

"Eles realmente se abriram", afirmou Chester sobre seus colegas de Linkin Park, "e me disseram como se sentiam. Eu não tinha ideia de que havia sido um pesadelo. Eu sabia que tinha um problema com bebida, com drogas e que partes da minha vida pessoal eram caóticas, mas não notei o quanto isso estava afetando as pessoas ao meu redor até receber uma boa dose de 'Aqui está o que você realmente é.'"

Quando ele voltou a se comprometer com a sobriedade, a tensão que sentia no grupo se dissipou rapidamente. "Todos nos encontramos agora porque eles realmente querem estar perto de mim", disse ele em 2010, ao relembrar aquele período. "Isso é muito importante para mim."

E Chester também logo se apaixonou de novo. Após Ryan o apresentar a Talinda Bentley, uma ex-modelo da *Playboy* que havia estudado medicina veterinária, ele soube quase instantaneamente que eles ficariam juntos. De fato, o casal se mudou para a mesma casa em poucas semanas, com Talinda engravidando em seguida de seu primeiro filho. Ela e Chester se casaram na véspera do Ano-Novo, poucas horas antes de o calendário virar para 2006.

Ele tinha certeza de que o ano seguinte seria mais fácil do que o anterior. Para começar, sua família continuou a crescer em 2006: além do bebê que teve com Talinda, chamado Tyler e nascido em meados de março, Chester adotou Isaiah, filho de sua namorada do Ensino Médio, Elka Brand, e meio-irmão de Jaime, que ela havia dado à luz em 1998 durante outro relacionamento. Em 2006,

Chester tinha quatro filhos de três relacionamentos diferentes e utilizou o apoio dessa família mista como uma força estabilizadora.

Em 8 de fevereiro de 2006, cinco semanas antes do nascimento de Tyler, o Linkin Park se reuniu no palco pela primeira vez em mais de seis meses no Grammy Awards. "Numb/Encore" ganhou o prêmio de Melhor Colaboração Rap/Canção naquela noite, com a banda novamente se unindo a Jay-Z para apresentar o *mash-up*, dessa vez em horário nobre no palco do Staples Center, em Los Angeles.

Jay, usando uma camiseta preta com uma estampa de John Lennon por baixo de um terno branco, exalava confiança no centro do palco, rodeado por um Linkin Park que parecia particularmente revigorado. Chester cantou com uma reacendida paixão, seu cabelo preto combinando com o paletó desabotoado, e Mike sorria enquanto entoava "Get 'em, Jay" de trás de um piano de cauda. Enquanto isso, Brad, Dave, Rob e Joe, que já haviam tocado cada nota várias vezes, soaram mais nítidos do que nunca na TV nacional.

Assim que Jay-Z encerrou seu último verso, Chester mudou a fórmula de "Numb/Encore". Em vez de iniciar sua parte da música, ele cantou o primeiro verso de "Yesterday", dos Beatles, com sua voz flutuando delicadamente em cada clássica sílaba.

E, então, uma figura com uma camisa de linho branca surgiu no palco.

A camiseta de Jay-Z com Lennon era uma dica sutil para o público: Paul McCartney apareceu como convidado surpresa durante a apresentação e seguiu "Yesterday" exatamente de onde Chester parou, apoiado pelo restante do Linkin Park e por uma pequena orquestra. De repente, Chester estava harmonizando com Paul "Freaking" McCartney em "Yesterday", enquanto Jay-Z oferecia improvisos à direita de Macca e uma seção de cordas aparecia atrás dos três. Isso era o *The Grey Album* ao vivo, e, de todos os lugares do mundo em que poderiam estar naquela noite, os seis caras do Linkin Park estavam naquele palco, dividindo um momento que sabiam que se tornaria imortal.

Essa performance teria sido o auge da carreira de qualquer artista. Mas, na verdade, o Grammy de 2006 foi apenas um ponto de exclamação para o Linkin Park, encerrando de forma extravagante aqueles cinco anos de uma das trajetórias comerciais mais notáveis da história da música. Nos meses e anos que se seguiram à cerimônia do Grammy, a banda destruiu seu som e sua identidade e os reconstruiu, pouco a pouco. Eles entrariam em uma nova fase – tinham de entrar. Mas, naquela noite, estavam no meio de lendas, diante do mundo. E eles pertenciam àquele grupo.

A FAMA

INTERLÚDIO

"É ALGO COM QUE QUALQUER PESSOA PODE SE IDENTIFICAR"

Skylar Grey, que se chamava Holly Brook quando gravou o refrão do sucesso do Fort Minor "Where'd You Go", relembra o poder do *single*, o início de sua carreira e como o Linkin Park a ajudou a formar sua técnica de composição.

O Linkin Park e eu éramos gerenciados por pessoas da The Firm, que era uma grande empresa de gestão na época. Meu empresário me colocou em contato com eles, então Brad veio me encontrar em um hotel em Los Angeles, que agora se chama The London, mas naquele tempo era Bel Age. E havia um restaurante enorme – acho que era ucraniano – lá dentro. Com um piano no canto. Toquei para ele duas músicas naquele piano. E, praticamente no dia seguinte, recebi uma proposta de contrato de gravação com o Machine Shop.

Eles tinham ouvido algumas das minhas demos, e, quando toquei essas duas músicas, ele pareceu bem animado. Então fechamos – assinei meu primeiro contrato de gravação com eles. Na verdade, meu acordo de publicação, que ainda é o mesmo até hoje, estava vinculado a isso. Eles então me ajudaram a começar a trabalhar com música em Los Angeles. Eu morava lá há apenas um ano e meio quando os conheci e assinei contrato com eles. Eu estava com 18 anos e aprendi muito. Vinha de Wisconsin e não tinha a menor ideia do que era um contrato com uma gravadora quando me ofereceram um. Ou seja, a curva de aprendizado foi realmente íngreme.

O Machine Shop era um selo vinculado à Warner Bros. Portanto, havia o apoio dela como grande gravadora, mas eu não tinha uma pessoa de A&R na Warner – meu A&R era o Brad. Então, inicialmente, comecei a trabalhar mais com Brad no meu próprio material, apenas tentando criar um álbum, criar um som. Foi quando Mike me chamou, pois estava gravando o álbum do Fort Minor. Ele disse: "Tenho uma música e quero muito que você cante o refrão". Não nos conhecíamos há muito tempo na época – eu tinha assinado o contrato com eles só uns seis meses antes. E ele me fez entrar no estúdio e cantar "Where'd You Go". Eu não pensei muito. Foi, tipo, cantar a música e ir embora!

E, de repente, do nada, ele lançou o álbum e [mais tarde] escolheu a canção como *single*. E foi um sucesso! Foi a primeira vez que experimentei estar nas paradas, o que foi muito empolgante e assustador ao mesmo tempo. Eu pensava: "Ah, isso está acontecendo tão rápido! Não sei como lidar!".

Eu era tão jovem e inexperiente. Não sabia como dar continuidade a isso ou como transformá-lo em algo maior. Eu era muito tímida na época – lembro-me de ficar bem acanhada no set do videoclipe. Sendo muito nova na indústria, eu não sabia realmente como as coisas funcionavam, estava aprendendo à medida que avançava. Estávamos sendo levados de um lado para o outro para fazer apresentações na TV – lembro-me de ter feito uma das últimas edições do *TRL* e depois fui para o *Jay Leno*. Aí entrei em turnê, minha primeira experiência em ônibus de turnê, o que foi uma loucura, um turbilhão total.

O engraçado é que muita gente acha que eu escrevi o refrão, mas eu apenas cantei. [Mike] escreveu a música a partir da perspectiva de sua esposa diante do longo tempo que ele passava em turnê. Mas é algo com que qualquer pessoa pode se identificar – sentir saudade de alguém. Acho que a chave para a maioria das músicas de sucesso é ter uma mensagem realmente universal com a qual todos possam se identificar. E essa foi uma delas.

Ele é muito talentoso e aprendi muito trabalhando com ele e com Brad. Eles me ensinaram bastante sobre a estrutura das músicas. Eu vinha de uma formação pessoal na composição de canções, sem fórmulas ou conhecimento do que realmente funcionava. Quando eu era uma jovem compositora – comecei a escrever quando tinha uns 14 anos –, minhas músicas eram épicas, longas, arrastadas, sem estrutura e de fluxo livre. Eles então me ajudaram a mostrar como transformar uma música em algo mais acessível. Isso foi, com certeza, algo muito importante que aprendi com eles.

Depois de "Where'd You Go", lançamos meu álbum e ele não decolou do modo que eu esperava. Mas sei que cometi muitos erros. Acabei apressando as coisas, na tentativa de seguir o sucesso de "Where'd You Go", e ainda não estava pronta. Embora eu acredite que as músicas ainda não estivessem necessariamente elaboradas, ainda amo o álbum, senti muito orgulho dele. E [o Machine Shop e eu] acabamos nos separando por diferenças criativas. Na sequência, fiquei sem grana, saí de Los Angeles e dei um tempo da indústria musical, o que me fez perder o contato com praticamente todo mundo. Alguns anos depois, escrevi "Love the Way You Lie", obviamente fui sugada de volta para a indústria musical e mudei de nome. Eu os encontrei nos bastidores do AMAs [em 2017], quando me apresentei com Macklemore. Essa foi a primeira vez que os vi desde que tudo aconteceu, então dei um grande abraço neles.

Eu adoro a música deles. Lembro-me da primeira vez que ouvi "Crawling" no rádio, quando morava em Wisconsin, e amei. Era um som interessante, novo e fresco na época, a emoção estava toda lá. Eles tinham esse jeito de pegar esses gêneros meio de nicho e trazê-los para o primeiro plano, todos juntos em uma única peça. Era realmente inspirador.

Além disso, fiz minha primeira tatuagem nos bastidores de um show do Linkin Park! Eu tinha 18 ou 19 anos e foi mais por influência do Chester do que de qualquer outra pessoa. Eu realmente o admirava e aprendi muito sobre como me apresentar em grandes palcos ao vê-lo em ação. Eu adorava como ele colocava o pé no monitor e se inclinava fisicamente para as notas que estava cantando. Meio que adotei um pouco dessa linguagem corporal. Minha tatuagem era um símbolo de Peixes... Chester também era de Peixes.

PARTE IV
A MENSAGEM

CAPÍTULO 16

Começa com uma batida simples, depois outra, caindo em um ritmo constante. A programação entra em ação como sirenes distantes após alguns segundos, o baixo suave em seguida. A voz de Chester chega, sem adornos.

I close both locks below the window
I close both blinds and turn away
Sometimes solutions aren't so simple
Sometimes, goodbye's the only way.[59]

No passado, sua voz muitas vezes adotava um tom confessional – a primeira metade da ponte de "In the End" vem à mente –, mas nunca antes com tanta ternura ou com um movimento tão suave. As bordas mais frágeis de seu tom caem em derrota, mas então a música cresce, suas notas são cristalinas e cada vez mais firmes, o primeiro gesto do que ela se tornará em breve. Chester parece encorajado pelo primeiro refrão, com sua alma em chamas outra vez:

---

[59]Fecho as duas travas embaixo da janela/ Fecho as duas persianas e me afasto/ Às vezes as soluções não são tão simples/ Às vezes só resta o adeus.

And the shadow of the day
Will embrace the world in gray
And the sun will set for you.[60]

"Shadow of the Day" fala sobre a inevitabilidade e a aceitação da morte. Porém, mais ou menos na metade – depois que a seção de cordas de 14 integrantes começa seu movimento melancólico e o *loop* do teclado de Mike assume seu papel fantasmagórico ao lado da programação de Joe, com a bateria de Rob aumentando a partir de um início discreto –, a música soa como um novo começo para o Linkin Park. O gancho amplia sua postura para um rock de estádio completo, intencionalmente projetado para que a massa acendesse isqueiros e cantasse junto. Depois do segundo refrão, Brad entra em cena com um solo de guitarra estrondoso e emocionante – e, naquela época, o Linkin Park ainda não tinha *feito* solos de guitarra. E, então, Chester traz a música para o final com um último e gigantesco refrão, completando a performance vocal mais elevada de sua carreira.

O Linkin Park nunca havia feito uma música como "Shadow of the Day" antes de seu terceiro álbum, *Minutes to Midnight*, de 2007. E esse foi justamente o objetivo ao criá-la. O risco era evidente: os milhões de fãs que tinham comprado *Hybrid Theory* e/ou *Meteora* poderiam facilmente ouvir uma música como "Shadow of the Day", processar o som de sua banda de rap-rock favorita indo em direção à grandeza dos estádios e então dar as costas para o Linkin Park de uma vez por todas.

No entanto, no terceiro álbum da banda, o medo de alienar sua base principal de fãs foi superado pelo desejo de mudar as coisas. Eles haviam experimentado novas texturas em *Meteora*, com músicas como "Faint" e, principalmente, "Breaking the Habit" sugerindo

---

[60]E a sombra do dia/ Vai abraçar o mundo cinzento/ E o sol vai se por para você.

que a banda poderia (e deveria) se expandir sonoramente. Mas o segundo disco foi, em grande parte, uma continuação do som criado no início, o que só significava que o terceiro não poderia seguir o mesmo caminho. A ideia de repetir a fórmula para "fazer uma trilogia", como disse Chester, os enfureceu de uma forma visceral, independentemente da reação negativa que poderiam enfrentar.

"Vendemos 35 milhões de discos com esse som antigo", afirmou Mike. "Assumir que queríamos deixar isso para trás e fazer algo novo e igualmente bom foi assustador, mas emocionante." Dave acrescentou: "Eu sabia que não ficaria feliz apenas fazendo uma continuação do que já havíamos feito antes".

Remover o motor de rap-rock do grupo era o reinício lógico. "Estamos arrancando isso", disse Chester sobre o som característico de nu metal da banda. "Há um fio condutor esperado pelas pessoas, mas estamos tentando tirá-lo da nova música." O que exatamente substituiria isso é a pergunta que não queria calar. A banda então contratou o mestre da desconstrução Rick Rubin, o produtor ideal para uma mudança drástica.

Rick não apenas produziu álbuns do Run-D.M.C. e do Red Hot Chili Peppers, influências indispensáveis para Mike, mas também todo o seu processo era diferente do trabalho meticuloso de Don Gilmore nos bastidores. É notório que Rick não sabe ler música e não toca nenhum instrumento. Em vez disso, ele trabalha com pura intuição e um ouvido impecável. Em 2006, quando os trâmites do terceiro álbum do Linkin Park começaram a sério, dois projetos que Rick havia acabado de concluir – *Stadium Arcadium*, do Red Hot Chili Peppers, e *Taking the Long Way,* do Dixie Chicks – entrariam na lista dos maiores álbuns daquele ano e lhe renderiam um Grammy de Produtor do Ano no início de 2007. Rick representava o padrão de ouro da produção de rock, e, felizmente, o Linkin Park era famoso o suficiente para garantir seu tempo.

Os integrantes estavam em um bom momento quando começaram a trabalhar em seu terceiro disco. Mike se sentia mais confiante como produtor após *Collision Course* e o projeto Fort Minor e, pela primeira vez, foi listado como coprodutor em um álbum do Linkin Park, o que ele descreveu como "um grande reconhecimento" de seus colegas de banda. Enquanto isso, Chester, sóbrio e recém-casado, entrava nas sessões rejuvenescido, divertindo seus companheiros com vozes bobas e comentários *nonsense*. Todas as características físicas deles também tinham se acentuado – os cachos castanhos de Brad haviam se transformado em um afro e Dave havia deixado crescer completamente sua barba ruiva. E eles se sentiam mais velhos, mais conectados, já que a maioria da banda tocava junta há quase uma década.

Em março de 2006, algumas semanas após dividir o palco com Jay-Z e Paul McCartney no Grammy e dias depois de dar as boas-vindas ao seu primeiro filho com a nova esposa, Talinda, Chester se tornou o primeiro membro do Linkin Park a entrar na casa dos 30 anos. "Como Chester disse de forma muito eloquente", lembrou Brad, "a essa altura, não somos apenas idiotas pulando pelo palco."

MAS ANTES QUE PUDESSEM ENCONTRAR temas complexos e um som mais maduro, Chester e Mike tiveram de cantar coisas sem sentido.

"*Da-na-na-na-naaaaa*", murmurava Chester na cabine de voz sobre uma faixa de guitarra inacabada, raspando em uma melodia que poderia ou não existir, soando como uma piada de Adam Sandler dos anos 1990. Em outro dia, Mike desafinava sobre uma batida de bateria incompleta: "*Da-naaaaaaaa*". Chester costumava brincar com Mike: "Quem era essa garota, Donna, e por que a banda estava compondo tantas músicas sobre ela?".

Claro, tudo isso não passava de um exercício. Quando o Linkin Park começou a trabalhar com Rick no início de 2006, ele queria primeiro observar o fluxo natural de trabalho da banda, e, então, apontou algo para Mike: o Linkin Park compunha músicas como um grupo de produção, em vez de um grupo de rock. Por anos, eles vinham completando as faixas de produção e, em seguida, colocando os vocais em cima dessas faixas concluídas, como a cobertura de um bolo totalmente assado – no lugar de gradualmente envolver música e letra.

"Nós não ajustávamos as músicas. Não mudávamos o andamento. Apenas colocávamos os vocais nelas", explicou Mike sobre seus dois primeiros álbuns. "E, às vezes, as músicas não funcionavam porque, para ser sincero, precisávamos acelerá-las, desacelerá-las ou mudar o tom para que elas tivessem um bom vocal. Mas simplesmente não fazíamos isso."

Rick gentilmente sugeriu descartar esse processo. Em vez disso, a banda deveria tentar incorporar suas vozes nas faixas bem mais cedo e não se preocupar em aperfeiçoar as letras – cantar bobagens, usar *da-na-na* como marcadores melódicos, para ter uma noção mais clara do ponto até onde as músicas poderiam chegar. Desse modo, os rapazes começaram a ouvir faixas com vocais improvisados, aprendendo a "simplesmente pegar a ideia musical inicial e colocar os vocais nela", disse Brad, "e então você podia dizer na hora se valia a pena desenvolvê-la ou não".

Essa foi apenas uma das bolas de demolição que Rick queria usar para abalar o processo de longa data do Linkin Park e ajudar a remodelá-lo, tijolo por tijolo. "Ele iniciava conversas do tipo: 'Você quer fazer desse jeito. Você já fez isso antes. Por que não pensa em fazer de outro modo?'", Joe lembrou.

Essa mesma atitude se estendeu à forma como as ideias das músicas se originavam. Em vez de Mike liderar duplas e traduzir a maioria dos pensamentos iniciais, ou "sementes", em uma faixa de várias camadas, Rick preparou todos os seis membros com seus próprios HDs e equipamentos Pro Tools em seus estúdios domésticos. Uma vez por semana, a banda se reunia e tocava suas sementes individuais para o grupo – uma apresentação que acabou acumulando 150 ideias de músicas para o novo álbum.

Rick basicamente deu a todos os integrantes tempo livre para que pudessem explorar suas sementes e fazer o que viesse à cabeça, independentemente do som do produto final. Algumas dessas sementes se inclinavam para a dance music, o doom metal ou o synth-rock dos anos 1980 – e o entendimento era de que a maioria delas nunca veria a luz do dia. No entanto, por meio desse processo de "peregrinação sem rumo", como Joe descreveu, eles estavam desenvolvendo uma criatividade nunca antes vista. A pergunta sobre o que deveria substituir o som rap-rock da banda estava sendo respondida, parte por parte.

Depois de passar o primeiro semestre de 2006 desenvolvendo ideias, a banda se mudou para a mansão de Rick, em Laurel Canyon, para começar a gravar, embora não estivesse nem perto de finalizar a lista de faixas. Em seus dois primeiros álbuns, eles "nunca foram para o estúdio antes de as músicas estarem 80% prontas", explicou Rob. "Nesse processo, entramos no estúdio cerca de um ano antes da data de conclusão."

Ao contrário do comprimido campo de treinamento de Don no NRG Studios, a The Mansion – um casarão deslumbrante de quatro quartos construído em 1918, cheio de pequenos cômodos e escadas sinuosas que, segundo rumores incorretos, já pertenceu a Harry Houdini – tinha muito espaço para deixar a criatividade dos rapazes fluir em seu próprio ritmo. A sala de estar tornou-se a principal área de gravação, os eletrônicos foram armazenados no segundo andar, a antiga biblioteca virou sala de controle e o equipamento de gravação de vocais foi instalado no último andar. A banda trabalhava duro na mansão quando não estava jogando basquete ou pingue-pongue, colocando tapeçarias na parede ou posando em frente à bandeira de pirata gigante da casa. Eles nunca haviam trabalhado assim antes – tanta liberdade fora das paredes do estúdio, muito tempo para se divertir em uma casa gigante! Numa cadência de trabalho mais lenta, aquelas centenas de sementes e vocais dispersos se solidificaram ao longo de semanas, a fina camada superior do que viria a ser o terceiro álbum deles começou a ferver.

"Eles realmente estão se reinventando", disse Rick à imprensa sobre o Linkin Park na época. Ele continuou empurrando o processo da banda para fora de sua zona de conforto, identificando os hábitos dos rapazes e, em seguida, sacudindo-os. Os dois primeiros discos do Linkin Park não tinham partes estendidas de guitarra ou palavrões? O terceiro poderia – deveria – ter as duas coisas. A banda nunca gravou músicas ao vivo? Eles iriam se instalar na área comum da The Mansion, com Chester e Mike em cabines vocais em extremos opostos da sala, enquanto Brad e Dave se sentavam com suas guitarras entre eles. As cabines fechadas se tornavam tão sufocantes que Chester saía cambaleando das gravações, coberto de suor e só de cueca, mas depois voltava correndo para dentro, disposto a tentar de novo.

Para Chester, muito mais angustiante do que uma cabine vocal quente foi a sugestão de Rick de imprimir todas as letras das músicas que ele e Mike haviam escrito e pedir ao restante do grupo que as analisassem. Uma coisa era Don se debruçar sobre seus versos durante o processo de gravação e depois desafiar os compositores a produzirem algo mais eficaz; outra totalmente diferente era sentar-se com Rick e seus quatro parceiros de banda num canto da The Mansion, com folhas de letras espalhadas por um círculo de sofás, e analisar seus pensamentos e sentimentos pessoais como um projeto de grupo.

As letras de Chester e Mike nunca haviam sido submetidas à avaliação de um comitê antes, de modo que os dois imediatamente ficaram na defensiva. "Aprecio a democracia", declarou Chester, "mas, ao mesmo tempo, tenho sentimentos muito fortes quando se trata do tipo de música que desejo ouvir." Ele queria escutar seus colegas, mas as palavras que cantava sempre foram *suas*. Enquanto isso, Mike tinha acabado de escrever e produzir um álbum inteiro como Fort Minor – e agora recebia mais sugestões do que nunca.

Por fim, os dois *frontmen* perceberam que, se Joe, Brad, Rob e Dave não gostassem de uma frase específica, ela provavelmente não era boa. Eles se esforçaram para chegar a um meio-termo em cada música, desenvolvendo as letras de forma que cada integrante se sentisse à vontade para acompanhá-las, ao mesmo tempo que mantinham intacta a identidade do vocalista.

"Isso funcionou para o bem maior", admitiu Chester. "Mas, cara, foi como arrancar os dentes em alguns momentos."

"YEAH, HERE WE GO FOR the hundredth time",[61] Mike faz um rap para abrir "Bleed It Out", que se tornaria um forte rap-rock do terceiro álbum. A frase era a versão atualizada de Mike do grunhido frustrado de Chester com o estúdio, o "I cannot take this anymore/ I'm saying everything I've said before",[62] de "One Step Closer" sete anos antes. "Bleed It Out" passou por dezenas de reescritas, a ponto de a letra se tornar um comentário sobre essas reescritas. "Fuck this hurts, I won't lie/ Doesn't matter how hard I try/ Half the words don't mean a thing/ And I know that I won't be satisfied",[63] diz Mike mais adiante, com Chester repetindo com fúria sobre seus pensamentos descartados: "I bleed it out, diggin' deeper, just to throw it away!"[64]

Esse processo de bater a cabeça contra a parede no estúdio era familiar ao Linkin Park – e, dessa vez, resultou em uma explosão de energia contorcida, uma música cheia de batidas de bateria, palmas, gritos ao vivo e adrenalina exasperada que Mike descreveu certa vez como "morte-festa-rap-quadrilha". "Bleed It Out" recap-

---

[61] Sim, aqui vamos nós pela centésima vez.

[62] Não aguento mais/ Estou dizendo tudo que já disse antes.

[63] Isso dói pra caralho, não vou mentir/ Não importa o quanto eu tente/ Metade das palavras não significa nada/ E sei que não vou ficar satisfeito.

[64] Eu sangro muito, cavando mais fundo, só para jogar tudo fora!

turou o espírito de romper barreiras dos dois primeiros álbuns da banda, mas foi um caso atípico naquele terceiro, representando mais um retorno à era passada do rap-rock do que algo que refletisse seu som recém-evoluído.

Além de "Bleed It Out" e da marcha orquestral "Hands Held High", Mike não rima em *Minutes to Midnight*, uma escolha definida após ele tentar adicionar alguns versos de hip-hop em diferentes faixas e só ouvir clichês. Em vez disso, Mike canta mais do que nunca, fazendo *backing vocals* em algumas faixas – o que já havia feito no passado do Linkin Park – e assumindo o vocal principal em "In Between" – isso, sim, algo inédito para ele.

Mike havia experimentado cantar trechos inteiros em *The Rising Tied*, mas no Linkin Park ele tinha um colega de banda com uma voz de tsunami e, compreensivelmente, estava acostumado a ceder a palavra. Enquanto a banda trabalhava em "In Between", porém, Mike cantou com uma voz trêmula sobre a canção nervosa e apologética, que lembrava música de acampamento. Então, depois que Chester gravou sua própria versão da faixa, ele foi inflexível ao dizer que o tom de Mike soava melhor sobre aquela produção discreta.

"Considero Chester um dos melhores cantores do nosso tempo", disse Mike em 2007. "Não se trata apenas de estar na banda com o cara. Eu desafiaria qualquer pessoa a cantar as coisas que ele canta, a encarar um *cover* de uma música e fazer com que se pareça com ele. Não é possível." Ou seja, quando Chester lhe pediu que fizesse a voz principal em "In Between", Mike ficou genuinamente comovido com o gesto. "Ele ter ouvido algo que eu cantei e dizer: 'O seu é melhor', foi uma loucura para mim."

O caráter experimental de *Minutes to Midnight* se estende por todo o disco, deixando evidente no produto final todos os truques de estúdio utilizados por Rick para tirar a banda de seu ciclo vicioso autoimposto. Nas duas primeiras músicas propriamente ditas do álbum, por exemplo, o grupo faz uma transição do punk rock sujo de "Given Up", que exibe alguns gritos inesquecíveis de

Chester, para a balada pop oscilante "Leave Out All the Rest", que se apoia em uma cama suave de eletrônicos e cordas.

"In Pieces", na segunda metade do álbum, é ainda mais surpreendente: enquanto Chester cutuca as feridas causadas por seu divórcio, o som ameaçador dos eletrônicos da música se transforma em... um *riff* de ska? Os tambores de aço e a influência do reggae produzem uma das mudanças mais inesperadas de toda a discografia da banda, mas... caramba, "In Pieces" faz você, como ouvinte, querer dançar um pouco quando chega o solo de Brad.

Até mesmo o primeiro *single* soa razoavelmente distante de todos os hits anteriores do Linkin Park. A última música finalizada durante as sessões de gravação, "What I've Done" foi escolhida para liderar a divulgação de *Minutes to Midnight* como um elo temático entre os álbuns dois e três. "Em termos de letra, fala sobre reconhecer as falhas do passado e tentar seguir em frente com o futuro", explicou Joe. "E é disso que trata este álbum."

Embora "What I've Done" seja um rock acessível com um refrão gutural – ao contrário de "Somewhere I Belong", que precedeu *Meteora* ao recapitular diretamente os maiores sucessos de *Hybrid Theory* –, a música segue em uma direção nova como uma óbvia aposta para o rádio. O *riff* sinistro do piano, a percussão sóbria, a quebra crua da guitarra, a solidão da voz de Chester dando lugar às harmonias nos 30 segundos finais. Nada disso soa, por si só, como "Breaking the Habit", mas "What I've Done" ainda carrega a ousadia do *single* do Linkin Park que o antecedeu, aquela vontade de recontextualizar o apelo *mainstream* da banda.

"What I've Done" alcançou a 7ª posição na parada Hot 100 e, exceto por um *single* de trilha sonora que viria mais tarde, foi a última música da banda a entrar no top 10. O título do álbum, *Minutes to Midnight,* faz menção ao Doomsday Clock (o Relógio do Juízo Final), um dispositivo simbólico de contagem regressiva para o holocausto nuclear e o fim do mundo. O nome também servia bem como uma autorreferência sobre o tempo deles, como criadores de sucessos instantâneos, estar quase acabando. Depois de seis anos e meio desde o lançamento de *Hybrid Theory,* muitos dos adolescentes *headbangers* de seus primeiros shows já haviam passado pela faculdade e adentrado à vida adulta. A base de fãs do Linkin Park estava amadurecida, num patamar além daquela angústia juvenil que os primeiros sucessos do grupo tinham capturado. Desse modo, no mesmo álbum em que a banda evoluiu seu som para evitar a estagnação, eles perceberam que sua mensagem também precisava evoluir.

E, pela primeira vez, a banda compôs o que Chester descreveu como um "toque político". O álbum foi gravado num momento em que a Guerra do Iraque começava a se arrastar indefinidamente e o presidente George W. Bush havia se tornado uma piada em seu segundo mandato. Nesse sentido, o Linkin Park seguia o exemplo de grupos como o Green Day, cujo álbum *American Idiot,* de 2004, foi um grande sucesso anti-Bush, e o System of a Down, que fez do *single* "B.Y.O.B.", de 2005, uma crítica àqueles que tinham planejado a guerra. No entanto, a principal razão para os rapazes se envolverem em mensagens políticas era o fato de estarem simplesmente envelhecendo e sentindo suas prioridades mudarem no processo. "Quando compusemos *Hybrid Theory,* eu era o mais velho da banda, com uns 23 anos ou algo assim", apontou Chester. "E coisas que não eram importantes para nós naquela época são definitivamente importantes para nós agora."

Mike faz um rap sobre suas frustrações em "Hands Held High", entregando versos como "The leader just talks away/ Stuttering and mumbling for nightly news to replay"[65] com a mesma intensidade que havia trazido para "Kenji" no álbum do Fort Minor. Mas a combinação das rimas agressivas com a batida militar acaba deixando "Hands Held High" um pouco forçada demais. Já "No

---

[65] O líder só fica falando/ Gaguejando e murmurando para ser reproduzido no noticiário noturno.

More Sorrow", um lança-chamas contra a ganância política no qual Chester é tomado pela raiva, se sai melhor como uma música mais direta e enérgica. Ambas, porém, são insignificantes em comparação a "The Little Things Give You Away", a monumental faixa de encerramento do álbum, com mais de seis minutos de duração, que impressiona por suas sutilezas. A canção fala sobre a resposta desastrosa do governo Bush ao furacão Katrina, em 2005, e o custo humano de sua incompetência ("All you've ever wanted/ Was someone to truly look up to you/ And six feet underwater, I do",[66] canta Chester no refrão). Apesar do tema, ela adota um tom contido durante todo o tempo, construindo-se lentamente em torno do violão e das batidas de palma até que o título da música evolua para um canto em grupo.

Chester descreveu "The Little Things Give You Away" como "o ápice do que podemos alcançar como banda", e, de fato, sua grandiosidade, sua ambição temática e seu clímax eletrizante fazem dela uma das maiores conquistas do Linkin Park de todos os tempos. Parte do motivo pelo qual o grupo conseguiu realizar o "Terceiro Álbum Maduro" com tanto êxito está no modo como seu crescimento se refletiu tanto nas músicas mais pessoais quanto naquelas sobre o estado do mundo. O que nos leva de volta a "Shadow of the Day", o outro épico do álbum.

A mesma magnificência que capturou a devastação de um evento mundial em "The Little Things Give You Away" é aplicada à devastação pessoal de Chester em "Shadow of the Day", e, pela primeira vez, ele evita qualquer coisa parecida com um grito para se expressar. A letra – incessantemente trabalhada por toda a banda antes de ficar 100% pronta – é aberta a interpretações. Quando a cantou, Chester poderia estar pensando em seu período de autodestruição após a turnê de *Meteora* ("I close both blinds and

---

[66]Tudo o que você sempre quis/ Era que alguém realmente o admirasse/ E a dois metros debaixo d'água, eu admiro.

turn away"),[67] nas dificuldades do grupo para se reinventar ("Sometimes, beginnings aren't so simple")[68] ou em uma série de outras coisas. Pode ser sobre luto ou depressão, uma mistura de ambos ou nenhum. O poder da música está justamente nessa universalidade – o lembrete de que as circunstâncias estão sempre mudando, de que as coisas estão constantemente desmoronando e de que o sol irá se pôr para todos nós em algum momento.

Como terceiro *single* de *Minutes to Midnight,* "Shadow of the Day" alcançou a 15ª posição no Hot 100. "What I've Done" foi um dos maiores hits do álbum e, junto a "Bleed It Out", tornou-se um grande sucesso de *streaming* nos últimos anos. Talvez o mundo não estivesse pronto para a versão do Linkin Park que "Shadow of the Day" criou – o campo dos hinos de rock estava saturado demais naquele momento –, de modo que ela tornou-se um hit, mas não um que definisse a carreira da banda. Ainda assim, "Shadow of the Day" é uma das músicas mais importantes da trajetória do Linkin Park, aquela que o catapultou de forma completa e convincente para fora do gênero rap-rock. Foi uma composição de grande risco, assim como o restante de *Minutes to Midnight.* Mas, uma vez que a banda amadureceu enquanto a escrevia, esse risco valeu a pena.

---

[67]Eu fecho as duas persianas e me afasto.

[68]Às vezes, os começos não são tão fáceis.

CAPÍTULO 17

"**É** legal fazer parte de uma recuperação. É assim que sou, é sobre isso que escrevo, o que faço. E a maior parte do meu trabalho é um reflexo do que tenho passado de uma forma ou de outra."

Chester disse essas palavras em julho de 2009, enquanto falava sobre *Out of Ashes*, do Dead by Sunrise, um projeto baseado nas músicas solo que começou a trabalhar em 2005. Naquela época, ele estava em uma espiral após a turnê de *Meteora* – divórcio e recaída, seguidos de um novo casamento, sessões de aconselhamento e sobriedade. Quatro anos depois, Chester apresentou um novo projeto que mostrava aquele período caótico e, naturalmente, foi questionado sobre a inspiração por trás das letras quando o ciclo de divulgação na imprensa começou.

Ele não necessariamente *precisava* dar respostas – poderia ter desviado das perguntas ou apenas apontado para seus problemas passados com a dependência (especificamente, sua batalha contra o alcoolismo). Mas essa nunca foi sua abordagem. Em vez disso, ele se abriu em uma entrevista condensada. Mesmo em uma conversa sucinta e registrada, Chester identificou uma oportunidade de ser franco.

"Não me importo com o fato de as pessoas saberem que tive problemas com a bebida", continuou ele. "É assim que sou e, de certa forma, tenho sorte, pois posso fazer algo a respeito. Com isso, consigo crescer como pessoa."

O Linkin Park estourou no cenário do rap-rock em 2000, quando ainda era dominado por estrelas insolentes e hedonistas, como Fred Durst e Kid Rock, os culpados por transformar o Woodstock '99 num verdadeiro show de merda. Parcialmente inspirados por uma certa arrogância oriunda do hip-hop, esses artistas continuaram a perpetuar o mito do *rock star* como super-herói: atormentado pelos críticos, mas, no fim das contas, indestrutível, festejando sem parar e desafiando as consequências.

Assim que surgiu, o Linkin Park logo se posicionou como o antídoto para essa postura de macho alfa – sem palavrões, sem palhaçadas, sem nenhum "Nookie"[69] à vista. A honestidade emocional também não era uma estratégia. Tanto musical quanto esteticamente, o Linkin Park explorou sua dor interior desde o início, mostrando suas descobertas ao público para gerar o máximo de identificação possível. Um processo que simplesmente não teria sido eficaz se Chester não revelasse quem ele era ou tentasse esconder aquilo que estava combatendo. Desde o começo, ele transformou seus problemas pessoais em frases e melodias, para si mesmo e para os outros.

Por mais propulsor e cativante que *Hybrid Theory* fosse, o álbum arrasa-quarteirão de estreia da banda é, em geral, esmagadoramente sombrio. Considere seus *singles* de sucesso: "In the End" é um hino imponente sobre esperanças destruídas, enquanto "Crawling" chega ao clímax com Chester berrando: "I've felt this way before/ So insecure!".[70] É claro que ele não foi o único responsável pelo tom de tristeza do grupo. Ao longo de todo o primeiro disco, Mike também fez rimas abordando paranoia e dúvidas sobre si mesmo, acompanhado pelo restante da banda com uma atmosfera de melancolia bem produzida. A vulnerabilidade de

---

[69]Trocadilho feito pelo autor com o título da música do Limp Bizkit, de 1999, "Nookie", gíria para se referir a relações sexuais. (N. da P.)

[70]Eu me senti assim antes/ Tão inseguro!

Chester, no entanto, é o ingrediente crucial, uma força da natureza que imediatamente soa genuína. Ele se inspirava no abuso físico sofrido na adolescência e no excesso de substâncias contra o qual lutou na juventude. E quanto mais ele falava sobre seus problemas, mais conseguia identificar como expressá-los.

"Após ter revelado que sofri abuso quando criança, muitas portas se abriram para mim", afirmou Chester em outra entrevista em 2009. "Foi tipo: 'Ok, se eu posso escrever sobre isso, posso escrever sobre qualquer coisa.'"

Há um peculiaridade muito clara quando você assiste a imagens espontâneas de Chester com a banda, em praticamente qualquer cenário de qualquer período: ele não se lamentava. Chester geralmente era o mais rápido a contar uma piada, a soltar uma voz engraçada, a quebrar um momento tenso com um comentário bobo para fazer outra pessoa na sala sorrir. Ele se recusava a deixar que suas dificuldades pessoais definissem sua personalidade, ao mesmo tempo que sabia como aproveitar essas lutas para obter inspiração criativa. E, à medida que o Linkin Park continuava a dominar a década de 2000 e seu som evoluía, os pensamentos sem filtro de Chester muitas vezes impulsionavam os momentos mais viscerais da banda.

Em *Meteora*, "Numb" nasceu em parte da exaustão e dos problemas de abuso de drogas que Chester havia enfrentado na turnê de *Hybrid Theory* em 2001 ("É mais ou menos sobre aqueles momentos em que você não tem mais nenhum sentimento ou simplesmente não se importa... que, engraçado, é como nos sentimos depois da turnê do ano passado", explicou Mike). Chester transmitiu esses sentimentos como uma catarse enorme e de grande alcance. E o videoclipe, dirigido por Joe, ajudou a tornar "Numb" ainda mais universal: Briana Evigan vive uma estudante que é alvo de *bullying* e rejeição. Retratando depressão e pensamentos de automutilação, a narrativa chega ao clímax com a jovem atirando tinta com raiva numa tela em branco. O clipe de "Numb" não tem nada a ver com as questões específicas de Chester, mas as canaliza num arquétipo facilmente identificável: o excluído que transforma sua dor em arte.

Enquanto isso, a importância duradoura de uma música como "Shadow of the Day", de *Minutes to Midnight*, repousa em sua representação ainda mais explícita da depressão. Chester reduz suas frases a linhas curtas e definitivas sobre encobrir o mundo quando não se encontram respostas fáceis em lugar algum e, então, finalmente consegue se libertar com um refrão em tom maior e um *riff* de guitarra que arranca as teias de aranha.

Frequentemente Chester falava com eloquência sobre suas batalhas de longo prazo contra a depressão clínica, usando sua plataforma para tornar o distúrbio de saúde mental mais compreensível e identificável ao público em geral. "Não é algo do tipo: 'Ah, cara, eu só estou chateado' – é mais: 'Eu não quero fazer nada, não tenho vontade de fazer nada, não gosto de nada', tipo, não há luz", explicou Chester mais tarde em sua carreira. "Sempre lidei com isso durante a minha vida. Sempre tive esse lado depressivo. E acho que é algo de que nunca gostei, mas também nunca gostei de não ser *nada*. Não gosto de ser feliz – eu quero ser feliz, mas quando estou feliz, tento sair dessa situação. E não gosto de ficar triste; quando estou triste, tento sair dessa situação. Nunca me senti confortável sendo... apenas *sendo*."

Os estigmas em torno da discussão sobre saúde mental na música popular são drasticamente diferentes hoje em dia se comparados à época em que o Linkin Park surgiu. Sim, as discussões sobre saúde mental mal *existiam* quando o Linkin Park surgiu. Mas, ao longo de sua carreira, Chester deixou claro que as questões discutidas em suas letras estavam impregnadas de realidade, que seus demônios eram extremamente reais. Talvez, pensou ele, quando alguém que estivesse passando por uma luta semelhante o ouvisse cantar, essa distinção o ajudaria a se sentir menos sozinho.

No INÍCIO DE 2008, bem na metade do ciclo de *Minutes to Midnight*, Chester declarou: "Depois de tudo o que passamos para chegar até aqui, estamos no melhor lugar que poderíamos estar". O terceiro álbum de estúdio do Linkin Park não foi apenas outro sucesso após seu lançamento em maio de 2007 – *Minutes to Midnight* disparou para o primeiro lugar na *Billboard* 200, com 623 mil cópias vendidas, a maior venda semanal de 2007 na época –, mas também confirmou que seu público havia evoluído com eles, comprando CDs em massa apesar do som diferente do grupo. Como uma declaração de reinvenção, o sucesso do disco foi especialmente significativo para a banda.

Eles também puderam aproveitar os frutos de seu trabalho quando chegou a hora de divulgar *Minutes to Midnight*. Tocaram no *Saturday Night Live* e no *Jimmy Kimmel Live!* pela primeira vez em maio de 2007, apresentando "What I've Done" e "Bleed It Out", dois *singles* de sonoridades diferentes que, ainda assim, conquistaram o público presente em ambos os estúdios. O grupo também voltou à Europa naquele verão, fazendo mais uma performance arrasadora no Rock am Ring, e depois passou pelo Japão, em julho, para o Live Earth, evento beneficente de conscientização sobre a mudança climática (Al Gore convidou a banda para tocar). Todos os cinco *singles* de *Minutes to Midnight* alcançaram a parada Hot 100 – um feito que nem *Hybrid Theory* nem *Meteora* tinham conseguido. E quando o Linkin Park encerrou sua turnê de 2007 na Austrália e na Ásia naquele outono, "Shadow of the Day" tinha se transformado num verdadeiro hit radiofônico, chegando ao top 10 da parada Pop Airplay em março seguinte.

Chris Cornell excursionou com a banda durante as datas australianas, promovendo seu álbum solo, *Carry On*. Chester, é claro, ficou radiante ao conhecer a lenda do Soundgarden, que ele descrevia há muito tempo como "um dos meus heróis". Em vez de se decepcionar ao passar um período prolongado com a voz dos CDs que ele tocava incessantemente, Chester descobriu outro artista com quem podia conversar de forma aberta e colaborar com facilidade.

"Às vezes você conhece alguém e é como se o conhecesse desde sempre", disse Chester sobre Chris. Eles concordaram que a turnê australiana no outono de 2007, que durou quase duas semanas, tinha sido curta demais, então o Linkin Park convidou Chris para ser a atração principal de abertura no Projekt Revolution de 2008.

Chester, um adolescente problemático quando o grunge de Seattle dominava o rock *mainstream*, cresceu fascinado por grupos crus e de coração aberto, como o Soundgarden – sua própria banda, o Grey Daze, praticamente tentou recriar esse movimento do início dos anos 1990, com pouco sucesso. Até certo ponto, a sensibilidade lírica que abordava questões de saúde mental foi transferida da cena grunge para a explosão alternativa, à medida que essas eras se sobrepunham – sucessos como "All Apologies", do Nirvana; "Jeremy", do Pearl Jam; "Everybody Hurts", do R.E.M.; e "Under the Bridge", do Red Hot Chili Peppers, todos com uma energia básica semelhante –, e até mesmo para o rap-rock inicial, nos momentos mais sombrios do Limp Bizkit e do Korn. Na década de 1990, as discussões sobre saúde mental haviam sido retomadas na comunidade médica, com o congresso americano estabelecendo a primeira semana de outubro como a Semana de Conscientização sobre Doenças Mentais em reconhecimento à National Alliance on Mental Illness (NAMI). Mas, na virada do século, essas discussões ainda não tinham recebido destaque na sociedade moderna, muito menos na música popular.

Quando o Linkin Park começou sua ascensão, o rock estava passando por um período particularmente machista, não apenas com as estrelas do nu metal batendo no peito, mas também com os robustos pilares do pós-grunge (Creed, Nickelback) e os novatos do pop-punk irreverente (Sum 41, Good Charlotte). Algumas dessas bandas maiores ocasionalmente ficavam sérias – músicas como

"Unwell", do Matchbox Twenty, e "Adam's Song", do Blink-182, abordavam a ansiedade e o suicídio de adolescentes, respectivamente – mas, em geral, eram lançadas entre os sucessos mais leves desses grupos.

Durante o mesmo período, o renascimento do garage rock coincidiu com o advento da blogosfera, dando maior visibilidade ao guitar rock e à música indie. Bandas como The Strokes, The Killers e Franz Ferdinand fizeram sucesso nas rádios com canções casuais e cativantes, enquanto programas da mídia de massa, como o seriado *The O.C.* e o filme *Hora de Voltar,* fizeram declarações abrangentes em apoio ao rock indie ultrassensível – dane-se o *mainstream*, bandas como Death Cab for Cutie e The Shins *mudarão sua vida*.

Se essas transformações culturais começaram a minar o paradigma do *rock star* hipermasculino, a ascensão simultânea da música emo e do MySpace, em meados dos anos 2000, trabalhou ativamente para esvaziá-lo. Surgido das cenas punk e pós-hardcore, o emo começou como uma cultura *underground* que se tornou muito mais viável comercialmente do que qualquer um poderia ter sonhado, com My Chemical Romance, Fall Out Boy, Panic! At the Disco e Paramore conquistando grande popularidade e gerando alto faturamento em meados da década.

Os princípios fundamentais associados à música emo – emoção intensa, lirismo confessional, fluidez de gênero, aceitação por meio da alienação social compartilhada – também abriram caminho para discussões mais amplas sobre questões como ansiedade e depressão por parte dos líderes da cena. De repente, artistas que escreviam sobre batalhas pessoais à margem do rock popular, assim como o Linkin Park fazia no *mainstream*, estavam descobrindo uma série de ouvintes que se sentiam como eles e que queriam ver suas bandas em arenas. "A doença mental costumava ser um tabu e agora não é mais, pelo menos eu sinto que não é mais", disse Gerard Way, líder do My Chemical Romance. "Fico feliz por isso."

Os hinos teatrais desajustados do My Chemical Romance decolaram dos subúrbios de Nova Jersey devido, em parte, à sua base de fãs no MySpace, rede de mídia social lançada em 2003 como uma fusão simplificada do Friendster, do AOL Instant Messenger e dos primeiros fóruns on-line. O MySpace ficou fortemente ligado ao emo numa indústria musical pré-*streaming*, com os grupos interagindo diretamente com seus fãs on-line, incorporando algumas de suas músicas no player personalizado do site e observando os usuários publicarem suas faixas favoritas em seus próprios perfis.

Parte disso foi uma forma de marketing de guerrilha voltada à geração dos *millenials*. Porém, é muito provável que o MySpace tenha influenciado a proliferação de discussões sobre saúde mental independentemente de sua associação com a música popular – afinal era um meio de conexão mais próximo para os usuários. À luz dos inúmeros problemas surgidos com a interação nas redes sociais, que se tornaram um padrão universal ao longo da última década e meia, uma plataforma antiga como o MySpace fomentava a comunidade com menos restrições. Fóruns sobre questões de saúde mental, grupos fechados no Facebook, tópicos no Twitter e postagens virais no Instagram foram todos precedidos por usuários do MySpace publicando letras de músicas que falavam com eles em seus perfis, além de outros usuários – amigos, conhecidos ou estranhos – enviando mensagens, dizendo que também se identificavam.

Todas essas mudanças culturais afetaram o Linkin Park de forma sutil. Conforme a programação musical da MTV encolhia em favor dos reality-shows, o Linkin Park se associava ao MySpace para estreias de videoclipes e shows patrocinados. Antes do lançamento de *Out of Ashes*, do Dead by Sunrise, em 2009, Chester compartilhou uma série de curtos webisódios de bastidores na plataforma, com a duração de videoclipes, nos quais ele tocava uma música, gravava alguns vocais ou preparava uma sessão de fotos. Essa era a nova realidade da indústria musical – Instagram Reels antes de o Instagram existir – e Chester se adaptou para oferecer aos fãs o que eles queriam ver.

E no Projekt Revolution 2007 – o ano anterior à turnê de Chris Cornell com a banda –, a principal atração de abertura foi o My Chemical Romance. O evento foi uma combinação explosiva de catarse, com sons diferentes convergindo para uma noite de compreensão por meio do grito. Assim como o Linkin Park, o My Chemical Romance não hesitou em abordar questões de saúde mental, dentro e fora de sua música. Não é coincidência que eles também tenham se tornado uma banda de rock definidora do início do século 21, assim como o Soundgarden havia sido antes deles.

No ANO SEGUINTE, CHESTER E CHRIS continuaram a se aproximar durante o Projekt Revolution 2008. Em cada parada da turnê de 24 datas, Chester se juntava ao *set* de abertura de Chris para cantar "Hunger Strike" (o dueto de Cornell e Eddie Vedder no Temple of the Dog) e Chris aparecia para cantar a segunda parte de "Crawling" com o Linkin Park. A esposa de Chester, Talinda, e a esposa de Chris, Vicky, também se deram bem imediatamente, de modo que os dois casais mantiveram contato mesmo após o término da turnê, em agosto. "Isso fez com que Chris e Vicky me pedissem para ser o padrinho de seu filho, Christopher", contou Chester. "Uma das minhas lembranças favoritas de nossa amizade foi o batismo e o cumprimento da promessa feita à família."

Assim como Chester, Chris lutava contra a depressão e o vício desde a adolescência – um filho de divórcio que usava drogas e se escondia do mundo no chuvoso noroeste do Pacífico, uma década antes de o jovem Chester seguir um caminho semelhante no calor de Phoenix. Chris conseguiu lidar com seus problemas ao encontrar o poder de sua voz rasgada e se tornar um ícone do grunge. Mas o término do Soundgarden em 1997, seguido pelo divórcio de sua primeira esposa, o levou a uma longa recaída e a um sério surto de depressão.

Quando Chris conheceu Chester, os dois tinham muito em comum. Eles estavam sóbrios, novamente casados há anos e gostavam de passar o tempo fora da estrada com suas famílias, apoiando um ao outro longe das festas e dos bajuladores. Antes de realmente conhecê-lo, Chris era um deus do rock aos olhos de Chester. Mas, à medida que Chris falava sobre sua vida e todas as suas complicações, Chester reconheceu uma alma gêmea que também havia vivido momentos difíceis depois de alcançar a fama e a fortuna.

"A ideia de que o sucesso é igual a felicidade me irrita", admitiu Chester. "É engraçado pensar que só porque você é bem-sucedido, agora você está imune ao espectro completo da experiência humana."

Essa visão de mundo deu início a *Out of Ashes*, do Dead by Sunrise, que Chester concluiu após a divulgação de *Minutes to Midnight*. Para a produção, ele chamou o veterano de estúdio Howard Benson (responsável pelo sucesso de 2004 do My Chemical Romance, *Three Cheers for Sweet Revenge*, entre outros álbuns). O que começou como um punhado de músicas solo que Chester havia tocado em 2005 tornou-se uma banda paralela completa com o passar dos anos. Depois de ter feito a produção executiva de *Death to Analog*, disco de estreia de seus amigos Ryan Shuck e Amir Derakh como líderes do grupo Julien-K, Chester queria que eles se juntassem a ele como um trio de verdade enquanto concluía as faixas engavetadas.

O Dead by Sunrise entrou em estúdio em julho de 2008. Como um *frontman* comprovado trabalhando em um grupo novo e menor, Chester se viu adotando uma abordagem mais prática para a construção das músicas, desenvolvendo as letras, as melodias e o objetivo geral daquelas faixas acústicas antigas. Ele estava criando a identidade musical de uma banda sem Mike, que havia sido o grande arquiteto do som do Linkin Park. Por sua vez, Mike estava orgulhoso do que seu colega de banda estava conquistando por conta própria. Chester "tocou nove músicas para mim, duas das quais tinham (incríveis) vocais", escreveu Mike quando o álbum do Dead by Sunrise foi finalizado em fevereiro de 2009. "Vai ser demais!"

Quando *Out of Ashes* foi lançado, em outubro do ano seguinte, o álbum não soava como uma derivação do Linkin Park. Quem definia boa parte do projeto era a influência grunge: do dramático alcance vocal da faixa de abertura "Fire", passando pelos tons lamacentos de "Crawl Back In" até a balada nebulosa e de falsete rasgado de "Give Me Your Name". Mas Chester também explorou outros sons que o haviam inspirado ao longo dos anos, como o punk estridente de "Condemned" e a beleza gótica à The Cure de "Too Late". Já a versão final de "Let Down", a primeira música que ele trabalhou para o projeto, é um hino baseado na new wave, cheio de sintetizadores e batidas programadas. Como um todo, *Out of Ashes* parece Chester costurando o fio entre o som de sua produção musical pré-Linkin Park e o do astro do grunge que recentemente tinha se tornado um de seus amigos mais próximos.

Apesar de toda a paixão investida no projeto, *Out of Ashes* não foi um sucesso absoluto: o álbum estreou em 29º lugar na *Billboard* 200, enquanto "Crawl Back In" teve uma execução modesta nas rádios rock. Nenhum deles, porém, causou um impacto duradouro nas paradas. Olhando em retrospecto para 2009, parte do problema era que o álbum do Dead by Sunrise foi ofuscado comercialmente por... a única música que o Linkin Park *lançou* naquele ano.

"New Divide" tinha sido encomendada pela equipe de *Transformers: A Vingança dos Derrotados*, o segundo filme da franquia *blockbuster* sobre robôs disfarçados. Embora o Linkin Park nunca tivesse lançado um *single* avulso entre álbuns, eles tiveram a ideia de criar uma trilha sonora ligeiramente futurista que poderia funcionar para os créditos finais. O resultado foi um rock altamente competente, com sintetizadores e pratos, que soava muito parecido com "What I've Done". Ela foi colocada como a música principal de uma trilha sonora que trazia, na capa do álbum, seres mecânicos gigantes observando as pirâmides.

"New Divide" não avançou a fórmula do Linkin Park nem exibiu qualquer inovação sonora, mas não havia sido criada para esses fins. Uma franquia de Hollywood estava investindo na marca comprovada do Linkin Park, tanto que decidiu reunir os caras para uma performance pós-filme, na estreia. Como a banda permanecia extremamente popular e seus membros eram profissionais experientes, a aposta foi um grande sucesso.

A música estreou na sexta posição no Hot 100 quando foi lançada em maio. Atualmente, "New Divide" é o maior sucesso do Linkin Park, além de "In the End", e seu último *single* de fato no top 10, uma anomalia nas paradas para uma música amplamente esquecida. Nesse sentido, "New Divide" é uma boa curiosidade para um jogo de trivia hoje em dia – mas, em comparação a *Out of Ashes*, já finalizado quando Chester cantou a música dos *Transformers*, o nível de realização artística entre os lançamentos de 2009 é incontestável.

Como o único álbum do Dead by Sunrise e o mais próximo que Chester já fez de um disco solo, *Out of Ashes* soa como a manifestação de uma alma atormentada em uma paz incômoda. As músicas que ele compôs durante um período particularmente autodestrutivo de sua vida ecoam com uma honestidade brutal; a composição de Chester se beneficiou desse olhar retrospectivo. "Só depois que passei por tudo isso é que comecei a escrever músicas muito mais claras e diretas sobre o que vivi", explicou.

"My Suffering", por exemplo, examina as formas como o vício se entrelaçou com seu sucesso e a depressão desencadeada pela reflexão sobre essa dinâmica. "There's something crazy running wild inside my brain",[71] Chester rosna em meio a um ritmo acelerado de guitarra e bateria; mais tarde, ele murmura: "I found salvation in a vial",[72] com sua voz se desvanecendo. Enquanto isso, "Crawl Back

---

[71]Tem algo louco correndo solto dentro do meu cérebro.

[72]Encontrei a salvação em um frasco.

In" avança rapidamente em seu relato de recaída, mas o processamento da letra – "I can't deny it/ I try to fight it/ But I'm losing control"[73] – torna a experiência devastadora. Faixas como "Give Me Your Name", uma canção de amor para Talinda, oferecem ternos raios de esperança, mas *Out of Ashes* serve, em grande parte, como uma dissecação aberta dos problemas de Chester – ainda mais franca do que a apresentada no Linkin Park até aquele momento e uma mensagem não tão sutil para qualquer um que estivesse se sentindo da mesma forma.

No verão de 2009, o Linkin Park passou um mês na Europa e na Ásia, em meio a uma série internacional de shows e festivais ostensivamente programados para promover "New Divide". Ryan e Amir se juntaram à banda na estrada durante parte da turnê, e, em algumas datas selecionadas, o Dead by Sunrise tocou um *set* enxuto de três músicas – "Fire", "Crawl Back In" e "My Suffering" – antes de o Linkin Park começar o bis com "New Divide".

No entanto, havia uma diferença dramática na maneira como o público reagiu a essas músicas. A canção do *Transformers* já era um sucesso na época desses shows, enquanto o álbum do Dead by Sunrise ainda levaria alguns meses para ser lançado. Consequentemente, a plateia inteira conhecia "New Divide" e ninguém tinha nem ideia do material do Dead by Sunrise. Uma música havia sido escrita para um filme de ação de heróis-robôs; as outras, por um *rock star* que deixou claro que *ninguém* era impenetrável. Chester cantaria um sucesso que chegaria ao top 10, mas, antes disso, compartilharia uma parte mais íntima de si mesmo.

---

[73]Não posso negar/ Tento lutar contra isso/ Mas estou perdendo controle.

INTERLÚDIO

"ERA TÃO SOMBRIO, MAS ERA REAL"

Amir Derakh, ex-integrante do Orgy, que formou o Julien-K com Ryan Shuck e o Dead by Sunrise com Ryan e Chester, lembra que a produção de *Out of Ashes* foi um lar para ideias perdidas e uma saudável purgação de emoções.

Ryan e eu nos tornamos bons amigos de Chester – nós três realmente nos identificamos e costumávamos sair muito. Lembro-me de quando ele comprou seu primeiro "carro chique", como ele o chamava, e, na verdade, acho que era um PT Cruiser? Era roxo e tinha uma caveira. Era muito bobo, mas era assim que ele era. Fomos até a casa dele, e ele estava todo empolgado com o carro. Aí perguntamos: "Que negócio é esse, Chester?". E ele respondeu: "Ah, bom, eu não sei! É rápido! É roxo!". Podíamos brincar uns com os outros, tirar sarro uns dos outros e ser superbobos. E Ryan e Chester eram excepcionalmente bobos. Eu era um pouco mais velho, então ficava parado e ria quando os dois faziam alguma bobagem maluca.

Quando Ryan e eu começamos a fazer o trabalho com o Julien-K ainda estávamos no Orgy, e, sinceramente, nunca planejámos sair do Orgy – simplesmente meio que desmoronou. O lance do Julien-K então começou a ganhar força, e, enquanto estávamos fazendo isso, Chester realmente gostou. Ficamos meio surpresos com o fato de ele ter gostado tanto, pois era muito diferente do que ele fazia com o Linkin Park, mas ele adorou de verdade e quis participar daquilo. Em um determinado momento, chegou a dizer: "Quero ser o vocalista do Julien-K", e nós pensamos: "Uhh, espere, o quê? Você quer cantar essas músicas disco, new wave e eletro-dance?". Nós simplesmente não entendemos, mas ele estava falando sério. E assim surgiu o Dead by Sunrise. Parecia que ele queria, de fato, fazer outra coisa, algo diferente.

Ele tinha algumas ideias com as quais ficava mexendo no violão – talvez tenha cantarolado algumas melodias, talvez tivesse algumas palavras, estava sempre fazendo isso. Na época, acho que Chester morava com Ryan, e ele havia morado comigo por um curto período de tempo, então trabalhávamos com música e saíamos juntos, éramos bons amigos. Por fim, perguntamos: "O que são essas ideias, Chester? Isso é para o Linkin Park?". E ele respondeu: "Não, não, são apenas minhas ideias. Não sei realmente o que fazer com elas". Então Ryan disse: "Bem, por que não tentamos desenvolvê-las para ver o que acontece?". Foi baseado no que ele estava fazendo – não se tratava de nós, não eram ideias do Ryan e do Amir, que, basicamente, seria o Julien-K. Desse modo, Chester podia ser o vocalista, com a música mais voltada para ele.

Acho que a primeira música deve ter sido "Let Down". Quando a gente entrou no estúdio, Chester cantarolou algumas partes, tocou um pouco de violão, e, então, criamos a faixa inteira que você está ouvindo. Ele chegou alguns dias depois e dissemos: "Ok, Chester, foi isso que fizemos com aquela pequena ideia que você teve". E ele simplesmente perdeu a cabeça: "Meu Deus, isso é tão legal!". Ele saiu correndo pelo estúdio!

Com relação ao som e às influências, Chester tinha esse histórico de grunge e punk, algo que eu sempre senti nele. Embora ele começasse algumas dessas ideias com o violão, eu tinha a sensação de que havia muita atitude ali que se traduzia na música. Mas ele também era bom em compor temas mais calmos. Há vários no disco. Foi realmente baseado nas raízes e nas ideias do Chester, e era muito diferente do Linkin Park – nunca tentamos competir com isso.

Como todos nós passamos por momentos difíceis, parte da catarse foi criar o álbum. Ouça as letras – tinha muita merda acontecendo. E nós simplesmente nos unimos e conseguimos exorcizar todos esses demônios por meio da música. É um disco muito sombrio, por inteiro. Recentemente, estava ouvindo tudo de novo e foi tipo "uau" – muita coisa estava bem ali, nas letras dele. É isso que acontecia com Chester e o Linkin Park: a música e as palavras realmente levavam o que eles estavam tentando dizer para um nível em que as pessoas se conectavam. E com Chester como vocalista, sua voz tão real e tão sentida, com temas tão certeiros, as pessoas se conectaram totalmente. Com o disco do Dead by Sunrise, acho que, em alguns aspectos, é quase demais – o que ele dizia, os sentimentos, era tão sombrio, mas era real. Quando você volta e ouve as letras desse álbum, é ele dizendo a todos onde estava.

Fazer o disco e poder participar de uma turnê com o Linkin Park – isso já te diz o tipo de amizade que todos nós tínhamos. Mike procurou Chester e disse: "Olha, por que você não estreia seu material do Dead by Sunrise conosco no palco todas as noites?". E Chester veio falar [comigo e com Ryan] e nós respondemos: "Vocês estão de sacanagem? Estão falando sério?". Mike confirmou: "Quero que vocês entrem no bis e toquem algumas músicas para podermos apresentar a banda e tudo mais". Quer dizer, ficamos simplesmente pasmos. Fazer um negócio desses mostra o tipo de banda que eles são. Mike sempre apoiou muito o Dead by Sunrise. Ele gostou do disco e deu muita força para o trabalho do Chester. Em muitos grupos, esse não seria o caso.

Há apenas um Chester. Costumávamos chamá-lo de Velha Garganta Dourada. Existia uma mágica ali! E não aconteceu apenas uma vez – o raio caiu várias vezes. Isso se deve a uma quantidade insana de talento naquela banda. Eles escreveram ótimas músicas, são ótimos artistas e havia muita química. Para mim, a parte mais importante de tudo isso é que eles estavam lá para todas essas pessoas em todo o mundo. E estou certo de que ajudaram muita gente a superar momentos realmente difíceis. Sei que Chester ficaria muito orgulhoso disso, assim como tenho certeza de que Mike e o restante dos rapazes também estão. Nem é preciso falar como Chester é talentoso, e sou grato por ter sido uma parte singela de tudo isso. E ser apenas amigo dele.

CAPÍTULO 18

Em 2010, dois populares grupos de rock lançaram álbuns com seis semanas de diferença entre si. As duas bandas existiam desde o começo dos anos 2000, rapidamente conquistaram seguidores com seus discos de estreia e vinham demonstrando cada vez mais ambições clássicas do rock – fazendo referência ao cânone estabelecido, enquanto, de maneira não tão sutil, tentavam se juntar a ele.

Naquele ano, eles lançaram seus respectivos álbuns mais ousados, cheios de grandiosidade instrumental e um pavor apocalíptico. Os dois discos foram criados para desafiar o público e, ao mesmo tempo, serem acessíveis o suficiente para chegar ao topo das paradas – e, de fato, alcançaram o primeiro lugar na *Billboard* 200, um em agosto e o outro em setembro.

Mas então, alguns meses depois, um deles chocou o mundo ao ganhar o Grammy de Álbum do Ano. O outro – o quarto disco do Linkin Park, *A Thousand Suns* –, não.

Um mês e meio antes de o Linkin Park retornar com seu imponente álbum, o Arcade Fire lançou o seu terceiro, *The Suburbs*, uma meditação expansiva sobre o tema que dá nome ao disco, combinando o indie rock mais artístico do coletivo de Montreal com influências de Springsteen em uma audição que, por vezes, era tensa, mas frequentemente requintada. Na noite do Grammy, em fevereiro de 2011, quando Barbra Streisand abriu o último envelope e, confusa, anunciou: "E o Grammy vai para... *The Ssssuburbs*", parecia que uma verdadeira história de azarão tinha se concretizado – afinal, esses corajosos canadenses estavam longe de serem os favoritos numa categoria que incluía álbuns de Eminem, Katy Perry e Lady Gaga.

Observando em retrospecto, o triunfo do Arcade Fire no Grammy representou, na verdade, uma síntese. Sua vitória foi o ponto culminante de um *boom* do indie rock que havia começado alguns anos antes, por volta da época em que o Linkin Park lançou *Minutes to Midnight* em 2007, e que atingiu seu auge no período de *A Thousand Suns* em 2010, continuando a se infiltrar na música popular nos anos seguintes. O que era considerado *cool* no rock havia sido mais uma vez redefinido, com a palavra *indie* sendo a nova nomenclatura para as sensações *underground* que estavam dominando o discurso (independentemente de o artista ser, de fato, você sabe, independente). Foi a explosão alternativa do início dos anos 1990 para uma nova geração – dessa vez com blogs, em vez de revistas alternativas e YouTube, em vez de MTV.

E, assim como o movimento alternativo, a ascensão do indie não tinha uma imagem ou um som identificáveis. Existiam as bandas de apelo de massa, como Arcade Fire e Vampire Weekend (que também chegou ao topo da parada de álbuns em 2010); os intrusos barbudos do folk, como Bon Iver e Fleet Foxes; grupos de synth--pop comerciais, como Passion Pit e MGMT; e os experimentalistas desleixados, como Animal Collective e Dirty Projectors.

Em 2009, alguns desses grupos lançaram discos que receberam boas críticas, que, por sua vez, levaram a grandes audiências, quase num nível de arena. Esse foi o ano em que o artista de bedroom--pop Owl City conquistou o primeiro lugar com "Fireflies", ao criar uma música que soava vagamente como a dupla cult de indie pop The Postal Service. E *também* foi o ano em que Jay-Z, amigo de longa data e defensor do Linkin Park, apareceu no show do Grizzly Bear no Brooklyn para curtir algumas músicas de art-folk e depois declarou: "O que o movimento de indie rock está fazendo agora é muito inspirador".

Grande parte desse movimento foi influenciado pela *Pitchfork*, a publicação musical on-line com sede em Chicago (originalmente chamada de *Pitchfork Media*), que regularmente coroava artistas não *mainstream* com suas classificações de álbuns de "melhor música nova". A *Pitchfork* tinha, inclusive, ajudado a lançar o Arcade Fire ao apoiar seu disco de estreia de 2004, *Funeral*, muito antes de outras publicações o reconhecerem como um clássico. A *Pitchfork* tornou-se uma força poderosa concomitante à ascensão do indie – lançando seu próprio festival de música, publicando listas dos melhores do ano que geravam debates acalorados, inspirando incontáveis derivações e paródias – e fez tudo isso dizendo aos fãs de música o que era legal. Se a *Pitchfork* endossasse um álbum com uma crítica elogiosa, uma enorme quantidade de pessoas em busca da próxima grande novidade certamente o ouviria.

Então, o que a *Pitchfork* achava do Linkin Park? Bem, não é que o Linkin Park tenha sido mal-avaliado pela *Pitchfork*. O problema é que eles nem chegaram a ser resenhados.

A ética *hipster* do site entrava em conflito com tudo o que fosse muito *mainstream*, a começar pelos principais artistas pop e bandas de rock daquele período, cujos álbuns apareciam e desapareciam sem uma avaliação crítica da *Pitchfork*. Essa postura mudou um pouco com o tempo: após sua aquisição pela corporação de mídia de massa Condé Nast em 2015, a *Pitchfork* começou mais recentemente a resenhar álbuns de megaestrelas antes ignoradas, como Taylor Swift, Adele e Rihanna. No entanto, as resenhas de grandes bandas de rock ainda são raras, o que significa que nenhum dos álbuns do Linkin Park foi abordado pela *Pitchfork* em seu lançamento.

Mesmo que a rejeição da *Pitchfork* pudesse ser atribuída à manutenção da tendência indie da publicação, o Linkin Park há muito tempo vinha sendo ignorado ou menosprezado por críticos de todas as áreas. Quando *Hybrid Theory* foi lançado, a *Rolling Stone* lamentou suas "letras agressivas e clichês", o *Calgary Herald* o descartou como "terreno já explorado" e o *Indianapolis Star* rejeitou a banda como "imitadores derivados". As críticas dos futuros lançamentos não foram muito melhores. De acordo com o site agregador de resenhas Metacritic, os álbuns de estúdio do Linkin Park nunca obtiveram uma classificação média maior do que apenas 66 de 100.

Esse ponto alto foi alcançado por *A Thousand Suns*, que, em teoria, poderia ter sido o projeto que prepararia o Linkin Park para uma reavaliação crítica há muito esperada e possivelmente daria à banda sua primeira indicação ao Grammy numa categoria importante desde Melhor Artista Novo em 2002. Essas coisas podem levar tempo para grupos de rock de nível de arena: o Coldplay recebeu sua primeira indicação para Álbum do Ano com seu quarto disco, o Foo Fighters com seu sexto e o U2 com seu quinto lançamento.

O Linkin Park havia sido bem-sucedido ao seguir o modelo do U2 com "Shadow of the Day", de seu álbum anterior, um hit no top 20 que servia como a sua versão de "With or Without You". Era uma balada para cantar junto, ampla e infalível para conquistar as massas ainda céticas. E *Minutes to Midnight* foi, de certa forma, o *Joshua Tree* deles – um salto sonoro com muitos sucessos, um tom mais adulto e até mesmo uma capa em que toda a banda olha pensativa para o horizonte.

Seguindo com a metáfora, isso fez de *A Thousand Suns* o *Achtung Baby* do Linkin Park, o experimento sombrio e destruidor de imagem que impressionaria os ouvintes depois de confundi-los. Enquanto o U2 se tornou o queridinho do Grammy com esses projetos – *Joshua Tree* ganhou Álbum do Ano e *Achtung Baby* foi indicado ao mesmo prêmio –, o Linkin Park ficou de fora, vendo bandas como o Arcade Fire aproveitarem os frutos da explosão indie. O que deveria ter sido uma segunda fase da carreira da banda, mais apreciada pela crítica, nunca aconteceu. Após receberem uma única indicação ao Grammy por "What I've Done", de *Minutes to Midnight*, o Linkin Park não ganhou nada por *A Thousand Suns* e nunca mais foi indicado ao Grammy.

"Não estou buscando uma merda como 'What I've Done'."

A voz de Mike está calma, como sempre, enquanto seus companheiros de banda, derrotados, estão sentados ao redor dele no estúdio, com Rick Rubin pairando ao fundo e luzes vermelhas brilhando sobre a frustração compartilhada entre todos. O rosto de Mike está escondido durante essa sequência-chave do making-of de *A Thousand Suns*, encoberto pelo monitor gigante do computador diante dele no estúdio, enquanto a banda e Rick tentam chegar a um acordo sobre o primeiro *single* do álbum.

Brad não consegue identificar nenhum hit no disco, então eles cogitam compor mais músicas expressamente para esse fim. Dave não quer diluir um projeto ousado e forçar algo "Linkin-Park-izado" na lista de faixas. Rick se mantém tranquilo em relação à questão – "Se não acontecer, então não é para acontecer, porque as músicas que temos são as que deveriam estar no álbum", diz ele. Mike, no entanto, está ciente dos prazos que se aproximam. Ele sabe que o Linkin Park tem um acordo com a gigante dos videogames Electronic Arts para incorporar seu novo *single* no trailer do próximo jogo *Medal of Honor*. Portanto, eles precisam entregar algo logo.

"Só para você saber que eu sei do que você está falando", Mike diz a Dave, reconhecendo e sutilmente apoiando suas preocupações sobre a busca por um sucesso de rádio, "o tipo de som que eu estava começando, quando estava tentando brincar com isso, era algo *assim*". Em seguida, ele clica no mouse do computador, e um trecho do que parece ser uma cítara eletrificada soa no estúdio. Ele clica novamente, e o próximo trecho é uma ameaçadora aniquilação industrial.

O ponto de vista de Mike é claro: eles conseguiram alcançar o top 10 há alguns anos com "What I've Done" e, em seguida, outro com "New Divide", mas não haveria mais clones desse som simples de rock para rádio. O Linkin Park estava prestes a ficar mais estranho – e qualquer parceiro comercial que eles tivessem teria de aceitar isso.

Ironicamente, muitos dos sons que Mike estava incorporando enquanto concebia o quarto álbum do Linkin Park vinham da música eletrônica instrumental aprovada pela *Pitchfork* no fim dos anos 2000. Ele andava ouvindo os especialistas britânicos em noise Fuck Buttons, o produtor de hip-hop de vanguarda Flying Lotus e o dream pop do Caribou na época. Mike queria combinar esses exercícios de hardware com o destemor em grande escala de seus roqueiros experimentais favoritos – Radiohead, Nine Inch Nails, Tool –, que nunca tiveram medo de alienar seu público ao mudar seus sons.

"Se fizermos isso direito", defendeu Mike quando o álbum estava sendo preparado em 2009, "ele terá um som de vanguarda que se definirá como um disco individual, diferente de tudo o que existe por aí".

Incentivada por Rick, que se candidatou para uma segunda rodada de coprodução com Mike após *Minutes to Midnight*, a banda desmontou ainda mais seu som no quarto álbum, brincando com bongôs, gaitas, vocoders, pandeiros, chocalhos e megafones em seu estúdio habitual no NRG. Todos os seis integrantes dividiram o espaço para gravar os vocais em grupo pela primeira vez, gritando "*NO!*" e "*WHOA-OA*" em uníssono na música que se tornaria "The Catalyst". Mike fazia o papel do cientista maluco que preparava uma mistura sonora única – pesquisando em outras fitas e CDs, ouvindo baterias incomuns, procurando por estrondos e batidas que o intrigassem. Num determinado momento, a banda gravou uma vassoura sendo batida no chão do estúdio, na esperança de que o som ajudasse a desbloquear... alguma coisa.

Por fim, a banda optou por um rock eletrônico sombrio e de influência industrial para o disco, combinando-o com temas de paranoia nuclear, destruição em massa e pavor tecnológico. O título do álbum veio de J. Robert Oppenheimer, o pai da bomba atômica, que citou o *Bhagavad Gita* após a destruição de Hiroshima e Nagasaki em 1945: "Se o brilho de mil sóis irrompesse de uma vez no céu, seria como o esplendor do Poderoso... Agora eu me tornei a Morte, a destruidora de mundos".

A voz de Oppenheimer é sampleada em *A Thousand Suns*, assim como discursos famosos de Martin Luther King Jr. e do ativista do Movimento de Liberdade de Expressão Mario Savio. A banda subverteu a retidão política de *Minutes to Midnight* em um tipo de consciência social: em vez de abraçar o otimismo do início da era Obama, o Linkin Park mergulhou no medo que os Estados Unidos – em meio a uma amarga recessão e à guerra interminável no Iraque – estavam vivendo nas comunidades ao seu redor, a raiva pessoal de seus primeiros álbuns agora direcionada ao serviço público.

Originalmente, o Linkin Park cogitou fazer *A Thousand Suns* como um álbum conceitual, usando essa expressão com frequência em entrevistas de divulgação antes que o trabalho estivesse 100% concluído. No final, entretanto, eles recuaram em relação ao rótulo. "Ele não tem uma narrativa; é mais abstrato do que isso", explicou Mike antes do lançamento do disco. De forma semelhante, houve conversas iniciais a respeito da incorporação das faixas do álbum num jogo de videogame original e independente – as músicas da banda teriam sido a trilha sonora da história de um paciente de uma instituição mental que desenvolve superpoderes –, mas os planos foram abandonados quando o jogo ainda estava em fase inicial de desenvolvimento.

Considerando todas as mudanças ocorridas durante sua criação, *A Thousand Suns* poderia ter sido esmagado pelo peso das ambições da banda. Em sua missão de criar um quarto disco realmente inovador, o Linkin Park acabou com um projeto que teve seu status de "álbum conceitual" cancelado no meio do processo, que foi quase a trilha sonora de um videogame bobo, que apresentava interlúdios falados de cunho cívico e nenhum *single* garantido.

E, apesar de tudo, eles conseguiram.

A Thousand Suns é um pouco bagunçado demais para ser considerado uma obra-prima completa, mas cada centímetro do álbum pulsa com propósito – cada linha de sintetizador, virada de bateria e harmonia de grupo sacode o ouvinte com músculos tensionados. A MTV descreveu *A Thousand Suns* como "o *Kid A* do Linkin Park", com razão: a justaposição da música mecanicamente elaborada e os temas humanos de medo e esperança servem como uma linha de continuidade familiar, e, assim como o Radiohead havia feito uma década antes, o Linkin Park deu uma surra em seu som sem sacrificar os pontos fortes das identidades dos membros da banda.

Mike, por exemplo, após fazer rap em pequenas doses em *Minutes to Midnight*, agora ganha vida em faixas como a vibrante tríade reggae/rock/hip-hop de "Waiting for the End" e a cacofônica "Wretches and Kings", que traz citações de Public Enemy, enquanto os sons tribais de Rob reforçam suas rimas em "When They Come for Me". "Burning in the Skies" oferece algumas das interações mais suaves de Dave e Brad, com um baixo oscilante e uma guitarra dedilhada (que depois se transforma em um solo vistoso), e toda a banda se eleva em "Robot Boy" e "Iridescent", duas músicas animadas para se cantar junto com talento suficiente para evitar qualquer exagero.

Então há "Blackout", que pode ser razoavelmente descrita como "'March of the Pigs', se Trent Reznor tivesse acrescentado um ritmo voltado para a pista de dança". Uma linha de sintetizador gigantesca é sugerida na introdução e impulsiona o canto de Mike sobre uma batida de clube na segunda metade; no meio, Chester canta como se não conseguisse parar de se mover e grita como se quisesse explodir sua casa, enquanto Joe faz um *sample* de seus gritos e depois os repete em uma ponte agitada. "Blackout" poderia ter sido um *single* de *A Thousand Suns* se não fosse por uma das performances vocais mais intensas de Chester. Em vez disso, a música se tornou uma das mais ousadas do catálogo da banda.

A música que *acabou* se tornando o *single* principal foi "The Catalyst", que é a coisa mais distante de "alguma merda tipo 'What I've Done'" que a banda poderia ter escolhido. Em vez de se apressar para fazer um hit radiofônico de última hora, eles optaram por um hino eletro-prog de cinco minutos e meio, com *scratches*, sintetizadores, metáforas de doom metal ("Like memories in cold decay/ Transmissions echoing away/ Far from the world of you and I/ Where oceans bleed into the *skyyyyyyyy*!",[74] Chester declara) e uma segunda metade que se transforma num refrão para cantar junto ("*Lift me uuuuup, let me gooooooo*",[75] canta Mike).

Se "What I've Done" quebrou as expectativas em relação ao som de rap-rock do Linkin Park antes de *Minutes to Midnight*, "The Catalyst" jogou gasolina nessas expectativas e acendeu um fósforo. A gravadora hesitou em lançar a música como *single* principal do álbum – e não é difícil imaginar os executivos da Electronic Arts ficando perplexos quando "The Catalyst" foi entregue para o trailer de *Medal of Honor*.

No entanto, de alguma forma, assim como o álbum, a música funciona. Impulsiva em seu ritmo, envolvente na sua intenção, genuinamente comovente em seu final arrebatador. No final das contas, isso era tudo o que importava para o Linkin Park.

"Vamos parar de tentar fazer coisas que as outras pessoas querem que a gente faça. Vamos voltar a ser fluidos, escrever músicas e ter ideias", disse Chester a seus companheiros antes de escolherem "The Catalyst" como *single* principal. E, embora tenha chegado só ao 27º lugar no Hot 100, ela alcançou o topo da parada Rock Songs, com o trailer de *Medal of Honor* ajudando a divulgá-la. "The Catalyst" é hoje um dos *singles* mais indispensáveis da banda. Acabou sendo a escolha certa para liderar seu álbum mais aventureiro.

---

[74]Como lembranças em uma fria decadência/ Transmissões ecoam ao longe/ Longe do mundo de você e eu/ Onde os oceanos sangram até o céu.

[75]Levante-me, deixe-me ir.

Por mais que se esforcem, os artistas não têm controle sobre seu reconhecimento – se seu trabalho será apreciado agora, daqui a alguns anos, em outra geração ou nunca. *A Thousand Suns* rendeu ao Linkin Park algumas das melhores críticas de sua carreira em seu lançamento, em 13 de setembro de 2010, com a *Kerrang!* afirmando que o álbum "traça um curso notável" e a *Entertainment Weekly* citando seu efeito sobre "os jovens que clamam por suas catarses de fone de ouvido". Outras críticas, porém, não foram tão gentis.

"Eles soam como uma ótima banda de tributo ao Linkin Park", observou a *Rolling Stone* sobre "Wretches and Kings". Já a resenha da AllMusic abre com "Continuando sua lenta caminhada em direção à meia-idade, o Linkin Park opta por um clima mais temperamental do que metálico em *A Thousand Suns*". As críticas mistas condenaram o álbum a nunca se tornar um forte candidato a prêmios. Enquanto isso, seus contemporâneos do Arcade Fire arrasaram no Grammy no início de 2011, alguns meses depois de *The Suburbs* ter recebido elogios unânimes.

A falta de aprovação da crítica e de reconhecimento de prêmios de *A Thousand Suns* – e do Linkin Park, em geral – pode ser parcialmente explicada pelas associações de longa data com o rap-rock. Os críticos haviam classificado a banda em um movimento, mesmo quando eles agitavam os braços e gritavam que não pertenciam a esse movimento. "Lançamos *Hybrid Theory* em uma época na qual o nu metal estava em alta", disse Mike, "e sempre que podia, eu dizia às pessoas: 'Não coloquem essa bandeira na minha mão, porque eu não vou segurá-la.'"

O quarto álbum do Linkin Park definitivamente não tem nada de rap-rock (pelo menos, não no sentido tradicional do som de *Hybrid Theory*). Mas, para alguma facção da indústria musical, a banda seguia associada ao nu metal, apesar dos protestos de seus próprios integrantes. Mesmo agora, após muitas formas de música popular antes ignoradas terem passado por uma reavaliação crítica na última década, o nu metal continua sendo uma piada. Alguns dos grupos já encaixados nesse movimento, como o Deftones e o System of a Down, foram aceitos nos últimos anos pelo consenso da crítica, pois suas músicas transcenderam aquela época. Muitos outros artistas, no entanto, foram congelados de forma desdenhosa naquele período, apenas para serem revisitados por meio de tweets sarcásticos de jornalistas musicais e documentários sobre o Woodstock '99.

O rótulo nu metal foi um obstáculo para o Linkin Park em sua busca para ser levado a sério, mas em outras eras da indústria musical, eles poderiam ter superado isso. Muitas das grandes bandas de rock romperam a bolha de suas cenas originais – os Grammys não ligavam para as "cenas" de onde vieram o U2 e o Coldplay. Só queriam anunciar seus grandes álbuns populares!

Um fator fundamental para a explosão indie no final dos anos 2000 foi a transformação da própria indústria musical, que estava se afastando das bandas que poderiam representar o estandarte da cultura pop. No momento em que o Linkin Park lançou uma clássica obra de rock, os ouvintes de música estavam justamente se distanciando dos álbuns de grandes proporções.

O advento do MP3, com o lançamento da iTunes Store da Apple em 2001 como forma de legitimar a onda de *downloads* ilegais que o Napster havia ajudado a desencadear na indústria, mudou gradualmente o modo como a música era apresentada pelas gravadoras e consumida pelos ouvintes. De repente, não era mais necessário comprar um álbum completo ou um *single* físico para ouvir sua música favorita – era possível baixar faixas à la carte por 99 centavos cada, criar listas de reprodução personalizadas e carregá-las em um dispositivo de aparência desajeitada chamado iPod.

No ano de 2005, com a queda vertiginosa no comércio de *singles* físicos, a *Billboard* Hot 100 passou a incorporar as vendas de *downloads* digitais. Em 2011, às vésperas da revolução do *strea-ming*, as vendas de álbuns digitais superaram as de álbuns físicos pela primeira vez. O *boom* do indie foi, sem dúvida, acelerado por essas mudanças tecnológicas, à medida que artistas independentes e *singles* cativantes surgiam nas lojas de *download* digital sem nenhum suporte das rádios ou da MTV. A música estava se tornando mais personalizada – coleções de canções eram acumuladas por meio do boca a boca, com suas listas de reprodução feitas sob medida a partir de alguns cliques. A questão é que esse nível de intimidade não favorecia os álbuns completos das bandas *mainstream*, projetados para serem ouvidos como um todo, do início ao fim, como *A Thousand Suns*.

"Quando estávamos fazendo o álbum", lembrou Mike após o lançamento, "ainda nos estágios iniciais, o empresário nos sugeriu: 'Vocês poderiam fazer algo que lançássemos em partes menores? Porque todo mundo está consumindo música por música. Não poderiam fazer EPs, com três faixas, e depois repetir a cada poucos meses?'" Artistas como Lady Gaga, Usher e Ke$ha estavam lançando músicas em pacotes menores nessa época, mas, automaticamente, Mike e o restante da banda não gostaram da ideia. "Parecia que era isso que todo mundo estava fazendo", explicou. "As pessoas não fazem mais álbuns, mas nós crescemos com álbuns. Eu adoro álbuns! Portanto, vamos tentar abrir espaço para isso."

A Thousand Suns estreou em primeiro lugar na *Billboard* 200. Porém, com as vendas gerais de álbuns bastante reduzidas e "The Catalyst" não sendo tão grande quanto "What I've Done" como *single* principal, o disco foi lançado com pouco mais de um terço do número de vendas de estreia (241 mil cópias) de *Minutes to Midnight* (623 mil cópias). Enquanto a banda embarcava em outra turnê internacional, o *single* de "Waiting for the End" até teve um bom desempenho nas paradas de rock, mas não superou "The Catalyst", de modo que *A Thousand Suns* efetivamente desapareceu da cultura popular. O Linkin Park ainda era uma marca gigante que tocava em arenas ao redor do mundo, mas seu álbum mais inovador não havia conseguido produzir *singles* de sucesso, ampliar sua base de fãs ou provocar o respeito da crítica.

A verdade é que, antes de *A Thousand Suns*, o Linkin Park poderia ter refeito "What I've Done" mais oito vezes e, provavelmente, ter conseguido mais oito sucessos. "New Divide" foi a prova de que eles sabiam como criar um hit radiofônico sem grandes pretensões. Eles poderiam ter engolido sua inquietação criativa, atendido às expectativas dos fãs e facilmente se curvado às mudanças nas placas tectônicas da indústria.

Em vez disso, eles lutaram contra o sistema. *A Thousand Suns* representa uma rejeição do que eles já haviam conquistado e uma mensagem de ambição visceral – uma mensagem que permaneceria predominante em todos os seus álbuns seguintes.

"Vai levar algum tempo para as pessoas entenderem e saberem o que fazer com ele", disse Dave sobre *A Thousand Suns* antes de seu lançamento. Isso se provou verdadeiro nos anos posteriores: depois do choque inicial, o álbum desenvolveu um culto de seguidores, com muitos fãs defendendo músicas como "The Catalyst", "Blackout", "Waiting for the End" e "Iridescent" como alguns dos pontos altos da banda. Embora a maneira como o Linkin Park avançou com seu quarto disco tenha sido chocante em 2010, com o passar do tempo, ele parece cada vez mais essencial para a sua jornada como um todo.

A Thousand Suns "vendeu [menos] cópias do que nossos outros discos", afirmou Mike em 2012, "mas não se tratava necessariamente de vender cópias – tratava-se mais de levar as pessoas em uma viagem e expandir as possibilidades do que a banda poderia fazer". Essa missão foi cumprida sumariamente. Os críticos e as premiações não foram gentis com *A Thousand Suns* em seu lançamento. Vamos esperar que a história seja.

CAPÍTULO 19

É janeiro de 2012, os caras estão de volta ao NRG Studios. Chester e Brad trabalham na criação do próximo *single* de sucesso do Linkin Park, tão concentrados que mal falam uma palavra entre eles.

Chester bate com o dedo médio na lateral dos fones de ouvido, sinalizando para a sala de controle que precisa de volume. Brad está atrás das mesas, brincando com uma progressão de acordes e tentando assobiar um trecho em andamento. Ele leva essa melodia para a sala com Chester, que fecha os olhos e inclina levemente a cabeça enquanto Brad assobia a melodia "*Da-na-na-na-naaaaaaa-naaa, da da daa-daa-ba-na-na-naaa*", batendo o pé para acompanhar o ritmo.

Depois de alguns segundos, Chester abre os olhos e grunhe – ele pegou a melodia. De repente, eles se dirigem para suas respectivas posições – Chester para a cabine vocal, cantarolando em falsete, Brad para a sala de controle para gravá-lo – como patinadores artísticos repetindo uma coreografia. Enquanto Chester canta na cabine vocal, na sala de controle, Dave bate com um lápis contra a mesa, Rob se recosta em um equipamento e Joe dá um polimento no que parece ser um dragão em um caderno de desenho.

A voz de Brad se materializa no ouvido de Chester: em vez de terminar a melodia com "*ba-na-na-naaa*", ele sugere transformar essa parte em uma única sílaba crescente, "*ba-aa-aa-aaa!*". Chester logo entende e canta a nova versão de volta para Brad, cuja mão instintivamente sobe junto com a voz crescente. Os outros integrantes observam, como colegas de equipe assistindo a Brad levantar uma bola para Chester em salas separadas. Brad aponta para Chester do outro lado do estúdio em sinal de agradecimento. Ele acertou em cheio.

A ação, em grande parte sem palavras – capturada em um episódio de 2012 da LPTV, a série de longa duração na web que retrata o processo de estúdio e o estilo de vida da banda em vídeos curtos –, não é nada que os caras não tenham feito centenas de vezes no passado, uma sequência de pequenos gestos de estúdio que um dia resultariam em um hino totalmente formado. O Linkin Park ainda tinha semanas pela frente antes de terminar a música que se tornaria "Burn It Down", o primeiro *single* de seu quinto álbum, *Living Things*. A melodia que Brad e Chester estavam moldando juntos ancoraria os versos da música, mas, naquele momento, ainda não havia nenhuma letra para acompanhar.

Chester e Mike ainda precisavam se sentar lado a lado na frente de um laptop no NRG, fortalecendo os temas da música sobre ciclos tóxicos e destruição inevitável, à medida que finalizavam a letra durante um almoço mexicano. Mike sugeria "um som um pouco mais derrotado!" para Chester que, mais tarde, olhava para o verso do rap rabiscado por Mike enquanto mastigava uma maçã e apontava os trechos em que sua cadência parecia apressada. Em seguida, os dois ouviam várias tomadas vocais e distinguiam as minúsculas diferenças na interpretação, ambos acenando com a cabeça ao notarem um leve aumento de emoção, até que Chester finalmente declara: "É esta".

Há magia nessa mundanidade. Depois de mais de uma década trabalhando como uma unidade coletiva com zero mudanças na formação, os seis membros do Linkin Park desenvolveram um entendimento tão profundo das tendências artísticas uns dos outros, que as músicas eram construídas por meio de uma linguagem curta e refinada.

Como em qualquer relacionamento de longo prazo bem-sucedido, a comunicação era fundamental: ao entenderem como lidar com as habilidades e as idiossincrasias uns dos outros, os rapazes já haviam solidificado há muito tempo seus papéis individuais dentro da dinâmica maior do grupo. Esse tipo de equilíbrio exige cuidados constantes e, muitas vezes, se desgasta em bandas – há uma razão pela qual muitas das influências musicais do Linkin Park, do Public Enemy ao Red Hot Chili Peppers, do Rage Against the Machine ao Korn, terem reformulado suas formações ou feito longas pausas.

Quando Dave retomou seu posto de baixista do Linkin Park, pouco antes do lançamento de *Hybrid Theory*, os caras sabiam o que tinham. A todo custo, eles protegiam essa química, sem se importar com vieses pessoais.

"Acho que é muito importante que os jovens músicos entendam que esse é o tipo de coisa que geralmente acaba com as bandas", disse Chester, referindo-se à guerra de egos individuais em uma dinâmica de grupo. Mike acrescentou: "Quando temos um problema – e acredite, nós temos, pois sempre surgem questões em qualquer banda – podemos olhar um para o outro e dizer: 'Este é um problema, vamos resolvê-lo'. Gostamos do que fazemos como banda e não queremos nos aborrecer com nenhum aspecto disso".

No início de sua segunda década juntos, esses papéis já estavam bem definidos: Brad, que participava cada vez mais do processo de produção, trocava ideias com Mike, enquanto Rob, Joe e Dave sabiam como garantir que a música estivesse ritmicamente segura. Rick Rubin, de volta para seu terceiro álbum consecutivo na coprodução com Mike, oferecia uma nova perspectiva no retorno sobre as partes das músicas que a banda achava que estavam prontas para ser apresentadas.

E ninguém mais do que Mike conhecia os contornos da voz de Chester, a maneira de captar seu timbre para melhor exemplificar cada uma de suas palavras. "Adoro a produção vocal – eu nem sabia que era um trabalho até ter feito isso por dez anos", explicou

Mike mais tarde. "Em algum momento, alguém me perguntou se queríamos um produtor vocal em uma faixa. E eu questionei: 'O que isso significa? É algo específico para os vocais...?'. Chester disse: 'Por que contrataríamos alguém? Apenas faço isso com o Mike'".

A abordagem criativa coletiva dos membros da banda havia evoluído no início da década de 2010. A partir de *A Thousand Suns*, o Linkin Park "não estava mais fazendo álbuns e depois saindo em turnês e depois começando do zero e fazendo novos álbuns", como Mike apontou. Em vez disso, o grupo estava constantemente compondo, juntando ideias ao longo de semanas e meses. Somente quando essas ideias começavam a se consolidar, eles então entravam no estúdio e passavam a trabalhar num novo álbum. Essa mudança no processo de composição da banda marcou a fase mais prolífica do Linkin Park como artistas de estúdio: depois de fazer os fãs esperarem mais de quatro anos pela continuação de *Meteora* e mais de três após *Minutes to Midnight*, a banda lançou três álbuns entre 2010 e 2014.

Esse período iniciou-se com *A Thousand Suns*; sua continuação, *Living Things*, chegou em junho de 2012, apenas 21 meses depois. A banda sabia que precisava de algo mais parecido com um álbum que voltasse ao básico – *A Thousand Suns* era motivo de orgulho, mas também representava uma jornada por uma selva sonora. Eles queriam criar um projeto que se baseasse em suas recentes incursões de composição e, ao mesmo tempo, que reduzisse a grandiosidade da produção, o que os levou a literalmente retirarem muitos dos equipamentos de gravação de *A Thousand Suns*. O objetivo, explicou Mike, era usar apenas os sons mais importantes disponíveis: "Se você puder diminuir o número de equipamentos, poderá criar um som característico para o disco".

A nova tecnologia estava do lado da banda. O software de áudio digital havia progredido bastante na década anterior, a ponto de o Linkin Park poder compor músicas para seu quinto álbum enquanto estava na estrada divulgando o quarto. Em vez de precisarem de um enorme equipamento de estúdio nos fundos do ônibus de turnê, como na era *Hybrid Theory*, os integrantes podiam sacar seus laptops das mochilas e trabalhar com a mesma eficiência. "Estamos criando músicas novas enquanto nos deslocamos para um local de show ou no nosso quarto de hotel", disse Chester no meio da turnê de *A Thousand Suns* em 2011, "e quando voltamos, todos trabalham em suas casas."

Foi assim que "Burn It Down" surgiu: a partir de pistas sonoras individuais de um vibrante exercício de eletro-rock sob o título provisório "Buried at Sea", em 2011, ela foi aperfeiçoada com uma abordagem de estúdio mais sóbria e acabou se tornando o *single* mais radiofônico da banda em anos, em abril de 2012. A música que puxa o quinto álbum do Linkin Park se concentra na incapacidade de resistir a pegar algo intrincado e destruí-lo ("We're building it up/ To burn it down/ We can't wait to burn it to the ground",[76] Chester ruge no refrão). Fala sobre falsos ídolos na sociedade, bem como os demônios pessoais dos vocalistas. Uma ode às tendências destrutivas feita por um grupo que evitou as suas próprias.

AS PRIORIDADES PESSOAIS DA BANDA também tinham evoluído no início da década de 2010. O Linkin Park adorava apresentar seu novo material em shows, mas passou a detestar a interminável vida nas estradas. "Fazer turnê por dois anos é torturante", declarou Chester em julho de 2011, alguns meses depois que a banda cancelou uma semana de apresentações na América do Norte, quando ele ficou doente e não conseguiu reunir forças para subir ao palco. "Quando excursionávamos por dois anos, até mesmo a pessoa mais resiliente da banda, no final da turnê, estava completamente acabada."

---

[76] Estamos construindo/ Para queimar tudo/ Mal podemos esperar para queimar até o chão.

Após planejar uma agenda de turnê exaustiva para divulgar *Minutes to Midnight* – um total de 88 shows em 2007, mais 74 em 2008 –, o Linkin Park recuou um pouco durante o ciclo do álbum seguinte, com 85 apresentações distribuídas entre 2010 e 2011. Naquele momento, os seis membros estavam na casa dos 30 e poucos anos – não eram mais jovens feitos para suportar a rotina de dormir no ônibus e comer na estrada por temporadas consecutivas.

Àquelas alturas, a maior parte da banda era formada por pais: o filho de Brad e Elisa, Jonah, nasceu em 2008; no ano seguinte, Mike e Anna tiveram seu filho, Otis. Durante a turnê de *A Thousand Suns*, no primeiro semestre de 2011, Dave e sua esposa, Linsey, estavam se preparando para dar as boas-vindas à terceira filha em outubro daquele ano; no mês seguinte, Talinda Bennington deu à luz filhas gêmeas, Lila e Lily. Quando a banda encerrou a turnê de 2011, em setembro, o *baby boom* garantiu que o próximo álbum fosse criado em meio a mais fraldas sujas do que noites agitadas fora de casa.

Com as vidas familiares crescendo, menos tempo passado na estrada e mais músicas trabalhadas em seus respectivos estúdios caseiros, era natural que o quinto álbum do Linkin Park adotasse um foco lírico mais íntimo do que seu antecessor. "Escolhemos *Living Things* como título porque é um disco mais sobre pessoas", disse Mike antes do lançamento. "Nos últimos álbuns, tivemos interesse em questões globais e sociais, e essas coisas ainda estão por aí, certamente há traços delas, mas este disco é muito mais pessoal."

Sumiram os interlúdios de discursos e as meditações globais de *A Thousand Suns*, dando lugar a introspecções mais enxutas, com um quê de *single*, sobre promessas não cumpridas ("In My Remains") e relacionamentos fadados ao fracasso ("I'll Be Gone"). A primeira faixa do álbum, "Lost in the Echo", define o tom de imediato: um rap-rock compacto e eletronicamente carregado – no mesmo estilo da abertura de *Hybrid Theory*, "Papercut" – no qual Mike faz o rap "I can't fall back, I came too far/ Hold myself up, and love my scars".[77] O impacto duplo de "Victimized" e "Roads Untraveled", que dá início à segunda metade do álbum, é ainda mais revelador. Na primeira, Chester purga seus abusos passados gritando: "VICTIMIZED! VICTIMIZED! NEVER AGAIN, VICTIMIZED!".[78] Já a segunda se distancia dessa catarse perturbadora, enquanto os dois *frontmen* cantam em uníssono delicado, com Chester sussurrando: "May your love never end, and if you need a friend/ There's a seat here alongside me".[79]

O quinto álbum do Linkin Park tenta equilibrar a energia densa dos dois primeiros com a experimentação de composição do terceiro e quarto, o que resulta em uma coleção de faixas com texturas eletrônicas intensas entre seus vários ganchos. Há, notavelmente, muito sintetizador: "Burn It Down", outro hit da banda no Top 40 do Hot 100, é o ponto mais afiado do álbum, com as palavras que Chester e Mike elaboraram juntos cortando o emaranhado de melodias programadas e explosões de guitarra. Em "Lies Greed Misery", Mike solta rimas e Chester canta em batalha contra um inimigo sem rosto enquanto os acordes do teclado viram uma nuvem eletrônica de distorção programada.

Infelizmente, a redução da escala grandiosa de *A Thousand Suns* exige uma enxurrada de ganchos no mesmo nível de *Hybrid Theory* ou *Meteora*, mas as músicas de *Living Things* simplesmente não conseguem atingir esse nível de imediatismo. "I'll Be Gone" e "Powerless" lembram mais o trabalho adjacente ao grunge de Chester com o Dead by Sunrise do que forjam um novo caminho, enquanto "Until It Breaks" parece jogar o rap sorrateiro de Mike, a ponte teatral de Chester e um final estendido cantado por Brad (!) em um liquidificador de rap-metal aleatório.

---

[77]Não posso retroceder, cheguei longe demais/ Eu me garanto e amo minhas cicatrizes.

[78]VITIMIZADO! VITIMIZADO! NUNCA MAIS SEREI VITIMIZADO!

[79]Que seu amor nunca acabe, e se precisar de um amigo/ Há uma cadeira bem aqui ao meu lado.

"Castle of Glass" chega no meio de *Living Things* como uma pista falsa: um emaranhado eletrificado de sintetizadores, samples e programações, com a estrutura e as imagens assemelhando-se a algo mais próximo de um *single* country – onde Mike e Chester evocam metáforas carregadas de dor sobre curvas de rios e estrelas brilhantes. "Castle of Glass", que se originou nas sessões de *A Thousand Suns*, não funciona com nada mais em *Living Things*. É ao mesmo tempo arrebatadora e frustrante – uma fascinante toca de coelho que a banda identificou, mas não conseguiu encaixar totalmente no álbum.

Na verdade, no início do processo criativo, a banda chegou a *considerar* brevemente fazer do seu quinto álbum um projeto 100% eletrônico: o ano de 2012 foi o ápice do movimento de música eletrônica dançante (EDM), quando grandes nomes da cena, como Swedish House Mafia, Skrillex e Avicii, eram as atrações principais de festivais e influenciavam a tendência turbo-pop do *mainstream*. A ideia de um álbum de EDM do Linkin Park não parecia tão absurda – afinal, alguns meses antes, no fim de 2011, o Korn havia lançado *The Path of Totality*, uma incursão no dubstep e no drum-n-bass que contou com três colaborações de Skrillex e vários outros DJs renomados.

Admirador de muitos desses produtores, Mike revelou num bate-papo com fãs em maio de 2012 que o empresário deles havia sugerido que a banda trabalhasse com alguns artistas de EDM nos primeiros meses de composição de *Living Things*. No fim, as colaborações nunca aconteceram. Embora Mike estivesse interessado em explorar mais esse som, não queria que o Linkin Park sentisse que estava entrando na "onda eletrônica" e seguindo uma tendência.

Ele acabou satisfazendo esse desejo em *Recharged*, segundo álbum de remixes do Linkin Park, lançado em outubro de 2013. Na mesma linha de *Reanimation*, de uma década antes, *Recharged* apresentava diferentes nomes pintando seus grafites artísticos sobre as faixas originais do disco mais recente da banda. Mas, ao contrário do primeiro álbum de remixes, que era um projeto essencialmente voltado para o hip-hop, *Recharged* estava repleto de oscilações de dubstep e bass drops que definiam a EDM popular na época. Os rappers Pusha T e Bun B apareceram, mas seus *flows* foram colocados sobre faixas dançantes, cortesia dos produtores Vice e Rad Omen, respectivamente.

Recharged também conta com uma faixa original, "A Light That Never Comes", uma colaboração dance de grande porte com o produtor Steve Aoki, que soa como o remix propulsivo de uma música do Linkin Park que ainda não existe. Ela foi revelada como um prêmio desbloqueado no *LP Recharge*, um jogo de ação e estratégia gratuito lançado no Facebook um mês antes do álbum *Recharged*. Em um cenário futurista, quando o suprimento de recursos naturais da Terra se esgotou, os jogadores precisam trabalhar juntos como combatentes da Resistência para lutar contra os opressores robôs malignos e extrair novas formas de energia sustentável. Quatro dias após o lançamento do jogo, em setembro de 2012, o novo *single* do Linkin Park ficou disponível para os usuários que haviam coletado uma certa quantidade de energia no jogo, enquanto uma mensagem no site do *LP Recharge* dizia a esses jogadores especiais: "A Resistência ainda precisa de você".

As grandes batidas de "A Light That Never Comes" são perfeitas tanto para bater cabeça no quarto quanto para se sacudir nos clubes. O Linkin Park nunca havia lançado um *single* dançante como esse antes, mas sua intensidade, com o rap de Mike combinando com o ritmo da produção antes de Chester se lançar em um refrão colossal, encaixa-se perfeitamente na obra da banda. Em uma música como "A Light That Never Comes", que alcançou o top 10 da parada Hot Dance/Electronic, os fundamentos do rock pesado do Linkin Park eram quase irreconhecíveis. Mike continuava a empurrar a banda para um território criativo desconhecido. E o restante do grupo continuava confiando nele para fazer isso.

ANTES DO LANÇAMENTO de *Living Things*, Mike observou que o ciclo de divulgação do álbum foi o mais intenso desde *Meteora*, uma vez que a banda priorizou a expansão para novas plataformas. A programação incluiu uma caça ao tesouro de várias semanas, em cinco continentes, voltada para os fãs mais radicais; uma parceria com a NBA, por meio da qual "Burn It Down" foi a trilha sonora dos *playoffs* daquele ano no canal TNT; acordos com a Fórmula 1 e a Eurocopa, que levaram o grupo ao exterior para eventos esportivos e festivais; e uma extensa campanha de várias *playlists* com um site de *streaming* sueco em ascensão chamado Spotify.

Favorecido por todas essas ações de marketing, *Living Things* estreou no topo, com um número de vendas na primeira semana comparável ao de *A Thousand Suns* e seguido de outra turnê mundial (embora com menos datas do que a anterior). A composição do sexto álbum já estava em andamento quando a banda voltou para casa, em agosto de 2013, mas alguns projetos pessoais teriam prioridade antes que ele fosse finalizado.

Enquanto Mike trabalhava em *Recharged* e ajudava a orquestrar seu lançamento com o jogo de videogame, Joe estava concluindo *Mall*, sua estreia como diretor de longa-metragem, filmada durante uma pausa de 18 dias em 2012. Baseado no romance de Eric Bogosian e estrelado por Vincent D'Onofrio, o filme desencadeia um inferno surrealista em um shopping center, onde um viciado violento, estudantes universitários problemáticos, um empresário adúltero e uma dona de casa entediada se chocam uns com os outros em uma névoa de drogas e sexo.

Mall poderia ter sido um thriller cansado e com apelo chocante lançado direto em vídeo, mas Joe impregna o filme com o mesmo senso distorcido de realidade que adquiriu ao dirigir os clipes mais sombrios do Linkin Park, de "Numb" a "Shadow of the Day". "Os videoclipes são todos experimentos em si mesmos", explicou Joe.

"As próprias músicas indicam algum tipo de estrutura que dá para seguir facilmente – você pode optar por construir uma narrativa concreta ou abstrata e depois experimentar algumas técnicas visuais para ajudar a acentuar a emoção. Então levei essa atitude para o cinema, onde o roteiro tem de ser realmente sólido, assim como uma música precisa ser sólida para que os vídeos sejam ainda melhores [do que] o que a música é por si só."

A banda serviu como uma rede de apoio para Joe quando ele começou a se aventurar pelo cinema: Mike, Chester e Dave o ajudaram a compor a música para *Mall*, junto com o baterista do Deadsy, Alec Puro. A trilha sonora inclui algumas demos mais antigas do Linkin Park e vários experimentos curtos desenvolvidos por Joe e Alec. Embora seja um material com mais apelo aos fãs de carteirinha, o projeto de 47 minutos não aparenta ser um improviso apressado. Músicas como "White Noise", um metal intenso que abre os créditos e é construído em torno de sons de um piano de brinquedo, e "It Goes Through", um zumbido eletrônico assustador que caberia perfeitamente em *Living Things* (e que pode ter sido originado durante suas sessões), funcionam como faixas do Linkin Park. A promessa de novas músicas da banda também ajudou a atrair o interesse dos fãs pelo filme quando *Mall* foi lançado nos cinemas de todo o mundo em outubro de 2014.

Chester até poderia ter sido um coadjuvante em *Mall* se quisesse – ele já havia interpretado alguns papéis pequenos ao longo dos anos, aparecendo em *Adrenalina*, de 2006, e em uma das sequências de *Jogos Mortais*, de 2010. Lembre-se: Chester cresceu acreditando que encontraria uma vida no palco do teatro antes de mudar para o palco musical. Porém, enquanto Joe trabalhava em *Mall*, ele estava ocupado com outro tipo de projeto dos sonhos.

Em uma jogada que deixou o mundo do rock atônito, Chester tornou-se o novo vocalista do Stone Temple Pilots.

"Loucura, eu digo! A loucura está acontecendo! Eu sei, é loucura, mas é verdade", disse Chester em outubro de 2013, alguns meses após substituir o antigo vocalista do STP, Scott Weiland, que havia ajudado a banda de San Diego a se tornar um ícone das rádios alternativas no mundo pós-grunge. O longo e tumultuado relacionamento entre Scott e os demais integrantes havia terminado de forma abrupta com a demissão do cantor em fevereiro daquele ano. Em maio, Chester juntou-se ao guitarrista Dean DeLeo, ao seu irmão Robert no baixo e ao baterista Eric Kretz durante um show-surpresa no evento anual KROQ Weenie Roast, em benefício do MusiCares MAP Fund da Recording Academy, voltado para músicos que precisavam de tratamento para a recuperação de dependências.

A suposição era a seguinte: Chester estava fazendo um grande favor aos caras do STP – que ele conhecia desde o Family Values de 2001 –, participando de uma apresentação especial por uma boa causa. A verdade era a seguinte: Chester e o Stone Temple Pilots estavam lançando um novo *single* no Weenie Roast, um rock deliciosamente agressivo chamado "Out of Time", e anunciaram terem reservado um tempo de estúdio juntos.

A troca de Weiland por Bennington foi surpreendente: o icônico *frontman* do STP sempre impregnou suas performances de *grooves* e *sex appeal* de um jeito que Chester nunca havia feito em toda a sua carreira. Mas a trajetória de uma década do Stone Temple Pilots, iniciada com seu disco de estreia de 1992, *Core,* estava no topo "da minha lista de músicas que definem grande parte da minha vida", disse Chester, de modo que aquela improvável atividade paralela era pessoalmente significativa demais para ser deixada de lado. E como assumir do dia para a noite as funções de um *frontman* amado como Scott – enquanto também lidava com sua *própria* banda campeã de vendas – indicava um campo minado político, Chester fez questão de que todas as partes envolvidas aprovassem a ideia, incluindo seus colegas do Linkin Park.

"Não estaria fazendo isso se não tivesse a bênção dos meus amigos, sabe?", ressaltou ele. "É a coisa mais respeitosa a se fazer. Esses caras merecem opinar sobre isso." Para Mike, que estava ocupado com a finalização de *Recharged* enquanto Chester e o Stone Temple Pilots lançavam um EP e planejavam datas de turnê, sua compreensão sobre tudo aquilo baseava-se no mesmo nível de confiança que Chester sempre lhe demonstrou quando ele tirava o som do Linkin Park da zona de conforto ou abordava um projeto paralelo como o Fort Minor. Além disso, Chester havia crescido adorando o Stone Temple Pilots, portanto Mike não iria negar a seu amigo e companheiro de banda uma oportunidade tão especial. "Entendemos que essa é uma de suas fantasias de infância que está se tornando realidade", comentou Mike sobre Chester, "e sabíamos que ele voltaria".

High Rise, o EP de estreia do Chester Temple Pilots, foi lançado três semanas antes de *Recharged*, em outubro de 2013. Um conjunto de cinco músicas enérgicas, no qual Chester adaptou sua voz para aquele estilo mais rasgado e sujo, bem característico de um disco do STP. O EP deveria ser um aperitivo para um projeto de estúdio mais robusto e Chester chegou a liderar a banda em várias turnês relativamente curtas nos dois anos seguintes. No final de 2015, entretanto, ele se despediu formalmente do Stone Temple Pilots, agradecendo à banda por permitir que ele vivesse um sonho, mas explicando que precisava de mais tempo com sua família e com o Linkin Park.

Não haveria um álbum completo do Stone Temple Pilots com Chester, assim como não haveria um segundo disco do Dead by Sunrise. Até o momento, Joe ainda não dirigiu outro longa-metragem e Mike ainda não criou um terceiro álbum de remixes. No final, esses projetos paralelos não eram tão viáveis comercialmente para os membros da banda quanto seu trabalho no Linkin Park, mas eram divertidos e criativamente gratificantes. E esse era o verdadeiro objetivo. Uma banda menos segura em sua química poderia não ter permitido desvios tão longos. Mas o centro sempre foi o Linkin Park, um lar para o qual os seis membros podiam voltar depois de um tempo fora.

"Sabe, esses caras tiveram um papel muito especial na minha vida", disse Chester sobre o Linkin Park em 2014. "E não apenas em relação à minha carreira. Quando você cresce em um relacionamento, descobre que a banda [em si] não importa. O que importa é que todos passem pela vida nas situações mais produtivas possíveis."

INTERLÚDIO

"ELES SE ARRISCARAM CONOSCO"

Travis Stever, guitarrista principal do grande nome do rock progressivo Coheed and Cambria, reflete sobre abrir para o Linkin Park em sua turnê norte-americana de 2008 — que incluiu a primeira apresentação da banda no Madison Square Garden, em Nova York — e como essa turnê mudou sua percepção sobre a performance deles no palco.

Fazendo a turnê com o Linkin Park, aprendi muito – acho que todos nós aprendemos – sobre o quanto eles realmente eram uma força. Tivemos muita sorte de excursionar com eles, pois nunca havíamos feito uma turnê como aquela. Fizemos algumas aberturas aqui e ali, mas acho que o Linkin Park foi uma das primeiras bandas realmente grandes naquele mundo a nos convidar para abrir seus shows. E quando eu digo "naquele mundo", me refiro ao fato de terem estourado, de serem um nome famoso em qualquer lugar. Pelo que me lembro, foi a primeira grande produção desse tipo da qual fizemos parte. Não dormíamos mais sobre nossos amplificadores e já não éramos alheios ao fato de que o sucesso era possível como músico, mas nunca tínhamos visto isso em uma escala como a do Linkin Park. Eles escolheram o Coheed para abrir os shows. Eles se arriscaram conosco – e isso foi muito importante.

Quando chegamos, acho que Brad foi uma das primeiras pessoas que encontramos, e ele foi muito atencioso e parecia verdadeiramente animado por nos receber. Depois conhecemos Mike e Chester; conhecemos todo mundo ao longo do dia. Só a acolhida e o entusiasmo genuíno – se você quer que eu seja sincero, aquilo foi um alívio. Quando você está lidando com feras como eles, fica [preocupado] com a chance de que seja algo do tipo: "Ei, foi o empresário que organizou isso...", sabe? Mas foram eles que nos chamaram, nos deixando confortáveis logo de cara. Ser a banda de abertura sempre será meio estranho, pois você está entrando no show de outro artista. Ele é a razão pela qual você está lá. Portanto, o fato de terem feito isso por nós foi uma lição no início das turnês. Olhamos para trás e podemos dizer: "A forma como o Linkin Park nos tratou realmente nos ajudou a saber como você deve tratar todo mundo".

Há muitos artistas, sobretudo na comunidade do metal, que dizem: "Eu tive de viver isso, lutei para criar aquilo". E esses caras estavam trazendo o hip-hop, todos bonitos, muito arrumados e educados, aí algumas pessoas diziam: "Bem, isso é uma boy band?". E tenho certeza de que, na comunidade do metal, pegaram muito no pé deles. E com o Coheed – com nossas músicas cativantes, mas também com algumas coisas mais esquisitas, conceitos em nossos discos que podiam soar um pouco socialmente estranhos – sabíamos que as pessoas poderiam nos cancelar antes de nos entenderem. E, claro, você [passa um tempo com] o Linkin Park e pensa: "Nossa, essa banda é muito séria. Todos eles são muito talentosos – individualmente e como uma unidade".

Então, como eu disse, nunca tínhamos visto uma produção como aquela. Tínhamos um pano de fundo e nosso próprio iluminador, enquanto eles tinham toda uma estrutura e produção incríveis. Quando subimos para fazer a passagem de som, ficamos olhando em volta e pensando: "Puta merda". É uma daquelas coisas do tipo "espero que possamos fazer isso algum dia!". Então você fica com aquela desconfiança: "Bem, eles vão depender de toda essa produção!". Adivinhe? Não. Eles foram lá, tocaram com vontade da mesma forma que nós, mas *também* tinham aquela produção. E essa foi uma daquelas lições – você não precisa da produção, mas, caramba, isso melhora o show. Eles poderiam tocar apenas o básico, mas estavam trazendo uma outra dimensão com essa produção, um espetáculo para ser visto.

Em relação ao público, o [Linkin Park] tocava aqueles primeiros sucessos, então você tinha uma multidão enlouquecida, cantando cada palavra dessas músicas e já tendo digerido a maior parte do novo material também. Então, olhando para todo o conjunto – desde a produção à apresentação e o público – pensamos: "Ok, essa banda nunca vai acabar".

Em outra ocasião, eles nos chamaram para ajudar depois do [furacão Katrina] em Nova Orleans, onde estavam reconstruindo. Nós fomos depois que eles nos convidaram para passar um dia com a Habitat for Humanity. As duas bandas não só fizeram doações, como estiveram lá e trabalharam em uma casa naquele dia. Claro, eu não acho que os pregos que eu estava colocando foram de grande contribuição – acho que as pessoas olhavam para nós e pensavam: "Sabe de uma coisa, podemos fazer muito melhor sem vocês aqui", haha. Mas queríamos ajudar, e o [Linkin Park] era assim. Isso também foi outra lição: se você pode estar aqui em cima se apresentando, com todas essas pessoas realmente valorizando a sua arte, se você está ganhando a vida fazendo isso, então retribua. Isso é algo que eles claramente defendiam.

Fico frustrado quando as bandas são atiradas em qualquer época ou rotuladas como a "moda" do momento. O Linkin Park ser rotulado apenas como nu metal é um desserviço a toda a arte que eles criaram, porque eles fizeram muitas coisas diferentes. Seria o mesmo que pegar certos grupos e dizer: "Ah, eles são apenas indie rock" ou "Eles são apenas uma banda emo". O Linkin Park criou um som único que, na verdade, é fruto de vários sons diferentes. A prova disso está no longo tempo que conseguiram se manter relevantes.

Se você pegar uma faixa como "Numb" – a música era para aquele período e representava o que o Linkin Park era naquela época. Mas se você analisar o processo de todos os anos em que a banda esteve por aí, ela evoluiu, mudou. Eles tinham todos esses sons diferentes, mas ainda eram o Linkin Park. E isso foi uma lição para mim sobre evolução – que não se pode tirar conclusões precipitadas, que não se pode fazer suposições sobre o que está enfrentando ou para onde um artista pode ir. Fiquei muito impressionado com eles e percebi como eram extremamente talentosos. Mas, na verdade, o talento nem era o principal. O importante era o quanto eles eram inovadores.

A banda em 2000
(*Mick Hutson/Redferns*)

Mike e Chester em novembro de 2000
(*Al Pereira/Michael Ochs Archives*)

Chester se apresentando em fevereiro de 2001
(*Scott Harrison/Hulton Archives*)

Mike e Brad no Ozzfest em junho de 2001 (*Scott Gries/Getty Images Entertainment*)

Dave no KROQ Weenie Roast em junho de 2001 (*Steve Granitz/ WireImage*)

Joe em um show em 2001 (*Kevin Mazur/WireImage*)

A banda posa no MTV Video Music Awards de 2001 (*Dave Hogan/Getty Images Entertainment*)

Chester e Mike se divertem nos ensaios do VMAs de 2001
(*Frank Micelotta Archive/Getty Images Entertainment*)

Brad se apresentando em fevereiro de 2002 (*Scott Harrison/Getty Images Entertainment*)

A banda exibe seu Grammy em fevereiro de 2002 (Lee Celano/AFP)

Chester comandando a multidão em julho de 2003
(*John Atashian/Getty Images Entertainment*)

Recebendo um Astronauta de Prata no VMAs de 2003
(*Christopher Polk/Film Magic*)

A banda passeando em Hong Kong em junho de 2004
(*Peter Parks/AFP*)

Mike dividindo o palco com Jay-Z em fevereiro de 2005
(*John Shearer/WireImage*)

Jay-Z, Paul McCartney e Chester dominando o palco do Grammy em 2006 (*Kevin Mazur/WireImage*)

Mike com a arte de seu álbum do Fort Minor em uma galeria em 2006 (*John Shearer/WireImage*)

Rob se apresentando em agosto de 2008 (*Avalon/Hulton Archive*)

Mike e Chester brincando em maio de 2007
(*Stephen Lovekin/WireImage*)

Mike refletindo durante o show do Linkin Park & Friends Celebrate Life em outubro de 2017 (*Christopher Polk/ Getty Images Entertainment*)

Chester se apresentando em maio de 2017
(*Santiago Bluguermann/Latin Content Editorial*)

CAPÍTULO 20

Durante anos, Chester nunca parou para pensar na influência do Linkin Park no mundo do rock. Ele sempre esteve ocupado demais com o próximo show, álbum e/ou projeto paralelo para ficar parado e refletir sobre o impacto cultural deles no panorama geral.

Mas então, numa tarde, após a banda se apresentar em um palco menor do que o usual num festival desconhecido, tudo se encaixou – e a consciência o atingiu com força total. E não foi só uma lâmpada se acendendo na sua mente, mas uma enxurrada de vozes que finalmente o fez parar e pensar.

Em 22 de junho de 2014, o Linkin Park fez um show-surpresa no Vans Warped Tour, um festival itinerante anual que servia de ponto de encontro para dezenas de artistas de rock todo o verão desde 1995. A banda nunca havia se apresentado no Warped antes – eles tinham estourado tão rápido com *Hybrid Theory* que ultrapassaram o status de banda de abertura; além disso, o festival sempre foi mais voltado para o pop-punk e o emo do que para o rap-rock. Naquele ano, no entanto, eles concordaram em participar de um show especial em Ventura, nos arredores de Los Angeles. O Warped Tour havia sido criado para bandas promissoras e jovens o suficiente para fazer shows por 40 dias seguidos num calor escaldante. Portanto, para o Linkin Park em 2014, um evento especial único era mais o seu estilo.

A banda tocou sete músicas num palco relativamente pequeno que eles mesmos trouxeram para Ventura, diante de uma plateia lotada que soube da apresentação-surpresa somente no dia anterior ao show. Durante cada música, o Linkin Park recebeu um artista diferente do *line up* do Warped daquele ano para se juntar a eles no palco: Ryan Key, do Yellowcard, cantou com ternura o verso de abertura de "What I've Done"; Nate Barcalow, do Finch, se jogou com tudo na ponte de "One Step Closer"; Tyler Carter e Michael Bohn, do Issues, harmonizaram em "Faint"; e, para o final, Machine Gun Kelly misturou "Bleed It Out" com sua música "What I Do".

Quando o Linkin Park observou o público do Warped Tour, viu um grande número de adolescentes e jovens de 20 e poucos anos – pessoas que eram crianças quando a banda começou e talvez até alguns moleques que nem tinham nascido antes de *Hybrid Theory*. Ao longo do dia, o grupo também ouviu repetidamente dos seus convidados no palco e de outros artistas do Warped em sua órbita: eles sempre ouviram Linkin Park, sua música foi influenciada pelo Linkin Park, eles aprenderam a existir na indústria graças ao Linkin Park.

"Eu sempre senti que éramos os novatos, mesmo após cinco discos", explicou Chester mais tarde. "Porque não parece que já faz *tanto* tempo assim. Temos trabalhado e trabalhado e, por isso, tudo passou muito rápido."

Chester finalmente se deu conta disso no Warped Tour quando ouviu todos esses artistas falarem sobre a longa sombra do Linkin Park: com 15 anos tendo se passado num piscar de olhos, eles agora eram o grupo veterano, aqueles que tinham influenciado a nova geração. "Literalmente, todos os jovens, todos os adultos, todos os pais – todos os avós! – que eu conheci naquele dia diziam: 'Eu cresci ouvindo a música de vocês' e 'Eu não estaria aqui, nesta banda, se não fosse por vocês.'"

O engraçado é que, cinco dias antes dessa apresentação-surpresa, o Linkin Park havia lançado um álbum projetado para os corpos jovens e agitados dos *mosh pits* do Warped Tour, o que o motivou, em parte, a querer participar do evento. *The Hunting Party*, seu sexto álbum, troca as bordas mais suaves e os impulsos eletrônicos dos dois discos anteriores por uma avalanche de guitarras, mas não dá para conceituá-lo como um álbum "de volta às raízes", afinal o Linkin Park nunca havia feito um disco tão pesado.

O sucessor de *Living Things* começou a tomar forma enquanto Mike trabalhava em *Recharged*: o álbum inicialmente teria uma sensibilidade eletro-pop, dando continuidade à progressão natural que a banda vinha fazendo ao longo de vários discos. Mike então entrou em pânico, notando que tudo estava muito próximo do que a banda já havia feito. "Estou fazendo exatamente a mesma coisa!", ele percebeu. Sentindo-se compelido a sair daquela zona criativa, ele passou a esboçar uma mudança radical em direção ao rock cheio de guitarras agressivas, escuridão visceral e metal alternativo puro sangue.

Para fazer o álbum, o Linkin Park deixou para trás o NRG, seu estúdio de longa data em West Hollywood, mudando-se para o Larrabee Sound e o EastWest, na área metropolitana de Los Angeles. Eles também decidiram, pela primeira vez desde *Meteora*, não trabalhar com Rick Rubin (que já estava muito ocupado com projetos do Black Sabbath, Eminem e Ed Sheeran, entre outros). Dessa vez, Mike iria coproduzir com Brad para manter tudo dentro do grupo. Dave explicou que, quando a banda chegou a um certo ponto de *The Hunting Party* no qual "tradicionalmente chamaríamos o produtor para ver o que ele acha", eles simplesmente continuaram o trabalho entre os seis, confortáveis o suficiente com o material para abrir mão de uma perspectiva externa. "Brad deu um grande passo no estúdio", acrescentou Dave, "não apenas tocando, mas também produzindo o disco e ajudando a organizar o processo."

Todos os membros da banda precisavam de uma mudança de ritmo, que acabou proporcionada por *The Hunting Party*. Brad há muito tempo vinha perdendo o interesse em tocar guitarra em meio a tantas produções baseadas em eletrônica. Mike então o incentivou a reacender a paixão que ele havia desenvolvido quando era adolescente e se maravilhava com a destreza técnica do Metallica em seu quarto. Enquanto isso, Dave rememorou os gigantes do pós-hardcore At the Drive-In, inspirando-se a criar linhas de baixo que os ouvintes pudessem ficar obcecados, assim como ele tinha ficado com as do clássico de 2000, *Relationship of Command*.

Chester certamente se sentiu em casa em um projeto de rock mais bombástico: "Para mim, a música pesada é a mais fácil de compor, porque foi isso que eu cresci ouvindo", declarou. Já Rob queria se desafiar como baterista de modo geral: gravar as passagens rápidas de *The Hunting Party* foi tão desgastante fisicamente que ele precisou levantar pesos e trabalhar com um personal trainer para acompanhar cada música. "Ele parou num quiroprático", disse Mike com uma risada, "pois machucou a coluna tocando bateria."

O resultado final é um álbum do Linkin Park que soa como aquele tipo de desvio normalmente reservado aos seus projetos paralelos. A banda claramente se divertiu demais tocando as músicas mais sujas e de forte impacto do repertório de *The Hunting Party*, ainda que a composição não chegue ao nível de seus trabalhos mais marcantes.

Algumas das faixas de *The Hunting Party* são totalmente ousadas. Há um metal propositalmente desorientador com efeitos de voz robótica ("Keys to the Kingdom"), um punk destruidor de dois minutos sobre atrocidades globais ("War") e um encerramento vagamente defensivo com um trabalho virtuoso de guitarra e bateria que se tornou a música mais longa da banda ("A Line in the Sand"). Também há, pela primeira vez, artistas convidados em um álbum do Linkin Park. Tom Morello, do Rage Against the Machine; Daron Malakian, do System of a Down; e Page Hamilton, do Helmet, aparecem em *The Hunting Party* como uma forma de a banda homenagear e se divertir com alguns de seus ídolos e colegas mais talentosos.

O espírito de gravar um disco "para nós, e não para os outros" é encapsulado pelo *single* de estreia "Guilty All the Same": o Linkin

Park optou por preceder seu sexto álbum com uma faixa thrash confusa, de quase seis minutos, sobre ganância corporativa, com uma introdução de arrepiar e um verso inesperado do deus do rap de Nova York, Rakim. "Guilty All the Same" faz "The Catalyst" se parecer com "Jessie's Girl" – o que prova o teor anticomercial da escolha do primeiro *single*.

Mas, naquele único Warped Tour, quando a banda foi acompanhada pelos membros do grupo de metalcore The Devil Wears Prada, "Guilty All the Same" ressoou com *riffs* prontos para o *mosh* e intensidade tempestuosa, colocada, como estava, no meio de um *set* cheio de sucessos mais antigos. Era como se a banda estivesse declarando, diante de fãs e grupos mais jovens: "*Ei, nós podemos acompanhar essa juventude também*".

"GUILTY ALL THE SAME" "era ROCK demais para as rádios", Chester tuitou em 2017, muito depois de o ciclo de *The Hunting Party* ter sido encerrado sem cerimônias e o álbum se tornar o primeiro do Linkin Park a não posicionar um *single* sequer no Hot 100.

A banda compreendeu, desde o início da divulgação, que um álbum tão cru e alérgico ao pop seria difícil de emplacar comercialmente. Embora seu lançamento tenha contado com um marketing tão robusto quanto o de *Living Things*, *The Hunting Party* acabou sendo o primeiro disco do Linkin Park desde *Hybrid Theory* a não chegar ao topo da *Billboard* 200, estreando em terceiro lugar. Na esteira de "Guilty All the Same" previsivelmente não ter se popularizado nas rádios, os *singles* subsequentes, mesmo um pouco mais cativantes, como o grito atmosférico "Until It's Gone" e o rap-metal "Wastelands", não tiveram sorte melhor.

Em uma carreira repleta de sucessos impressionantes, especialmente no que diz respeito às rádios, *The Hunting Party* significou a primeira vez que o Linkin Park foi excluído em todos os formatos. Seria difícil ouvir "Guilty All the Same" ao sintonizar sua estação de rock local em 2014. Mas, curiosamente, é bem provável que você ouvisse algumas bandas que soavam muito parecidas com o Linkin Park clássico.

Alguns meses antes do lançamento de *The Hunting Party*, "Radioactive", do quarteto de rock de Las Vegas Imagine Dragons, fez história. Depois de ser lançado em seu álbum *Night Visions*, de 2012, o *single* registrou 77 semanas no Hot 100 no início de 2014. A música superou o recorde anteriormente estabelecido por "I'm Yours", de Jason Mraz, e se tornou o hit com maior permanência no Hot 100 ao longo de sua história de 55 anos (tendo alcançado, por fim, 87 semanas na parada)[80].

O Imagine Dragons tinha conquistado um lugar no *mainstream* com seu hit folk "It's Time". Foi "Radioactive", porém, quem realmente virou o jogo – alcançando a terceira posição no Hot 100 ao ser adotado pelas rádios pop, transformando *Night Visions* em um sucesso multiplatinado e, por fim, tornando-se uma das 40 maiores músicas de toda a década. E a influência do Linkin Park em "Radioactive" é inconfundível.

Como um hino eletro-rock com uma boa dose de dubstep, imagens pós-apocalípticas e um gancho pop gigantesco, "Radioactive" acumula os sons e os temas que o Linkin Park tinha explorado em *A Thousand Suns* e *Living Things* e os reconfigura num uivo forte e inegável. "Radioactive" não era um rap-rock, mas tornou-se um no Grammy de 2014, quando o Imagine Dragons se apresentou ao lado de um rapper em ascensão chamado Kendrick Lamar, fazendo um *mash-up* de seu hit com uma música dele, "m.A.A.d city". A parceria foi disponibilizada como um remix após a cerimônia de premiação, um "Numb/Encore" para uma nova geração.

---

[80]A permanência campeã de "Radioactive", do Imagine Dragons, no Hot 100 foi posteriormente ultrapassada por The Weeknd, cujo *single* "Blinding Lights" ficou 88 semanas na parada, mantendo o recorde até hoje. (N. da P.)

Ao longo da trajetória comercial do Imagine Dragons na década seguinte – quando o vocalista Dan Reynolds começou a fazer mais rap em hits como "Believer" e "Whatever It Takes" e seus colaboradores variavam de artistas de hip-hop, como Lil Wayne e J.I.D., a produtores eletrônicos, como Kygo e Avicii –, a capacidade da banda de combinar elementos diversos em seu rock acessível ajudou a conquistar novos públicos e a mantê-los onipresentes em diferentes plataformas. O Linkin Park foi uma influência fundamental nessa habilidade, pois fazia parte do DNA sonoro do Imagine Dragons. "O Linkin Park foi e sempre será uma das maiores bandas da nossa geração", reconheceu Reynolds no Twitter em 2018. "Foi o grupo que me ajudou a passar por muitos anos sombrios na minha adolescência."

Enquanto o Linkin Park percorria a América do Norte, a China e a Europa divulgando *The Hunting Party* durante o verão de 2015, outro grupo de rock que priorizava o rap estava se transformando na maior nova banda das emissoras de rádio alternativas. O Twenty One Pilots, uma dupla de Columbus, Ohio, que precisou de quatro álbuns para desenvolver uma base de fãs e chegar ao topo das paradas, não é um descendente direto do som do Linkin Park – certamente há rap-rock em seu disco de 2015, *Blurryface*, mas também vocais emo, refrãos de pop punk e até mesmo uma produção de dub com *groove*. E, ao contrário de Dan Reynolds, do Imagine Dragons, cuja clara distinção entre o canto forte e o rap ágil lembrava as abordagens divididas de Chester e Mike, Tyler Joseph, do Twenty One Pilots, faz um rap de uma maneira mais coloquial, como se suas melodias precisassem acelerar em rimas para que ele conseguisse transmitir mais pensamentos por minuto.

Ainda assim, é difícil não ver o impacto lírico do Linkin Park nos maiores sucessos do Twenty One Pilots, que dominaram totalmente os gêneros de rock num período de 18 meses e transformaram a dupla em *headliner* de arenas. "I just wanna stay in the sun where I find/ I know, it's hard, sometimes!/ Pieces of peace in the sun's peace of mind",[81] Joseph canta na abertura de "Ride", um sucesso com toques de reggae cujo tema de encontrar propósito em meio a pensamentos de morte remete a uma canção como "Somewhere I Belong". "Heathens", que estourou em 2016 na trilha sonora de *Esquadrão Suicida*, é um sombrio hino dos excluídos, onde o trauma emocional que o Linkin Park vinha explorando há mais de uma década se torna um gesto de compreensão e, depois, de solidariedade. "Please don't make any sudden moves", Joseph canta num tom melancólico, "you don't know the half of the abuse".[82]

"Stressed Out", o mais onipresente dos *singles* de sucesso do Twenty One Pilots, concentra-se em ansiedades pessoais – o que não é uma surpresa, dado o seu título – e foi um exemplo do tipo de discussão explícita sobre saúde mental que, após as músicas do Linkin Park quebrarem barreiras, passou a ganhar espaço tanto no rock *mainstream* quanto nas rádios pop. O Twenty One Pilots já vinha cantando sobre saúde mental muito antes de fazer sucesso com *Blurryface*, e, com o fim dos dias de macho alfa do pós-grunge e do nu metal, essa composição sem reservas ajudou a transformá--los em estrelas. Embora o Twenty One Pilots estivesse abordando questões pessoais diferentes dos temas do Linkin Park, suas análises sinceras sobre autocrítica e solidão se conectaram de forma semelhante com ouvintes de todas as idades.

Na verdade, é possível traçar uma linha direta entre o grito de Chester em "Crawling", de 2000, "I've felt this way before, so insecure",[83] e o rap de Joseph em "Stressed Out", de 2015, "I was told, when I get older, all my fears would shrink/ But now I'm insecure,

---

[81]Eu só quero ficar no sol, onde encontro/ Eu sei, é difícil às vezes/ Pedaços de paz na paz de espírito do sol.

[82]Por favor, não faça nenhum movimento brusco/ Você não sabe nem metade do abuso.

[83]Eu já me senti assim antes, tão inseguro.

and I care what people think".[84] Embora altamente vulneráveis, esses sentimentos não eram incomuns para os ouvintes e repercutiram por várias gerações – combinadas, essas duas músicas foram ouvidas mais de dois bilhões de vezes no *streaming*.

Portanto, ainda que *The Hunting Party* possa ter sido um grito de megafone que não causou impacto no *mainstream*, basta olhar para as maiores bandas de rock na época de seu lançamento para ver que a influência do Linkin Park estava mais viva do que nunca.

PARA SEU CRÉDITO, O LINKIN PARK não estava tentando imitar as perspectivas de bandas como Imagine Dragons e Twenty One Pilots em meados da década de 2010. Não havia sentido em ser "agressivo por ser agressivo", como disse Mike, ou buscar o próximo hino de angústia *millennial*.

"Somos adultos de 37 anos fazendo um disco barulhento", explicou Mike antes do lançamento de *The Hunting Party*. "E o que deixa uma pessoa de 37 anos irritada é diferente do que nos deixava irritados naquela época."

A música mais completa de *The Hunting Party* é o exemplo perfeito do que Mike quis dizer. "Mark the Graves" combina com sucesso a estética do rock pesado que a banda buscava no disco, por meio de uma introdução thrash prolongada que nunca perde a energia, com uma performance comovente de Chester, na qual ele luta entre deixar o trauma enterrado no passado ou explorá-lo dolorosamente para entender melhor o futuro. "No trace of what remains/ No stones to mark the graves/ Only memories we thought we could deny",[85] ele lamenta, com o zumbido da guitarra cortando

---

[84]Me disseram que, quando eu ficasse mais velho, todos meus medos diminuiriam/ Mas agora sou inseguro e me preocupo com o que os outros pensam.

[85]Nenhum vestígio do que continua/ Nenhuma pedra para marcar os túmulos/ Apenas lembranças que achávamos que poderíamos negar.

seu conflito antes de a música se abrir para o grito gutural do refrão. É uma fúria madura: enquanto "Stressed Out", do Twenty One Pilots, fica tensa ao considerar um futuro incerto, "Mark the Graves" tenta processar um passado incômodo e as dores do arrependimento, como uma terapia que permite que o ouvinte grite junto.

"Mark the Graves" não foi lançada como *single*, nunca entrou no *setlist* durante a turnê de divulgação do álbum e é uma das faixas de menor repercussão de um dos projetos de menor repercussão da banda. Mesmo assim, como toda música do Linkin Park, ela tem seus defensores ferrenhos.

Em 2020 – durante uma das muitas transmissões feitas por Mike no Twitch durante a pandemia, quando passava horas mexendo em novas músicas e conversando ao vivo com os fãs –, ele comentou que tinha ouvido "Mark the Graves" recentemente. Isso porque "um grupo de fãs peruanos do Linkin Park fez uma espécie de torneio de músicas da banda", explicou. Algumas pessoas no Peru ficaram indignadas, pois "Mark the Graves" não entrou na tal disputa on-line, então Mike tocou a música seis anos após seu lançamento. Depois de ouvi-la novamente, ele confirmou: sim, ainda é uma de suas favoritas do disco.

O torneio de fãs no Peru demonstrou até onde o alcance do Linkin Park tinha chegado, o que não deixava de ser uma consequência do fato de eles nunca terem perdido a conexão com os fãs desde 1999, quando enviavam MP3s de seus esboços para jovens em salas de bate-papo e mercadorias pelo correio do apartamento de Rob. A partir de 2001, o Linkin Park Underground cresceu junto com o Linkin Park como um fórum para dissecar cada segundo de música, analisar e arquivar as minúcias das turnês, focar os detalhes significativos e, então, ampliar para os temas gerais que uniam a base de fãs.

Os álbuns do *LP Underground*, que foram enviados por 16 anos consecutivos, funcionaram como uma espécie de saudação secreta entre os ouvintes mais dedicados: os fãs que se aprofundavam na discografia do Linkin Park podiam comparar as demos e as diferentes versões e então debater as peculiaridades ao vivo e os remixes com outros fãs obsessivos que pensavam parecido. E, para seu crédito, há vários momentos significativos nos álbuns do *LPU*, muitos dos quais podem atualmente ser acessados no YouTube.

"Primo", uma versão de quase seis minutos de "I'll Be Gone", de *Living Things*, lançada no *LP Underground XIII*, de 2013, continua sendo uma demo adorada graças à sua propulsão estendida e aos seus delicados detalhes. Há também "Pale", um instrumental assombroso gravado durante as sessões de *Minutes to Midnight*; "Symphonies of Light Reprise", uma pungente reinterpretação acústica de "The Catalyst"; "Chance of Rain", uma canção eletro-pop descontraída com uma performance vocal adoravelmente contida de Chester; além de inúmeras outras para explorar e abraçar.

A partir de 2010, os fãs começaram a planejar encontros durante as datas de turnê da banda. Chamadas de LPU Summits, essas conferências informais ocorreram em Londres, Sydney, Tóquio e Chicago, entre outras cidades, com o Linkin Park brindando os encontros do grupo com apresentações acústicas únicas, destinadas aos fãs mais devotos. A LPU continua sendo uma comunidade ativa até hoje, com um servidor no Discord, boletins informativos, loja de produtos e mais de uma década de músicas exclusivas para os membros novos e antigos desfrutarem.

No entanto, como qualquer fandom hardcore agrupado dentro de um público convencional, o Linkin Park Underground continua sendo apenas uma facção de uma base muito mais ampla – inúmeros admiradores e apreciadores em todos os cantos do planeta, muitos dos quais conhecem apenas os maiores sucessos enquanto vários outros adoram se manifestar publicamente em apoio a um projeto esotérico como *The Hunting Party*.

O fandom do Linkin Park evoluiu naturalmente ao longo dos anos, acompanhando a banda, seu som e o mundo ao redor deles.

Alguns céticos que inicialmente descartaram *Hybrid Theory* como nu metal se converteram com o passar de alguns discos. As discussões "Qual é a sua música favorita DESTE álbum?" saltaram das caixas de mensagens instantâneas do AOL para os fóruns do MySpace e, depois, para os tópicos do Reddit ao longo do tempo. A comunicação tem sido crucial em cada iteração do fandom do Linkin Park, assim como era dentro da banda. Debates, sugestões, lembranças de experiências e explosões gerais de paixão ainda circulam nas discussões on-line e presenciais. Perguntas como "Qual música tem mais significado para você?" recebem dezenas de comentários no fórum oficial do LP no Reddit, enquanto declarações como "Eu me identifico mais com o Linkin Park aos 30 anos do que quando era adolescente" recebem centenas de votos positivos.

À medida que os integrantes da banda passaram de jovens de 20 e poucos anos pulando na multidão para adultos e pais, Chester, Mike, Brad, Dave, Rob e Joe sempre entenderam que manter um relacionamento respeitoso entre artista e fã era um ato de equilíbrio sagrado. Afinal, eles tinham passado seus dias pré-Linkin Park do outro lado da cerca, encontrando propósito nas músicas que tocavam repetidamente e nas bandas que assistiam da plateia. Eles conheciam, de forma intrínseca, o poder desse vínculo e faziam grandes esforços para preservá-lo, tanto pela internet quanto ao vivo. A mensagem do Linkin Park ajudou fundamentalmente cada tipo de fã de alguma forma, seja por alguns segundos de euforia no bate cabeça ou por uma vida inteira com a sensação de pertencimento.

"Fizemos *meet-and-greets* com nossos fãs todas as noites, em todos os nossos shows", apontou Chester em agosto de 2014, uns dias antes da turnê norte-americana para divulgar *The Hunting Party* e algumas semanas antes do décimo LPU Summit. "Para nós, honestamente, conhecer nossos fãs é bem tranquilo. Então, quando estamos na rua, em nossas vidas diárias, encontramos pessoas o tempo todo, todos os dias, que são fãs, e sermos acessíveis até certo ponto é muito importante para gente. Felizmente, conseguimos manter nossas vidas privadas e compartilhar nossas vidas profissionais com nossos fãs. E todo mundo tem sido muito respeitoso com isso.

"É muito legal estar no Linkin Park", continuou Chester, "e ser uma pessoa normal ao mesmo tempo."

PARTE V
O LEGADO

CAPÍTULO 21

omeça com uma admissão clara: "I don't like my mind right now".[86] O Linkin Park acendeu a faísca que gerou a música "Heavy" num dia de 2016, quando Chester entrou no estúdio, juntando-se a Mike e Brad, além dos compositores Justin Tranter e Julia Michaels. Mike perguntou como ele estava.

"Ah, estou bem", respondeu Chester. Passaram-se alguns minutos e, de repente, ele voltou a falar. "Sabe de uma coisa?", disse ele a todos. "Tenho de ser sincero. Eu *não* estou bem. *Não* estou legal. Tem muitas coisas acontecendo comigo. Eu me sinto submerso."

O que iniciou-se como um diálogo entre amigos sobre pensamentos destrutivos e ansiedades esmagadoras se expandiu para a banda e seus novos colaboradores e, por fim, qualquer pessoa que pudesse ouvir e se identificar. E essa conversa começaria a formar o *single* principal do sétimo álbum do grupo.

Em outra era, em outro disco, a confissão de Chester no estúdio talvez não tivesse sido imediatamente transformada em uma nova música, mas o Linkin Park estava mais uma vez tentando algo diferente com o sucessor de *The Hunting Party*. Normalmente, a banda começava a compor a partir de uma base musical e de uma estrutura melódica e, em seguida, adaptava a letra para combinar

---

[86]Não gosto da minha mente agora.

com a produção. Com esse projeto, no entanto, eles queriam que suas ideias líricas inspirassem suas decisões musicais.

"Nós nos concentramos quase exclusivamente na composição", disse Brad quando o álbum ainda estava em andamento, "não no som, não no gênero, não no arranjo – e sim nas palavras e melodias."

A banda traduziu as frustrações de Chester em uma música sobre se sentir preso em um ciclo indesejado de pensamentos e superar essa sequência ao identificar essas obsessões como autoimpostas, exatamente como Chester havia feito no estúdio naquele dia. Ele precisava que a primeira frase realmente se destacasse: "Para mim, o início de uma letra é muito importante", explicou. Ao contrário dos maiores *singles* da banda – "One Step Closer", "In the End", "Numb", "What I've Done", que incluem uma introdução instrumental para preparar o terreno –, "Heavy" começa essencialmente com a voz de Chester, sozinha e um pouco vacilante, como um vídeo que abre em um close extremo. Ele entra dois segundos após o início da música, quando um zumbido se transforma em silêncio; é o ruído que seu decreto inicial, "I don't like my mind right now", deseja abafar.

Nessas palavras, Chester especifica sua raiva – ele não gosta da sua *mente*, não de si mesmo, como se seu cérebro estivesse travando uma guerra com o resto de seu ser – e pronuncia o "now", exalando sua luta interna, como se a trouxesse à realidade. Chester queria fisgar o ouvinte de imediato, falar o mais diretamente possível ao seu ouvido. "O que é desafiador em uma música como essa", esclareceu, "é que você tem muito menos palavras. Portanto, cada uma delas pesa mais. E se você usar as palavras certas, sinto que há uma poesia nelas que transmite seu fluxo de pensamento de uma forma maior do que a frase que você teria dito, sabe?"

A razão pela qual cada palavra tem tanta importância: todas as linhas da música foram lapidadas até se tornarem uma dor compacta sobre a sensação de estar preso a pensamentos indesejados. "Heavy" é, acima de tudo, uma música pop. É evidente a ironia no fato de o Linkin Park seguir seu álbum de rock pesado mais explosivo, *The Hunting Party*, com o *single* mais suave de sua carreira – e depois batizá-lo de "Heavy".

Mas, claro, o peso emocional do *single* mais do que justifica seu título: transformar o que é profundamente pessoal em algo descaradamente universal é o que o Linkin Park sempre fez, mas nunca com essa combinação de dor nua e crua e uma pegada irresistível de Top 40. À medida que "Heavy" avança, Chester oferece mais pontos da história de suas lutas mentais: ele gostaria de poder desacelerar as coisas, ele se deixa enlouquecer, ele continua arrastando o que o está derrubando. E faz isso com melodias suaves sobre programações atmosféricas e estalos de dedos. Na primavera de 2017, ouvir "Heavy" nas rádios pop e sentir-se arrebatado pela devastação de Chester cantando "I'm holding on/ Why is everything so heavy?"[87] parecia um golpe eficaz.

Talvez *One More Light*, o sétimo álbum da banda, sempre estivesse destinado a ser muito mais cativante do que a teatralidade à *Guitar Hero* de *The Hunting Party*. O Linkin Park se dedicou mais às letras e aos ganchos que guiaram o disco do que aos *riffs* e às batidas, mas, segundo Mike, os caras estavam acostumados a "reinventar a banda até certo ponto" a cada projeto sucessivo desde *Minutes to Midnight*, uma década antes. *The Hunting Party* foi uma correção de curso após a eletrônica mais digerível de *Living Things*, que, por sua vez, foi uma mudança em relação à extensa tapeçaria sonora de *A Thousand Suns*. "Para que cada álbum seja realmente interessante e divertido de fazer, para mim, é preciso aprender alguma coisa", explicou Mike.

Após a turnê do disco *The Hunting Party*, encerrada no outono de 2015, Mike passou um tempo em Londres reunindo-se com alguns compositores britânicos para ouvi-los falar sobre

---

[87]Estou segurando as pontas/ Por que tudo é tão pesado?

seus processos. Entre eles, Justin Parker, que tinha coescrito "Video Games" com Lana Del Rey, e Eg White, coautor de "Chasing Pavements", de Adele. O Linkin Park sempre trabalhou suas músicas a salas fechadas, com exceção dos poucos artistas convidados em *The Hunting Party*. Por muito tempo, a banda havia resistido às tendências, mas, no fundo, a ideia de colaborar com novos criadores de sucessos e receber um impulso comercial podia ser intrigante. E Mike também estava genuinamente empolgado com a arte, mais do que com os resultados – ouvir essas mentes experientes de estúdio descreverem seus métodos e imaginar como essas técnicas poderiam contribuir para a estética da banda. "É como ter mais ideias na sala", explicou.

Como resultado, mais de uma dúzia de colaboradores externos são creditados em *One More Light*, incluindo alguns dos mais prolíficos compositores pop da indústria – JR Rotem, Jesse Shatkin, RAC e Ilsey Juber, além de Parker e White. A presença de Michaels e Tranter como coautores de "Heavy" representou um prenúncio da drástica mudança do álbum, distanciando-se do rock pesado em favor de um som mais comercial e acessível. Quando, em janeiro de 2017, Julia Michaels conquistou um hit pop próprio com o *single* igualmente autocrítico "Issues", ela e seu parceiro de composição, Tranter, já tinham créditos nos encartes de álbuns de Britney Spears, Nick Jonas e Fifth Harmony antes de trabalhar com o Linkin Park. Em 18 de maio de 2017 – um dia antes da chegada de *One More Light* –, Selena Gomez lançou o *single* "Bad Liar", escrito por ninguém menos que Michaels e Tranter.

Como se suas contribuições nos bastidores não gritassem "*mainstream*" alto o suficiente, "Heavy" também contou com uma participação especial ao lado de Chester: Kiiara, a cantora e compositora de pop alternativo que havia, aos 20 anos, obtido um inesperado hit no top 20 do Hot 100 com seu *single* de 2015, "Gold". Em vez de deixar Chester lutando sozinho com seus pensamentos, a banda moldou "Heavy" como um dueto, o primeiro em toda a carreira da banda com uma vocalista feminina, que, quando *Hybrid Theory* foi lançado, tinha só cinco anos de idade.

Após o desempenho decepcionante de *The Hunting Party*, talvez "Heavy" tivesse se tornado uma mistura forçada e excessiva, com tantos colaboradores e uma intenção tão evidente de *crossover*, se o desabafo de Chester no estúdio não tivesse servido de base. Naquele ponto, ele e seus companheiros já eram veteranos em traduzir esse espírito bruto em uma música com a qual milhões de pessoas pudessem se relacionar. E fariam isso mais uma vez com um *single* pop acessível e genuinamente tocante.

"Heavy" atingiu ouvintes nos formatos rock, alternativo, pop e adulto Top 40, além de acumular centenas de milhões de *streams*. A música se tornou o maior sucesso do Linkin Park em meia década, preparando o terreno para o que provavelmente seria a incursão musical mais audaciosa e o álbum mais pessoal da banda até então.

Em fevereiro de 2017, poucos dias após o lançamento de "Heavy", Chester foi questionado sobre a inspiração por trás da frase de abertura da música durante uma entrevista na rádio KIIS-FM com JoJo Wright. O vídeo da entrevista exibe Chester, com a cabeça raspada, barba por fazer e uma camisa xadrez vermelha abotoada até o colarinho, procurando palavras no estúdio de rádio bem-iluminado, tentando transmitir as circunstâncias que o fazem pensar demais, mas sem conseguir encontrar a forma certa de se expressar.

Por fim, ele aponta os dois dedos indicadores para as têmporas, batendo suas pontas na cabeça, e se inclina para o microfone. "Este lugar aqui?", Chester diz para o DJ da rádio, com o dedo firmemente na lateral da testa. "Este crânio bem aqui, entre minhas orelhas? Ele é uma vizinhança *ruim*, e eu não deveria ficar lá sozinho!" JoJo dá uma risada gostosa, como se seu convidado estivesse contando uma piada autodepreciativa, mas então Chester abaixa as mãos e continua falando, interrompendo o riso do DJ. "Não digo coisas boas para mim mesmo", continua ele. "Tipo, há *outro* Chester lá dentro" – dedo de volta na testa – "que quer me derrubar."

Tendo enfrentado dificuldades antes do lançamento de *One More Light*, Chester foi sincero sobre as partes mais sombrias de si mesmo que inspiraram o álbum. "Nessa época do ano passado, eu estava uma bagunça – um verdadeiro caos", disse ele a JoJo mais tarde na mesma entrevista.

Na verdade, cerca de dois anos antes de começar o ciclo de *One More Light*, Chester estava fisicamente incapaz de subir ao palco. Em 18 de janeiro de 2015, durante a passagem da banda por Indianápolis para a terceira data da turnê norte-americana de divulgação de *The Hunting Party*, Chester estava jogando basquete com os membros do grupo Of Mice & Men no dia do show. Após subir para fazer um arremesso, seu pé direito caiu em uma garrafa de água na descida, o fazendo se contorcer de dor em poucos segundos e deixar a quadra numa cadeira de rodas.

"Meu tornozelo está quebrado", disse ele a Brad algumas horas depois, apoiado entre muletas nos bastidores do Bankers Life Fieldhouse, em Indianápolis. Com os braços cruzados e provavelmente pensando no mês que restava da turnê, Brad perguntou: "Quanto tempo para se recuperar?". Chester respondeu: "Muito!", e riu de sua própria desgraça.

Ele fez uma tentativa naquela noite em Indianápolis, chegando ao encontro do LPU de scooter e usando uma bota, além de se arrastar até o palco com as muletas, que Mike tinha pintado de preto. Mas, no dia seguinte, foi diagnosticado que seu tornozelo precisava de cirurgia. As 16 datas restantes do total de 19 daquela etapa da turnê foram canceladas, e a banda preferiu não remarcar os shows. Depois que Chester encerrou seu último giro com o Stone Temple Pilots no final de 2015, o Linkin Park ficou fora da estrada durante todo o ano de 2016 – o primeiro de sua história sem nenhuma apresentação com a banda completa.

Não era novidade para Chester sofrer lesões no meio de uma turnê – em 2007, seu pulso precisou de pontos após um salto imprudente de uma plataforma durante um show em Melbourne, e, em 2011, uma cirurgia no ombro forçou a banda a cancelar um show em um festival. A questão agora é que seu tornozelo se quebrou quando ele se aproximava dos 40 anos e começava a se sentir exausto com a constante fisioterapia. Ele estava tomando remédios para reduzir os efeitos posteriores da lesão e "tendo problemas com isso, meio que voltando aos velhos hábitos", admitiu mais tarde.

À medida que a recuperação de seu tornozelo se arrastava, com seu pé direito ostentando placas e parafusos após a cirurgia reconstrutiva, Chester, irritado, preocupava-se com o fato de que todas as suas relações pessoais e profissionais estavam ficando tensas. Só uma parte da turnê com várias datas foi cancelada, mas a lesão fez Chester sentir como se um pilar de sustentação de sua vida tivesse sido removido, fazendo todo o resto parecer mais difícil. "E isso", disse ele, "me levou a uma depressão da qual foi muito difícil sair."

Os problemas de Chester haviam se multiplicado quando o Linkin Park se isolou para trabalhar no seu sétimo álbum, em 2016. Na época, seu padrasto falecera de câncer, assim como Amy Zaret, uma veterana com 25 anos de Warner Bros. Records, que tinha ajudado a banda a se apresentar nas rádios do Meio-Oeste durante seus primeiros dias. Chester também estava lidando com a culpa de ter deixado o Stone Temple Pilots sem um vocalista, especialmente depois que Scott Weiland morreu de uma *overdose* acidental de drogas em dezembro de 2015. No início do processo de composição de *One More Light,* Chester tinha até uma música em seu celular intitulada "I Hate the World Right Now". Ele sabia que grande parte de seu sofrimento era autoinfligido, mas, ainda assim, queria ser deixado em paz.

Em agosto de 2016, Chester teve uma recaída de três dias em que desmaiou por causa do álcool. Ele continuou bebendo nos meses seguintes, preso a uma espiral niilista. "Em determinado momento, cheguei a dizer a um dos meus terapeutas: 'Eu simplesmente não quero sentir nada'", confessou.

O que tirou Chester daquela neblina e o ajudou a retomar o caminho da sobriedade no início da era *One More Light* foram os mesmos recursos que ele havia mantido por anos: tratamento profissional (nesse caso, um programa ambulatorial), o amor de Talinda e de seus filhos, o apoio de seus colegas de banda e amigos e o foco num novo projeto do Linkin Park.

Apesar de seu instinto de solidão, dessa vez ele procurou ajuda e achou as conversas benéficas. Chester foi lembrado de que deveria concentrar seus pensamentos na plenitude de sua vida, não em suas falhas: "Tenho uma esposa linda, ótimos filhos, um trabalho incrível", disse ele, entusiasmado, em abril de 2017. Tendo mencionado ser um "verdadeiro caos" no início daquele ano na KIIS-FM, Chester agora começava a entrevista brilhando de orgulho ao descrever a tendência atual de sua filha de cinco anos de soltar palavrões que começam com F depois que sua primeira palavra foi *"merda"*.

Quando Chester começou a falar publicamente sobre *One More Light*, os pedaços físicos e emocionalmente quebrados de si mesmo já haviam começado a se curar. Ainda assim, essas feridas naturalmente se tornaram visíveis ao longo do processo de composição, sobretudo porque o Linkin Park priorizou a expressão lírica durante a criação do álbum. "Talking to Myself" mostra a empatia por Talinda, uma música na qual Chester adota a perspectiva dela ao tentar falar com um marido viciado ("Tell me what I gotta do/ There's no getting through to you/ The lights are on, but nobody's home",[88] ele canta). "Sharp Edges" e "Halfway Right" abordam a recusa de Chester em seguir conselhos fáceis, com a última implo-

---

[88]Diga-me o que tenho que fazer/ Não há como chegar até você/ As luzes estão acesas, mas não tem ninguém em casa.

rando ao seu eu adolescente para ir mais devagar na noite em que ele estava tão chapado que "I woke up driving my car".[89]

Para Chester, documentar esses pensamentos e essas memórias poderia ter feito *One More Light* soar como um diário angustiante, que teria sido bem doloroso de folhear repetidamente num ciclo promocional de meses. Em vez disso, ele aproveitou a oportunidade de compartilhar suas experiências e de se conectar com um número ainda maior de ouvintes. Como ele tuitou no início de 2017: "O novo disco é o meu favorito até hoje!".

É FÁCIL ENTENDER POR QUE tantos fãs do Linkin Park e ouvintes de rock pesado discordaram quando o ouviram pela primeira vez.

One More Light não é apenas um álbum pop. É uma coleção de músicas alegres para se cantar junto, com refrãos "*na na na*", ganchos vocais afinados espalhados pela produção envolvente, guitarras sobrepostas em segundo plano e nenhum grito de Chester. Sua pegajosa e acolhedora sonoridade funciona como a antítese do thrash de *The Hunting Party*, de uma forma que uma comparação de A para B faria com que ouvintes não familiarizados concluíssem que os álbuns foram feitos por duas bandas totalmente diferentes.

Uma coisa era o Linkin Park se afastar de um som antigo em um novo álbum. Outra era fazer um disco que qualquer pessoa que tenha gostado do anterior aparentemente teria de odiar.

"Não estamos tentando provocar esses fãs", disse Mike, que reconheceu que as multidões que assistiram aos shows de metal do Linkin Park 18 meses antes poderiam se sentir desnorteadas quando colocassem as mãos em *One More Light*. "Igual a todo mundo, temos diferentes estados de espírito. Há momentos em que você

---

[89] Acordei dirigindo meu carro.

quer *ouvir* músicas diferentes, assim como há momentos em que você quer *fazer* músicas diferentes."

Na época, Mike declarou enfaticamente que "o gênero está morto" – e a indústria musical estava mudando de uma maneira que, por coincidência, concordava com ele. Em 2017, o *streaming* já havia se estabelecido como a forma dominante de consumo de música: os *streams* de áudio sob demanda totalizaram mais de 400 bilhões, um aumento de 58% em relação ao ano anterior. Enquanto isso, as vendas digitais de álbuns e faixas continuavam a despencar, com o modelo do iTunes cedendo lugar ao *streaming* sob demanda do Spotify, da Apple Music e do YouTube Music.

Diferentes tipos de música ainda se encaixavam em subcategorias nessas plataformas de *streaming*, mas as linhas de gênero estavam evaporando: em vez de ficarem restritos a seções distintas nas lojas de discos, diferentes sons agora estavam disponíveis na ponta dos dedos de todos. E a rádio rock, que ajudou a catapultar o Linkin Park para o estrelato na virada do século, não era tão crucial para o engajamento do público como antes, então por que não colorir um pouco as linhas em *One More Light*?

O Linkin Park sabia que seus fãs podiam apreciar tanto o rock pesado esmagador *quanto* a música pop suave, tendo a capacidade de clicar e arrastar os dois sons para uma única *playlist* personalizada. E, de qualquer forma, não era a primeira vez que eles estavam brincando com gêneros e apelando para o *mainstream* desde que surgiram. "'In the End' é uma música pop *pura*", afirmou Chester. "Ela estava no primeiro disco e é a maior música da nossa carreira. Tem sido assim há 20 anos."

Mesmo com "Heavy" indo bem nas rádios e nas plataformas de *streaming* e o álbum caminhando rumo ao topo da *Billboard* 200 – depois que *The Hunting Party* não conseguiu atingir o primeiro lugar –, o som de *One More Light* representou um desvio tão extremo em direção ao pop que a reação imediata ao projeto envolveu muitos recuos.

Os críticos destroçaram *One More Light*, atribuindo-lhe as piores notas da carreira do grupo. A *NME* descreveu o álbum como "uma jogada comercial planejada", enquanto a *Consequence* declarou que o Linkin Park havia "abandonado completamente qualquer senso de identidade". Eles já estavam acostumados com críticas duras, mas a reação dos fãs, com alguns apoiadores de longa data perplexos com o som do disco e outros totalmente irritados com ele, provocou mágoas na banda.

"A esta altura, se as pessoas ainda não sabem que a gente pode dar uma guinada, que se danem!", declarou Chester em uma entrevista durante a semana de lançamento do álbum. Na mesma ocasião, Mike acrescentou: "Alguém que esteja inclinado a pensar: 'A banda está tomando essas decisões por motivos de marketing, financeiros ou seja lá o que for', se esse é o seu ponto de vista, então sim, vá embora. Não é assim que eu trabalho".

Ficar na defensiva sobre a motivação de *One More Light* e mandar os fãs confusos se afastarem *não* foi, decididamente, a melhor postura para a banda. Eles tinham acabado de assumir um grande risco – abrir mão do som do último álbum e deixar seus sentimentos mais íntimos guiarem o novo projeto exigiu muita coragem – e quando ouviram tanta rejeição, lamentavelmente, revidaram. O Linkin Park acreditava nesse som renovado e na sua capacidade de funcionar dentro dele, mas, mais do que isso, acreditava nessas músicas específicas e no que tinha trabalhado tão arduamente para comunicar.

E, com o passar do tempo, fica cada vez mais claro que eles não estavam errados. *One More Light* é um pouco adocicado em alguns momentos? Com certeza. Seu tipo de pop é um pouco feliz demais em vez de inovador? Sem dúvida. Mas o sétimo disco do Linkin Park também conta com alguns dos ganchos mais irresistíveis e passagens líricas mais comoventes de toda a discografia da banda. O investimento feito desde o primeiro dia na composição das músicas valeu a pena, com canções que seguem seu curso de forma eficiente antes de darem um golpe certeiro no estômago.

Um exemplo é "Battle Symphony", cujas vozes com efeitos na mixagem podem ser muito açucaradas para o gosto de algum ouvinte, mas não há como esse mesmo ouvinte deixar de se impressionar com as melodias certeiras da música e com a promessa quase de super-herói de Chester: "If my armor breaks, I'll fuse it back together".[90] O Linkin Park também trouxe Pusha T e Stormzy para "Good Goodbye" – uma faixa de rap que, à primeira vista, parece uma mudança no ritmo no repertório, até que fica claro que o gancho de Chester ("So say goodbye and *hi-i-it* the *ro-o-oad*/ Pack it up, and *disappe-e-ear*"[91]) é o tipo de melodia que fica grudado na cabeça por dias.

Também há reflexões sobre paternidade, a começar pela imagem de crianças brincando em Venice Beach na capa de *One More Light*, uma ode à vida familiar dos membros da banda. "Invisible" e "Sorry for Now" são duas faixas sobre o assunto com performances vocais inabaláveis de Mike, que se afasta do sentimentalismo para discutir seus medos e suas ansiedades como pai. "This is not black and white, only organized confusion/ I'm just trying to get it right, and in spite of all I should've done",[92] ele canta sobre as batidas dos pratos e a guitarra etérea em "Invisible", sua voz se elevando, mas nunca se quebrando, enquanto se encaminha para o refrão grandioso.

A receptividade dos ouvintes aos vários ganchos do álbum pode variar, especialmente considerando que todos eles foram escritos por diferentes colaboradores, que ofereceram suas próprias variações sobre a apresentação do Linkin Park. No entanto, os instantâneos da vida íntima dos membros da banda, desde o tumulto conjugal de "Talking to Myself" até as preocupações

---

[90]Se minha armadura quebrar, eu a fundirei novamente.

[91]Então diga adeus e pegue a estrada/ Faça as malas e desapareça.

[92]Isso não é preto e branco, apenas confusão organizada/ Só estou tentando fazer a coisa certa e apesar de tudo que eu deveria ter feito.

parentais de "Invisible" e os demônios internos de "Heavy", são entregues com verdade e precisão, com letras que capturam momentos profundamente pessoais, mas são projetadas para ir muito além deles.

A faixa-título de *One More Light*, escrita pela banda em homenagem a Amy Zaret, cristaliza essa ideia. Com elegantes componentes eletrônicos pairando ao redor de sua voz, Chester canta sobre uma luz que se apaga e por que, em "a sky of a million stars",[93] essa única luz ainda é importante.

Anos após o lançamento de *One More Light*, tentar remover a faixa-título de seu contexto maior é uma tarefa inútil. Isso é igualmente verdadeiro para a primeira música do álbum, "Nobody Can Save Me". Depois que seus *samples* vocais despertam suavemente, a voz de Chester surge através da produção abafada, mencionando nuvens de tempestade se acumulando e respostas que ainda estão por vir. A canção começa com Chester cantando "I'm dancing with my demons"[94] – uma escolha intencional para abrir o disco, segundo Mike ("Esta é uma parte realmente importante do que o álbum representa", explicou ele durante uma sessão de audição no dia do lançamento de *One More Light*).

Porém, em vez de mexer nervosamente em seus sentimentos, Chester os exibe com orgulho e sem medo. A música cresce num refrão empolgante:

You tell me it's all right
Tell me I'm forgiven, tonight
But nobody can save me now
I'm holding up a light

---

[93]Um céu de milhões de estrelas.

[94]Estou dançando com meus demônios.

*I'm chasing out the darkness, inside
'Cause nobody can save me.*[95]

"Nobody Can Save Me" é uma composição pop deslumbrante, bonita o suficiente para fazer você chorar. Era impossível ouvi-la alguns meses após seu lançamento. Ainda é difícil ouvi-la hoje. *One More Light* sempre teria um legado complicado – os membros do Linkin Park sabiam disso enquanto o compunham. E quando se tornou o último álbum com Chester, seus momentos mais triunfantes instantaneamente se tornaram ainda mais dolorosos.

---

[95]Você me diz que está tudo bem/ Diga que estou perdoado, esta noite/ Mas ninguém pode me salvar agora/ Estou segurando uma luz/ Estou perseguindo a escuridão, por dentro/ Porque ninguém pode me salvar.

CAPÍTULO 22

Na primavera de 2017, enquanto Mike estava sentado ao lado de Chester em um sofá, ele pediu o microfone que eles estavam compartilhando para poder explicar que tipo de pessoa Chester era.

Os dois estavam em Berlim, concedendo uma entrevista juntos durante a turnê promocional de *One More Light*. Chester discorria sobre seu esforço para superar suas dificuldades durante a criação do álbum – sobre ter "apenas o suficiente para me fazer querer continuar", como ele mesmo disse. Mike então quis dar um exemplo do que seu amigo estava falando. Quando Chester lhe passou o microfone e se recostou no sofá, Mike contou a história da vez em que Chester quebrou o pulso no palco, antes do ombro que precisou de cirurgia em 2011 e muito antes do tornozelo quebrado em 2015.

Isso aconteceu em Melbourne, em outubro de 2007, enquanto o Linkin Park estava em turnê pela Austrália divulgando *Minutes to Midnight*, com Chris Cornell como artista de abertura. Naquela noite, Chester pulou do topo do palco assim que as guitarras começaram em "Papercut". Seu pé ficou preso, ele caiu desajeitado e seu corpo inteiro se chocou com força contra o palco – mas, dois segundos e meio depois, ele se levantou como se nada tivesse acontecido. Quando Mike começou a cantar o primeiro verso da música, Chester já estava pulando na frente da multidão.

A banda se reuniu minutos depois. Eles estavam apenas na quinta música de um *set* de 20, com Chester certo de que tinha quebrado o pulso. Mike e os demais presumiram ter de cancelar o restante do show, diferente de Chester. "Ele disse: 'Bem... em uma hora estará tão quebrado quanto está agora'", relembrou Mike. "E nós pensamos: 'O quê?!'. Ele falou: 'Sim, é isso mesmo, vamos tocar! Está doendo pra cacete, mas vamos tocar.'"

E esse simplesmente *era* Chester, segundo Mike. Ele não permitiria que algo tão incômodo quanto um pulso quebrado o tirasse do palco. Ele iria ultrapassar cada novo obstáculo, pois foi o que fez durante toda a vida. "Ele é o tipo de pessoa", concluiu Mike, "que vai conseguir superar qualquer coisa."

Para quem o conhecia melhor e para o mundo que abraçou sua voz, Chester Bennington parecia indestrutível. E então, de algum modo, ele se foi.

Na manhã de 20 de julho de 2017, Chester morreu de suicídio por enforcamento em sua casa em Palo Verdes Estates, condado de Los Angeles. A notícia parecia incompreensível quando foi divulgada on-line naquela tarde, como se o fio da realidade tivesse se desenrolado. Chester tinha apenas 41 anos de idade e um espírito do tamanho de um arranha-céu – ele deveria estar na metade de sua vida, se tanto. Quando os rumores não confirmados se tornaram uma triste verdade, a perda foi como um intenso soco no estômago, uma dor insuportável. "Chocado e de coração partido", postou Mike às 15h03, horário do leste dos EUA, naquele dia, "mas é verdade."

A morte de Chester deixou atônitos e abalados os mais próximos a ele, a começar pelos seus companheiros de banda. "As ondas de choque do luto e da negação ainda estão varrendo nossa família enquanto tentamos lidar com o que aconteceu", dizia uma declaração conjunta do Linkin Park divulgada alguns dias após o falecimento de Chester. As mensagens individuais postadas logo após a notícia eram ainda mais cruas. "De coração partido", escreveu Dave no Twitter, enquanto Joe postou uma foto de Chester no Instagram, com um brilho de luz ao redor de sua cabeça. "Sempre brilhando", escreveu ele. "Tenho saudade do meu amigo."

Mike o tinha visto apenas alguns dias antes em um estúdio de gravação, quando Chester o apresentou ao rapper e poeta indie Watsky, depois de ter falado muito sobre o artista. Em dado momento, Watsky e alguns de seus amigos deixaram o estúdio, mas Chester e Mike ficaram por lá – passaram algumas horas conversando, tendo ideias de músicas, planejando os próximos shows. Não era nada especial ou notável. Era só o que eles sempre fizeram.

Nos dias anteriores à sua morte, Chester estava no Arizona com Talinda e as crianças, aproveitando férias com a família na sua cabana em Sedona antes do que seria a extensa turnê da banda pela América do Norte para divulgar *One More Light*, no final daquele mês. Chester voltou para Los Angeles sozinho, sob o argumento de que precisava trabalhar, além da banda ter uma sessão de fotos marcada para a manhã do dia 20. Antes de partir, Talinda tirou uma foto dele e seus filhos observando o bosque do deque, com um sorriso de orelha a orelha.

"Ele estava feliz", disse ela em uma entrevista no início de 2018. "Ele me deu um beijo de despedida, deu outro nas crianças, e eu nunca mais o vi."

Chester foi sincero sobre seus problemas com abuso de substâncias durante a gravação de *One More Light*, incluindo um período prolongado de consumo excessivo de álcool no segundo semestre de 2016. De acordo com Talinda, Chester "estava sóbrio há quase meio ano" antes de sua morte. Em seus meses finais, porém, enquanto abordava publicamente suas dificuldades gerais com a vida durante a divulgação de *One More Light*, em particular, ele confessava aos entes queridos um problema específico: a vontade de beber que consumia seus pensamentos mais uma vez. "Ele descrevia uma batalha hora a hora contra o vício", disse Ryan Shuck, amigo íntimo de Chester que o ajudou a transformar um de seus períodos mais sombrios durante os anos 2000 no único álbum do Dead by Sunrise e que havia trocado mensagens de texto com ele sobre seu alcoolismo nas semanas que antecederam sua morte.

Quando a autópsia e o relatório toxicológico confirmaram mais tarde que Chester tinha traços de álcool em seu sistema no momento de sua morte – ele foi encontrado com uma garrafa vazia de Stella Artois no quarto, bem como um copo de Corona com líquido abaixo da metade –, Talinda não ficou surpresa. Ela entendeu de imediato que aquelas garrafas de cerveja representavam uma recaída. "Eu soube na hora que aquela bebida desencadeou a vergonha", disse ela, "desencadeou um ciclo de caminhos neurais doentios de uma vida inteira."

O momento e a natureza da morte de Chester também levaram a uma especulação generalizada de que o recente falecimento de Chris Cornell, que havia cometido suicídio dois meses antes, tinha servido como uma espécie de catalisador trágico. Além de ambos terem se enforcado, o dia 20 de julho teria sido o aniversário de 53 anos de Chris.

A morte de Chris, em maio de 2017, devastou Chester, que perdeu um herói de infância que se tornou um amigo próximo. "Você me inspirou de tantas maneiras que nunca poderia saber", escreveu Chester a Chris em uma carta aberta publicada on-line após saber de seu falecimento. "Não consigo imaginar um mundo sem você nele." O dia seguinte à morte de Chris foi a data de lançamento de *One More Light*, na qual o Linkin Park estava programado para fazer uma pequena apresentação no *Jimmy Kimmel Live!* à noite. Em vez de abrir com o *single* principal "Heavy", eles tocaram "One More Light", com Chester visivelmente abalado – sentado em um banco, vestindo um terno preto e com óculos escuros cobrindo os olhos – dedicando a música ao amigo que havia perdido menos de 48 horas antes.

"Nós amamos você, Chris", disse ele ao microfone para dar início a uma performance notavelmente crua na TV: Chester ofegou em algumas partes da letra, gritou em uma música que não tinha gritos e repetiu com propósito: "Who cares if one more light goes out?/ Well, I do".[96] Mais tarde, Mike revelou que Chester não conseguiu terminar a música durante a passagem de som naquele dia, tão tomado pela dor por causa da morte de Chris. E, embora a faixa-título de *One More Light* tenha sido escrita em memória da amiga Amy Zaret, os fãs logo a adotaram como um tributo a Chris Cornell.

Uma semana depois, no final de maio de 2017, Chester cantou uma versão comovente de "Hallelujah" no funeral de Chris, no Hollywood Forever Cemetery, incentivado por Vicky Cornell e com Brad acompanhando-o no violão. A apresentação de "One More Light" no *Kimmel* tinha sido tão catártica que Chester se sentiu mais preparado para cantar diante da família e dos amigos de Chris. Além de "Hallelujah" ser a música favorita de Chester de todos os tempos, Chris tinha sido amigo de Jeff Buckley,[97] de modo que a apresentação parecia um tributo adequado. Depois disso, Chester conversou com a filha de Chris, Lily, que lhe contou que ela, sua meia-irmã Toni e seu pai cantavam regularmente "Hallelujah" juntos. "Eu só soube disso depois de tê-la apresentado", disse Chester, "mas acabou sendo um momento muito especial."

Após o funeral de Chris, Chester aparentemente seguiu em frente. *One More Light* estreou em primeiro lugar na *Billboard* 200 – as críticas negativas e a reação dos fãs não reduziram o poder comercial do álbum mais cativante da banda em anos – e o Linkin Park foi para a Europa no início de junho para uma turnê bem-sucedida de um mês. "O fato de ter estreado além do que prevíamos é um ótimo ponto de partida", disse Brad na época, "e agora podemos levar essas músicas para a estrada e compartilhá-las todas as noites."

---

[96]Quem se importa se mais uma luz se apaga?/ Bem, eu me importo.

[97]Embora seja bastante conhecida pela versão gravada por Jeff Buckley em seu único álbum de 1994, *Grace*, "Hallelujah" é uma canção original do cantor e compositor canadense Leonard Cohen, do seu disco de 1984, *Various Positions*. (N. da P.)

Àquelas alturas, o Linkin Park era uma máquina bem lubrificada de arenas: eles sabiam como fazer com que sucessos de anos atrás soassem empolgantes para multidões que já os tinham ouvido ao vivo várias vezes, seja por meio de uma versão sombria ao piano de "Crawling", um solo de guitarra prolongado em "What I've Done" ou uma segunda metade da ponte de "In the End" cantada somente pelos fãs. Enquanto isso, algumas das músicas de *One More Light* tinham sido refinadas para os shows, com o trabalho de guitarra de Brad mais destacado do que havia sido no estúdio em faixas como "Battle Symphony" e "Heavy". Aqueles shows europeus apresentaram o *setlist* mais sonoramente diversificado da trajetória veterana e cheia de energia da banda. Segundo uma declaração do grupo no final daquele ano: "Chester compartilhou conosco que achava que essa era a melhor turnê que já havíamos feito".

Parecendo revigorado durante a etapa europeia da turnê, Chester começou a fazer planos para o restante de 2017, tanto dentro quanto fora do Linkin Park. A turnê norte-americana de *One More Light* estava programada para durar três meses, começando com duas datas em estádios ao lado do Blink-182 no final de julho. Para promover os shows com antecedência, as duas bandas fizeram um vídeo cômico do Funny or Die como "Blinkin Park".

Em junho, Chester anunciou que o Grey Daze voltaria a se reunir no outono para um show de reencontro em celebração aos seus 20 anos de carreira. Ele e Sean Dowdell haviam mantido uma amizade próxima ao longo do tempo – Chester era até mesmo coproprietário do estúdio de tatuagem de Sean, o Club Tattoo, que se expandiu para além de sua localização em Tempe, tornando-se uma rede em vários estados. No início de 2017, Chester, Sean, Mace Beyers e Cristin Davis se reuniram para gravar algumas das primeiras músicas do Grey Daze para um relançamento. Enquanto isso, Chester também havia entrado em contato com Matt Sorum, ex-baterista do Guns N' Roses, sobre a possibilidade de voltar ao Kings of Chaos, o supergrupo somente de *covers* que estava em atividade com uma formação rotativa desde 2012, ao qual Chester se juntou para alguns shows pontuais no final de 2016.

A turnê europeia do Linkin Park terminou em 6 de julho de 2017, na Barclaycard Arena, em Birmingham, Inglaterra. Na verdade, esse show deveria ser a penúltima parada dessa etapa da turnê: a banda originalmente estava agendada para encerrar na noite seguinte em Manchester, na Inglaterra, mas o atentado à bomba na Manchester Arena – um ataque terrorista após um show de Ariana Grande em maio de 2017 – fechou o local por meses, e o Linkin Park não conseguiu uma substituição para essa parada específica da turnê.

Em Birmingham, a voz de Chester soou mais firme do que nunca, rasgando a sequência pré-bis de "Somewhere I Belong", "What I've Done", "In the End" e "Faint" com precisão e emoção diante de milhares de fãs. No meio do show, Chester dedicou "One More Light" às vítimas do atentado de Manchester, que havia causado 22 mortes, descendo do palco e indo até o público para cantar a música.

"A única coisa que não pode ser derrotada é o amor", declarou Chester, segurando o microfone com a mesma força de sempre. Ele começou a caminhar até as barricadas, apertando as mãos, abraçando as pessoas entre os versos de "One More Light", deixando que os fãs segurassem seu braço e dessem tapinhas em seu ombro enquanto ele cantava o refrão. Ninguém podia imaginar que aquela apresentação seria a última de Chester.

Depois de sua morte, várias postagens em blogs e tópicos em fóruns tentaram interpretar *One More Light* como um grito de socorro que não foi ouvido. Várias das entrevistas que Chester concedeu antes do lançamento do álbum descreviam suas constantes batalhas contra a depressão e os obstáculos da vida cotidiana. Por outro lado, essas mesmas entrevistas muitas vezes retratavam os momentos mais difíceis no tempo passado, amenizados pela ajuda profissional e pelo apoio das pessoas ao seu redor. "No final do processo, fiquei surpreso por ter estado algum dia nesse lugar", disse ele em abril de 2017. "Eu pensei: 'Nossa, não consigo me ver voltando a esse lugar novamente, pois tenho amigos tão bons.'"

One More Light estava certamente repleto de documentos líricos da luta de Chester, de "Nobody Can Save Me" a "Battle Symphony" e "Heavy". A última foi um sucesso nas rádios pop na época da morte de Chester, com sua voz rachando no gancho "I'm holding on/ Why is everything so heavy?".[98] No entanto, Chester *sempre* transformou sua dor pessoal em inspiração lírica. Ele converteu confissões cruéis – de "Crawling in my skin/ These wounds, they will not heal" a "I've become so numb/ I can't feel you there", e de "Sometimes solutions aren't so simple/ Sometimes goodbye's the only way" a "I've tried so hard and got so far/ But in the end, it doesn't even matter"[99] – em catarses generalizadas em dezenas de músicas, muito antes do disco *One More Light*. Ele nunca tentou esconder a realidade que impregnava suas palavras.

"Estamos tentando nos lembrar", a banda escreveu para Chester após sua morte, "que os demônios que te levaram para longe de nós sempre fizeram parte do acordo. Afinal, foi a maneira como você cantava sobre esses demônios que fez todo mundo se apaixonar por você em primeiro lugar."

Ninguém jamais saberá realmente por que a escuridão contra a qual Chester lutou durante toda a sua vida o consumiu em 20 de julho de 2017. A luz que ele exibiu nas semanas anteriores ao lado da família e dos amigos, a força que demonstrou no palco, os empreendimentos musicais que estava planejando, as respostas que parecia ter encontrado – tudo isso travou uma guerra contra anos de traumas profundos, lutas contra o vício, as lesões físicas e

---

[98]Estou segurando as pontas/ Por que tudo é tão pesado?

[99]Rastejando em minha pele/ Essas feridas não vão se curar; Eu fiquei tão entorpecido/ Não consigo te sentir; Às vezes o adeus é a única solução; Eu tentei tanto e cheguei tão longe/ Mas no final, isso nem importa.

a depressão severa. A crença de que certos fatores contribuíram de forma definitiva para sua morte ou que decisões musicais serviram como sinais de alerta sugere uma causa e efeito irrealista, uma lógica que não existiu. Não existem respostas fáceis. Nunca existirão.

O que está claro, no entanto, é que o mundo de Chester não era definido por essa escuridão no final de sua vida. Além de Talinda e da banda compartilharem memórias calorosas de suas últimas semanas, histórias sobre o bom humor de Chester se espalharam por toda parte após seu falecimento, especialmente na comunidade musical.

Jared Leto, do Thirty Seconds to Mars, amigo íntimo de Chester e que havia feito uma turnê com o Linkin Park em 2014, lembrou-se de uma noite em que foi à casa dos Benningtons para jantar e encontrou um lar "simplesmente lotado com a maior família que já vi", com Chester servindo alegremente os pratos no melhor modo papai. Billy Gibbons, do ZZ Top, que tocou com Chester no Kings of Chaos, compartilhou lembranças de conversas intermináveis com ele sobre o Club Tattoo, o estúdio de tatuagem que havia pedido a Billy que criasse algumas joias de prata. Lars Ulrich, do Metallica, o chamou de "gracioso, gentil e humilde", enquanto John Darnielle, do Mountain Goats, destacou a importância artística de Chester, relembrando seu tempo de trabalho como enfermeiro psiquiátrico: "O Linkin Park significou MUITO para diversos jovens de quem eu costumava cuidar em tratamentos e internações, e, portanto, para mim também", escreveu ele.

Outros tributos foram compartilhados por mais de 500 pessoas, entre familiares e amigos, em 29 de julho de 2017, quando Chester foi finalmente sepultado durante uma cerimônia privada no South Coast Botanic Garden, na Península de Palos Verdes. Mike, Joe e Ryan Shuck fizeram os discursos e o DJ da KROQ, Ted Stryker, conduziu o culto. Jimmy Gnecco, do Ours; Damon Fox, do Bigelf; Matt Sorum, ex-GN'R; e Robert e Dean DeLeo, do STP, tocaram "Amazing Grace". Os presentes receberam cordões e pulseiras, como se os mais de 500 participantes fossem todos VIPs na vida de Chester.

Enquanto seus entes queridos se reuniam para celebrar sua vida, tanto os fãs mais dedicados quanto os ouvintes casuais se uniram para processar sua partida por meio de sua música. O número de ouvintes do Linkin Park disparou após a morte de Chester: as vendas da banda cresceram mais de 5.300% imediatamente depois da divulgação da notícia. Os *streams* diários tiveram um aumento de 730% em 20 de julho, chegando a 12,6 milhões de *streams* de áudio sob demanda, de acordo com a Luminate. "Heavy", o *single* mais recente, teve um pico de execuções e alcançou a 45ª posição no Hot 100 após a fatalidade. Mas a música mais tocada do Linkin Park depois do ocorrido foi "In the End", seguida por "Numb", conforme os ouvintes voltavam às palavras que Chester havia gritado em suas mentes tantas vezes durante décadas.

One More Light instantaneamente ganhou um novo significado sombrio como o último disco da banda com Chester, assim como todo o catálogo do Linkin Park, com seus maiores sucessos e álbuns agora carregados de uma tristeza subjacente. A partir daquele ponto, a dor imbuída em tantos momentos musicais marcantes do Linkin Park seria vista pelo prisma da morte de Chester, a angústia na voz e nas palavras do vocalista se tornando tragicamente real.

No entanto, esse aumento nos *streams* e *downloads* do Linkin Park foi apenas uma parte de uma reação muito maior dos fãs. "Se você tiver fotos de alguma cerimônia ou evento de que tenha participado em memória de Chester, envie as suas favoritas, eu adoraria repostá--las", Dave tuitou no dia do memorial. Em poucas horas, ele recebeu imagens de um santuário de fotos e velas em Bratislava, na Eslováquia; uma coleção de cartas escritas à mão espalhadas ao redor de uma foto de Chester em Modena, na Itália; um memorial público ao redor de uma foto ampliada de Chester em Joanesburgo, na África do Sul; e um cartaz nas ruas de São Luís, no Brasil, no qual os fãs podiam escrever mensagens e letras de músicas com caneta hidrocor preta.

Algumas homenagens eram mais melancólicas, com os fãs se esforçando para encontrar um lugar para extravasar sua dor. "Caro Chester Bennington, é doloroso para todos nós saber que você salvou tantas vidas, mas não pudemos salvar a sua", dizia um bilhete colocado do lado de fora da casa de Chester, que foi cercada por homenagens caseiras nos dias seguintes à sua partida. Uma foto que Dave compartilhou mostrava a traseira de uma caminhonete com adesivos com o nome de Chester e o número de telefone da National Suicide Prevention Lifeline – a linha direta relatou um aumento de 14% nas ligações no dia seguinte à morte de Chester.

Já outros tributos se assemelhavam mais a um ato de resiliência: um vídeo mostrou uma vigília em Citi Field, Nova York, na noite em que o Linkin Park estava programado para tocar no estádio, com vozes cantando "One More Light" e dezenas de velas erguidas no ar, os fãs se recusando a não apreciar sua banda favorita naquela noite de verão no Queens. E em uma foto, uma multidão aparecia posicionada em formato de coração numa praça de uma cidade russa, com as palavras "WELL WE DO"[100] inscritas nos tijolos entre seus pés como resposta à pergunta que Chester havia feito ("Who cares if one more light goes out?"[101]) na faixa-título de *One More Light*. Essa música, que ele havia cantado em homenagem a Chris Cornell apenas dois meses antes, era agora uma ode dos fãs ao seu cantor, com a letra escrita em balões que foram lançados ao céu em reuniões ao redor do mundo.

Evidentemente, o alcance completo da influência de Chester não poderia ser contido em um único tributo, encontro de fãs ou parte do globo. De acordo com a Warner Bros. Records – que teve seu próprio santuário instalado do lado de fora dos escritórios da gravadora, em Burbank – mais de 300 memoriais públicos apoia-

---

[100]Bem, nós nos importamos.

[101]Quem se importa se mais uma luz se apaga?

dos pelo Linkin Park foram organizados em todo o mundo nas semanas após a morte de Chester. Criado pelos membros do LPU e pelos fãs da banda, um documento no Google Docs, com os encontros passados e futuros durante o verão de 2017, ficou tão grande que teve de ser organizado por continente. E, é claro, as homenagens on-line superaram em muito os eventos presenciais, já que milhões de palavras foram escritas sobre a importância de Chester em milhares de publicações nas redes sociais, clipes de vlogs e longos memoriais.

Como o restante do mundo, as comunidades de fãs do Linkin Park explodiram em choque e tristeza quando a notícia da morte de Chester foi divulgada. No entanto, à medida que mensagens de descrença chegavam de todos os cantos do planeta, também foram compartilhadas histórias a respeito do primeiro álbum do Linkin Park comprado, do primeiro show assistido, do tique vocal marcante em um hit, de uma performance favorita. Os depoimentos sobre as palavras e a música de Chester que ajudaram os fãs a lidar com suas próprias depressões, seus vícios ou suas inseguranças se tornaram comuns na internet, com encontros comunitários complementados por anedotas pessoais. Digite *Thank You Chester* na página oficial do Linkin Park no Reddit ou pesquise a frase nos comentários de seus vídeos no YouTube e você encontrará anos de pensamentos e lembranças, apresentações DIY e recomendações de músicas, arte de fãs e tatuagens. Você pode rolar e rolar – e nunca chegará ao fim.

O luto não funciona como um cronômetro. Para muitos, incluindo a família, os amigos e os fãs de Chester, nunca irá tocar um sino anunciando a aceitação de sua morte. Entretanto, a onda de amor e apreciação que se seguiu ao seu falecimento ilustrou exatamente o que Chester, que um dia foi um garoto problemático que perambulava pelo Arizona e estava pronto para desistir da música, havia conquistado durante sua vida curta demais. A turbulência pessoal que Chester superou para se transformar em um *rock star* e a maneira como ele se tornou um herói para aqueles que tinham suas próprias batalhas particulares fizeram dele nada menos do que uma inspiração – uma voz singular que milhões de pessoas, independentemente de sua devastação pelo seu falecimento, não podiam deixar de celebrar.

Chester segurou o microfone com mais força do que qualquer um e, ao fazê-lo, deixou suas impressões digitais no mundo. Sua morte foi chocante, mas seu impacto foi, de fato, indestrutível.

CAPÍTULO 23

"**N**ão quero que esta noite seja triste", declarou Mike antes de subir ao palco do Hollywood Bowl em uma noite clara de sexta-feira em Los Angeles. "Quero que seja inspiradora e esperançosa. Chester não gostaria que fosse de outra forma."

Passadas 14 semanas da morte de Chester, o Linkin Park ainda tinha um show para fazer: "Linkin Park & Friends Celebrate Life in Honor of Chester Bennington" seria um concerto tributo com grandes nomes, na cidade natal da banda, em 27 de outubro de 2017. Depois que o evento foi anunciado, em meados de setembro, os ingressos para o local com capacidade para 17,5 mil pessoas se esgotaram imediatamente. O YouTube anunciou uma transmissão global gratuita do show, mas muitos fãs ainda assim viajaram para Los Angeles de todas as partes do mundo. Alguns até acamparam do lado de fora do Hollywood Bowl nos dias que antecederam o espetáculo – como seria uma apresentação única, eles queriam estar o mais próximo possível de sua banda favorita, que talvez nunca mais fizesse algo parecido.

Enquanto isso, o Linkin Park passou semanas ensaiando antes do show, ajustando os arranjos das músicas com uma lista de dois dígitos de convidados especiais que ia muito além de apenas vocalistas. A apresentação – Rick Rubin recomendou que a banda trabalhasse suas emoções no palco – exigiria uma mistura de agilidade musical em meio à duração prevista para várias horas, coordenação entre artistas no nível de um minifestival e uma fortaleza mental e emocional, já que seria o primeiro show do Linkin Park sem Chester.

Depois de três meses desde que a banda perdeu sua voz, a dor não era mais tão intensamente crua como nos primeiros dias e semanas. Mesmo assim, subir ao palco como um quinteto – e tocar músicas sem a presença de Chester para cantá-las – sempre seria uma proposta totalmente nova, não importa o tempo já decorrido desde sua morte.

O nervosismo não era imediatamente visível quando a banda chegou e foi recebida pelos gritos do público do Hollywood Bowl. Os rapazes estavam imersos em luz azul, com Mike posicionado no centro do palco, diante de uma coleção de teclados, vestindo uma jaqueta jeans rasgada e um boné preto dos Dodgers. O trabalho artístico de diferentes épocas e turnês do Linkin Park adornavam as plataformas debaixo dos equipamentos de Joe e da bateria de Rob, com os olhos de Chester aparecendo em um pôster atrás da posição de Brad, à direita de Mike.

A banda começou com um *medley* de músicas particularmente emocionantes do disco *A Thousand Suns*, harmonizando sem palavras em "Robot Boy" antes de Brad soltar uma linha de guitarra aguda e Mike cantar parte de "The Messenger": "When life leaves us blind/ Love keeps us kind".[102] Sua voz tremia um pouco e ameaçava falhar enquanto ele cantava as palavras de Chester, totalmente dominado pelo momento. Ele ainda estava sofrendo, isso era óbvio em cada nota. Mike parecia que estava prestes a perder o controle várias vezes, mas se manteve firme, entrando na onda de "Iridescent" e na esperança de "Roads Untraveled", um pouco mais inteiro a cada novo minuto.

"Realizar este show é uma das coisas mais difíceis que acho que já decidimos fazer", admitiu Mike para o público momentos depois, com os olhos voltados para o alto, para as vigas do Hollywood Bowl. "E acho que vocês são a única razão pela qual conseguimos estar aqui em cima e fazer isso."

---

[102] Quando a vida nos deixa cegos/ O amor nos mantém gentis.

O primeiro dos convidados especiais chegou para homenagear Chester e aliviar um pouco a pressão sobre a banda, enquanto Mike continuava como mestre de cerimônias. Ryan Key, do Yellowcard, começou fazendo um dueto com Mike em um *mash-up* de "Shadow of the Day" e "With or Without You", do U2, incentivando o público a "lembrar a esses caras aqui o quanto todos vocês e todos nós amamos e respeitamos cada um deles". Gavin Rossdale, do Bush, apareceu para uma versão intensa de "Leave Out All the Rest", e, mais tarde, o vocalista do Sum 41, Deryck Whibley, e o baterista Frank Zummo se juntaram para uma performance mais delicada de "The Catalyst".

Um segmento de seis músicas foi dedicado a *One More Light*, o álbum que o Linkin Park não teve a chance de apresentar nos EUA, contando com a participação de Julia Michaels e Kiiara em "Heavy", e da cantora e compositora Ilsey Juber em "Talking to Myself", entre outras. E houve menções àquela turnê cancelada: o Blink-182, que iria se juntar ao Linkin Park para alguns shows em estádios, tocou "What I've Done" e sua própria versão de "I Miss You". E Takahiro Moriuchi – o vocalista da banda de pós-hardcore One Ok Rock, que iria abrir os shows do Linkin Park no Japão, seu país natal, naquele outono – voou até Los Angeles só para tocar "Somewhere I Belong" com a banda.

De modo geral, os artistas convidados tiveram um desempenho admirável – os ensaios extensos claramente haviam deixado os cantores confortáveis com o *timing* e a abordagem do Linkin Park no palco, ao mesmo tempo que permitiam movimento e espontaneidade suficientes para manter cada colaboração com ar renovado. Ainda assim, vários dos momentos mais memoráveis do tributo ocorreram quando a banda estava sozinha no palco.

Antes do bis, por exemplo, "In the End" se tornou uma chamada e resposta entre a banda e o público, com Mike cantando seus versos e as milhares de pessoas presentes no Hollywood Bowl levantando os refrãos, a ponte e as interjeições de Chester. Para "New Divide", perto do fim da noite, a banda tocou junto a imagens arquivadas de Chester liderando o Linkin Park na música no Hollywood Bowl em 2014, trechos pré-gravados que agiram como um bálsamo calmante depois de uma noite de saudade de sua voz inimitável.

"One More Light", que havia se tornado um hino dos fãs em homenagem a Chester, parecia ainda mais íntima. Enquanto toda a plateia acendia as luzes de seus celulares, Mike se inclinou sobre os teclados e cantou a letra de Chester lenta e cuidadosamente, com Dave e Brad sentados ao seu lado, segurando seus instrumentos. Quando "One More Light" terminou, Mike começou a falar com o público sobre a "montanha-russa de tudo" que ele e seus parceiros de banda vinham sentindo nos últimos três meses – o raio de dor que os atingia regularmente, aquele que era sempre impossível de prever.

Então, talvez com o máximo de detalhes já publicamente falados por ele antes ou depois, Mike compartilhou sua perspectiva sobre o dia da morte de Chester. "Nós estávamos fazendo, tipo, uma sessão de fotos quando eu soube sobre o Chester", disse ele, "e, nas primeiras horas, eu simplesmente não acreditava, não... Eu não acreditava em ninguém, no que qualquer um tivesse a dizer sobre qualquer coisa." Em algum momento, prosseguiu Mike, quando a realidade finalmente se impôs, ele percebeu que a música o ajudaria a lidar com a situação – "não só ouvindo música, mas realmente tocando música", ressaltou. "Sentei-me em meu estúdio e escrevi algo. Foi cerca de oito dias depois, e quero compartilhar isso com vocês esta noite, tudo bem?"

Mike começou a tocar uma balada suplicante intitulada "Looking for an Answer", que imagina uma realidade melhor para seu amigo perdido ("Is there sunshine where you are?/ The way there was when you were here")[103] enquanto explora seus próprios sentimentos de derrota por não ter conseguido salvá-lo ("Was I looking

---

[103] O sol brilha onde você está?/ Do mesmo jeito que brilhava quando você estava aqui?

for an answer, when there never really was one?").[104] Após os acordes do teclado cortarem o silêncio, a voz de Mike surgia trêmula e agitada de tristeza. Durante a maior parte da música, o público no Hollywood Bowl podia ouvir um alfinete cair. A apresentação personificou a dor na alma de Mike, exposta no centro do palco para o mundo testemunhar.

O show de tributo foi extremamente pessoal para a banda, mas, ao mesmo tempo, pertencia a todos. Passadas algumas músicas após o início da apresentação, o Linkin Park tocou "Numb", sem nenhum artista substituindo o vocal principal de Chester. Quem cantou a letra foram as milhares de pessoas presentes e os muitos outros que estavam assistindo de casa. Um único microfone foi colocado no centro do palco do Hollywood Bowl, iluminado sob um par de holofotes, e ninguém se aproximou dele enquanto os cinco companheiros de banda de Chester tocavam.

"I've become so numb, I can't feel you there/ Become so tired, so much more aware"[105], gritaram todos os espectadores, com a transmissão ao vivo capturando várias imagens de reação da multidão no momento daquela harmonia em massa. Lágrimas caíram. Punhos se fecharam. A dor ainda era recente, mas o reconhecimento dela era compartilhado na comunidade do Linkin Park, como sempre foi. No final das contas, a outra apresentação mais poderosa da noite também ocorreu sem ninguém atrás do microfone.

NATURALMENTE, A CONSCIENTIZAÇÃO sobre saúde mental foi um tema recorrente durante o show. Vários gráficos apareceram nas telas e a banda mencionou o One More Light Fund, criado em homenagem a Chester como uma extensão da longa trajetória do Linkin Park

---

[104]Eu estava procurando por uma resposta, sendo que não existe nenhuma?

[105]Eu fiquei tão entorpecido, não consigo te sentir lá/ Fiquei muito cansado, muito mais consciente.

com a organização sem fins lucrativos Music for Relief. O objetivo do fundo era apoiar o We Care Solar – programa da Music for Relief pelo qual Chester era especialmente apaixonado, que fornecia kits de energia solar para clínicas de saúde em áreas remotas. Para tal, foi feita uma parceria com a 320 Changes Direction, uma iniciativa de saúde mental liderada por Talinda Bennington e batizada em homenagem ao aniversário de Chester, 20 de março.

"É hora de reconhecermos que a saúde mental é tão importante quanto a nossa saúde física", disse Talinda no palco do show de tributo. Entre o *set* principal e o bis, a esposa de Chester fez um longo discurso expressando sua gratidão à família e aos amigos pelo apoio nos últimos três meses. Talinda homenageou a base global de fãs da banda ("Chester sempre dizia: 'Os fãs do Linkin Park são os melhores', e sabe de uma coisa? Ele estava absolutamente certo pra caralho") e falou sobre como a 320 Changes Direction ajudaria aqueles que lutavam contra uma série de problemas pessoais, incluindo dependência e depressão, assim como seu marido lutava. "Minha missão", continuou Talinda, "é tornar mais fácil o acesso aos recursos de saúde mental."

Após a partida de Chester, Talinda trabalhou com a Music for Relief, tendo o máximo de conversas possíveis com grupos de saúde mental. Ela acabou se juntando à "Change Direction", uma campanha de conscientização de grande alcance sobre o tema, lançada pela ONG Give an Hour em 2015 e apoiada por centenas de outras organizações. O que aqueles debates iniciais lhe ensinaram, explicou Talinda durante o lançamento da 320 Changes Direction, é que *existem* programas de saúde mental de alta qualidade em número suficiente – as pessoas só precisam ter acesso a eles, assim como a vergonha em relação à necessidade desses recursos tinha de ser eliminada.

"Precisamos mudar a cultura da saúde mental", escreveu Talinda no site da 320 Changes Direction, "para que aqueles que precisam – e seus familiares – possam falar abertamente sobre suas dificuldades e assim tenham condições de buscar o cuidado que merecem."

Chester sempre se sentiu à vontade para discutir sobre sua saúde mental – usando palavras e letras para descrever questões que eram menos tangíveis do que doenças físicas –, sobretudo em uma época na qual as estrelas da música não costumavam ser tão abertas em relação ao seu estado emocional. Quando o Linkin Park decolou na virada do século, muitos de seus colegas músicos lutavam em silêncio enquanto sorriam para as câmeras. Aqueles que se manifestavam eram frequentemente ridicularizados por seu comportamento estranho ou ignorados por causa de seu sucesso profissional.

Essa foi a era em que Mariah Carey se tornou uma piada quando foi hospitalizada por "exaustão extrema" em 2001. Muitos anos depois, ela revelou que sua exaustão se devia a um diagnóstico de transtorno bipolar. Foi também quando a estrela do Destiny's Child, Michelle Williams, no auge da fama do grupo no início da década de 2000, contou ao seu empresário que estava sofrendo de depressão, ao que ele supostamente respondeu: "Vocês acabaram de assinar um contrato multimilionário, estão prestes a sair em turnê. Qual o motivo para estar deprimida?". Em meados dos anos 2000, surgiram o TMZ e Perez Hilton, além de uma nova geração de tabloides invasivos com celebridades (na maioria das vezes, mulheres) em sua mira. A misoginia tóxica sublinhava a total falta de sensibilidade – o consenso parecia ser que, se uma pessoa famosa estivesse infeliz ou lutando contra demônios, *buááá*, ela poderia enxugar as lágrimas com seus maços de dinheiro.

Desde esse período problemático na cultura pop, o nível de compreensão coletiva sobre questões de saúde mental evoluiu drasticamente. Os estigmas existiam em 2017, quando Chester faleceu, e ainda existem hoje. No entanto, a indústria musical atingiu um ponto em que várias de suas maiores superestrelas começaram a falar sobre suas batalhas particulares e métodos para encontrar apoio, um coro de vozes do primeiro escalão tornando comum o que antes era uma fonte de escárnio.

Nos últimos anos, Ariana Grande tem falado abertamente sobre sua ansiedade e defende a ideia de "normalização do pedido de ajuda"; Kid Cudi admitiu ter usado drogas para encobrir sua depressão antes de procurar tratamento profissional; Doja Cat abriu o jogo sobre como seu TDAH impactou sua perspectiva criativa; e Ed Sheeran já expôs publicamente sua ansiedade social – um *headliner* de estádio que admite sentir claustrofobia nas situações erradas. Músicas que vão de "U", de Kendrick Lamar, passando por "Rainbow", de Kacey Musgraves, até "Anxiety", de Julia Michaels e Selena Gomez, abordaram questões de saúde mental na última década, cada uma com seu estilo, mas todas tratando do mesmo tema. E, no mundo do rock, artistas como Bruce Springsteen, Hayley Williams (Paramore), Duff McKagan (Guns N' Roses) e Pete Wentz (Fall Out Boy) tornaram-se cada vez mais francos sobre seus respectivos reveses e sobre como vivenciam problemas inerentes a qualquer pessoa diante do público em estádios e arenas.

Essas conversas não começaram a acontecer de uma só vez; nenhum ponto de virada fez com que esses artistas dessem um passo à frente ou que essas músicas fossem escritas. Cada nova voz foi, pouco a pouco, desconstruindo crenças antigas sobre questões de saúde mental. Com uma maior representatividade entre as estrelas mais visíveis, a cultura popular foi gradualmente mudando ao longo dos últimos 15 anos – com a indústria musical evoluindo junto aos debates sobre saúde mental nos esportes, na política, no cinema/TV e nos livros –, assim como as culturas dentro dos sistemas educacionais, no governo, nos locais de trabalho e nos lares dos EUA. Uma nova geração que se sente menos hesitante em pedir ajuda do que a anterior.

As circunstâncias ainda estão muito, muito longe de serem perfeitas, e, embora as conversas tenham se tornado mais comuns e as redes sociais amplifiquem as postagens #saudemental, os estereótipos, especialmente os de doenças mentais graves, continuam prevalecendo. No entanto, a compreensão da sociedade moderna sobre o valor da conscientização e dos recursos de saúde mental está melhorando a cada dia. Quanto mais as pessoas se manifestam, mais normal é falar. E Chester – o vocalista de uma das maiores bandas de rock do século, que sempre expôs sua verdade em voz alta, sem medo do que os outros pudessem pensar ou dizer – contribuiu indiscutivelmente para essa mudança.

O dinheiro arrecadado para o One More Light Fund durante o show de tributo foi crucial: no início de 2018, quando a Music for Relief uniu forças com a Entertainment Industry Foundation para se tornar seu programa oficial de alívio em crises, o fundo humanitário do Linkin Park havia arrecadado incríveis 11 milhões de dólares desde sua criação em 2004. E tão importantes quanto isso foram as palavras que quebraram o estigma no palco naquela noite.

"Houve muita difamação de pessoas com depressão e vício", disse Alanis Morissette, entre a apresentação de "Castle of Glass" com membros do No Doubt e uma música inédita que ela havia escrito para Chester. "Estar em dificuldades, sob os holofotes, e ainda ser ridicularizado por isso é um dos desafios que nós, como uma grande comunidade de pessoas notórias, enfrentamos. E essa é uma jornada extremamente solitária e desafiadora. Então só quero oferecer empatia a todas as pessoas que estão sob os olhos do público, a todos vocês aqui esta noite."

Durante um vídeo com a banda, exibido no meio do show, Rob também se abriu, apontando que Chester obviamente não era o único membro do Linkin Park a ter enfrentado problemas de saúde mental. "Tive muitos momentos na vida, muitos colapsos", ele confessou, "e acho que alguns dos pensamentos e ações mais criativos, mais curativos e inspirados saem desses momentos."

Em uma noite de celebração da música de um artista que se foi cedo demais, esses sentimentos honraram grande parte do legado de Chester: a coragem que ele expressou ao ser aberto com seus pensamentos e suas emoções, o que inspirou vários outros a fazer o mesmo. "Chester teria adorado isso", confirmou Talinda durante seu discurso. "Teria adorado nos ver nos apoiando."

Em seguida, ela terminou com: "Foda-se a depressão. Vamos deixar Chester orgulhoso".

APÓS POUCO MENOS DE DUAS HORAS de show, Mike fez uma pausa para recuperar o fôlego. "Vocês estão se divertindo?", gritou para a plateia. Ele tinha acabado de pular para a primeira fila durante a ponte de "One Step Closer", acompanhado na música por Jonathan Davis, do Korn, e Ryan Shuck e Amir Derakh, do Dead by Sunrise. Tocou ainda "A Place for My Head" com Jeremy McKinnon, do A Day to Remember, e trouxe Daron Malakian e Shavo Odadjian, do System of a Down, para bater cabeça em "Rebellion".

"É uma coisa estranha de se dizer", continuou Mike depois de enxugar o suor da testa e recolocar o boné. "Quando isso sai da minha boca, é como se eu perguntasse: a gente *deveria* estar se divertindo? E acho que sim, *devemos* nos divertir pra caralho! É isso que eu acho! Lembro o Chester e penso: 'Esse cara gostaria que estivéssemos nos divertindo.'"

No final das contas, o tributo a Chester funcionou menos como uma celebração melancólica da música do Linkin Park e mais como uma catarse autêntica após a perda de seu vocalista. Apesar de alguns segmentos de partir o coração, o clima geral foi de bastante alegria, com momentos intercalados de leveza, como a plateia do Hollywood Bowl cantando junto com um dos clipes favoritos dos fãs no YouTube, projetado na tela, de Chester nos bastidores balbuciando uma música boba chamada "Unicorns & Lollipops" enquanto dedilhava um violão. Mais tarde, quando a banda errou o tempo na introdução de "Battle Symphony" com o compositor Jonathan Green, Mike arrancou risadas ao comentar a gafe: "Chester não deixaria essa merda acontecer!".

E o final do show foi apropriadamente barulhento: Steve Aoki e Bebe Rexha transformaram "A Light That Never Comes" em um hino dance-pop; M. Shadows, do Avenged Sevenfold, acrescentou seu grito possessivo a "Burn It Down"; e Mike fez o rap de "Faint" tão delirantemente rápido que Machine Gun Kelly, rimando na plateia, teve de se esforçar para não ficar para trás. Na última música, "Bleed It Out", Mike, Brad, Dave, Rob e Joe foram acompanhados no palco por vários dos artistas convidados da noite. Enquanto eles estendiam o encerramento, buquês de flores foram jogados da primeira fileira em meio aos aplausos ensurdecedores da multidão.

"Não sabemos para onde vamos a partir daqui", admitiu Mike ao som do *riff* de "Bleed It Out". Com a banda finalmente deixando o palco do Hollywood Bowl, a última apresentação do Linkin Park estava concluída.

Tendo ultrapassado a marca de três horas, o show tributo foi descrito mais tarde por Mike como "exaustivo" – afinal, a apresentação anterior mais longa da banda havia durado apenas cerca de 90 minutos. Quando eles saíram do palco, caíram no chão do camarim e ficaram ali deitados por um tempo.

"Fiquei no palco durante quase todo o show, cantando a maior parte do tempo", disse Mike. "Precisei me compartimentalizar e sair do corpo em alguns momentos para conseguir passar por tudo. Mas realmente adorei o resultado."

Entretanto, um subproduto de uma noite repleta de outros cantores interpretando as partes de Chester em todo o catálogo do Linkin Park – alguns eram artistas famosos, alguns eram vocalistas de rock pesado amplamente respeitados, alguns eram ambos – foi a confirmação de que, inequivocamente, não seria possível substituir a voz de Chester. Uma parte disso era personalidade, a outra era habilidade técnica. Na semana seguinte ao show de tributo, quando Mike repassou as apresentações, ele ouviu muitos cantores excelentes, e, mesmo assim, nenhum deles chegou perto de captar a extensão vocal de Chester. Alguém como Julia Michaels poderia fazer uma música, enquanto Jonathan Davis poderia fazer outra – mas uma única voz capaz de transitar entre essas duas faixas não foi encontrada.

Essa constatação "levou a conversas sobre o que fazer a seguir", afirmou Mike. "Ficou óbvio que não dava para simplesmente contratar um mané qualquer para subir lá e cantar conosco, porque ele não conseguiria acertar nem metade das músicas."

Antes do final de 2017, o Linkin Park lançou *One More Light Live*, um álbum que captura os últimos shows de Chester com a banda no início daquele ano durante a turnê europeia: foi uma maneira de mostrar essa tour aos países que nunca puderam assisti-la. Eles poderiam ter complementado o álbum ao vivo com algum material inédito das sessões de *One More Light* – que aparentemente produziram 70 músicas, sendo que só dez entraram no disco, segundo Brad –, mas optaram por renunciar a qualquer tipo de lançamento póstumo.

"Eu diria que a grande maioria dessas músicas, felizmente, nunca verá a luz do dia", declarou Brad. Eles também cogitaram lançar o show tributo como um projeto ao vivo, porém, como ele já estava na íntegra no YouTube (com 24 milhões de visualizações até o momento)[106], a ideia não gerou muito interesse. "Acho que a partir daqui", disse Mike, "todo mundo quer olhar para a frente."

Mas como olhar para a frente quando se perde uma voz tão insubstituível como a de Chester? Em janeiro de 2018, Mike escreveu que tinha "toda a intenção de seguir com o LP, e os caras sentem o mesmo", mas admitiu alguns meses depois que era "incapaz de dizer o que acontecerá com a banda". Os cinco integrantes estavam se comunicando regularmente, encontrando-se na região de Los Angeles e até tocando juntos de vez em quando. Mesmo assim, esse tempo juntos não tornou mais clara a visão do

---

[106]Até o fechamento desta edição brasileira do livro, esse número já havia subido para 25 milhões de visualizações. (N. da P.)

futuro do Linkin Park sem Chester, o que acabou por interromper as operações da banda.

"Acho que faremos música novamente", disse Dave no final de 2018. "Todos nós queremos. Todos nós ainda gostamos de estar na companhia uns dos outros. Mas temos um processo enorme para descobrir o que queremos fazer e como isso irá se parecer, e eu não tenho um cronograma de quanto tempo isso vai levar."

Dezessete anos se passaram entre o lançamento de *Hybrid Theory* e o show de tributo a Chester, quase exatamente no mesmo dia. Algumas das músicas tocadas em sua homenagem naquela noite eram quase maiores de idade. Durante algumas delas, Chester se materializou na cabeça de Mike: ao longo de todo o show de tributo, sua voz surgiu nos monitores de ouvido de Mike para ajudar nas indicações das músicas. Ele estava acostumado a ouvir os maiores sucessos do Linkin Park de um modo específico, que era nada menos que a participação do próprio Chester. "Quando você pensa em algumas das minhas partes", explicou, "nós íamos e voltávamos, então eu queria ouvir aquela outra voz."

Na verdade, o Linkin Park estava no escuro procurando um novo normal, assim como qualquer pessoa que tenha sofrido uma perda imensa é obrigada a fazer. O show de tributo foi um sucesso estrondoso que ofereceu uma sensação de encerramento para os fãs do mundo todo, mas a própria banda ainda estava em busca de equilíbrio – uma maneira de se apresentar, de seguir em direção ao futuro, sem depender da voz de Chester para orientá-los.

INTERLÚDIO

"JAMAIS ESQUECEREI ESSA EXPERIÊNCIA"

Ryan Key, vocalista da banda de pop punk Yellowcard, descreve as maneiras surpreendentes como sua carreira se cruzou com a do Linkin Park, desde uma apresentação no Warped Tour até o show tributo de 2017.

Fizemos uma turnê com o Linkin Park no Japão em 2007 – foi a primeira vez que nos conectamos. Esse [show] foi uma experiência surreal, fora do corpo. Você fica diante de 20 mil pessoas e a magnitude do que está fazendo é avassaladora. Assistir à produção e à performance deles – quero dizer, eles são profissionais absolutos, e, quando você os vê ao vivo, começa a absorver a grandiosidade do trabalho deles e como suas músicas podem ir de baladas emocionantes a faixas de metal insanas.

E aí você inclui nisso a experiência de conhecer o próprio Linkin Park. Eles são artistas que venderam milhões de álbuns, entre os maiores de todos os tempos na música – e, em todos os dias da turnê, eles faziam questão de passar e perguntar: "Como vocês estão? Como têm sido os shows?". Havia um senso genuíno de preocupação com a nossa experiência de tocar nos seus shows, essa sensação de acolhimento e o desejo de te trazer para o espaço deles. Não existia nenhuma barreira no mundo do Linkin Park. E quando você faz isso por tanto tempo quanto eu faço, você convive com muitas pessoas que não são assim. Quero dizer, nem eu era assim – levei quase 20 anos para aprender a resolver meu problema de reatividade e como ser mais aberto e mais receptivo com as pessoas. Eu tinha muita ansiedade em relação a ser um artista e cantor, uma insegurança que precisei superar por muitos e muitos anos. Então ver artistas desse nível terem a capacidade de ser tão acessíveis foi confuso para mim, mas também inspirador.

Minutes to Midnight foi provavelmente o primeiro álbum do Linkin Park que chamou a minha atenção como ouvinte. Sempre gostei da banda, sabia que eles eram compositores incrivelmente talentosos, mas nunca fui um grande fã de rock pesado, sabe? Então, com o *Minutes to Midnight*, reconheci neles alguma coisa que ressoou em mim, que me inspirou a explorar um terreno diferente como compositor. Eu queria me expandir, romper aquele conceito com o qual a mídia, os fãs e todos haviam associado a banda e a mim mesmo. Embora *Minutes to Midnight* tenha sido um pouco polarizador entre fãs e críticos por ser uma experiência muito diferente, foi o disco que me conectou ao Linkin Park num nível pessoal, como ouvinte e artista. Então, eles me convidaram para cantar no Warped Tour [em 2014] com eles, e disseram: "Queremos que você cante 'What I've Done'" – isso foi muito especial, porque era muito mais do se eu tivesse simplesmente me sentado com eles e conversado sobre a importância de *Minutes to Midnight* para mim.

Eu estava morrendo de medo de subir lá e cantar com eles. Pouco antes do show, eu e Jeremy, do A Day to Remember, e todos os demais artistas que cantariam com eles entramos no trailer do Linkin Park para conversar sobre como o show ia rolar e dar uma ensaiada rápida nas músicas. E nunca vou me esquecer de que, no trailer deles – era a Copa do Mundo de 2014 –, tinha uma TV gigante, onde estava passando um jogo. E lá estava eu com o Linkin Park quando Jermaine Jones marcou aquele gol insano de voleio contra Portugal, um dos maiores gols da história do futebol dos EUA. E todos nós caímos no choro e nos abraçamos, foi uma loucura total por causa desse gol! E eu estava lá no trailer do Linkin Park assistindo a isso, algo que nunca vou esquecer.

Depois ensaiamos a música e não tivemos muito tempo para conversar, afinal eles tinham de falar com todos os artistas, sair e fazer a apresentação. Mas acho que a parte mais especial do dia foi depois do show, atrás do palco. Eu tenho uma foto minha, do Chester e do Mike abraçados. O que torna essa foto especial é que acho que eles estavam cientes da intensidade da emoção, da ansiedade e da pressão de tudo aquilo [para mim]. A habilidade deles de fazer com que você sentisse que fez um bom trabalho e que eles estavam felizes por terem compartilhado aquela experiência com você foi algo avassalador – e você pode ver isso na foto, onde estou radiante. Esse instante, essa foto, será algo que vou carregar comigo até o fim da minha vida.

Quando o [Yellowcard] se separou em 2017 e não havia nenhuma ideia ou plano para que voltássemos a ser uma banda, eu comecei a fazer shows na Emo Night, que é basicamente uma festa divertida na qual as pessoas podem vir e conhecer os artistas que amam, cantando músicas [das edições] do Warped Tour dos anos 2000 em um pequeno clube. Era uma atividade paralela para me ajudar a continuar a ganhar a vida na música. Eu estava indo para um show da Emo Night em Phoenix quando Chester morreu. Eu tive um voo bem cedo, não havia dormido, então fui direto para o hotel descansar, já que não precisaria estar no local do evento antes das 20h ou 21h. E quando acordei, vi a notícia.

Chester e eu não éramos amigos no sentido tradicional – não mantínhamos contato, não trocávamos mensagens, não nos encontrávamos quando estávamos na mesma cidade. Mas fiquei muito surpreso com o quanto fui profundamente afetado ao acordar com a notícia e muito preocupado, pois eu deveria fazer uma festa divertida com os fãs num dia como aquele. Então fui até o local e tomei uma decisão: se vou fazer um show hoje à noite, e todos nós vamos pular, dançar e cantar juntos, tem de ser um momento para celebrar a vida dele e o impacto que sua música teve em todos nós.

Eu já ia tocar algumas músicas acústicas, algumas do Yellowcard, nesse show, aí incluí "Shadow of the Day", que não é apenas uma das minhas músicas favoritas do Linkin Park, é uma das minhas músicas favoritas de todos os tempos, de qualquer artista. Quando toquei "Shadow of the Day", alguém na plateia filmou em seu celular e o vídeo foi parar no YouTube. E você sabe, nunca tive nada que se tornasse realmente viral, mas isso explodiu – centenas de milhares de pessoas me viram tocando a música.

Mike então me liga e diz: "A banda inteira viu seu *cover* de 'Shadow of the Day', foi a primeira homenagem que vimos, de todas". Ele contou que iam fazer um show tributo no Hollywood Bowl em outubro e que gostariam que eu cantasse "Shadow of the Day". É claro que eu fiquei completamente sem palavras, me sentindo honrado e humildemente grato.

Eles me disseram que eu seria [o primeiro convidado especial], o que não facilitou em nada. Mas bastou entrar no palco, ver seus rostos e ouvir sua energia positiva e acolhedora irradiando pelo lugar para me sentir em casa. Portanto, jamais esquecerei essa experiência e não há como expressar o quanto esse momento foi representativo para minha jornada única e minha conexão com o Linkin Park. É tão fascinante para mim como minha vida se entrelaçou com a deles e como fui incluído nessa experiência. É um dos pontos altos, se não o ponto alto, da minha carreira musical.

CAPÍTULO 24

Mike não está no centro no vídeo de sua música "Place to Start". A câmera está focada principalmente em seu ombro direito e no feixe de luz solar entrando pela janela acima dele; a lateral de seu rosto e a parte superior da sua camiseta são visíveis, mas apenas em partes, nunca por inteiro. Ele está perto – desconfortavelmente. Essa é a questão.

"Came so far, never thought it'd be done now/ Stuck in a holding pattern, waiting to come down",[107] canta Mike, com acordes introspectivos e batidas discretas que sustentam sua voz errante. Há um braço de guitarra ao lado dele e um prato de chimbal ao fundo, indicando que a mensagem está vindo do seu estúdio caseiro. "Did somebody else define me? Can I put the past behind me?",[108] ele continua. Durante um minuto e meio, a cena não se move – dá a sensação de uma chamada direta no FaceTime com Mike, com cada fã do outro lado recebendo suas perguntas e confissões, enquanto a luz tenta desesperadamente entrar na sua casa.

Mike não estava dormindo bem nas semanas após a morte de Chester, então saía da cama e ia para o estúdio trabalhar no escuro. Foi assim que surgiu "Looking for an Answer", a música que ele posteriormente tocou no show de tributo. Também foi assim que ele

---

[107]Cheguei tão longe, nunca pensei que tudo terminaria agora/ Preso em um padrão de espera, aguardando para pousar.

[108]Alguma outra pessoa me definiu? Posso deixar o passado para trás?

retornou a "Place to Start", que havia sido descartada de *One More Light* alguns meses antes. Mike tinha mostrado a estrutura da faixa para a banda como uma demo, acreditando que a produção minimalista poderia funcionar como uma introdução para o álbum, mas eles acabaram nunca desenvolvendo a música. Porém, durante um dia cansativo naquelas primeiras semanas, Mike voltou ao tema. "Abri [meu] celular e comecei a gravar 'Place to Start' – cantei no telefone enquanto tocava." E ele gostou do resultado, apenas com seus pensamentos em seu santuário, sem qualquer artifício.

A letra era nova, escrita após a morte de Chester, mas ele ficou intrigado com a ideia de que essa música, que tinha dado seus primeiros passos antes da morte do amigo, talvez fosse um ponto de partida para si mesmo. Tudo em "Place to Start" era profundamente pessoal, assim como a dor de Mike, que pulsava em sua mente e em seu corpo. Então, ele continuou trabalhando nela.

À medida que o futuro do Linkin Park se transformava em um ponto de interrogação, Mike criava músicas como uma forma de meditação, sem um lugar ou projeto específicos para encaixá-las. "Looking for an Answer" nunca seria lançada – até hoje, Mike a tocou apenas uma vez, no show de tributo, uma mensagem para um amigo congelada num único momento. Mas o efeito terapêutico de transformar sentimentos em música se estendeu além dessa composição. Mike tinha agora 40 anos e reconheceu que sua arte não poderia continuar presa na fase dos seus 20 ou 30. Independentemente de onde fosse parar, ele precisava seguir criando e se curando. Ele então compôs músicas para contemplar ambas as coisas.

"O ato de simplesmente me sentar e criar coisas me ajudou no processo", disse Mike. "Acho que isso me fez voltar a ter contato com o motivo pelo qual comecei a fazer música."

Em janeiro de 2018, Mike lançou o EP *Post Traumatic*, um projeto-surpresa de três músicas que começou com "Place to Start" e incluiu vídeos caseiros acompanhando cada faixa. A música e as imagens – mais gravações domésticas capturando os complexos sentimentos de perda de Mike e filmadas com uma intimidade não polida – foram concebidas como mensagens diretas aos fãs, que não só ainda estavam de luto por Chester, mas também tentando lidar com o futuro incerto do Linkin Park.

O próprio Mike tinha recebido muitos recados: os ouvintes entravam constantemente em contato pelas redes sociais, perguntando como ele estava se sentindo. "Havia o que parecia ser milhares de homenagens", lembrou ele. "Senti que tinha um pouco de responsabilidade de simplesmente aparecer: não queria que todo o esforço ou as emoções deles desaparecessem em um poço sem-fim. Eu queria que eles soubessem que eu estava aqui e estava ouvindo."

Post Traumatic poderia ter se limitado a uma resposta de três músicas aos fãs, mas as ideias de canções continuaram a fluir de Mike, pedaços de inspiração extraídos da densidade daquele ano. Ele também sentiu que havia se fortalecido muito como compositor em decorrência dos dois últimos álbuns do Linkin Park: *The Hunting Party* tinha incluído alguns compositores externos e *One More Light* mais que dobrou esse número, de modo que essas sessões serviram como verdadeiras *masterclasses* criativas com as quais Mike pôde aprender e incorporar ao seu próprio processo. Essa expertise recém-descoberta, combinada com o vasto território emocional que ele poderia explorar, resultou em material suficiente para um álbum. Foi o mais rápido que Mike já concluiu um disco completo.

Ele sabia que *Post Traumatic* deveria se expandir para um álbum solo – lançado com seu próprio nome, pessoal demais para existir sob a bandeira do Fort Minor –, mas Mike estava "preocupado que meus companheiros de banda, alguns dos meus melhores amigos, se sentissem abandonados". A percussão original de Rob permaneceu em "Place to Start" e Brad contribuiu em duas das 18 faixas. Fora isso, *Post Traumatic* é tão distante do restante do Linkin Park quanto o único álbum do Fort Minor havia sido, porém, num cenário muito mais vulnerável para a banda.

Quando Mike explicou o projeto e tocou algumas músicas para os outros quatro membros, no entanto, "eles me deram mais apoio do que eu imaginava", receptivos à honestidade da música e à natureza orgânica de como ela havia sido feita. Mike dormiu em paz depois de conversar com seus parceiros de banda – e acordou percebendo que, de certo modo, estava começando de novo, pois nunca tinha lançado um álbum simplesmente como "Mike Shinoda".

Post Traumatic, lançado em junho de 2018, cobre cerca de nove meses da vida de Mike e é organizado, em grande parte, na ordem em que as músicas foram escritas. A primeira metade relembra, com uma especificidade íntima, a raiva e o desespero que ele sentiu após a partida de Chester. O final de "Place to Start", por exemplo, apresenta mensagens de voz de três pessoas, incluindo Dave, que checam a situação de Mike após a morte de Chester. "Over Again" detalha a emoção que Mike experimentou durante a apresentação no Hollywood Bowl. Com o primeiro verso escrito no dia do show de tributo e o segundo no dia seguinte, seu gancho se destina a encapsular aquela experiência de três horas: "Sometimes, you don't say goodbye once/ You say goodbye over and over and over again".[109]

Músicas como "Watching As I Fall", "Nothing Makes Sense Anymore" e "Promises I Can't Keep" são tão brutalmente sinceras quanto seus títulos sugerem. Já outras, apesar de suas paisagens sonoras não serem exatamente desoladas, ainda sim parecem anotações de diário manchadas de lágrimas ao combinar ganchos pop que lembram *One More Light* com uma produção de hip-hop, industrial e dubstep. Mike faz uma quantidade razoável de rimas e, antes do lançamento do álbum, admitiu: "Eu não pretendia fazer um disco no qual cantasse tanto". Mas, na verdade, a maior parte de *Post Traumatic* mostra o tom sincero que ele exibiu no clipe de "Place to Start", estendido por todas as fases da perda. Uma década antes, Chester

---

[109]Às vezes você não diz adeus uma vez/ Diz adeus muitas, muitas, muitas vezes.

havia incentivado Mike a fazer o vocal principal em "In Between", de *Minutes to Midnight*, na época em que sua voz ficava mais restrita ao rap e aos vocais de fundo. Nos anos seguintes, porém, ao se tornar um vocalista mais forte e emotivo, Mike acabou usando essas ferramentas para homenagear seu parceiro profissional.

No meio de *Post Traumatic*, a batida synth-pop apropriadamente intitulada "Crossing a Line" sinaliza uma mudança de perspectiva, à medida que Mike começa a olhar para o futuro. A segunda metade do álbum inclui "Lift Off", uma batalha de rap recheada de provocações, com Machine Gun Kelly e Chino Moreno, do Deftones; "Make It Up as I Go", uma colaboração pronta para o rádio com K.Flay, que foi acelerada a partir de uma demo de *One More Light*; e "World's on Fire", uma expressão de gratidão à esposa de Mike, Anna, e a seus filhos, por mantê-lo centrado durante um ano terrível.

Nem todas as músicas são sobre Chester, assim como o álbum não termina com tudo certo para Mike. *Post Traumatic* não é um disco de tributo do mesmo modo que o show do Hollywood Bowl; em vez disso, é um documento vivo do emaranhado de sentimentos de Mike durante um ano turbulento. O álbum é cativante em sua bagunça, orgulhoso de suas imperfeições. Após a morte de Chester, Mike se deu conta de que os cinco estágios do luto – negação, raiva, barganha, depressão e aceitação – nem sempre se encaixam em compartimentos cronológicos organizados. E ele queria que *Post Traumatic* fosse justamente um reflexo dessa falta de resolução definida.

"Começou de um lugar sombrio", disse ele, "mas não foi uma linha reta a partir daí. E essas músicas são da mesma forma."

POST TRAUMATIC ESTREOU NO TOP 20 da *Billboard* 200, e, à medida que "Crossing a Line" e "Make It Up as I Go" ganhavam espaço nas rádios rock e alternativas, Mike embarcou em uma turnê solo que o levou a teatros na América do Norte, na Ásia e na Europa, acompanhado pelo diretor musical e multi-instrumentista Matt Harris e o baterista Dan Mayo. O repertório incluía músicas de *Post Traumatic*, além de faixas do Linkin Park e do Fort Minor, que mudavam constantemente – com uma banda menor envolvida, os *sets* podiam se dar ao luxo de serem um pouco mais espontâneos.

Os primeiros shows solo foram difíceis para Mike. "Não é que tenha sido pesado ou triste", explicou. "Era apenas emocionalmente mais intenso do que um *set* normal costumava ser na minha memória." Com o tempo, eles foram se tornando mais fáceis, com a atmosfera ficando cada vez mais esperançosa. Mike compartilhava histórias de Chester no palco, muitas vezes lembranças dos tempos em que estavam em turnê na cidade em que ele agora se apresentava, discursos esses que mais tarde foram parar no YouTube para os fãs do Linkin Park apreciarem. Todas as noites, ele reservava um tempo para agradecer aos fãs pelo apoio – sempre, mas especialmente no último ano.

À medida que a vida e a carreira de Mike começaram a parecer mais próximas da normalidade, as pessoas ao seu redor também encontraram forças para seguir em frente. Dave passou a apresentar, junto ao golfista profissional Brendan Steele, o podcast *Member Guest*, onde eles convidavam *rock stars* e vencedores do PGA Tour para conversas descontraídas. Joe, por sua vez, passou um tempo no exterior em 2019, fazendo uma turnê pela China e pela Coreia com uma exposição de fotos chamada *Carry On*, que exibia imagens dos últimos shows do Linkin Park com Chester, além de atuar como jurado em um *reality-show* coreano, a competição musical de supergrupos *Super Band*.

Em 2018, Joe também dirigiu o videoclipe de "Waste It on Me", uma colaboração entre um amigo do Linkin Park, Steve Aoki, e o BTS, um grupo de K-pop em ascensão que logo seria *headliner* nos estádios americanos. Ele apreciou a oportunidade de trabalhar com jovens artistas coreanos, alguns dos quais tendo crescido ouvindo Linkin Park, tanto no *Super Band* quanto na filmagem do clipe. "As coisas estão mudando", declarou Joe sobre a representação coreana na música americana, depois de tantos anos se sentindo como um forasteiro.

Embora o Linkin Park não tenha lançado qualquer material novo com a voz de Chester por anos após sua morte, lançamentos póstumos começaram a surgir fora da esfera oficial da banda. No início de 2019, o guitarrista do Lamb of God, Mark Morton, lançou "Cross Off", uma faixa de metal com Chester nos vocais, que eles haviam trabalhado juntos três meses antes de sua morte – e da qual Mike se lembrava de Chester ter tocado para ele em seu carro.

E, embora a reunião do Grey Daze, planejada para 2017, tenha sido cancelada após a morte de Chester, sua antiga banda anunciou um relançamento de suas primeiras músicas alguns anos depois. *Amends*, que saiu em junho de 2020 e inclui 11 faixas dos dois primeiros álbuns do Grey Daze, foi totalmente remasterizado em torno dos vocais originais de Chester. O disco traz ainda alguns colaboradores musicais especiais, transformando o que antes eram composições grunge confusas em músicas mais refinadas, que destacam a voz incomparável de Chester. Além de Ryan Shuck, *Amends* conta com Brian "Head" Welch e James "Munky" Shaffer, do Korn, e Chris Traynor, do Bush, com Jaime Bennington, o filho mais velho de Chester, fazendo *backing vocals* na balada sombria "Soul Song".

Naturalmente, a banda pediu e recebeu a bênção de Talinda Bennington antes de seguir com o álbum de forma definitiva. "O projeto Grey Daze é um dos modos de continuarmos a contar a história de Chester e nos conectarmos com seus fãs", escreveu ela após o anúncio no final de 2019. De sua parte, Talinda continuou seu ativismo nos anos seguintes ao falecimento de Chester, recebendo o Prêmio Embaixadora de Saúde Mental do Didi Hirsch Mental Services em abril de 2020 por seu trabalho com a 320 Changes Direction.

Em março de 2020, quando o mundo fechou as portas devido à pandemia do coronavírus, paralisando a indústria dos espetáculos, Mike, Dave e Joe realizaram uma transmissão ao vivo beneficente de um show inédito do Linkin Park em San Diego, em 2001, para arrecadar dinheiro para as equipes de turnê e *roadies*. Durante 49 minutos, o trio assistiu às suas versões mais jovens se esbaldarem com *Hybrid Theory* enquanto dividiam histórias de bastidores junto às imagens do show, com comentários retrospectivos.

Dave relembrou como Joe ficava irritado com Brad por causa de seus pulos muito animados perto da sua configuração de DJ, bagunçando todo o equipamento, e Mike ficou maravilhado com os gritos de Chester em "Runaway". Todos os três esqueceram o nome da demo "And One" quando se viram tocando-a – Dave pergunta: "Isso é 'Carousel'?", o que instantaneamente se tornou um meme no fandom – e se envergonharam com seus estilos da virada do século, especialmente o cabelo com gel azul-púrpura de Mike e as mechas loiras descoloridas de Chester. "Pintávamos nosso próprio cabelo", lembra Mike com carinho. "Naquele momento, tínhamos um disco de platina e estávamos em nosso segundo *single*, que foi ou estava prestes a chegar ao primeiro lugar nas paradas de rock alternativo, e cortávamos os cabelos uns dos outros, colocando aquele lixo da Rite Aid neles!" Seu rosto se transformou num sorriso largo e seu corpo balançou para os lados em uma gargalhada.

Os fãs adoraram assistir à transmissão que, além de arrecadar dinheiro para os amigos da banda que precisavam de ajuda, parecia um encontro íntimo de companheiros durante o isolamento da covid. À medida que a pandemia se arrastava, Mike aproveitou essa linha de comunicação para um propósito diferente: fazer transmissões ao vivo interativas no Twitch, nas quais dedicava longas horas à produção de músicas instrumentais em tempo real com a participação dos fãs, respondia a questões sobre o Linkin Park e sua carreira e, em geral, falava sobre seus pensamentos e sentimentos durante a quarentena.

As músicas das transmissões no Twitch começaram a se acumular, com Mike iniciando faixas do zero, permitindo aos fãs que escolhessem gêneros e temas e convidando amigos músicos a enviar *loops* como base. Com uma tendência à música eletrônica espacial, elas eram "um produto das sugestões dos espectadores, das minhas improvisações e de qualquer magia inexplicável que estivesse flutuando no meio", explicou ele. Cada música ia demorando menos para ser criada conforme Mike liderava a comunidade on-line e identificava os ganchos musicais em tempo real.

Em julho de 2020, Mike reuniu 12 faixas sob o nome *Dropped Frames, Vol. 1*, o primeiro de três álbuns completos de música eletrônica sem direitos autorais, feitos com fãs de todo o mundo. Esses projetos foram financiados de forma independente e, em sua maioria, são instrumentais: "Ouça essas faixas enquanto relaxa, enquanto trabalha, enquanto pinta, enquanto come, enquanto joga... onde quer que elas se encaixem em sua vida", escreveu Mike. Os projetos *Dropped Frames* foram criados de forma colaborativa e sem aspirações comerciais num momento de incerteza no mundo. Eles foram o som de Mike deixando a luz entrar diretamente em seu estúdio caseiro.

À MEDIDA QUE OS MEMBROS DA BANDA EXPLORAVAM novos empreendimentos e projetos paralelos nos anos depois da morte de Chester, eles continuavam sendo questionados: e quanto ao Linkin Park?

As respostas geralmente giravam em torno do fato de eles manterem contato uns com os outros – incluindo membros como Brad e Rob, que não têm sido tão ativos nas redes sociais nos últimos anos –, mas ainda estarem incertos quanto à configuração do futuro da banda. Em 2020, por exemplo, Dave mencionou que eles estavam "casualmente" escrevendo um novo material antes da pandemia, mas, no ano seguinte, Mike declarou que não tinham a "fórmula emocional e criativa" definida para qualquer tipo de retorno. Com shows à base de hologramas se tornando mais comuns na década desde que um 2Pac virtual percorreu o palco do Coachella em 2012, eles passaram a ser questionados sobre a ideia de se apresentar com um holograma de Chester, no que sempre respondiam com um sonoro "nunca". Um retorno aos palcos obviamente provocaria grande curiosidade no público – o Linkin Park arrecadou incríveis 120 milhões de dólares em ingressos ao longo de sua carreira, conforme a Boxscore – mas, para os membros da banda, dar aos fãs de longa data falsas esperanças sobre um retorno apressado parecia inútil.

"Não tem turnês, não tem música, não tem álbuns em andamento", esclareceu Mike em abril de 2022. "Digo isso porque sempre que a banda fala ou faz alguma coisa, todos começam a se empolgar demais, e aí dizemos: 'Não, não, não, não. Não comece.' Você vai se decepcionar. Não faça isso."

Repetidamente, eles reiteraram que não havia planos futuros à medida que revisitavam seu passado: a transmissão ao vivo de um show antigo no início de 2020 preparou o terreno para *Hybrid Theory (20th Anniversary Edition)*, um *box set* abrangente lançado em outubro daquele ano. Além do álbum original e de *Reanimation*, o conjunto trazia lados B, raridades do LPU, três DVDs (incluindo *Frat Party at the Pankake Festival*) e a tão cobiçada demo "She Couldn't", uma exibição melancólica de harmonias suaves e batidas programadas, vazada na internet em 2009, mas nunca oficialmente lançada.

O *box set* vinha recheado de presentes especiais para os fãs de carteirinha, enquanto os ouvintes casuais podiam reviver a estreia arrasa-quarteirão do Linkin Park em toda a sua glória, graças, em parte, ao canal temporário "Linkin Park Radio", da Sirius XM, e à série de reportagens do grupo refletindo sobre a longevidade de *Hybrid Theory*. "É um bom momento para parar, pensar e focar o que foi necessário para conceber esse álbum, no impacto que ele teve e na oportunidade que ele nos deu de continuar com nossas carreiras", disse Joe. "Para mim, é um testemunho da camaradagem entre todos os integrantes da banda, da nossa amizade, da nossa ética de trabalho, dos valores de como abordamos não só a criação da música, mas o lado comercial de fazer música e a maneira como interagimos com nossos fãs."

E esses mesmos fãs responderam ao relançamento com suas carteiras: *Hybrid Theory* voltou à parada de álbuns da *Billboard* 200 na 12ª posição após o lançamento da edição de 20º aniversário, sua classificação mais alta desde 2002. Quanto ao *box set*, foram mais de 66 mil unidades vendidas até o momento, segundo a Luminate. Na verdade, o Linkin Park não precisava de um *box set* para que sua música continuasse viva na virada da década de 2010 para 2020. Nos cinco anos seguintes ao último álbum de estúdio da banda, seu legado continuou a se expandir conforme suas músicas eram reinterpretadas, com novos fãs e artistas moldando diferentes faixas em novas formas.

Foi assim que um *mash-up* de "Talking to Myself", do Linkin Park, e "Heavydirtysoul", do Twenty One Pilots, obteve mais de seis milhões de visualizações; uma combinação de "Heavy" e "My Immortal", do Evanescence, gerou comentários entusiasmados no YouTube, como "Eu não conseguia parar de chorar"; e "Faint" cruzada com "Just Dance", de Lady Gaga, foi considerada "ridiculamente divertida" pela *Kerrang!*. Alguns anos antes, o ex-vocalista do Bad Wolves, Tommy Vext, lançou uma versão assombrosa, conduzida por um piano, de "Crawling", que rodou pela internet. Já o grupo de rap-rock Fever 333 fez um *cover* de "In the End" para a série Spotify Singles, com o vocalista Jason Aalon Butler entusiasmado: "Eu gostaria de poder contar ao meu eu de 14 anos que, um dia, receberia uma mensagem direta de Mike Shinoda dizendo que ele gosta da minha música".

E esses são apenas alguns exemplos notáveis de *covers* hard rock do Linkin Park. Se você se aventurar pelo buraco sem-fim do YouTube, descobrirá uma infinidade de interpretações de suas músicas em vários estilos, desde uma versão operística de "Numb", do grupo de K-pop ATEEZ, até um bluegrass com banjo de "What I've Done", dos irmãos italianos Melodicka Bros, e uma recriação jazzística e acompanhada de cordas de "In the End", por Robyn Adele Anderson, vocalista do Postmodern Jukebox.

Há um vídeo de 266 músicos de 35 países que se reuniram virtualmente para tocar "In the End" durante o confinamento da pandemia. Em outro, a pequena moradora do Reino Unido, Nandi Bushell, de apenas 11 anos, enlouquece na bateria ao tocar "Numb". Alguns desses clipes são anteriores ao TikTok; outros se encaixam perfeitamente em sua viralidade de curta duração. Em 2023, por exemplo, uma tendência decolou na plataforma ao misturar uma versão acelerada de "Lying from You" com "Take Da Charge", do rapper Project Pat, provando que o Linkin Park estava se saindo bem no âmbito da Geração Z. E, com o aumento da popularidade da tecnologia de inteligência artificial na música, as versões de IA de Chester "fazendo *cover*" de canções de outros artistas estão inundando o YouTube – embora, claro, a nova tecnologia ainda não consiga replicar totalmente as particularidades de sua abordagem vocal.

Talvez a prova mais adequada do alcance atual do Linkin Park seja o número e a variedade de artistas populares que, nos últimos anos, têm prestado homenagens explícitas ou citado a banda como influência importante. Naturalmente, isso inclui grandes nomes do rock, como o Bring Me the Horizon, cujo *frontman*, Oli Sykes, já afirmou que o Linkin Park foi a razão que o levou a querer fazer parte de uma banda; o vocalista do Of Mice & Men, Austin Carlile, que apontou *Hybrid Theory* como o primeiro álbum pelo qual se apaixonou; e Machine Gun Kelly, cuja combinação de rap e rock se deve muito ao CD do Linkin Park que ele ouvia repetidamente na juventude. Essa coleção de admiradores inclui ainda nomes menos óbvios, como, por exemplo, The Weeknd, que destacou o impacto de Chester durante um programa de rádio da Apple

Music em 2021. Ou Billie Eilish, que disse que sua música favorita do LP é a faixa de *A Thousand Suns*, "When They Come for Me". E até Rihanna já chamou Chester de "literalmente o talento mais impressionante que vi ao vivo".

Mesmo com um hiato ultrapassando a marca de cinco anos, a obra do Linkin Park continuava sendo citada por superestrelas, tocada por artistas com grandes e pequenos seguidores, transformada em memes e misturada com uma série de outras músicas e estilos. Da mesma forma que Mike se sentiu na obrigação de responder aos fãs do Linkin Park nos meses após o falecimento de Chester, os ouvintes se sentiram compelidos a reagir à música do grupo, homenageando as canções e os álbuns quando parecia que não haveria mais nenhum deles. Esses gestos podiam ser tão simples quanto um clipe acelerado do TikTok ou tão grandiosos quanto um *cover* de derreter a alma, mas o sentimento em torno da música era mais ou menos o mesmo. A banda havia compartilhado partes de si mesma com o mundo por tantos anos, e agora, em um ato de reflexão, o mundo estava devolvendo essas partes para eles.

E essas reflexões permanecerão infinitas – não haverá um dia em que novos tributos ou releituras da banda deixem de ser feitos. O legado do Linkin Park pode ser finito, mas, quando visto pelo prisma de sua base global de fãs, suas limitações não existem.

CAPÍTULO 25

É início de março de 2023, aquele tipo de segunda-feira gelada e sem nuvens, com temperaturas abaixo dos dez graus em Nova York, sugerindo que a primavera virá mais cedo que o esperado. Mike chegou à cidade na noite anterior e está vestindo uma jaqueta bomber e calças camufladas enquanto bate ponto com a imprensa na sede da Warner Records. Ele tem uma agenda lotada depois de um voo atrasado para Nova York, mas é todo sorrisos.

De forma um tanto improvável, o Linkin Park tinha acabado de lançar seu maior sucesso em uma década.

"Lost", o hino de alta potência que foi gravado durante as sessões de *Meteora* e desenterrado duas décadas depois para *Meteora (20th Anniversary Edition)*, explodiu com força suficiente para surpreender os fãs do Linkin Park quando foi lançada, em fevereiro de 2023. A música era uma demo nunca antes ouvida na íntegra, com os vocais principais de Chester totalmente finalizados e mixados – o bem mais precioso que se pode imaginar para os ouvintes de longa data. Uma canção que havia chegado à reta final, mas foi guardada e esquecida, agora finalmente estava aqui.

Cinco anos e meio após a morte de Chester, a experiência de ouvir sua voz familiar cantar uma melodia desconhecida, entoando delicadamente um verso antes de rugir num refrão, não foi apenas inesperada e satisfatória – foi avassaladora. As manifestações de nostalgia dolorosa e saudade da voz de Chester na comunidade do Linkin Park no Discord, nos fóruns de discussão, nos tópicos do Reddit e nas plataformas sociais agora eram substituídas pela agradável surpresa de tê-la de volta. Muitos fãs registraram suas lágrimas de primeira audição em vídeos de reação no YouTube, com títulos como "Eu NÃO estava pronto para a nova música 'Lost' do Linkin Park" e "Isso me arrasou!".

Mas então "Lost" transcendeu a base de fãs da banda. A música estreou em 38º lugar no Hot 100 em seu lançamento – o primeiro hit deles no Top 40 desde 2012 – e foi posteriormente promovida nas rádios rock como um novo *single*. Os programadores responderam com entusiasmo: "Lost" ficou oito semanas no topo da parada Mainstream Rock, superando *singles* de grupos ativos, como Foo Fighters e Metallica, naquele ano, além de ultrapassar a impressionante marca de 20 semanas em primeiro lugar na Rock Airplay. Ao combinar esse sucesso radiofônico com centenas de milhões de *streams* e incontáveis remixes e clipes de reações dos fãs, o que poderia ter sido só um presente para os ouvintes mais dedicados como parte de um *box set* (à "She Couldn't", na edição de 20 anos do *Hybrid Theory*) tornou-se um dos maiores sucessos do rock de 2023.

"Senti que seria uma boa conexão com os fãs daquela época", disse Mike em março, durante sua viagem a Nova York. "Mas não imaginava que fosse virar uma tendência no TikTok!"

Mike tinha razão em se surpreender: músicas como "Lost", *singles* póstumos lançados muito tempo depois da última atividade de uma banda, não costumam ganhar grande repercussão fora dos círculos de ouvintes mais fiéis. O mais próximo de "Lost" é "You Know You're Right", do Nirvana, uma demo querida dos fãs que foi revelada com uma versão de estúdio totalmente produzida em 2002, incluída num CD de grandes sucessos – mas mesmo esse *single* não teve um desempenho tão bom nas paradas quanto "Lost", tendo tocado em rádios rock, mas ficado de fora do Top 40 do Hot 100.

Embora as tendências do TikTok tenham facilitado a recontextualização de faixas antigas como novos sucessos, "Lost" foi posicionada como um novo *single* de uma era antiga. A curiosidade do *mainstream* sobre uma música inédita do Linkin Park com os vocais principais de Chester pode ter ajudado "Lost" a ser ouvida com interesse na primeira semana de lançamento, mas como isso explica suas execuções regulares nas rádios nas semanas e meses seguintes?

É claro que ajudou o fato de "Lost" ter sido criada durante uma das épocas mais comercialmente bem-sucedidas da banda – *Meteora* emplacou três *singles* no Top 40, o maior número de qualquer álbum deles – e soava mais próxima desses *singles* de sucesso do que de uma faixa profunda e despretensiosa. "Lost" é um hino clássico do período inicial do Linkin Park, com sua alquimia de suave para intenso, tons eletrônicos e *scratches* contribuindo para a produção de rock pesado, as interjeições assombradas de Mike no meio do verso e um poderoso refrão cheio de gritos.

Naturalmente, a voz de Chester une a música, usando os versos para explorar as partes de si mesmo que nunca estarão completas ("I'm trapped in yesterday/ Where the pain is all I know")[110] antes de liberar o inferno no gancho ("I'm *LOST*! In these *memories*!/ Living behind my *own illusion*!").[111] Brad comentou em fevereiro de 2023: "Quando a ouvi recentemente, pela primeira vez em 20 anos, fiquei de fato surpreso com a música e, particularmente, com a performance vocal de Chester. É tão bonita, crua e impressionante".

A razão pela qual "Lost" não entrou em *Meteora* – sendo, na verdade, a última a ser cortada do álbum de 12 faixas – é porque soava muito parecida com o que viria a se tornar o maior sucesso do disco. "Tinha a mesma energia de 'Numb'", explicou Mike. "Pensamos: 'Ah, não podemos ter duas "Numb" no álbum, vamos empurrar essa para depois.' E então acho que acabamos a deixando em um disco rígido e nos esquecemos dela!"

---

[110]Estou preso no ontem/ Onde a dor é tudo que conheço.

[111]Estou PERDIDO! Nestas lembranças!/ Vivendo atrás de minha própria ilusão!

Ao longo dos anos, os fãs encontraram pistas de que "Lost" existia em algum lugar – uma folha com letras no DVD de *making of* de *Meteora*, um instrumental perdido num episódio da LPTV. Mas, ao contrário de "She Couldn't", de *Hybrid Theory*, que vazou relativamente intacta anos antes do lançamento do *box set*, "Lost" ficou adormecida naquele disco rígido sem nunca ter visto a luz do dia por duas décadas.

A qualidade desses arquivos foi, no final, o que levou a banda a revisitar *Meteora*, depois que Mike inicialmente "não estava otimista" quanto ao lançamento de outra edição de 20º aniversário após o *box* de *Hybrid Theory*, em 2020. No entanto, quando ele começou a vasculhar as gravações das sessões de *Meteora*, percebeu o quanto de material valioso havia sido deixado de lado. "Este é um animal muito diferente de *Hybrid Theory*", disse Mike antes do lançamento do *box set* de *Meteora*. "Na era *Hybrid Theory*, éramos apenas moleques em nossos quartos – não guardávamos nada, não filmávamos nada, imagens em vídeo não eram algo comum... Decidimos então que faríamos algo para *Meteora*. E, imediatamente, encontramos *muitas coisas boas*."

Além de "Lost", a banda se deparou com "Fighting Myself", que eles lembravam como uma produção inacabada, mas encontraram as pistas vocais no verão de 2022. O produto final soa como uma sequência empolgante de "Papercut", com uma torre de guitarras envolvendo a interação de Chester e Mike. "More the Victim" foi originalmente lançada como a instrumental "Cumulus" em um álbum do LPU, sendo então desenvolvida com oscilantes versos de rap de Mike, um gancho abrasador de Chester e muitos *scratches* de Joe. E "Massive", cantada por Mike; "Healing Foot", com piano e cordas; e o som sinistro de "A6" apontam para a evolução sonora que o Linkin Park estava prestes a fazer em *Minutes to Midnight*.

Para os fãs, as seis demos inéditas representaram um tesouro de uma das eras mais frutíferas da banda e foram uma fonte de conforto após muitos anos sem nenhum material novo do Linkin Park. Para os membros do grupo, o *box set* dos 20 anos de *Meteora* foi uma oportunidade para revisitar um grande projeto criado durante um período de formação e ainda passar um tempo extra uns com os outros, via Zoom ou pessoalmente.

Mike afirmou que montar o *box set* de *Hybrid Theory* apenas três anos após a morte de Chester foi "um pouco agridoce", mas voltar a *Meteora* com seus companheiros de banda não poderia ter sido mais prazeroso. Afinal, eles agora eram literalmente amigos de longa data, com seus 40 e poucos anos, revendo músicas há muito esquecidas e clipes bem constrangedores de seus 20 e poucos anos. Mike soltou uma gargalhada ao se lembrar do dia em que Dave assistiu a algumas das filmagens dos bastidores com a família – e seus filhos zombaram impiedosamente dos penteados e das roupas da banda.

"É uma nostalgia muito gostosa", explicou Mike. "Acho que cada um teve uma experiência diferente ao desenterrar esse material, e, para mim, foi como entrar no sótão e encontrar uma caixa velha com itens da sua infância. Por exemplo, fotografias que você esqueceu que tirou, coisas que fazem você pensar: 'Ah meu Deus, esse treco, não posso acreditar que ele ainda existe!'. Essas coisas te teletransportam de volta para aquela época."

E ouvir "Lost" ao longo de 2023 funcionou exatamente assim. Na era do *streaming*, quando tantas músicas populares podem ser reproduzidas a qualquer momento sob demanda, encontrar a voz de Chester na programação de uma rádio alternativa ou numa *playlist* de sucessos do Spotify parecia um reencontro casual com um velho amigo. Para uma geração que cresceu sendo recebida por Chester quando ligava o rádio ou colocava uma fita, "Lost" reabriu uma torrente de memórias armazenadas. Não era só uma demo recém-lançada de um *box set*. Era um lembrete de um vínculo que permaneceu intacto.

EMBORA MIKE TENHA VOADO para Nova York um mês antes do lançamento do *box set* de *Meteora*, a verdadeira intenção da sua viagem tinha a ver com outro projeto. Ele estava na cidade para a estreia de *Pânico 6*, o mais recente episódio da notória franquia de terror, pois havia contribuído com duas músicas para a trilha sonora – uma de sua autoria e outra com uma grande estrela pop.

Depois da turnê de *Post Traumatic* em 2019 e de lançar as três compilações do *Dropped Frames* no início da pandemia, Mike decidiu dar uma pausa no lançamento de músicas com seus vocais nos primeiros anos da década de 2020, passando a se concentrar mais como um colaborador de estúdio. "Eu já andava escrevendo e produzindo para outras pessoas há algum tempo, quase uns dois anos", explicou. "E muitas dessas músicas não deram em nada – às vezes porque talvez não fossem tão boas, às vezes porque o artista não sentia que elas se encaixassem no seu material, ou algo assim. E eu estava ficando bastante desanimado."

No final de 2022, Mike começou a brincar com algumas demos – "só por diversão, só para tirá-las da minha cabeça" – enquanto ele e o restante do Linkin Park estavam terminando o material do 20º aniversário de *Meteora*. Foi quando um produtor da franquia *Pânico* ligou para saber se ele estaria interessado em trabalhar com Demi Lovato numa música para o próximo filme. Mike levou suas demos para ela e tocou algumas amostras para os produtores de *Pânico*; Demi gostou de uma demo, a equipe do filme gostou de outra.

"Eles basicamente disseram: 'Tem como você fazer duas músicas para o filme?'", lembra-se Mike. E foi assim que ele fez a trilha sonora dos créditos de abertura e de término de um dos filmes de terror de maior bilheteria de 2023.

"Still Alive", que Mike produziu e coescreveu com Demi e com a compositora e musicista Laura Veltz, é uma música pop-punk carregada de guitarras e focada na luta pela sobrevivência (um tema comum em todos os enredos de *Pânico*, é claro). A música, no entanto, não foi inspirada na série de terror. Na verdade, o conceito surgiu da primeira conversa de Mike com Demi, uma veterana da música pop, cuja trajetória sob os holofotes foi marcada por problemas ligados ao abuso de substâncias e questões de saúde mental.

"Ela disse: 'Sinto que estou em uma situação muito boa em que quero estar viva – seguir em frente, tratar bem meu corpo e cuidar de mim mesma'", lembrou Mike. Assim como havia feito tantas vezes antes com Chester, ele ajudou a transformar aquela conversa no centro de uma colaboração musical.

Em "Still Alive", a teatralidade vocal de Demi complementa a percussão acelerada e o rugido elétrico de Mike, no que ele descreveu como uma "música durona de empoderamento". A faixa contém uma impressionante composição pop visceral – "I'm still alive/ I don't wanna just survive/ Give me something to sink all my teeth in/ Eat the devil and spit out my demons",[112] Demi canta no refrão –, além de um arranjo de Mike que se encaixa no som de eletro-rock no qual Demi estava se aprofundando na época.

Enquanto "Still Alive" encerra *Pânico 6*, os créditos de abertura contam com o som de "In My Head", música do próprio Mike com a participação da cantora e compositora em ascensão Kailee Morgue, do Arizona. Sobre sintetizadores tempestuosos e tambores tribais, Mike entrega uma faixa pop urgente "sobre pensamentos intrusivos, paranoia e dúvida constante", disse ele. E Kailee constrói um refrão de chamada e resposta, como se fizesse o papel dos medos mais íntimos de Mike. "In My Head" é mais sombria tematicamente do que "Still Alive", mas soa mais livre, com Mike se alimentando do ritmo frenético e sabendo como acelerar as harmonias pop.

---

[112]Ainda estou viva/ Não quero apenas sobreviver/ Quero algo em que cravar meus dentes/ Comer o diabo e cuspir meus demônios.

Quando Mike lançou "In My Head" em março de 2023, já fazia um bom tempo que não soltava uma faixa solo de verdade. "Uma coisa de que gostei disso foi a atitude: voltar a uma estética mais séria e sombria", declarou. "Quero fazer mais disso, algo um pouco mais sombrio. É o que tenho curtido no momento."

Ainda que não houvesse um cronograma para uma continuação solo de *Post Traumatic*, qualquer receio de Mike em voltar ao microfone parecia ter ido embora – e os anos de trabalho frustrado no estúdio tiveram até seu lado positivo. "Desde que comecei a trabalhar com tantos artistas, compositores e produtores diferentes nos últimos anos", explicou Mike, "peguei um monte de [novas] ferramentas e perspectivas."

Mike havia lançado pouco material antes das duas canções do filme *Pânico*. Em 2021, ele participou do *single* "Happy Endings" com Iann Dior e Upsahl e lançou uma "mixtape NFT" de seis minutos chamada *Ziggurats* no fim daquele ano. Desde então, porém, passou a divulgar músicas com seu próprio nome e também a produzir para outros artistas. Depois de trabalhar composições com o PVRIS e Grandson em 2023, Mike lançou uma faixa solo imersiva, "Already Over", com vocais de alta octanagem, guitarras afiadas e um refrão pronto para arrasar nas *playlists* de rádios alternativas (a música foi, de fato, a nova faixa mais adicionada do formato na semana que foi lançada, em outubro de 2023).

Esses trabalhos recentes poderiam cristalizar um caminho para onde alguém com múltiplos talentos como Mike está indo nos próximos anos. O arquiteto musical do Linkin Park sempre foi um habilidoso especialista em estúdio e um artista determinado, capaz de fortalecer outras vozes ao mesmo tempo em que expressa claramente o seu próprio ponto de vista. Alguns períodos da sua vida foram mais prolíficos do que outros, mas Mike sempre está criando, em algum nível, e sempre estará.

"Sinto-me revigorado", refletiu Mike naquele dia de março em Nova York. "Sinto que sou um compositor melhor do que era há alguns anos, o que é uma sensação boa."

APÓS *METEORA (20TH ANNIVERSARY EDITION)* – que ajudou o álbum a voltar ao Top 10 da *Billboard* 200 –, o futuro específico do Linkin Park continuava uma incógnita. Mike, Brad, Joe, Dave e Rob estavam se comunicando regularmente, mas o caminho a seguir sem Chester permanecia nebuloso quando o sexto aniversário de sua morte se aproximava. Além disso, todos os membros tinham famílias para cuidar, a maioria ainda na fase de criar filhos pequenos. O cronograma de um possível retorno e os detalhes sobre como isso ocorreria eram intangíveis, com a banda só podendo dar respostas como *talvez, algum dia*, enquanto reiterava que, no fundo, o desejo perdurava.

"O que posso dizer é que acho que faremos algo novamente em algum momento", comentou Dave. "Acredito que faremos, com sorte, novas músicas. E eu adoraria fazer alguns shows." Em uma outra entrevista, Mike tentou lidar com as expectativas ao distinguir o que era e o que não era realista. "Não vamos fazer turnê no momento", declarou ele, mas, fora isso, "não acho que haja muito a dizer que esteja fora de cogitação."

Para os fãs do Linkin Park, sempre haverá a esperança de mais – mais material inédito, mais comemorações de aniversário, mais músicas novas da banda, mais oportunidades de shows ao vivo, mais maneiras de homenagear Chester. Ninguém, nem mesmo os próprios membros do Linkin Park, sabe exatamente quanto mais haverá.

Ao considerar o futuro da banda, entretanto, as palavras de Mike em "Waiting for the End" vêm à mente: "This is not the end, this is not the beginning/ Just a voice, like a riot, rockin' every revision".[113] A história do Linkin Park ainda está sendo escrita e reescrita, uma obra em progresso que não terminou com o falecimento de Chester, em 2017. E o motivo pelo qual ela continua é simples: o Linkin Park ainda está em toda parte.

A prova de quantas pessoas ainda estão ouvindo a banda não está apenas em sua presença na música moderna – está também nos números. Tanto *Hybrid Theory* quanto *Meteora* seguem gigantescos até hoje. Além de entrarem regularmente na *Billboard* 200 ao lado de novos álbuns mais de duas décadas depois de seus lançamentos, ambos já venderam, respectivamente, 13,5 milhões e 8,5 milhões de cópias até o momento, conforme a Luminate. E os maiores sucessos desses álbuns, junto ao restante do catálogo do Linkin Park, ainda são muito bem tocados, com a banda obtendo 55 mil execuções em rádios terrestres e via satélite durante um mês típico de 2023.

Num ecossistema de rádio de rock alternativo que permite que algumas bandas mais clássicas dividam confortavelmente o espaço com novas estrelas, o Linkin Park é tão onipresente quanto grupos como o Nirvana, o Pearl Jam e o Red Hot Chili Peppers – lendas com catálogos recheados de sucessos que os fãs de rock de várias idades ainda sentem vontade de ouvir repetidamente. Na outra ponta, eles também são tão colossais quanto as estrelas do momento. Muitos dos principais nomes do rock em atividade – como o Foo Fighters, o Paramore e o Fall Out Boy, que lançaram novos álbuns de estúdio e fizeram turnês em arenas nos últimos dois anos – têm entre 20 milhões e 25 milhões de ouvintes mensais no Spotify. O Linkin Park não lança um álbum ou faz um show desde 2017, e, apesar disso, seus ouvintes mensais ficam rotineiramente em torno de 34,2 milhões.

Conforme a indústria musical foi mudando ao longo da carreira do Linkin Park, as vendas alucinantes e estatísticas de rádio da

---

[113]Isso não é o fim, isso não é o começo/ Apenas uma voz, como um tumulto, agitando cada revisão.

banda passaram a se traduzir em conquistas de *streaming* que, muitas vezes, são igualmente chocantes. *Hybrid Theory* recentemente ultrapassou quatro bilhões de *streams* totais no Spotify, na mesma época em que o clipe de "Numb" comemorou dois bilhões de visualizações no YouTube. E enquanto alcançam números de sete dígitos de seguidores nas redes sociais – Instagram (6,3 milhões), Twitter (5,7 milhões) e TikTok (1,1 milhão) –, seus 57 milhões no Facebook fazem deles a banda mais seguida na plataforma. Para deixar claro: há mais gente que segue o Linkin Park no Facebook do que moradores na Espanha ou no Canadá. Por maior que você ache que o Linkin Park seja, eles são *ainda maiores*.

No final, esses números ajudarão a simbolizar o reconhecimento mais amplo do impacto cultural do grupo, fazendo a maré mudar em relação à sua posição crítica no cânone do rock moderno. O Linkin Park se tornou enorme logo no início de sua carreira e assim se mantém até hoje, mas nunca se dobrou às modas passageiras para sobreviver. Em vez disso, eles rejeitaram a tendência do rock que ajudou a catapultá-los e seguiram muito além de seus limites sonoros e de significado. Qualquer detrator do nu metal que preste atenção na jornada do Linkin Park entende por que sua identidade se distanciou quilômetros desse movimento; qualquer fã de música que esteja minimamente conectado ao rock popular deste século sabe que a banda lançou uma infinidade de sucessos imbatíveis e únicos. Em 2025, o Linkin Park será elegível para entrar no Rock and Roll Hall of Fame. Talvez não consiga na primeira votação, mas merece – e, quem sabe, um dia estará lá.

Na verdade, esses elogios específicos não importam. Nenhuma placa, troféu ou título honorífico poderia definir totalmente o legado de uma banda tão essencial, cujas músicas pulsavam com uma emoção humana visceral que podia ser sentida de forma instintiva. As mensagens radicalmente honestas do Linkin Park atingiram o fundo das almas de seus ouvintes em uma época na qual não se falava muito sobre saúde mental, ajudando os fãs a lidar com conceitos abstratos e questões intrínsecas. E, muitas vezes, Chester, o delicado grito de uma geração, era quem transmitia essas mensagens.

Nos anos que se seguiram ao falecimento de Chester, a música do Linkin Park não recuou para o passado nem sua influência começou a diminuir. Milhares de pequenos momentos na vida recente da banda são prova disso. É o nome de Chester ficando em alta no Twitter no quinto aniversário de sua morte, em julho de 2022. É a banda sendo indicada para o MTV Video Music Awards em 2023 por "Lost", ao lado de alguns dos maiores nomes do rock daquele ano, como o Foo Fighters, o Metallica e o Måneskin, com uma demo há muito esquecida. É o canal "Art", com cinco mil membros, no Discord do LPU, onde os fãs compartilham novos desenhos e tatuagens do Linkin Park. É a nova geração de ouvintes de música – com alguns dos quais indo conferir casualmente os maiores sucessos da banda e outros mergulhando totalmente na toca do coelho e ficando obcecados – descobrindo-os todos os dias.

Mike já está vivenciando um pouco disso enquanto observa seus filhos crescerem e os amigos deles descobrirem o que ele faz para viver. "Eles mandam mensagens para os meus filhos, do tipo: 'Seu pai está no Linkin Park? Cara!'", disse Mike. "É legal que eles curtam. O fato de ainda ser significativo para alguém é... bem, você sabe."

Ele não precisou concluir o pensamento. A música do Linkin Park será passada adiante, e, para um bando de garotos dos arredores de Los Angeles (e um de Phoenix), isso significa tudo.

Tudo começou com um show, uma música, um álbum, uma luz. E agora se tornou maior do que qualquer um poderia ter imaginado.[114]

---

[114]Entre a publicação do livro original, em meados de 2024, e a edição brasileira, no primeiro semestre de 2025, o retorno oficial do Linkin Park deixou de ser um desejo dos fãs para finalmente virar realidade. Em novembro de 2024, eles lançaram *From Zero*, o primeiro álbum de inéditas desde 2017, além de retomarem as turnês ao redor do mundo. A nova formação conta com a cantora Emily Armstrong dividindo os vocais com Mike Shinoda, enquanto o baterista Collin Brittain substitui Rob Bourdon, que deixou o grupo em definitivo. Embora ainda mantenha seu trabalho nas atividades de estúdio do Linkin Park, Brad Delson optou por ficar fora dos shows ao vivo, com o guitarrista Alex Feder assumindo seu lugar. (N. da P.)

AGRADECIMENTOS

Este livro não teria sido possível sem os fãs do Linkin Park em todo o mundo. E quero dizer isso literalmente – a maior parte da minha pesquisa foi auxiliada por um tremendo trabalho de arquivo dos fãs, incluindo filmagens de shows de décadas atrás, dados de turnês, demos raras e detalhes de gravações que você não necessariamente encontraria nas notas do encarte. Obrigado a todos que ofereceram uma peça desse quebra-cabeça, sobretudo à Linkinpedia e ao Linkin Park Live pelos anos de documentação abrangente.

A Chester, Mike, Brad, Rob, Dave e Joe: obrigado por tudo. Um agradecimento especial a Laura Swanson, pela ajuda desde o primeiro dia, a Ceri Roberts e à equipe da Warner Records, e a Ryan DeMarti e Trish Evangelista, pela imensa contribuição do time Linkin Park.

Agradeço ao meu agente, Anthony Mattero, pelos anos de apoio e por ter caminhado comigo na chuva em Montclair um dia, enquanto eu explicava a ideia do livro. Eu não teria conseguido fazê-lo sem sua força estabilizadora, sou eternamente grato. Um imenso obrigado a Carrie Napolitano, da Hachette, pela experiência incrível de edição e pelo incentivo. E obrigado a todo o pessoal da Hachette – especialmente Sean Moreau, Ashley Kiedrowski e Lauren Rosenthal –, por apoiar este livro com tanta paixão e gentileza.

Agradeço a todos que me ajudaram a descobrir como escrever um livro de música de não ficção: Steven Hyden e Tom Breihan, por responderem a algumas perguntas iniciais e ajudarem a moldar minha perspectiva; a Nadine Pena, Patrick Confrey, Maris Kreizman, Charlie Adelman e Jamie Abzug, por me deixarem explorar suas ideias quando eu não tinha noção do que estava fazendo; e a Chris Payne, por ter me inspirado a escrever um livro sobre música depois de ele ter escrito outro excelente. Um agradecimento especial a Andrew Unterberger, por ser o editor de música mais atencioso que eu poderia pedir – este livro ficou melhor por sua causa.

Um enorme agradecimento a toda a minha equipe da *Billboard*, do passado e do presente. Um obrigado especial a Tye Comer, Bill Werde, Monica Damashek, Cortney Harding, Gail Mitchell, Jill Mapes e Jess Letkemann, pelo apoio inicial e contínuo (e a Jess por ter ido comigo ao show do Linkin Park no MSG!); Keith Caulfield, Joe Lynch, Katie Atkinson, Denise Schaefer, Erin Strecker, Trish Halpin, Laura Tucker, Gab Ginsberg, Erika Ramirez, Steven Horowitz, Benjamin Meadows-Ingram, Hilary Hughes, Jeff Benjamin, Bianca Gracie, Andrew Hampp, William Gruger, Craig Marks, Mike Bruno, Jayme Klock e Ross Scarano, por serem minha equipe e me ajudarem a me desenvolver profissionalmente; e Hannah Karp, Christine Werthman, Dana Droppo, Lyndsey Havens, Katie Bain, Rebecca Milzoff, Colin Stutz, Carl Lamarre, Neena Rouhani, Kristin Robinson e Josh Glicksman, por serem incrivelmente encorajadores enquanto eu trabalhava neste livro. Se eu não mencionei seu nome, saiba que minha intenção era mencionar. Eu não poderia ter pedido uma carreira melhor até agora e pessoas melhores com quem compartilhá-la.

Obrigado a Ryan Shuck, Sonny Sandoval, Rob Swift, Skylar Grey, Amir Derakh, Travis Stever e Ryan Key, por compartilharem suas histórias comigo e por fortalecerem este livro com suas entrevistas. Agradeço profundamente a todos vocês. Obrigado ao pessoal da NAMI e da Backline, pelo incrível trabalho ao oferecer recursos para doenças mentais e saúde mental. Tenho orgulho de fazer parceria com organizações tão importantes e exemplares para este livro.

Aos meus amigos – Jake, Pat, Nick, Chris, Darren, Dom, Dave, Leo –, vocês são meus irmãos, e sou grato a todos vocês. À irmã Dara, de quem sempre me orgulhei. Obrigado à minha família: Gary, Janette, Zach, Jared, Adrienne, Julian, Penelope, Gideon, Simon, Alan, Alicia, Zach, Sue, Peter, Matthew, Sarah, Nancy. Vocês são minha base. Agradeço a Walter Bowne, Ed Brandhorst, Felicia Steele, Donna Shaw, Tony Klock, James Queally, Julie Miller e a todos os professores e editores que me ajudaram ao longo do caminho. Obrigado ao podcast *Rights to Ricky Sanchez,* por ser a trilha sonora de muitos passeios com o meu cachorro e por me ajudar a organizar meus pensamentos enquanto escrevia este livro. E obrigado ao Murray, por ser o melhor cão do planeta.

Aos meus pais, Beth e David: eu não seria ninguém sem vocês dois. Obrigado por sempre acreditarem em mim e por me verem como um escritor antes que eu mesmo visse.

E para minha esposa, Vanessa, e nossa filha, Phoebe: obrigado por preencherem minha vida com alegria e propósito. Vocês são meu coração e meu lar. Eu amo vocês duas para sempre.

REFERÊNCIAS

Novas entrevistas para as seções de interlúdios foram condensadas para maior clareza.

Todas as estatísticas e os dados de vendas compilados em dezembro de 2023 por cortesia da Luminate.

CAPÍTULO 1

Blue, Jeff. *One Step Closer*. Nova York: Permuted Press, 2020.

Fresch, Will. "An Interview with Rob Bourdon". Linkin Park Times, março de 2003. http://web.archive.org/web/20040807103427if_/http://lptimes. com/article/Crazewire_031203.html.

Lecaro, Lina. "Linkin Park's Rap 'N' Rock". *Los Angeles Times*, 1 de fevereiro de 2001. https://www.latimes.com/archives/la-xpm-2001-feb-01-ca-19532-story.html.

Morton, Luke. "The Secret History of Linkin Park's Hybrid Theory: In Their Own Words". *Kerrang!*, 7 de outubro de 2020. https://www.kerrang.com/the-secret-history-of-linkin-parks-hybrid-theory-in-their-own-words.

Moss, Corey, com Peter Wilkinson. "Linkin Park: In the Beginning". MTV, 2008. https://web.archive.org/web/20080930135447/http://www.mtv. com/bands/l/linkin_park/news_feature_mar_02/index.jhtml.

MYX Global. "MYX Headliner for November Mike Shinoda Reveals His First Job at a Produce Farm!" Facebook, 1º de novembro de 2019. https:// www.facebook.com/MYXGlobal/videos/422523575078813/.

NME Blog. "Mike Shinoda, Linkin Park – Does Rock'n'Roll Kill Brain Cells?" *NME*, 25 de novembro de 2010. http://web.archive.org/ web/20170814015946/http://www.nme.com/blogs/nme-blogs/mike-shinoda-linkin-park-does-rocknroll-kill-brain-cells-781641.

Robb, Doug (@HoobaDoug). "I actually think that IS". X, 12 de agosto de 2022, 13h02, https://twitter.com/HoobaDoug/ status/1558167038350221312.

Scraggs, Austin. "The Mellower Half of Linkin Park". Linkin Park Times, 2013; reimpressão, *Rolling Stone*, 26 de março de 2003. http://web. archive.org/web/20131019142856/http://www.lptimes.com/article/ RS_032603.html.

"UCLA Interview." Brad Delson Online (blog), setembro de 2008. http:// delsononline.blogspot.com/2008/09/ucla-interview.html.

CAPÍTULO 2

Booseman, Phil. "Dee Snider Doesn't Blame Grunge: 'Hair Metal Did It to Itself... It Wasn't Metal Anymore'". MetalSucks, 24 de março de 2022. https://www.metalsucks.net/2022/03/24/dee-snider-doesnt-blame-grunge-hair-metal-did-it-to-itself-it-wasnt-metal-anymore/.

Hilburn, Robert. "Beyond the Grunge". *Los Angeles Times*, 31 de maio de 1998. https://www.latimes.com/archives/la-xpm-1998-may-31-ca-54952-story.html.

Laing, Rob. "Eddie Vedder on the Legacy of Grunge: 'Girls, Girls, Girls and Mötley Crüe... I Hated It'". MusicRadar, 4 de fevereiro de 2022. https://www.musicradar.com/news/eddie-vedder-grunge-pearl-jam-motley-crue.

94.9 the Rock Toronto. "Mike Shinoda on 'Post Traumatic,' Chester's Death, Performing with the Roots, Donald Trump + More". Vídeo do YouTube, 23:16, 26 de junho de 2018. https://www.youtube.com/watch?v=uZMsdPmKlXU.

Schuftan, Craig. *Entertain Us: The Rise and Fall of Alternative Rock in the Nineties*. Sydney, Austrália: Harper360, 2015.

CAPÍTULO 3

Alex. "Club Tattoo's Chester Bennington Interview, Pt 1". Etnies, 18 de janeiro de 2008. http://web.archive.org/web/20090106120537/http://etnies.com./blog/2008/01/18/club-tattoos-chester-bennington-interview-pt-1/.

Bennington, Samantha. *Falling Love Notes: Memories of a Rock Star Wife*. Woodland Hills, CA: Around the Way Publishing, 2020.

Bryant, Tom. "Linkin Park, Kerrang! January 23, 2008". Tom-Bryant.com. http://www.tom-bryant.com/linkin-park-kerrang–tom-bryant.html.

Buchanan, Brett. "Chester Bennington's Mother Emotionally Opens Up About First Time He Sang as Toddler". *Alternative Nation*, 7 de setembro de 2017. https://www.alternativenation.net/chester-bennington-mother-opens-up-first-time-sang-toddler/.

Doyle, Tomas. "'I Even Saw Some Fans Doing Heroin Outside One of Those Shows' – the Real Story Behind Linkin Park's Hybrid Theory". Louder, 24 de outubro de 2022. https://www.loudersound.com/features/the-real-story-behind-linkin-parks-hybrid-theory.

Fricke, David. "Linkin Park: David Fricke Talks to Chester Bennington About 'Hybrid Theory' Success". *Rolling Stone*, 14 de março de 2002. https://www.rollingstone.com/music/music-features/linkin-park-david-fricke-talks-to-chester-bennington-about-hybrid-theory-success-67820/4/.

Krause, Jonathan. "Grey Daze Story". Grey Daze. https://greydaze.clan.su/index/grey_daze_story_by_jonathan_krause/0-23.

Lestat. "A 'Sean Dowdell and His Friends?' to 'Grey Daze' Retrospective". Linkin Park Live, 15 de abril de 2017. https://lplive.net/wiki/exclusives/sdahf-to-grey-daze-retrospective/.

Ragogna, Mike. "Conversations with Stone Temple Pilot's [*sic*] Chester Bennington, Gavin DeGraw and Boz Scaggs, Plus a Pillars and Tongues Exclusive". *HuffPost*, 28 de outubro de 2013. https://www.huffpost.com/entry/conversations-with-stone_b_4168769.

Wiederhorn, Jon. "Linkin Park's Chester Bennington Gets Trapped in 'Saw 3D'". Noisecreep, 12 de outubro de 2010. https://noisecreep.com/linkin-park-chester-bennington-saw-3d/.

CAPÍTULO 4

AndOne. "Grey Daze Story". Linkin Park Live, 20 de setembro de 2015. https://lplive.net/wiki/exclusives/grey-daze-story/.

Bryant, Tom. "Linkin Park, Kerrang! January 23, 2008". Tom-Bryant.com. http://www.tom-bryant.com/linkin-park-kerrang–tom-bryant.html.

Christgau, Robert. "Nothing's Scary". Robert Christgau; reimpressão, *Village Voice*, 13 de outubro de 1998. https://www.robertchristgau.com/xg/rock/familyva-98.php.

Doyle, Tomas. "'I Even Saw Some of the Fans Doing Heroin Outside One of Those Shows' – the Real Story Behind Linkin Park's Hybrid Theory". Louder, 24 de outubro de 2022. https://www.loudersound.com/features/the-real-story-behind-linkin-parks-hybrid-theory.

Epstein, Dan. "Linkin Park's Chester Bennington: The Lost Interview". *Revolver*, 20 de julho de 2018. https://www.revolvermag.com/music/linkin-parks-chester-bennington-lost-interview.

Kaufman, Gil. "Korn, Limp Bizkit Hop on Family Values Tour Bandwagon". MTV, 9 de julho de 1998. https://www.mtv.com/news/63zgm0/korn-limp-bizkit-hop-on-family-values-tour-bandwagon.

Linkin Park Live Archive. "LPLive Interview: Kyle Christner (2020.12.11)". Vídeo do YouTube, 56:59, 4 de julho de 2021. https://www.youtube.com/watch?v=0N7tjGP7UDM.

LPL Staff. "Mike Q&A Summary 6/19/2020". Linkin Park Live, 21 de junho de 2020. https://lplive.net/forums/topic/14219-mike-qa-summary-6192020/.

94.9 the Rock Toronto. "Mike Shinoda on 'Post Traumatic', Chester's Death, Performing with the Roots, Donald Trump + More". Vídeo do YouTube, 23:16, 26 de junho de 2018. https://www.youtube.com/watch?v=uZMsdPmKlXU.

Wiederhorn, Jon. "25 Years Ago: Korn Take Nu Metal to the Masses with 'Follow the Leader'". Loudwire, 18 de agosto de 2023. https://loudwire.com/korn-follow-the-leader-album-anniversary/.

CAPÍTULO 5

Chong, Elaine. "'Racism Wasn't a Feeling, It Was a Fact': Mike Shinoda on His Family's WWII Incarceration". *Rolling Stone*, 20 de abril de 2022. https://www.rollingstone.com/music/music-features/mike-shinoda-japanese-american-internment-camps-1339017/.

CrypticRock. "Interview – Joe Hahn of Linkin Park Talks Filmmaking". Cryptic Rock, 27 de maio de 2015. https://crypticrock.com/interview-joe-hahn-of-linkin-park-talks-filmmaking/.

"Curse-Free Music for the Young and the Restless". *Philippine Daily Inquirer*, 2 de junho de 2002. https://news.google.com/newspapers?id=B1s1AAAAIBAJ&sjid=kiUMAAAAIBAJ&pg=703.

Derek (@dereklp). "No Cover Magazine // October 2000". X, 14 de outubro de 2020, 22h58. https://twitter.com/dereklp/status/1316604432696705025/photo/2.

Eun-byel, Im. "Linkin Park's Joe Hahn Talks Band, K-Pop, Future Plans". *Korea Herald*, 25 de abril de 2019. https://www.koreaherald.com/view.php?ud=20190425000787.

Flynn, Katherine. "Back Story: A Different Tune with Linkin Park's Mike Shinoda". *Preservation Magazine* (National Trust for Historic Preservation), primavera de 2016. https://savingplaces.org/stories/back-story-a-different-tune-mike-shinoda.

Fricke, David. "Linkin Park: David Fricke Talks to Chester Bennington About 'Hybrid Theory' Success". *Rolling Stone*, 14 de março de 2002. https://www.rollingstone.com/music/music-features/linkin-park-david-fricke-talks-to-chester-bennington-about-hybrid-theory-success-67820/2/.

Leivers, Dannii. "Linkin Park's Mike Shinoda: 'We Never Wanted to Be Part of Nu Metal.'" Louder, 23 de outubro de 2020. https://www.loudersound.com/features/linkin-park-mike-shinoda-interview-we-never-wanted-to-be-part-of-nu-metal.

Montgomery, James. "Two New Projects Let Fans Walk a Mile in Linkin Park's Shoes". MTV, 8 de novembro de 2004. https://www.mtv.com/news/0cuhzl/two-new-projects-let-fans-walk-a-mile-in-linkin-parks-shoes.

Price, Garret, dir. *Woodstock '99: Peace, Love, and Rage*. Documentário. Episódio exibido na HBO, 2021.

"The Roots of Rob's Beats (LPU 1, Issue 2)". Tumblr, 17 de julho de 2012. https://fyeahrobbourdon.tumblr.com/post/27427016621/the-roots-of-robs-beats-lpu-1-issue-2.

Scraggs, Austin. "The Mellower Half of Linkin Park". Linkin Park Times, 2013; reimpressão, *Rolling Stone*, 26 de março de 2003. http://web.archive.org/web/20131019142856/http://www.lptimes.com/article/RS_032603.html.

Spin Staff. "How to Succeed in Bizness… by Really, Really Trying: Our Limp Bizkit Cover Story". *Spin*, 27 de dezembro de 2020. https://www.spin.com/2020/12/limp-bizkit-august-1999-cover-story/.

CAPÍTULO 6

Brooks, Hayden. "Mike Shinoda Opens Up About Mental Health in New 'Spit' Episode". iHeart, 8 de novembro de 2018. https://www.iheart.com/content/2018-11-08-mike-shinoda-opens-up-about-mental-health-in-new-spit-episode/.

Leivers, Dannii. "Linkin Park's Mike Shinoda: 'We Never Wanted to Be Part of Nu Metal'". Louder, 23 de outubro de 2020. https://www.loudersound.com/features/linkin-park-mike-shinoda-interview-we-never-wanted-to-be-part-of-nu-metal.

m_shinoda. "A.06 Was a Demo We T..." Reddit, 12 de agosto de 2015. https://www.reddit.com/r/IAmA/comments/3gqpvp/comment/cuomei8/?utm_source=reddit&utm_medium=web2x&context=3.

MusicRadar. "Interview: Linkin Park's Mike Shinoda – 'Chester's Voice Was Insane'". MusicRadar, 24 de julho de 2020. https://www.musicradar.com/news/interview-linkin-parks-mike-shinoda-chesters-voice-was-insane.

"One Step Closer" chat do Linkin Park, 4 de setembro de 2003. http://web.archive.org/web/20030904144436/http://www.angelfire.com/rock2/1stepcloser/linkinpark.com_chat_010710.txt.

Shinoda Livestreams. "10.29.20 – Choose Your Own Adventure". Vídeo do YouTube, 01:58:47, 4 de novembro de 2020. https://www.youtube.com/watch?v=io-4_N-OO_g.

"Shoutweb Interview 2000". Mike Shinoda Clan, 4 de março de 2016. https://web.archive.org/web/20160304203012/http://mikeshinodaclan.com/media/interviews/shoutweb-interview-2000/.

Tyrangiel, Josh. "Linkin Park Steps Out". *Time*, 20 de janeiro de 2002. https://content.time.com/time/magazine/article/0,9171,195312-2,00.html.

CAPÍTULO 7

Carter, Emily. "Linkin Park Share Never-Before-Seen Footage from the Making of One Step Closer". *Kerrang!*, 26 de outubro de 2020. https://www.kerrang.com/linkin-park-share-never-before-seen-footage-from-the-making-of-one-step-closer.

Lipshutz, Jason. "The Story Behind Every Song on Linkin Park's 'Hybrid Theory': 20th Anniversary Track-by-Track". *Billboard*, 5 de outubro de 2020. https://www.billboard.com/music/rock/linkin-park-hybrid-theory-20th-anniversary-track-by-track-9460473/.

CAPÍTULO 8

Bodegon, Kara. "'It Was Inspired by Comic Books, Video Games, Anime I Grew Up With': Mike Shinoda on His Animated Video for 'World's on Fire' – Watch". Bandwagon, 6 de setembro de 2019. https://www.bandwagon.asia/articles/mike-shinoda-animated-music-video-worlds-on-fire-post-traumatic.

Hosken, Patrick. "How Linkin Park's 'Hybrid Theory' Design Helped Define the Band". MTV, 9 de outubro de 2020. https://www.mtv.com/news/cqxrrl/linkin-park-hybrid-theory-anniversary-artwork-frank-maddocks.

Lim, Cathy. "Getting Back to His Roots". *Rafu Shimpo–L.A. Japanese Daily News*, 28 de abril de 2006. https://web.archive.org/web/20120314055559/http://www.rafu.com/mike_shinoda.html.

Linkin Park. "One Step Closer–Behind the Scenes–Linkin Park". Vídeo do YouTube, 05:11, 24 de outubro de 2020. https://www.youtube.com/watch?v=CadMoJFWc3U.

Linkin Park Coalition. "Mike Shinoda at Anime Expo 2019". Vídeo do YouTube, 10:23, 6 de julho de 2019. https://www.youtube.com/watch?v=RreIdkwGaC8.

"LP Answers Your Questions". Linkin Park Central. https://www.angelfire.com/ca6/linkinpark/lpanswers.html.

"Mike Shinoda: Illustration Alumni Story". ArtCenter College of Design. https://www.artcenter.edu/about/alumni/alumni-stories/mike-shinoda.html.

MusicRadar. "Interview: Linkin Park's Mike Shinoda – 'Chester's Voice Was Insane'". MusicRadar, 24 de julho de 2020. https://www.musicradar.com/news/interview-linkin-parks-mike-shinoda-chesters-voice-was-insane.

Phoenix LPLive220. "Linkin Park–New York, Roseland Ballroom 2000 (Full Show)". Vídeo do YouTube, 27:05, 24 de novembro de 2019. https://www.youtube.com/watch?v=Qvm_jm9r-7I.

Qwerty95k. "Linkin Park–Roseland Ballroom, New York City, 20.09.2000 (Full Show)". Vídeo do YouTube, 34:07, 27 de agosto de 2017. https://www.youtube.com/watch?v=I5XuL3aYhBw.

Smith, Thomas. "Linkin Park's 'Hybrid Theory' Turns 15 – the Story Behind Nu-Metal's 'Breakthrough Moment'". *NME*, 28 de outubro de 2015. https://www.nme.com/blogs/nme-blogs/linkin-parks-hybrid-theory-turns-15-the-story-behind-nu-metals-breakthrough-moment-760711.

Witmer, Phil. "Beyond LinkinBall Z: The History of the Anime Music Video". *Vice*, 13 de julho de 2016. https://www.vice.com/en/article/ryzyny/nie-tylko-linkinball-z-amatorskie-anime-w-teledyskach.

CAPÍTULO 9

DiMartino, Dave. "Parkin' with Linkin Park". Launch Music on Yahoo!, 12 de outubro de 2003. https://web.archive.org/web/20040217045653/http://launch.yahoo.com/read/feature.asp?contentID=212687.

Doyle, Tomas. "The Real Story Behind Linkin Park's Hybrid Theory". Louder, 24 de outubro de 2022. https://www.loudersound.com/features/the-real-story-behind-linkin-parks-hybrid-theory.

Griffiths, Neil. "Linkin Park's Early Success Sparked Rumours That They Were a 'Manufactured Boy Band'". The Music, 16 de setembro de 2020. https://themusic.com.au/news/mike-shinoda-linkin-park-boy-band-rumours-green-room-podcast-neil-griffiths/4TP59fT39vk/16-09-20.

"Linkin Park Text-Based Online Chat 11/30/2000". HOB.com, 2 de maio de 2001. https://web.archive.org/web/20010502214435/http://hob.com/live/artistinterviews/001130linkinpark/.

"Metal-is.com Interview, Shut Up When I'm Talking to You". Mike Shinoda Clan, janeiro de 2001. https://web.archive.org/web/20110226001615/http://mikeshinodaclan.com/media/interviews/metal-is-com-interview-shut-up-when-im-talking-to-you/.

Pappademas, Alex. "Revisit Our May 2003 Linkin Park Cover Story: How to Succeed in Rock n' Roll by Really, Really, Really Trying". *Spin*, 20 de julho de 2017. https://www.spin.com/2017/07/linkin-park-meteora-2003-profile/.

Sheffield, Rob. "Linkin Park's Compassionate Thrash". *Rolling Stone*, 29 de março de 2001. https://www.rollingstone.com/music/music-features/linkin-parks-compassionate-thrash-191959/.

"Transcript: LPU Chat with Chester". Linkin Park Association Forums, 2 de agosto de 2011. https://www.lpassociation.com/forum/threads/transcript-lpu-chat-with-chester.34537/?t=34537.

CAPÍTULO 10

Alleva, Dan. "Mike Shinoda Dismisses the Idea That Chester Bennington Hated 'In the End'". Metal Injection, 4 de março de 2023. https://metalinjection.net/news/mike-shinoda-dismisses-the-idea-that-chester-bennington-hated-in-the-end.

Baltin, Steve. "Chester Bennington Opens Up About His Past Addictions". Noisecreep, 16 de julho de 2009. https://noisecreep.com/chester-bennington-opens-up-about-his-past-addictions/.

Depeche Mode. "Linkin Park: Early Depeche Mode Influences". Facebook, 19 de maio de 2017. https://www.facebook.com/depechemode/videos/10156109003515329/.

"In the End Genius Annotation". Genius. https://genius.com/annotations/3540271/standalone_embed.

"Linkin Park Text-Based Online Chat 11/30/2000". HOB.com, 2 de maio de 2001. https://web.archive.org/web/20010502214435/http://hob.com/live/artistinterviews/001130linkinpark/.

"Linkin Park Web Interview". Mike Shinoda Clan, setembro de 2000. https://web.archive.org/web/20110226001609/http://mikeshinodaclan.com/media/interviews/linkin-park-web-interview/.

m_shinoda. "I found the photos". Publicação no Instagram, 10 de outubro de 2020. https://www.instagram.com/p/CGK4LU1A-BW/.

Publicações de Mike. Lpproventheory.20m.com, 7 de julho a 8 de dezembro de 2002. http://lpproventheory.20m.com/studioreports.html.

Morton, Luke. "The Secret History of Linkin Park's Hybrid Theory: In Their Own Words". *Kerrang!*, 7 de outubro de 2020. https://www.kerrang.com/the-secret-history-of-linkin-parks-hybrid-theory-in-their-own-words.

Tyrangiel, Josh. "Linkin Park Steps Out". *Time*, 20 de janeiro de 2002. https://content.time.com/time/magazine/article/0,9171,195312-2,00.html.

CAPÍTULO 11

Fresch, Will. "An Interview with Rob Bourdon". Linkin Park Times, março de 2003. http://web.archive.org/web/20040807103427if_/http://lptimes.com/article/Crazewire_031203.html.

Howard Stern Show. "Mike Shinoda Opens Up About Losing Chester Bennington". Vídeo do YouTube, 03:50, 15 de fevereiro de 2023. https://www.youtube.com/watch?v=bDNCQQvH8Oc.

Lamacq, Steve. "Evening Session Interview with Steve Lamacq–Uncut". Linkin Park Times, 23 de janeiro de 2008; reimpressão, BBC Radio, 13 de junho de 2001. https://web.archive.org/web/20080123122820/http://lptimes.com/article/BBC_061301.html.

Linkin Park. *Frat Party at the Pankake Festival*. DVD. Produzido por Bill Berg-Hillinger, Joe Hahn, David May e Angela Smith. Warner Reprise Video, Warner Bros. Records, 20 de novembro de 2001.

Linkin Park Live Archive. "Linkin Park–Wantagh, New York (2001.08.09; Gonna Meet a Rockstar)". Vídeo do YouTube, 12:18, 17 de dezembro de 2019. https://www.youtube.com/watch?v=Ayoy_x20sA4.

Linkinpedia. "Projekt Revolution 2002". Linkinpedia.com, última edição em 26 de março de 2019. https://linkinpedia.com/index.php?title=Projekt_Revolution_2002.

Lipshutz, Jason. "Inside Linkin Park's 'Meteora' Return & How It Spawned the Year's Most Unlikely Rock Smash". *Billboard*, 6 de abril de 2023. https://www.billboard.com/music/rock/linkin-park-meteora-feature-interviews-lost-1235298905/.

"Mike Shinoda on the Making of 'Meteora'". Audacy.com, 9 de fevereiro de 2023. https://www.audacy.com/podcast/audacy-interviews-9c131/episodes/mike-shinoda-on-the-making-of-meteora-bb848.

Pappademas, Alex. "Revisit Our May 2003 Linkin Park Cover Story: How to Succeed in Rock n' Roll by Really, Really, Really Trying". *Spin*, 20 de julho de 2017. https://www.spin.com/2017/07/linkin-park-meteora-2003-profile/.

CAPÍTULO 12

Baltin, Steve. "News: Linkin Park Ready Remix Album". *Rolling Stone*, 22 de fevereiro de 2002. http://web.archive.org/web/20020814214502/http://rollingstone.com/news/newsarticle.asp?nid=15468.

Davis, Darren. "Linkin Park's Bennington Praises Korn Singer's 'Damned' Lyrics". Launch–Your Yahoo! Music Experience, 13 de fevereiro de 2002. https://web.archive.org/web/20021116052333/http://launch.yahoo.com:80/read/news.asp?contentID=207702.

Holson, Laura M. "Young Band, Derailed Dream". *New York Times*, 1 de outubro de 2002. https://www.nytimes.com/2002/10/01/arts/young-band-derailed-dream.html?pagewanted=all.

Jenison, David. "X-Ecutioners Turn the Tables". E! Online, 26 de fevereiro de 2002. https://www.eonline.com/news/42918/x-ecutioners-turn-the-tables.

Linkin Park. "One Step Closer [Official Live on Late Night with Conan O'Brien–Linkin Park". Vídeo do YouTube, 02:52, 16 de janeiro de 2021. https://www.youtube.com/watch?v=KVdwfjVSLnA.

Linkin Park Lives. "MTV Video Music Awards 2002 (Best Rock Video) Linkin Park". Vídeo do YouTube, 01:59, 14 de janeiro de 2020. https://www.youtube.com/watch?v=ocMGyIIxS6E.

Miss Mushrooms. "Rolling Stones [*sic*] Interview with Linkin Park April 2002 [Scribe]". Miss Mushrooms (blog), 23 de abril de 2013. https://missmushrooms.wordpress.com/2013/04/23/rolling-stones-interview-with-linkin-park-april-2002-scribe/.

MTV UK. "Linkin Park | My Life on MTV | MTV Music". Vídeo do YouTube, 05:14, 11 de junho de 2021. https://www.youtube.com/watch?v=DM7d9-iBiHA.

Shinoda, Anna. "College, Sunset Strip, and Meeting Mike". Anna Shinoda, 24 de julho de 2013. https://annashinoda.wordpress.com/2013/07/24/college-sunset-strip-and-meeting-mike/.

Swift, Rob. "The X-Ecutioners on MTV's TRL". Vídeo do YouTube, 04:31, 8 de dezembro de 2020. https://www.youtube.com/watch?v=GJTVQN6f894.

Tyrangiel, Josh. "Linkin Park Steps Out". *Time*, 20 de janeiro de 2002. https://content.time.com/time/magazine/article/0,9171,195312-2,00.html.

Velez, Gonzalo. "LINKIN PARK–One Step Closer–Live MTV 2001", vídeo do YouTube, 03:24, 3 de agosto de 2020.

Wiederhorn, Jon. "Linkin Park Offer No Warning from Their Machine Shop". MTV, 20 de agosto de 2004. https://www.mtv.com/news/66jbmo/linkin-park-offer-no-warning-from-their-machine-shop.

CAPÍTULO 13

As citações dos integrantes da banda neste capítulo, nunca publicadas antes, são provenientes de entrevistas que realizei com eles para minha reportagem "Inside Linkin Park's 'Meteora' Return & How It Spawned the Year's Most Unlikely Rock Smash", na revista *Billboard*, listada abaixo.

"Breaking the Habit by Linkin Park". Songfacts. https://www.songfacts.com/facts/linkin-park/breaking-the-habit.

"A Chat with Linkin Park Bassist Phoenix". Linkin Park Times; reimpressão, *Manila Times*, 3 de junho de 2004. http://web.

archive.org/web/20040807062939if_/http://lptimes.com/article/ManilaTimes_062104.html.

Easier to Run. "Linkin Park–Work in Progress (Full DVD) HD/60fps Meteora|20". Vídeo do YouTube, 01:03:53, 29 de abril de 2023. https://www.youtube.com/watch?v=pSHinG2n9hA.

"Linkin Park Are Saving the Best for Last". Linkin Park Times; reimpressão, MTVU.com, 11 de maio de 2004. http://web.archive.org/web/20040807103347if_/http://lptimes.com/article/MTV_051104.html.

Linkinpedia. "Meteora". Linkinpedia.com. https://linkinpedia.com/index.php?title=Meteora.

Lipshutz, Jason. "Inside Linkin Park's 'Meteora' Return & How It Spawned the Year's Most Unlikely Rock Smash". *Billboard*, 6 de abril de 2023. https://www.billboard.com/music/rock/linkin-park-meteora-feature-interviews-lost-1235298905/.

Molanphy, Chris. "Justin Timberlake and the AC/DC Rule". The Record, NPR, 5 de abril de 2013. https://www.npr.org/sections/therecord/2013/04/04/176269938/justin-timberlake-and-the-ac-dc-rule.

"Shoutweb Track by Track with Mike Shinoda". Mike Shinoda Clan, março de 2023. mikeshinodaclan.com/media/interviews/shoutweb-track-by-track-with-mike-shinoda/.

CAPÍTULO 14

Casteel, Jay. "Mike Shinoda: The Mash-Up". BallerStatus, 6 de dezembro de 2004. http://web.archive.org/web/20041217172749/http://www.ballerstatus.net/beyond/read/id/49215265/.

"Jay-Z: The Fresh Air Interview". NPR, 16 de novembro de 2010. https://www.npr.org/2010/11/16/131334322/the-fresh-air-interview-jay-z-decoded.

Moss, Corey. "Grey Album Producer Danger Mouse Explains How He Did It". MTV, 11 de março de 2004. https://www.mtv.com/news/1krgx6/grey-album-producer-danger-mouse-explains-how-he-did-it.

Phoenix LPLive220. "Linkin Park Feat. Jay-Z–Collision Course: Live 2004 (Full DVD Special)". Vídeo do YouTube, 45:02, 8 de abril de 2020. https://www.youtube.com/watch?v=7PxHzl8piJY.

Pollack, Phyllis. "The Battle over the Double Black CD". CounterPunch, 23 de março de 2004. https://www.counterpunch.org/2004/03/23/the-battle-over-the-double-black-cd/.

Reid, Shaheem. "Remixers Turn Jay-Z's Black Album Grey, White and Brown". MTV, 26 de janeiro de 2004. https://www.mtv.com/news/82lon1/remixers-turn-jay-zs-black-album-grey-white-and-brown.

Shih, Kevin. "Grammys LP and JZ". Vídeo do YouTube, 01:28, 10 de fevereiro de 2006. https://www.youtube.com/watch?v=lHbOu5kZnag.

Sorcinelli, Gino. "How 'The Grey Album' Re-Invented the Remix". Micro-Chop, 25 de agosto de 2019. https://medium.com/micro-chop/how-the-grey-album-re-invented-the-remix-740e7c9f2631.

305thODST. "Linkin Park–on the Record with FUSE". Vídeo do YouTube, 14:58, 9 de agosto de 2011. https://www.youtube.com/watch?v=rU_zGY3PyLA.

Watkins (@GrouchyGreg). "Linkin Park: Walk This Way". AllHipHop, 10 de novembro de 2004. https://allhiphop.com/features/linkin-park-walk-this-way/.

Wiederhorn, Jon. "14 Years Ago: Linkin Park Team with Jay-Z on 'Collision Course'". Loudwire, 30 de novembro de 2018. https://loudwire.com/linkin-park-jay-z-collision-course-album-anniversary/.

_____ . "Jay-Z and Linkin Park Show Danger Mouse How It's Done". MTV, 4 de outubro de 2004. https://www.mtv.com/news/6hj1hm/jay-z-and-linkin-park-show-danger-mouse-how-its-done.

CAPÍTULO 15

Arango, Tim. "Linkin Park Mulls Leaving the Firm". *New York Post*, 17 de junho de 2006. https://web.archive.org/web/20060617200835/http://www.nypost.com/business/64027.htm.

Billboard Staff. "Linkin Park Wants out of Warner Bros. Contract." *Billboard*, 2 de maio de 2005. https://www.billboard.com/music/music-news/linkin-park-wants-out-of-warner-bros-contract-1412993/.

Blabbermouth. "Linkin Park's Chester Bennington Recalls Days of Drug Abuse". Blabbermouth.net, 8 de dezembro de 2016. https://blabbermouth.net/news/linkin-parks-chester-bennington-recalls-days-of-drug-abuse.

Brockwell, Jen. "Talinda Bennington". LinkinLady.net, 10 de maio de 2013. https://web.archive.org/web/20130510185010/http://www.linkinlady.net/2005/05/talinda-bentley.html.

Flynn, Katherine. "Back Story: A Different Tune with Linkin Park's Mike Shinoda". *Preservation Magazine*, National Trust for Historic Preservation, primavera de 2016. https://savingplaces.org/stories/back-story-a-different-tune-mike-shinoda.

Kreps, Daniel. "Linkin Park's Bennington Readies Side Project Dead by Sunrise". *Rolling Stone*, 9 de julho de 2009. https://www.rollingstone.com/music/music-news/linkin-parks-bennington-readies-side-project-dead-by-sunrise-93322/.

Últimas entradas, Linkin Park Numb Journals. 13 de dezembro de 2005. https://web.archive.org/web/20051213200317/ http://www.linkinpark.com/lpc/journalview.php?id=12.

"A Letter from Anna Shinoda to the Members of Projekt Charity". Live-Journal, Greenwheelfans. https://greenwheelfans.livejournal.com/20701.html.

Lim, Cathy. "Getting Back to His Roots". *Rafu Shimpo–L.A. Japanese Daily News*, 28 de abril de 2006. https://web.archive.org/web/20120314055559/http://www.rafu.com/mike_shinoda.html.

"Linkin Park Will Stay with Warner Music". *New York Times*, 28 de dezembro de 2005. https://www.nytimes.com/2005/12/28/arts/music/linkin-park-will-stay-with-warner-music.html?_r=0.

"Millions Gather for Live 8–Jul 2, 2005". CNN, 3 de julho de 2005. https://www.cnn.com/2005/SHOWBIZ/Music/07/02/live8.main/.

Moss, Corey. "Metal MC Shinoda, Mellow Singer Brook Reveal How They Hooked Up". MTV, 5 de junho de 2006. https://www.mtv.com/news/bx86cl/metal-mc-shinoda-mellow-singer-brook-reveal-how-they-hooked-up.

"Our Story". Music for Relief. https://musicforrelief.org/our-story/.

"Profile: Mike Shinoda". Discover Nikkei, 19 de outubro de 2006. https://discovernikkei.org/en/nikkeialbum/albums/546/slide/?page=9.

Qwerty95k. "Linkin Park–Rock Am Ring 2004 (Full Show)". Vídeo do YouTube, 01:11:13, 16 de agosto de 2018. https://www.youtube.com/watch?-v=sJy_PpcV478.

Ramirez, Carlos. "A Chat with Chester Bennington". Bullz-Eye.com, 11 de dezembro de 2009. http://www.bullz-eye.com/music/interviews/2009/chester_bennington.htm.

CAPÍTULO 16

"Kerrang Track by Track MTM Interview". Linkin Park Times, 4 de abril de 2007. http://web.archive.org/web/20070506210215/http://lptimes.com/news2007/april/news04042007.html.

Linkin Park. "The Making of Minutes to Midnight (Minutes to Midnight DVD)–Linkin Park". Vídeo do YouTube, 39:58, 15 de maio de 2021. https://www.youtube.com/watch?v=XazANPCQ4UI.

Montgomery, James. "Linkin Park Finish Apocalyptic Album, Revive Projekt Revolution Tour". MTV, 6 de março de 2007. https://www.mtv.com/news/ryxs56/linkin-park-finish-apocalyptic-album-revive-projekt-revolution-tour.

Moss, Corey. "Linkin Park Say Nu-Metal Sound Is 'Completely Gone' on Next LP". MTV, 27 de setembro de 2006. https://www.mtv.com/news/km2r20/linkin-park-say-nu-metal-sound-is-completely-gone-on-next-lp.

———— "Rubin Turns to Linkin Park, Weezer After Winning Buckets of Grammys". MTV, 13 de fevereiro de 2007. https://www.mtv.com/news/ok2ec8/rubin-turns-to-linkin-park-weezer-after-winning-buckets-of-grammys.

Shimazu, Harrison. "Mike Shinoda on Crafting Meteora, Songwriting, and the Art of Vocal Production". Splice Blog, 5 de junho de 2023. https://splice.com/blog/mike-shinoda-interview-meteora-20th-anniversary/.

CAPÍTULO 17

Baltin, Steve. "Chester Bennington Opens Up About His Past Addictions". Noisecreep, 16 de julho de 2009. https://noisecreep.com/chester-bennington-opens-up-about-his-past-addictions/.

Barbour, Rob, com Merlin Alderslade. "Chester Bennington Would Have Turned 47 Today. In 2017, in His Final Interview, He Gave Us These Touching Words About His Friend and Hero, Chris Cornell". Louder, 20 de março de 2023. https://www.loudersound.com/features/chester-bennington-would-have-turned-47-today-in-2017-in-his-final-interview-he-gave-us-these-touching-words-about-his-friend-and-hero-chris-cornell.

Dehcode Paradise. "Linkin Park Chester Bennington Last Full Interview". Vídeo do YouTube, 42:59, 30 de julho de 2017. https://www.youtube.com/watch?v=lmYQy-vzeBQ.

Hahninator. "Mike's Dead by Sunrise Update". Linkin Park Live, 4 de fevereiro de 2009. https://lplive.net/forums/topic/1014-mikes-dead-by-sunrise-update/.

Kelly, Amy. "Chester Bennington: 'Now I Can Write About Anything I Want'". UltimateGuitar.com, 2009. https://www.ultimate-guitar.com/news/interviews/chester_bennington_now_i_can_write_about_anything_i_want.html.

Sherman, Maria. "The 7 Most Inspiring Things Gerard Way Has Ever Said". *Alternative Press*, 15 de junho de 2017. https://www.altpress.com/my_chemical_romance_gerard_way_inspiring_quotes/.

"Shoutweb Track by Track with Mike Shinoda". Mike Shinoda Clan, março de 2023. mikeshinodaclan.com/media/interviews/shoutweb-track-by-track-with-mike-shinoda/.

Simpson, Dave. "Chris Cornell: 'As a Performer, I'm Able to Do What I Want'". *The Guardian*, 13 de março de 2009. https://www.theguardian.com/music/2009/mar/13/chris-cornell-interview-soundgarden-audioslave.

Stout, Gene. "As a Paris Restaurateur and Family Man, Life Is Now Good for Audioslave Rocker". *Seattle Post-Intelligencer*, 20 de abril de 2006. https://www.seattlepi.com/ae/music/article/As-a-Paris-restaurateur-and-family-man-life-is-1201602.php.

TeamRock. "Thinking Out Loud: Chester Bennington on Drugs, Success and Going to the Shops". Louder, 6 de dezembro de 2016. https://www.loudersound.com/features/chester-bennington-interview-linkin-park.

Walthall, Jessica. "The Evolution of the Mental Health Movement: NAMI: National Alliance on Mental Illness". National Alliance on Mental Illness, 1º de junho de 2020. https://www.nami.org/Blogs/NAMI-Blog/June-2020/The-Evolution-of-the-Mental-Health-Movement.

CAPÍTULO 18

Breihan, Tom. "Jay-Z Reps for Grizzly Bear". *Pitchfork*, 31 de agosto de 2009. https://pitchfork.com/news/36372-jay-z-reps-for-grizzly-bear/.

Erlewine, Stephen Thomas. "A Thousand Suns by Linkin Park Review". AllMusic. https://www.allmusic.com/album/a-thousand-suns-mw0002023497. Acessado em 26 de janeiro de 2024.

Gallo, Phil. "Linkin Park Use New Marketing Techniques to Connect with Fans". *Billboard*, 15 de junho de 2012. https://www.billboard.com/music/music-news/linkin-park-use-new-marketing-techniques-to-connect-with-fans-1093535/.

Graff, Gary. "Linkin Park Hard at Work on Next Album". *Billboard*, 22 de maio de 2009. https://www.billboard.com/music/music-news/linkin-park-hard-at-work-on-next-album-268559/.

Linkin Park. "Meeting of a Thousand Suns (A Thousand Suns DVD)– Linkin Park". Vídeo do YouTube, 29:45, 14 de setembro de 2020. https://www.youtube.com/watch?v=t_lwTolkO8Y.

"Linkin Park: Career Overview in Games". MetaCritic, 28 de setembro de 2010. https://www.metacritic.com/person/linkin-park.

Lynch, Joe. "Linkin Park's Landmark 'Hybrid Theory': Looking Back on the (Not So Nice) Reviews It Got in 2000". *Billboard*, 20 de julho de 2017. https://www.billboard.com/music/rock/linkin-park-hybrid-theory-reviews-7873850/.

Montgomery, James. "Linkin Park Bury 'A Thousand Suns' 'Concept Record' Talk". MTV, 15 de setembro de 2010. https://www.mtv.com/news/ecw82t/linkin-park-bury-a-thousand-suns-concept-record-talk.

_____ "Linkin Park Say New Single 'The Catalyst' Is 'a Risk, but Worth It'". MTV, 12 de agosto de 2010. https://www.mtv.com/news/160m9j/linkin-park-say-new-single-the-catalyst-is-a-risk-but-worth-it.

_____ "Linkin Park's 'A Thousand Suns': 'Kid A', All Grown Up?" MTV, 31 de agosto de 2010. https://www.mtv.com/news/sme6cs/linkin-parks-a-thousand-suns-kid-a-all-grown-up.

Recording Academy. "Arcade Fire Accepting the Grammy for Album of the Year at the 53rd Grammy Awards". Vídeo do YouTube, 0:56, 14 de fevereiro de 2011. https://www.youtube.com/watch?v=f5npCMAok-M.

Segall, Laurie. "Digital Music Sales Top Physical Sales". CNN Money, 5 de janeiro de 2012. https://money.cnn.com/2012/01/05/technology/digital_music_sales/index.htm.

Shimazu, Harrison. "Mike Shinoda on Crafting Meteora, Songwriting, and the Art of Vocal Production". Splice Blog, 5 de junho de 2023. https://splice.com/blog/mike-shinoda-interview-meteora-20th-anniversary/.

Shinoda Livestreams. "9.14.20–A Thousand Suns Style Track to Celebrate ATS Anniversary". Vídeo do YouTube, 03:01:43, 16 de setembro de 2020. https://www.youtube.com/watch?v=Enh5qT3hBUo.

"A Thousand Suns by Linkin Park". MetaCritic. https://www.metacritic.com/music/a-thousand-suns/linkin-park/critic-reviews. Acessado em 6 de dezembro de 2023.

305thODST. "Linkin Park–on the Record with Fuse". Vídeo do YouTube, 14:58, 9 de agosto de 2011. https://www.youtube.com/watch?v=rU_zGY3PyLA.

Trust, Gary. "Ten Years Ago, the Digital Download Era Began on the Hot 100". *Billboard*, 12 de fevereiro de 2015. https://www.billboard.com/pro/ten-years-ago-the-digital-download-era-began-on-the-hot-100/.

CAPÍTULO 19

Baltin, Steve. "Chester Bennington on Stone Temple Pilots: 'Gonna Make a Lot of Music Together'". *Rolling Stone*, 31 de maio de 2013. https://www.rollingstone.com/music/music-news/chester-bennington-on-stone-temple-pilots-gonna-make-a-lot-of-music-together-176759/.

_____ "Linkin Park Planning Album for Early Next Year". *Rolling Stone*, 26 de julho de 2011. https://www.rollingstone.com/music/music-news/linkin-park-planning-album-for-early-next-year-181873/.

_____ "Linkin Park's Mike Shinoda on the Band's 'Personal' New Album". *Rolling Stone*, 20 de junho de 2012. https://www.rollingstone.com/music/music-news/linkin-parks-mike-shinoda-on-the-bands-personal-new-album-176062/.

Coare, Sam. "The Sun Goes Down… Chester Bennington: 1976–2017". *Kerrang!*, 2 de agosto de 2017. https://www.kerrang.com/the-sun-goes-down-chester-bennington-1976-2017.

"Congratulations 'A Light That Never Comes' Unlocked". LP Recharge, 20 de setembro de 2013. https://web.archive.org/web/20130920112114/http://www.lprecharge.com/congratulations-a-light-that-never-comes-unlocked/.

"Conversations with Stone Temple Pilot's [*sic*] Chester Bennington, Gavin DeGraw and Boz Scaggs, Plus a Pillars and Tongues Exclusive". *HuffPost*, 28 de outubro de 2013. https://www.huffpost.com/entry/conversations-with-stone_b_4168769.

Gallo, Phil. "Linkin Park Use New Marketing Techniques to Connect with Fans". *Billboard*, 15 de junho de 2012. https://www.billboard.com/music/music-news/linkin-park-use-new-marketing-techniques-to-connect-with-fans-1093535/.

Goodwyn, Tom. "Linkin Park: 'Our New Record Is Far More Personal'". *NME*, 20 de abril de 2012. https://www.nme.com/news/music/linkin-park-34-1277138.

Graff, Gary. "Linkin Park's Joe Hahn Makes Directorial Debut with 'Mall': Watch an Exclusive Clip". *Billboard*, 9 de setembro de 2014. https://www.billboard.com/music/music-news/linkin-park-joe-hahn-mall-exclusive-clip-6244112/.

Linkin Park. "Buried at Sea (Part 1 of 2) | LPTV #67 | Linkin Park". Vídeo do YouTube, 06:52, 26 de abril de 2012. https://www.youtube.com/watch?v=BwCjI4mWPFI&list=PLC8B88958B81AB3E1&index=72.

Linkin Park. "Buried at Sea (Part 2 of 2) | LPTV #68 | Linkin Park". Vídeo do YouTube, 04:31, 4 de maio de 2012. https://www.youtube.com/watch?v=innqyiqAITs.

Linkin Park. "Meeting of a Thousand Suns (A Thousand Suns DVD) – Linkin Park". Vídeo do YouTube, 29:45, 14 de setembro de 2020. https://www.youtube.com/watch?v=t_lwTolkO8Y.

"Listen to the New Linkin Park + Steve Aoki Track 'A Light That Never Comes'". KROQ, 16 de setembro de 2013. https://web.archive.org/web/20130919000833/http://kroq.cbslocal.com/2013/09/16/listen-to-the-new-linkin-park-steve-aoki-track-a-light-that-never-comes/.

RevolverEdit. "Interview: Linkin Park Talk the Importance of Underground Music, Improving Their Live Show, and What Has Kept the Band from Breaking Up". *Revolver*, 29 de julho de 2014. https://www.revolvermag.com/music/interview-linkin-park-talk-importance-underground-music-improving-their-live-show-and-what-has.

"Rolling Stone Chat with Mike Shinoda and Mike Einziger Summary". Linkin Park Association Forums, 2 de maio de 2012. https://www.lpassociation.com/forum/threads/rolling-stone-chat-with-mike-shinoda-and-mike-einziger-summary.36166/.

Shimazu, Harrison. "Mike Shinoda on Crafting Meteora, Songwriting, and the Art of Vocal Production". Splice Blog, 5 de junho de 2023. https://splice.com/blog/mike-shinoda-interview-meteora-20th-anniversary.

CAPÍTULO 20

Bennington, Chester (@ChesterBe). "GATS was too rock". X, 25 de maio de 2017, 10h05. https://twitter.com/dereklp/status/1316604432696705025/photo/2.

Dehcode Paradise. "Linkin Park Chester Bennington Last Full Interview". Vídeo do YouTube, 42:59, 30 de julho de 2017. https://www.youtube.com/watch?v=lmYQy-vzeBQ.

Grow, Kory. "Inside Linkin Park's Heavy New Album: 'We Need to Weed Out the Emo'". *Rolling Stone*, 10 de abril de 2014. https://www.rollingstone.com/music/music-news/inside-linkin-parks-heavy-new-album-we-need-to-weed-out-the-emo-247025/.

Imagine Dragons (@Imaginedragons). "Linkin Park has been and always will be". X, 20 de maio de 2018, 21:04. https://twitter.com/Imaginedragons/status/998399076822634503.

"Linkin Park Live–2014.06.22 Ventura, California". Linkin Park Live. https://lplive.net/shows/2014/20140622.

"Linkin Park Underground". Linkin Park Wiki. https://linkinpark.fandom.com/wiki/Linkin_Park_Underground. Acessado em 6 de dezembro de 2023.

Oswald, Derek. "Linkin Park Discuss the Hunting Party and Upcoming Carnivores Tour". AltWire, 6 de agosto de 2014. https://www.altwire.net/2014/08/06/linkin-park-carnivores-press-conference/.

Qwerty95k. "Linkin Park–Ventura, CA | Vans Warped Tour 2014 (Full Show) HD". Vídeo do YouTube, 35:58, 3 de novembro de 2021. https://www.youtube.com/watch?v=x7nMZLrZoxA.

RevolverEdit. "Interview: Linkin Park Talk the Importance of Underground Music, Improving Their Live Show, and What Has Kept the Band from Breaking Up". *Revolver*, 29 de julho de 2014. https://www.revolvermag. com/music/interview-linkin-park-talk-importance-underground-music-improving-their-live-show-and-what-has.

Ringen, Jonathan. "Billboard Cover: Twenty One Pilots on Their Musical Bromance and Fleeting Fame–'It's Going to Go Away'". *Billboard*, 7 de abril de 2016. https://www.billboard.com/music/music-news/billboard-cover-twenty-one-pilots-on-friendship-fans-fame-7325416/.

r/LinkinPark. s.v., "Saved life". Reddit. https://www.reddit.com/r/LinkinPark/search/?q=saved+life&cId=cf995610-c851-44f5-8a68-c08ce6fdb943&type=link. Acessado em 6 de dezembro de 2023.

Rock Sound. "Mike Shinoda on Linkin Park's Surprise Warped Tour Performance–Warped Tour Memories". Vídeo do YouTube, 04:00, 28 de julho de 2018. https://www.youtube.com/watch?v=J8ycd18UCcQ.

Shinoda Livestreams. "5.11.20–Brand New Collaboration, Working on the Track Live Now. Pt 2". Vídeo do YouTube, 01:59:57, 11 de maio de 2020. https://www.youtube.com/watch?v=g_rt27gHAP0.

Tagat, Anurag. "Linkin Park Return to Heavy Roots on New Album". *Rolling Stone* Índia, 17 de junho de 2014. https://rollingstoneindia.com/linkin-park-return-heavy-roots-new-album/.

CAPÍTULO 21

Baltin, Steve. "Linkin Park Talk 2016 Album at Charity Poker Tournament: 'We Have a Mountain of Material'". *Billboard*, 7 de abril de 2016. https://www.billboard.com/music/rock/linkin-park-2016-album-charity-poker-tournament-interview-7325484/.

Bennington, Chester. Anotação sobre "I Don't Like My Mind Right Now / Stacking Up Problems That Are So Unnecessary". Genius, 16 de fevereiro de 2017. https://genius.com/11369511.

Bennington, Chester (@ChesterBe). "For those who value my opinion". X, 27 de janeiro de 2017, 12:40. https://twitter.com/ChesterBe/status/824884713265328128.

Christman, Ed. "U.S. On-Demand Streams Passed 618 Billion in 2017, Outpacing Sales Declines Again". *Billboard*, 5 de janeiro de 2018. https://www.billboard.com/music/music-news/on-demand-streams-618-billion-2017-outpacing-sales-declines-8092882/.

Dehcode Paradise. "Linkin Park Chester Bennington Last Full Interview". Vídeo do YouTube, 42:59, 30 de julho de 2017. https://www.youtube.com/watch?v=lmYQy-vzeBQ.

Graff, Gary. "Linkin Park's Mike Shinoda Talks 'Heavy' New Single & Hooking Up with Kiiara". *Billboard*, 16 de fevereiro de 2017. https://www.billboard.com/music/rock/linkin-parks-mike-shinoda-talks-heavy-new-single-hooking-up-with-7694010/.

Grow, Kory. "Inside Linkin Park Singer Chester Bennington's Last Days". *Rolling Stone*, 4 de agosto de 2017. https://www.rollingstone.com/music/music-news/chester-benningtons-last-days-linkin-park-singers-mix-of-hope-heaviness-124862/.

Hickie, James. "The Story of Linkin Park's One More Light: 'The Most Important Thing to Do Is to Connect with the People You Love'". *Kerrang!*, 14 de janeiro de 2021. https://www.kerrang.com/linkin-park-the-story-behind-their-final-album-one-more-light.

"Into the Light: Linkin Park's Chester Bennington and Mike Shinoda on New Album One More Light." *Irish News*, 19 de abril de 2017. https://www.irishnews.com/arts/2017/04/19/news/into-the-light-linkin-park-s-chester-bennington-and-mike-shinoda-on-new-album-one-more-light-1001642/.

"Kerrang! Magazine Interview with Linkin Park". Linkin Park Association Forums, 1 de março de 2017. https://www.lpassociation.com/forum/threads/kerrang-magazine-interview-with-linkin-park.42875/.

Linkin Park. "Chester Breaks His Ankle on the Hunting Party Tour | LPTV #123 | Linkin Park". Vídeo do YouTube, 08:22, 16 de maio de 2015. https://www.youtube.com/watch?v=7TM_-iOMlaE.

"Listen: Linkin Park's Chester–'If You Call Us Sell-Outs, I'll Punch You in Your F–ing Mouth'". *Kerrang! Radio*, 19 de maio de 2017. https://planetradio.co.uk/kerrang/entertainment/music/listen-linkin-park-s-chester-call-us-sell-outs-ll-punch-f-ing-mouth/.

"One More Light by Linkin Park". MetaCritic. https://www.metacritic.com/music/one-more-light/linkin-park. Acessado em 18 de janeiro de 2024.

102.7KIISFM. "Chester Bennington Live with JoJo". Vídeo do YouTube, 21:57, 21 de fevereiro de 2017. https://www.youtube.com/watch?v=jky8GTCIuYA.

"Producing Linkin Park's One More Light". Waves Audio, 13 de julho de 2017. https://www.waves.com/producing-linkin-park-one-more-light.

CAPÍTULO 22

Barbour, Rob, com Merlin Alderslade. "Chester Bennington Would Have Turned 47 Today. In 2017, in His Final Interview, He Gave Us These Touching Words About His Friend and Hero, Chris Cornell". Louder, 20 de março de 2023. https://www.loudersound.com/features/chester-bennington-would-have-turned-47-today-in-2017-in-his-final-interview-he-gave-us-these-touching-words-about-his-friend-and-hero-chris-cornell.

Bartleet, Larry. "Mike Shinoda Discusses Chester Bennington's Reaction to Chris Cornell's Suicide". *NME*, 21 de julho de 2017. https://www.nme.com/news/music/chester-bennington-chris-cornells-grief-2113797.

Bennington, Chester (@ChesterBe). "With all of my love @chriscornell". X, 18 de maio de 2017, 9h28. https://twitter.com/ChesterBe/status/865227703091208192.

Bennington, Talinda (@TalindaB). "One of Chester's greatest gifts". X, 10 de dezembro de 2019, 18h13. https://twitter.com/TalindaB/status/1204569826724737024.

Blistein, Jon. "Chester Bennington Laid to Rest as Fans Organize Memorials". *Rolling Stone*, 1 de agosto de 2017. https://www.rollingstone.com/music/music-news/chester-bennington-laid-to-rest-as-fans-organize-memorials-253516/.

Caulfield, Keith. "Linkin Park Streams Increase 730% in Wake of Chester Bennington's Death". *Billboard*, 22 de julho de 2017. https://www.billboard.com/pro/linkin-park-streams-increase-chester-bennington-death/.

"Chester Bennington: Musicians, Famous Fans React to Linkin Park Singer's Death". *Rolling Stone*, 20 de julho de 2017. https://www.rollingstone.com/music/music-news/chester-bennington-musicians-famous-fans-react-to-linkin-park-singers-death-201061/.

Dehcode Paradise. "Linkin Park Chester Bennington Last Full Interview". Vídeo do YouTube, 42:59, 30 de julho de 2017. https://www.youtube.com/watch?v=lmYQy-vzeBQ.

Farrell, David Phoenix (@phoenixlp). "Heartbroken". X, 20 de julho de 2017, 14h09 https://twitter.com/phoenixlp/status/888128773492678657.

_____ Home page. X. https://twitter.com/phoenixlp. Acessado em 6 de dezembro de 2023.

Gilmore, Joe. "Widow Says Chester Bennington Was 'Full of Life' in Weeks Before Death". *KTAR News*, 7 de fevereiro de 2018. https://ktar.com/story/1937081/benningtons-widow-speaks-husbands/.

Graff, Gary. "Linkin Park's Brad Delson 'Super Grateful' for Polarizing New Album's No. 1 Debut". *Billboard*, 12 de junho de 2017. https://www.billboard.com/music/rock/linkin-park-brad-delson-one-more-light-debut-interview-7825898/.

Grow, Kory. "Chester Bennington's Autopsy Report Released". *Rolling Stone*, 5 de dezembro de 2017. https://www.rollingstone.com/music/music-news/chester-benningtons-autopsy-report-released-128514/.

_____ "Inside Linkin Park Singer Chester Bennington's Last Days". *Rolling Stone*, 4 de agosto de 2017. https://www.rollingstone.com/music/music-news/chester-benningtons-last-days-linkin-park-singers-mix-of-hope-heaviness-124862/.

_____ "Linkin Park's Mike Shinoda Opens Up About Life After Chester Bennington". *Rolling Stone*, 15 de junho de 2018. https://www.rollingstone.com/music/music-features/linkin-parks-mike-shinoda-opens-up-about-life-after-chester-bennington-628689/.

Linkin Park (@Linkinpark). "#OneMoreLight Live". X, 15 de novembro de 2017, 10h05 https://twitter.com/linkinpark/status/930844235816767488/photo/1.

"Meet Sean Dowdell of Club Tattoo". VoyagePhoenix, 20 de dezembro de 2017. http://voyagephoenix.com/interview/meet-sean-dowdell-club-tattoo-scottsdale-north-scottsdale-mesa-tempe-also-2-locations-las-vegas/.

Monty's Vault. "Linkin Park–Chesters Last Show (Full Concert) Birmingham 2017". Vídeo do YouTube, 01:48:37, 26 de julho de 2017. https://www.youtube.com/watch?v=LurMLRvd6dI.

The Mountain Goats (@mountain_goats). "Linkin Park meant a lot". X, 20 de julho de 2017, 13h52, https://twitter.com/mountain_goats/status/888124536041820165.

Mrjoehahn. "Always shining". Instagram, 21 de julho de 2017. https://www.instagram.com/p/BW04iNpBmL9/.

_____ "Dear Chester". Instagram, 24 de julho de 2017. https://www.instagram.com/p/BW75xh6hcO6/.

oorapture00. "Linkin Park–Papercut (Live–Chester Falls!)". Vídeo do YouTube, 03:47, 16 de outubro de 2007. https://www.youtube.com/watch?v=k6jfKkqlY6U.

r/LinkinPark. s.v., "Thank you Chester". Reddit, https://www.reddit.com/r/LinkinPark/search/?q=thank+you+chester&type=link&cId=627ad3 8f-e5b9-4103-80bb-5b28d0ff717d&iId=214b7b0f-cdd4-442c-bcb6-e6d87efaad21. Acessado em 6 de dezembro de 2023.

Shinoda, Mike (@Mikeshinoda). "Shocked and heartbroken, but it's true. An official statement will come out as soon as we have one". X, 20 de julho de 2017, 13h03. https://twitter.com/mikeshinoda/status/888112045190561793.

Van Luling, Todd. "Blink-182 and Linkin Park Just Combined to Become Blinkin Park". *HuffPost*, 4 de maio de 2017. https://www.huffpost.com/entry/blink-182-linkin-park_n_590b58c4e4b0104c734c9ceb.

CAPÍTULO 23

Cagle, Jess. "Mariah Carey: My Battle with Bipolar Disorder". *People*, 11 de abril de 2018. https://people.com/music/mariah-carey-bipolar-disorder-diagnosis-exclusive/.

Chan, Anna. "Musicians Who Have Opened Up About Their Mental Health Struggles". *Billboard*, 9 de outubro de 2023. https://www.billboard.com/lists/stars-mental-health-issues-struggles/michelle-williams-mental-health/.

Graff, Gary. "Linkin Park's Brad Delson 'Super Grateful' for Polarizing New Album's No. 1 Debut". *Billboard*, 12 de junho de 2017. https://www.billboard.com/music/rock/linkin-park-brad-delson-one-more-light-debut-interview-7825898/.

_____ "Mike Shinoda Talks His 'Therapeutic' Solo Album & the Future of Linkin Park". *Billboard*, 13 de junho de 2018. https://www.billboard.com/music/rock/mike-shinoda-post-traumatic-interview-8460533/.

Grow, Kory. "Linkin Park's Mike Shinoda Opens Up About Life After Chester Bennington". *Rolling Stone*, 15 de junho de 2018. https://www.rollingstone.com/music/music-features/linkin-parks-mike-shinoda-opens-up-about-life-after-chester-bennington-628689/.

Linkin Park. "Linkin Park & Friends Celebrate Life in Honor of Chester Bennington–[Live from the Hollywood Bowl]". Vídeo do YouTube, 03:00:07, 27 de outubro de 2017. https://www.youtube.com/watch?v=9VoLHdADma8.

"Mike Shinoda Featured in Kerrang! Magazine: Interview About Chester, Grief, New Music and Art". Linkin Park Association Forums, 21 de março de 2018. https://www.lpassociation.com/forum/threads/mike-shinoda-featured-in-kerrang-magazine-interview-about-chester-grief-new-music-and-art.44321/.

Newman, Melinda. "Linkin Park Links Its Music for Relief Charity with Entertainment Industry Foundation: Exclusive". *Billboard*, 21 de março de 2018. https://www.billboard.com/music/music-news/linkin-park-music-for-relief-fund-entertainment-industry-foundation-8256072/.

"One More Light". Music for Relief. https://musicforrelief.org/one-more-light-fund/.

Shinoda, Mike (@mikeshinoda). "I have every intention". X, 25 de janeiro de 2018, 11:54. https://twitter.com/mikeshinoda/status/956601196290064384.

Shinoda, Mike, com Ilana Kaplan. "Linkin Park's Mike Shinoda on Life After Chester Bennington, in His Own Words". *Vulture*, 29 de março de 2018. https://www.vulture.com/2018/03/linkin-park-mike-shinoda-interview-chester-bennington-death.html.

SiriusXM Entertainment. "Bassist Dave 'Phoenix' Pharrell Talks Future of Linkin Park". Soundcloud, 11 de dezembro de 2018. https://soundcloud.com/siriusxmentertainment/bassist-dave-phoenix-pharrell-talks-future-of-linkin-park.

Stubblebine, Allison. "Linkin Park Announce 'One More Light' Live Album, Dedicate It to Late Frontman Chester Bennington in Heartbreaking Tweet". *Billboard*, 15 de novembro de 2017. https://www.billboard.com/music/rock/linkin-park-chester-bennington-one-more-light-live-album-8038404/.

"320 Changes Direction". Give an Hour. https://giveanhour.org/wellnessambassador/initiatives/320-changes-direction/.

CAPÍTULO 24

Badgalriri. "Literally the most impressive talent". Instagram, 20 de julho de 2017. https://www.instagram.com/p/BWx1hCWDYZX/?utm_source=ig_embed&ig_rid=6918e99b-1a8b-475b-b774-3f8906e18a17.

Baltin, Steve. "Linkin Park's Mike Shinoda on His Solo Career and Being a 'Debut Artist' Again". *Variety*, 14 de maio de 2018. https://variety.com/2018/music/news/linkin-parks-mike-shinoda-on-his-solo-album-and-concerts-and-being-debut-artist-again-1202809352/.

Bennington, Talinda (@TalindaB). "One of Chester's greatest gifts". X, 10 de dezembro de 2019, 18h13. https://twitter.com/TalindaB/status/1204569826724737024.

Carter, Emily. "Fever 333 Share Awesome Cover of Linkin Park's In the End". *Kerrang!*, 28 de outubro de 2020. https://www.kerrang.com/fever-333-share-awesome-cover-of-linkin-parks-in-the-end.

_____ "Mike Shinoda: There's No New Linkin Park Album in the Pipeline". *Kerrang!*, 25 de abril de 2022. https://www.kerrang.com/mike-shinoda-theres-no-new-linkin-park-album-in-the-pipeline.

_____ "Mike Shinoda on a Linkin Park Live Return: 'Now Is Not the Time'". *Kerrang!*, 28 de outubro de 2021. https://www.kerrang.com/mike-shinoda-on-a-linkin-park-live-return-now-is-not-the-time.

"Chester Bennington's First Band Enlist His Son to Re-Record Classic Songs". *Kerrang!*, 12 de fevereiro de 2019. https://www.kerrang.com/chester-benningtons-first-band-enlist-his-to-re-record-classic-songs.

Dowd, Rachael. "Here's How Mike Shinoda Created His New Album Entirely on Twitch". *Alternative Press*, 30 de junho de 2020. https://www.altpress.com/mike-shinoda-twitch-dropped-frames-vol-1-album/.

Eun-byel, Im. "[Herald Interview] Linkin Park's Joe Hahn Talks Band, K-Pop, Future Plans". *Korea Herald*, 25 de abril de 2019. http://www.koreaherald.com/view.php?ud=20190425000787.

_____ "Linkin Park's Joe Hahn Shares Epiphany Through Photo Exhibition in Korea". *Korea Herald*, 19 de julho de 2019. https://www.koreaherald.com/view.php?ud=20190719000538.

Graff, Gary. "Mike Shinoda Talks His 'Therapeutic' Solo Album & the Future of Linkin Park". *Billboard*, 13 de junho de 2018. https://www.billboard.com/music/rock/mike-shinoda-post-traumatic-interview-8460533/.

Grave Danger. "'Heavy Immortal' (Evanescence vs. Linkin Park Ft. Kiiara) [Grave Danger Mashup]". Vídeo do YouTube, 04:46, 24 de novembro de 2019. https://www.youtube.com/watch?v=mFRPzXnsoqY.

Grow, Kory. "Linkin Park's Mike Shinoda Opens Up About Life After Chester Bennington". *Rolling Stone*, 15 de junho de 2018. https://www.rollingstone.com/music/music-features/linkin-parks-mike-shinoda-opens-up-about-life-after-chester-bennington-628689/.

Kill_mR_DJ mashups. "Marshmello vs Linkin Park vs Twenty Øne Piløts–Talking to Wolves (Kill_mR_DJ Mashup)". Vídeo do YouTube, 04:30, 1 de dezembro de 2017. https://www.youtube.com/watch?v=z3HtoCfkZyQ.

Linkin Park. "Linkin Park Reacts to a Linkin Park Show from 2001". Vídeo do YouTube, 49:44, 24 de março de 2020. https://www.youtube.com/watch?v=G3mk142cZjI.

"Linkin Park Have Been Working on New Music". *Kerrang!*, 28 de abril de 2020. https://www.kerrang.com/linkin-park-have-been-working-on-new-music.

"Linkin Park's Joe Hahn Will Judge a Korean Reality TV Show". *Kerrang!*, 16 de abril de 2019. https://www.kerrang.com/linkin-parks-joe-hahn-will-judge-a-korean-reality-tv-show.

Lipshutz, Jason. "The Story Behind Every Song on Linkin Park's 'Hybrid Theory': 20th Anniversary Track-by-Track". *Billboard*, 5 de outubro de 2020. https://www.billboard.com/music/rock/linkin-park-hybrid-theory-20th-anniversary-track-by-track-9460473/.

LPL Staff. "Review: Mike Shinoda's Post Traumatic Tour". Linkin Park Live, 5 de novembro de 2018. https://lplive.net/forums/topic/13588-review-mike-shinodas-post-traumatic-tour/.

"Mike Shinoda Featured in Kerrang! Magazine: Interview About Chester, Grief, New Music and Art". Linkin Park Association Forums, 21 de março de 2018. https://www.lpassociation.com/forum/threads/mike-shinoda-featured-in-kerrang-magazine-interview-about-chester-grief-new-music-and-art.44321/.

"Mike Shinoda Praises Mark Morton for Chester Bennington Collaboration". *Kerrang!*, 14 de janeiro de 2019. https://www.kerrang.com/mike-shinoda-praises-mark-morton-for-chester-bennington-collaboration.

Rhine Fan Account (@LPRhinestone). "Billie's favorite Linkin Park song". X, 29 de junho de 2022, 22h24. https://twitter.com/LPrhinestone/status/1542363301711167488?lang=en.

Shinoda, Mike, com Ilana Kaplan. "Linkin Park's Mike Shinoda on Life After Chester Bennington, in His Own Words". *Vulture*, 29 de março de 2018. https://www.vulture.com/2018/03/linkin-park-mike-shinoda-interview-chester-bennington-death.html.

Shinoda, Mike. Notas sobre "They'll Tell You I Don't Care Anymore / and I Hope You'll Know That's a Lie". Genius, 29 de março de 2018. https://genius.com/14197212.

———. "Dropped Frames Volume 1 /// Available July 10th". Facebook, 30 de junho de 2020. https://www.facebook.com/mikeshinoda/videos/300283931148039.

———. "Place to Start (Official Video) – Mike Shinoda". Vídeo do YouTube, 02:12, 25 de janeiro de 2018. https://www.youtube.com/watch?v=6tEQoF_8Z7s.

"This Mash-up of Linkin Park and Lady Gaga Is a Ridiculously Good Time". *Kerrang!*, 8 de outubro de 2020. https://www.kerrang.com/this-mash-up-of-linkin-parks-faint-and-lady-gagas-just-dance-is-a-ridiculously-good-time.

Trapp, Philip. "The Weeknd Admits His Deftones Influence, Honors Chester Bennington". Loudwire, 19 de agosto de 2021. https://loudwire.com/the-weeknd-deftones-chester-bennington-linkin-park/.

Travers, Paul. "10 Bands Who Wouldn't Be Here Without Linkin Park". *Kerrang!*, 20 de agosto de 2020. https://www.kerrang.com/10-bands-who-wouldnt-be-here-without-linkin-park.

CAPÍTULO 25

Blabbermouth. "Linkin Park Bassist on Band's Future: 'I Think That We Will Do Something Again at Some Point'". Blabbermouth.net, 7 de abril de 2023. https://blabbermouth.net/news/linkin-park-bassist-on-bands-future-i-think-that-we-will-do-something-again-at-some-point.

Carter, Emily. "Fans Pay Tribute to Chester Bennington on the Fifth Anniversary of His Death". *Kerrang!*, 20 de julho de 2022. https://www.kerrang.com/linkin-park-fans-pay-tribute-to-chester-bennington-on-the-fifth-anniversary-of-his-death.

Jenkins, Craig. "We Were Obsessed". Vulture, 3 de abril de 2023. https://www.vulture.com/2023/04/mike-shinoda-linkin-park-meteora.html.

"Linkin Park–Lost". Genius, 10 de fevereiro de 2023. https://genius.com/Linkin-park-lost-lyrics.

Lipshutz, Jason. "Inside Linkin Park's 'Meteora' Return & How It Spawned the Year's Most Unlikely Rock Smash". *Billboard*, 6 de abril de 2023. https://www.billboard.com/music/rock/linkin-park-meteora-feature-interviews-lost-1235298905/.

rd1994. "Brads Notes on the Lost Demos". r/LinkinPark, Reddit, 15 de abril de 2023. https://www.reddit.com/r/LinkinPark/comments/12n1qaq/brads_notes_on_the_lost_demos/?rdt=63817.

Ross, Alex Robert. "Mike Shinoda Returns to Linkin Park's Endless Winter". Fader, 16 de fevereiro de 2023. https://www.thefader.com/2023/02/16/mike-shinoda-returns-to-linkin-parks-endless-winter.

Shutler, Ali. "Mike Shinoda Suggests That New Linkin Park Music Is Possible". *NME*, 12 de fevereiro de 2023. https://www.nme.com/news/music/mike-shinoda-suggests-that-new-linkin-park-music-is-possible-3396978.

Leia o QR Code e conheça outros
títulos do nosso catálogo

@editorabelasletras
www.belasletras.com.br
loja@belasletras.com.br
54 99927.0276

Este livro foi composto em Adobe Hebrew e impresso pela gráfica Viena em março de 2025.

LINKIN
PARK